高校经典教材同步辅导丛书

西方经济学（宏观部分·第八版）同步辅导及习题全解

主　编　陈　琳　苏志平

中国水利水电出版社
www.waterpub.com.cn
·北京·

内 容 提 要

本书是与中国人民大学出版社出版的、高鸿业主编的《西方经济学（宏观部分·第八版）》一书配套的同步辅导和习题全解辅导书。

本书共有 11 章，分别介绍宏观经济的基本指标及其衡量、国民收入的决定：收入—支出模型、国民收入的决定：*IS—LM* 模型、国民收入的决定：*AD—AS* 模型、失业与通货膨胀、宏观经济政策、蒙代尔-弗莱明模型、经济增长、宏观经济学的微观基础、新古典宏观经济学和新凯恩斯主义经济学、西方经济学与中国等内容。本书按教材内容安排全书结构，大部分章节包括知识脉络图、复习提示、重点难点常识理解、考研真题与难题详解、教材习题参考答案 5 部分内容，部分章节包含典型案例分析内容。全书按教材内容，针对各章节习题给出详细解答，思路清晰，逻辑性强，循序渐进地帮助读者分析并解决问题，内容详尽，简明易懂。

本书可作为高等院校经济类专业学生的专业课程辅导教材，也可作为考研学生的复习用书及教师的教学参考书。

图书在版编目（CIP）数据

西方经济学（宏观部分·第八版）同步辅导及习题全解 / 陈琳，苏志平主编. -- 北京 : 中国水利水电出版社，2022.3
（高校经典教材同步辅导丛书）
ISBN 978-7-5226-0524-1

Ⅰ. ①西… Ⅱ. ①陈… ②苏… Ⅲ. ①西方经济学－高等学校－教学参考资料②宏观经济学－高等学校－教学参考资料 Ⅳ. ①F091.3②F015

中国版本图书馆CIP数据核字(2022)第037546号

责任编辑：邓建梅　　加工编辑：杜雨佳　　封面设计：李　佳

书　名	高校经典教材同步辅导丛书 西方经济学（宏观部分·第八版）同步辅导及习题全解 XIFANG JINGJIXUE（HONGGUAN BUFEN·DI-BA BAN） TONGBU FUDAO JI XITI QUANJIE
作　者	主　编　陈　琳　苏志平
出版发行	中国水利水电出版社 （北京市海淀区玉渊潭南路 1 号 D 座　100038） 网址：www.waterpub.com.cn E-mail：mchannel@263.net（万水） sales@waterpub.com.cn 电话：（010）68367658（营销中心）、82562819（万水）
经　售	全国各地新华书店和相关出版物销售网点
排　版	北京万水电子信息有限公司
印　刷	三河市德贤弘印务有限公司
规　格	185mm×260mm　16 开本　14.5 印张　380 千字
版　次	2022 年 3 月第 1 版　2022 年 3 月第 1 次印刷
定　价	42.80 元

前言

高鸿业主编的《西方经济学(宏观部分·第八版)》以体系完整、结构严谨、层次清晰、深入浅出的特点成为“宏观经济学”课程的经典教材,被全国许多院校采用。为了帮助读者更好地学习这本教材,掌握更多的知识,我们根据多年的教学经验编写了与该教材配套的《西方经济学(宏观部分·第八版)同步辅导及习题全解》。本书旨在使广大读者理解基本概念,掌握基本知识,学会基本解题方法与解题技巧,进而提高应试能力。

本书作为一本辅助性的教材,具有较强的针对性、启发性、指导性和补充性。考虑到“宏观经济学”这门课程的特点,我们在内容上作了以下安排:

1. 知识脉络图。每章的知识网络图系统全面地涵盖了本章的知识点,使读者能一目了然地浏览本章内容的框架结构。

2. 复习提示。简单扼要地说明本章的学习目标,明确学习任务。

3. 重点难点常识理解。每章均对本章的重点难点进行了整理,综合众多参考资料,归纳了本章几乎所有的考点,便于读者学习与复习。

4. 考研真题与难题详解。精选历年研究生入学考试中具有代表性的试题,并对其进行了详细的解答,以开拓广大读者的解题思路,使其能更好地掌握该课程的基本内容和解题方法。

5. 典型案例分析。利用每章重要概念、常考点,对案例进行详细解答,以便提高读者综合解题能力。

6. 教材习题参考答案。教材中课后习题丰富、层次多样,许多基础性问题从多个角度帮助读者理解基本概念和基本理论,促其掌握基本解题方法。

由于时间较仓促,编者水平有限,书中难免有疏漏之处,敬请各位同行和读者批评、指正(微信:JZCS15652485156,QQ:770878206)。

编者

2021年10月

目 录
contents

第十二章 宏观经济的基本指标及其衡量

知识脉络图

- 宏观经济的基本指标
  - 宏观经济学
    - 概念
    - 特点
  - 国内生产总值
    - GDP 与 GNP 的含义
    - 两者的关系：GNP＝GDP＋[本国生产要素在其他国家获得的收入(投资利润，劳务收入)－外国居民从本国获得的收入]
  - 核算国民收入的两种方法
    - 支出法公式：$GDP=C+I+G+(X-M)$
    - 收入法公式：GDP＝工资＋利息＋租金＋利润＋间接税和企业转移支付＋折旧
  - 国民收入的其他衡量指标
    - 国内生产总值 GDP
    - 国内生产净值 NDP＝GDP－折旧
    - 国民收入 NI＝NDP－企业间接税
    - 个人收入 PI
    - 个人可支配收入 DPI＝PI－个人所得税
  - 国民收入的基本公式
    - 两部门
      - 支出：$Y=C+I$
      - 收入：$Y=C+S$
    - 三部门
      - 支出：$Y=C+I+G$
      - 收入：$Y=C+S+T$
      - 储蓄-投资恒等式：$I=S+(T-G)$
    - 四部门
      - 支出：$Y=C+I+G+(X-M)$
      - 收入：$Y=C+S+T+K_r$
      - 储蓄-投资等式：$I=S+(T-G)+(M-X+K_r)$
  - 名义 GDP 和实际 GDP
    - 概念
    - 两者之间的关系式：实际 GDP＝名义 GDP÷GDP 折算指数

- 物价与物价水平的衡量
  - 失业率与价格指数的概念
  - 失业率 $=\dfrac{\text{失业人数}}{\text{劳动力人数}}\times 100\%$
  - 价格指数
    - 消费价格指数(CPI) $=\dfrac{\text{现期价格指数}}{\text{基期价格指数}}\times 100\%$
    - 生产者价格指数(PPI) $=\dfrac{\sum kw}{\sum w}$
    - 国内生产总值价格指数 $=\dfrac{\text{名义 GDP}}{\text{实际 GDP}}$

复习提示

概念:国内生产总值、国民生产总值、存货投资、间接税、国民收入、国民生产净值、个人收入、个人可支配收入、名义 GDP 和实际 GDP、政府购买和政府转移支付、消费、投资、GDP 平减指数、最终产品、中间产品、重置投资、存量与流量、失业率、劳动力与非劳动力、价格指数。

理解:核算 GDP 的生产法、支出法与收入法,GDP 和 GNP 的区别,产出等于收入,产出等于支出。

掌握:国民收入核算的储蓄-投资恒等式(两部门经济、三部门经济、四部门经济)。

重点难点常识理解

1. 宏观经济学

相较于微观经济学,宏观经济学是一门以一国的宏观经济运行作为主要研究对象的经济学科。它以国民经济总体作为考察对象,研究经济生活中有关总量的决定与变动,解释失业、通货膨胀、经济增长与波动、国际收支与汇率的决定和变动等经济中的宏观整体问题,所以又称为总量经济学。宏观经济学的中心和基础是总供给-总需求模型。具体来说,宏观经济学主要包括总需求理论、总供给理论、失业与通货膨胀理论、经济周期与经济增长理论、开放经济理论、宏观经济政策等内容。对宏观经济问题进行分析与研究的历史十分悠久,但现代意义上的宏观经济学直到 20 世纪 30 年代才得以形成发展起来。宏观经济学诞生的标志是凯恩斯于 1936 年出版的《就业、利息和货币通论》。宏观经济学在 20 世纪 30 年代奠定基础,二战后逐步走向成熟并得到广泛应用,20 世纪 60 年代后的"滞胀"问题使凯恩斯主义的统治地位受到严重挑战并形成了货币主义、供给学派、理性预期学派对立争论的局面,20 世纪 90 年代新凯恩斯主义的形成又使国家干预思想占据主流。宏观经济学是当代发展最为迅猛,应用最为广泛,因而也最为重要的经济学学科。

要点解析:研究宏观经济学的两大核心命题:①商业周期,即产品、就业和价格的短期波动;②经济增长,即产出和生活水平的长期变动趋势。

2. 国民生产总值(GNP)与国民生产净值(NNP)

在实物形态上,国民生产净值是社会总产品中扣除已消耗掉的生产资料后的全部消费资料和用于扩大再生产及增加后备的那部分生产资料。在价值形态上，国民生产净值等于国民生产总值与资本折旧之差。

3. 国内生产总值（GDP）与国内生产净值（NDP）

GDP指在一定时期内经济中所生产的全部最终产品和劳务的价值，它包括所生产的产品的价值以及所提供的劳务的价值。

注意：GDP强调的是最终产品和劳务，实践中可采用增值计算法以避免重复计算；GDP强调的是本期产出，它不包括已有商品的交易；GDP强调以市场价格而不是以要素成本来衡量产品的价值；政府提供的劳务的价值是以成本计算的，即政府雇员的工资被看成GDP的贡献。NDP等于GDP减去资本消耗扣除即折旧，它近似于衡量一定时期内经济中所生产的产量的净值。

4. 名义GDP与实际GDP

（1）名义GDP是用生产产品和劳务的当年价格计算的全部最终产品的市场价值。由于通货膨胀等原因，价格可能会发生强烈变化，故为方便比较而引入实际GDP的概念，它是指用从前某一年的价格作为基期价格计算出来的当年全部最终产品的市场价值。

（2）两者之间的关系式：实际GDP＝名义GDP÷GDP折算指数。

5. GDP平减指数

GDP平减指数即GDP折算指数，是指给定年份内的名义GDP与实际GDP的比率。它用来衡量在基年和本年度之间所发生的价格变化。由于GDP平减指数是以涉及经济中所生产的全部产品为计算基础的，所以它是一个经济学用来衡量通货膨胀的具有广泛基础的价格指数。

注意：考研试题中，会要求将GDP平减指数与消费者价格指数（CPI）、生产者价格指数（PPI）进行区别分析。

6. 流量与存量

流量是一定时期内发生的变量，是指在一定时期内（如一季度、一年）测算出来的数值；而存量是一定时点上存在的变量，是指在一定的时点上（如2003年12月1日）存在变量的数值。国内生产总值是一个流量，而国民财富则是一个存量。

7. 重置投资

重置投资指用于补偿在生产过程中损耗掉的资本设备的投资。作为固定资本的机器设备在使用过程中会由于磨损（因使用某项资产而造成的价值损失）、自然力的影响（朽烂与腐蚀）以及逐渐的陈旧过时而影响正常的生产水平。重置投资是保证再生产所必需的条件。因此，必须按其价值转移和损失程度，以货币形态逐渐积累起来，以备固定资本的更新。重置投资决定于资本设备的数量、构成和使用年限等。

8. 转移支付

转移支付是政府或企业的一种并非为购买本年的商品和劳务而作的支付。它包括对非营利组织的慈善捐助款、农产品价格补贴、公债利息等政府与企业支出的一笔款项。这笔款项在西方国家不计算在国民生产总值中，其原因在于这笔款项的支付不是为了购买商品和劳务，所以将其称为转移支付，有时也称为转让性支付。转移支付是政府财政预算的一个组成部分。财政盈余等于税收减去政府在物品与劳务上的开支与转移支付之和后的余额。

转移支付又分政府的转移支付和企业的转移支付。①政府的转移支付大多数带有福利支出性质，等于把政府的财政收入又通过上述支付还给本人，因而也有人认为政府的转移支付是负税收。政府转移支付的作用是重新分配收入，即把收入的一部分由就业者转向失业者，从城市居民转向农民。②企业的转移支付通常是通过捐款与赠款进行的，如公司对于下属非营利组织的赠款。由于它也不是直接用来购买当年的商品和劳务，因此，这种款项也被认为是转移支付。

有时政府的某些支付不是从一些居民收入中征收上来的，如用增发货币、出卖债券所得来的支付福利、救济金。它显然不带有从一些居民转移到另一些居民手中的特点。但在西方经济学家看来，尽管它与前述支付款项的来源不同，但有一点是相同的，即它同样不是政府直接用来购买商品和劳务的支付款项，这种支付仍然被看作转移支付。

9. 最终产品和中间产品

最终产品指在核算期内不需要继续加工，直接可供社会投资和消费的产品和劳务。可供投资的产品包括机械设备、型钢等；可供消费的产品包括食品、服装、日用品等。中间产品是指在核算期间须进一步加工、目前还不能作为社会投资和消费的产品和劳务，包括各种原材料、燃料和劳动力。例如，服装是最终产品，可以直接消费，但用于服装生产的原材料，如棉布、棉纱等产品就不是最终产品而是中间产品。必须说明的是，某些产品，如煤、棉纱等，在核算期间没有参与生产而是以库存的形式滞留在生产环节以外，这些产品也应理解为社会最终产品。

10. 绿色 GDP

绿色 GDP 是指名义 GDP 扣除了各种自然资源消耗之后，经过环境调整的国内生产净值。绿色 GDP 占 GDP 比重越高，国民经济增长的正面效应越高，负面效应越低。绿色 GDP 反映了经济增长过程中的资源环境成本。

11. 从国内生产总值到个人可支配收入

国民生产总值(GNP)是指一国国民所拥有的全部生产要素所产生的最终产品的市场价值。

国内生产净值＝国内生产总值－折旧

国民生产总值＝国内生产总值＋国外支付净额

国民生产净值＝国民生产总值－折旧

国民收入＝国民生产净值－(间接税＋企业转移支付)＋政府补助金

个人收入＝国民收入－公司未分配利润－社会保险税－公司所得税＋政府和企业给个人的转移支付＋政府对个人支付的利息

个人可支配收入＝个人收入－个人所得税－非税支付

12. 国民收入核算的两种方法：支出法与收入法

对国民收入(以 GDP 为例)的核算可以用生产法、支出法和收入法，后两者较为常用。其核算的理论基础是总产出等于总收入、总产出等于总支出。

(1)支出法是指用经济社会(一个国家或一个地区)在一定时期内消费、投资、政府购买以及净出口等几方面支出的总和来核算GDP。公式如下：

$$GDP=C+I+G+(X-M)$$

其中，消费 C 包括耐用消费品(如家电、家具等)、非耐用消费品(如食物、衣服等)和劳务(如理发、旅游等)，但不包括个人建筑住宅的支付。经济学中的投资 I 是指增加或更换资本资产(厂房、设备、住宅和存货)的支出。资本产品和中间产品虽然都用于生产别的产品，但不一样的是，前者在生产别的产品的过程中是部分被消耗，而后者则是完全转化。资本产品的损耗中一方面包括实际的物质损耗，另一方面还包括精神损耗(指由于技术进步或出现了更高效的新设备而导致原设备贬值)。存货投资指存货价值的增加(或减少)，可为正值也可为负值，即期末存货可能小于期初存货。公式中的 I 为总投资，而净投资 $=I-$ 重置投资。重置投资指的是当年以前资本产品的折旧消耗。G 为政府购买物品和劳务的支出，转移支付(救济金等)不计入。$X-M$ 为净出口，可正可负。

(2)收入法指用要素收入即企业生产成本核算国内生产总价值。严格说来，最终产品市场价值除了生产要素收入构成的成本之外，还有间接税、折旧、公司未分配利润等内容。公式如下：

$$GDP=工资+利息+租金+利润+间接税和企业转移支付+折旧$$

其中，工资、利息、租金是最典型的要素收入。工资中还需要包括所得税、社会保险税；利息是指提供资金给企业使用而产生的利息，所以需要剔除政府公债利息和消费信贷利息；租金包括租赁收入、专利和版权的收入等；利润是税前利润，包括公司所得税、红利、未分配利润等；企业转移支付包括对非营利组织的慈善捐款和消费者呆账；间接税包括物税、销售税、周转税等。

以上用支出法和收入法对GDP的核算同样适用于GNP。

要点解析：(1)收入法是从总供给的角度衡量总产出，支出法从总需求的角度衡量总产出，对整个经济来说，总供给等于总需求，因此总收入等于总支出。

(2)支出法：关于投资 I，居民购买的股票在国民收入核算中不能称作投资，只是一种证券交易活动，实际上是股权在不同人手中的转移，不涉及实际生产和投资，不增加经济中资本资产存量，所以不能算作投资支出。

投资 I 的分类：①实物形态上，包括固定投资和存货投资；②价值构成上，包括重置投资和净投资；③在投资是否合意上，包括投资需求和非合意投资。在国民收入核算中，实际GDP中等于计划支出加上非合意投资，即非计划的存货投资；而在国民收入决定理论中，均衡GDP是与计划需求相等的产出，即计划支出与计划产出相等，非计划存货投资为零。

13. 国民收入的基本公式

(1)两部门经济国民收入核算：消费者(家庭)和企业(厂商)。

从支出的角度，国内生产总值等于消费加投资：$Y=C+I$；

从收入的角度，国内生产总值等于总收入：$Y=C+S$；

储蓄-投资恒等式：$I=S$。

值得注意的是，这里的恒等是从国民收入会计的角度。就整个经济而言，事后的储蓄和事后的投资总量相等，而以后分析宏观经济均衡时投资等于储蓄，是指计划投资(事前投资)等于计划储蓄(事前储蓄)所形成的经济均衡状态。

(2)三部门经济国民收入核算:消费者(家庭)、企业(厂商)和政府购买。

从支出的角度: $Y=C+I+G$ G 为政府购买

从收入的角度: $Y=C+S+T$ T 为剔除了政府转移支付的净税收收入

储蓄-投资恒等式: $I=S+(T-G)$ $T-G$ 可视为政府储蓄

(3)四部门经济国民收入核算:消费者(家庭)、企业(厂商)、政府购买和进出口。

支出的角度: $Y=C+I+G+(X-M)$

收入的角度: $Y=C+S+T+K_r$

K_r 代表本国居民对外国人的转移支付,如对外国的捐款。

储蓄-投资恒等式: $I=S+(T-G)+(M-X+K_r)$

$M-X+K_r$ 为外国对本国的储蓄。从外国的主观立场看,$M+K_r$ 大于 X 即收入大于支付,为正储蓄,反之为负储蓄。

值得一提的是,上述的 Y 可以表示不同的含义,如 GNP、NDP、NI 等,适用于不同情况的分析,但无论 Y 代表哪一种国民收入概念,只要其他变量的意义和 Y 一致,储蓄-投资恒等式总成立。

要点解析:国民收入核算恒等式 $I=S$ 的成立,并不意味着经济体系的收入流量循环一定处于均衡状态。国民收入核算恒等式是根据储蓄和投资的定义得出的。只要遵循储蓄和投资的定义,无论实际经济运行状态如何,储蓄和投资一定相等。储蓄-投资恒等式是一种事后核算恒等式,在现实生活中,储蓄的主体和动机与投资的主体和动机都是不同的,这就会导致储蓄和投资在数量上的不一致。只有满足计划的储蓄等于计划的投资,即在收入流量循环中,漏出项的总和等于注入项的总和,经济才能实现总量均衡,即总需求等于总供给。

14. 失业和物价水平的衡量

(1)失业是有劳动能力的人想工作而找不到工作的现象,就业者和失业者的总和就是劳动力,而失业者占劳动力的百分比称为失业率,即劳动力=就业人数+失业人数,失业率$=\dfrac{\text{失业人数}}{\text{劳动力人数}}\times 100\%$。

失业是变化的。通常来讲,经济繁荣时,失业率会下降,而经济衰退和萧条时,失业率会上升。

(2)物价总水平或者说一般物价水平是指所有商品和劳务交易价格总额的加权平均数值。这个加权平均数值就是价格指数。

衡量通货膨胀率的价格指数一般有三种:

消费价格指数(CPI)指通过计算城市居民日常消费的生活用品和劳务的价格水平变动得到的指数,CPI$=\dfrac{\text{一组固定商品按当期价格计算的价值}}{\text{一组固定商品按基期价格计算的价值}}\times 100\%$。

生产者价格指数 PPI$=\dfrac{\sum kw}{\sum w}$,式中 k 代表产品的个体价格指数,w 为权数。

国内生产总值价格指数$=\dfrac{\text{名义 GDP}}{\text{实际 GDP}}$。

居民关心的是消费价格指数,厂商则关心生产者价格指数,而国内生产总值价格指数则能全面反映一般物价水平的变动情况。

考研真题与难题详解

注意:在研究生入学考试中,本章的考点易与实践相结合。

一、概念题

1. (中国社会科学院 2000 年研)国内生产总值与国民生产总值

答案:国内生产总值是指一个国家(或地区)领土范围内,本国(或地区)的居民和外国居民在一定时期内所生产和提供的最终使用的产品和劳务的价值。GDP 一般通过支出法和收入法两种方法进行核算。用支出法计算的国内生产总值等于消费、投资、政府支出和净出口之和;用收入法计算的国内生产总值等于工资、利息、租金、利润、间接税、企业转移支付和折旧之和。GDP 是一国范围内生产的最终产品的市场价值,因此是一个地域概念,而与此相联系的国民生产总值(GNP)则是一个国民概念,是指某国国民所拥有的全部生产要素所生产的最终产品的市场价值。

目前我国计算 GDP 是用第一产业增加值、第二产业增加值和第三产业增加值三者之和求得。在 1991 年 11 月之前,美国均是用 GNP 作为经济总产出的基本测量指标。后来改用 GDP,原因是大多国家都用 GDP。同时由于国外净收入数据不足,GDP 则较易衡量,再加上 GDP 相对于 GNP 来说是国内就业潜力的更好衡量指标(本国使用外资时解决的是本国就业问题)。当然,对美国来说,GDP 和 GNP 的差异较小。

国民生产总值是指某国国民所拥有的全部生产要素所生产的最终产品的市场价值,是本国常住居民生产的最终产品市场价值的总和,即无论劳动力和其他生产要素处于国内还是国外,本国国民生产的产品和劳务的价值都记入国民生产总值。这项综合经济指标未扣除生产过程中资本损耗的折旧费用,所以称为"总值"。国民生产总值包含的只是最终产品和劳务,不计算生产中耗费掉的中间产品的价值。国民生产总值可以用当年的全部支出总和计算或用全部收入总和计算。从支出方面计算,包括以下四项:①个人消费支出总额;②私人国内投资总额;③政府购买产品和劳务总额;④货物与劳务输出净额。从收入方面计算,主要包括工资、利息、地租、利润和折旧。国民生产总值是衡量一个国家的物质产品和劳务的生产总值的综合经济指标,是测定一国经济发展状况的尺度,也是衡量一国经济增长程度的标准。国内生产总值是指在本国领土内生产的最终产品的市场价值总和,以领土作为统计标准,即无论劳动力和其他生产要素是属于本国还是属于外国,只要在本国领土上生产的产品和劳务的价值,都记入该国的国内生产总值。国民生产总值=国内生产总值+暂住国外的本国公民的资本和劳动创造的价值-暂住本国的外国公民的资本和劳动创造的价值。

2. 潜在产出

答案:经济中实现了充分就业时所达到的产量水平。它不是一个实际产出量,一般认为只有在充分就业时,才有可能实现潜在国内生产总值。而实际产出和潜在国内生产总值的差额,称为国内生产总值缺口。增加潜在产量的途径是增加劳动、资本等生产要素投入,实现技术进步。

3. 绿色 GDP

答案:绿色 GDP 是指各国用以衡量扣除了自然资产(包括自然资源和环境)损失之后新创造的真实的国民财富总量的核算指标。大体上,绿色 GDP=GDP-自然资源消耗和环境退化损失-(预防环境损害的支出＋资源环境恢复费用的支出＋由于优化利用资源而进行调整计算的部分）。绿色GDP这个指标，实质上代表了国民经济增长的净的正效应。绿色GDP占GDP的比重越高，表示国民经济增长的正面效应越高，负面效应越低，反之亦然。绿色GDP揭示了经济增长过程中的资源环境成本，称为新的发展观指引下经济增长模式转变的一个重要概念和指标。

4. 国内生产总值平减指数与消费者价格指数

答案：国内生产总值平减指数（GDP Deflator）指按当年价格计算的国内生产总值和按基期价格计算的国内生产总值的比率。用公式表示：国内生产总值平减指数$=\dfrac{\text{按当期价格计算的当期国内生产总值}}{\text{按基期价格计算的当期国内生产总值}}$。GDP平减指数的优点是范围广泛，能比较准确地反映一般物价水平的变动趋向；缺点是资料较难搜集，需要对未在市场上发生交易的商品和劳务进行换算，并且可能受到价格结构因素的影响。

消费者价格指数（Consumer Price Index，CPI）也称零售物价指数、生活费用指数和消费物价指数，是反映消费品（包括劳务）价格水平变动状况的一种价格指数，一般用加权平均法来编制。它根据若干种主要日用消费品的零售价格和服务费用而编制，用公式表示为

$$\text{CPI}=\frac{\text{一组固定商品按当期价格计算的价值}}{\text{一组固定商品按基期价格计算的价值}}\times 100\%$$

消费者价格指数的优点是能及时反映消费品供给与需求的对比关系，资料容易搜集，能够迅速直接地反映影响居民生活的价格趋势；缺点是范围较窄，只包括社会最终产品中的居民消费品这一部分，因而不足以说明全面的情况。例如，品质的改善可能带来一部分消费品价格而非商品劳务价格总水平的提高，但消费者价格指数不能准确地表明这一点，因而有夸大物价上涨幅度的可能。消费者价格指数是用来衡量通货膨胀和通货紧缩程度的指标之一。

二、简答题

1. 为什么说GNP不是反映一个国家福利水平的理想指标？

答案：（1）福利水平是人们效用的满足程度，而人们的效用是由消费活动和闲暇来决定的，所以一种指标是否很好地反映福利水平，由能否准确地衡量消费和闲暇来决定。

（2）GNP不是反映一国福利水平的理想指标，有以下原因：

1）它包括了资本消耗的补偿，而这部分与消费和闲暇数量水平无关。

2）GNP包括净投资，而净投资的增加只会增加生产能力，从而增加未来的消费，这不仅不会增加本期消费，反而会减少本期消费。

3）GNP中的政府支出与本期消费没有明确关系，如果政府支出的增加用于社会治安，这是社会治安恶化的反映，从而很难认为政府支出的增加提高了人们的福利水平。

4）计算GNP时是加上出口，减去进口，而出口与国内消费无关，进口与国内消费有关。

5）GNP也没有反映人们闲暇的数量。

6）GNP没有考虑地下经济，而地下经济与福利水平有着直接关系。

综上所述，GNP不能很好地反映一国的福利水平。

2. 从国民收入核算的角度，说明“GDP快速增长，而居民生活可支配收入却增长缓慢”的可能性。

答案：（1）国民收入的核算方法。国内生产总值被定义为经济社会（即一国或一地区）在一定时

期内运用生产要素所生产的全部最终产品(物品和劳务)的市场价值。核算 GDP 可用生产法、支出法和收入法,常用的是后两种方法。

1)用支出法核算 GDP。用支出法核算 GDP,就是通过核算在一定时期内整个社会购买最终产品的总支出即最终产品的总卖价来计量 GDP。最终产品的购买者即产品和劳务的最后使用者。在现实生活中,产品和劳务的最后使用,除了居民消费,还有企业投资、政府购买及出口这几方面支出的总和。

用支出法计算 GDP 的公式可以写成:GDP$=C+I+G+(X-M)$。

2)用收入法核算 GDP。收入法即用要素收入亦即企业生产成本核算国内生产总值。严格来说,最终产品市场价值除了生产要素收入构成的成本,还有间接税、折旧、公司未分配利润等内容,因此用收入法核算的国内生产总值应包括以下一些项目:①工资、利息和租金等生产要素的报酬。工资包括所有对工作的酬金、津贴和福利费,也包括工资收入者必须缴纳的所得税及社会保险税;利息在这里指人们给企业所提供的货币资金所得的利息收入,如银行存款利息、企业债券利息等,但政府公债利息及消费信贷利息不包括在内;租金包括出租土地、房屋等租赁收入及专利、版权等收入。②非公司企业主收入,如医生、律师、农民和小店铺主的收入。他们使用自己的资金,自我雇佣,其工资、利息、利润、租金常混在一起作为非公司企业主收入。③公司税前利润,包括公司所得税、社会保险税、股东红利及公司未分配利润等。④企业转移支付及企业间接税。这些虽然不是生产要素创造的收入,但要通过产品价格转嫁给购买者,故也应视为成本。企业转移支付包括对非营利组织的社会慈善捐款和消费者呆账,企业间接税包括货物税或销售税、周转税。⑤资本折旧。它虽不是要素收入,但包括在总投资中,也应计入 GDP。

这样按收入法计得的国民总收入=工资+利息+利润+租金+间接税和企业转移支付+折旧。它和支出法计得的国内生产总值从理论上说是相等的,但实际核算中常有误差,因而还要加上一个统计误差。

(2)"GDP 快速增长,而居民可支配收入却增长缓慢"的可能性。从我国近几年经济发展的实际情况来看,GDP 增长虽快,但是城乡居民可支配收入增长却落后于 GDP 的增长,构成 GDP 增长快速和居民可支配收入增长缓慢的矛盾。出现这种情况的原因可以从以下几个方面解释:

1)生产要素报酬意义上的国民收入并不会全部成为个人的收入。例如,利润收入中要给政府缴纳公司所得税,公司还要留下一部分利润不分配给个人,只有一部分利润才会以红利和股息形式分给个人。职工收入中也有一部分要以社会保险费的形式上缴有关机构。另外,人们也会以各种形式从政府那里得到转移支付,如退伍军人津贴、工人失业救济金、职工养老金、职工困难补助等。因此,从国民收入中减去公司未分配利润、公司所得税及社会保险税(费),加上政府给个人的转移支付,大体上就得到个人收入。

个人收入不能全归个人支配,因为要缴纳个人所得税。税后的个人收入才是个人可支配收入(DPI)。个人可支配收入,即人们可用来消费或储蓄的收入。可见,个人可支配收入与国内生产总值的关系如下:

国内生产总值=个人可支配收入+个人所得税+公司未分配利润+公司所得税+社会保险税
　　　　　　　　−转移支付

从这个公式分析,在个人可支配收入增长缓慢的情况下,由于个人所得税、公司未分配利润、公司所得税和社会保险税的快速增长,完全有可能导致国内生产总值的快速增长。

2)从我国实际情况看,GDP 快速增长而居民可支配收入增长缓慢的原因主要是国内消费需求不足，经济增长是靠国债和外贸两个外力支撑的结果，从而表现出固定资产投资比重超常规增长，居民可支配收入和消费支出增长缓慢。最终导致居民可支配收入增长缓慢的情况下，GDP仍获得快速增长。体现在支出法计算GDP的公式 $GDP=C+I+G+(X-M)$，在消费 C 增长缓慢的情况下，GDP的快速增长源于投资 I 和净出口 $(X-M)$ 的快速增长。

积极的财政政策所筹集来的国债资金主要用于投资，其政策导向是积极地扩大固定资产投资来拉动国民经济的适度快速增长。固定资产投资的快速增长已经成为扩大内需的主要因素，但是另一方面我们必须注意到，随着连续多年在国民收入的分配中，固定资产投资的增长速度超过了GDP的增长速度，投资占GDP的比率已经达到了相当高的水平，以至于我们应该注意国民收入分配关系中的消费与积累的适度平衡问题了。在制定"十五"计划时，人们认为30%左右的投资率可能是合适的。而进入21世纪之后，我国的投资占GDP的比率已经达到了将近40%的水平。在实施积极的财政政策之前，我国的投资占GDP的比率已经处于逐渐攀升的状态，而实施积极的财政政策之后，这种比率上升的趋势明显加强。保持投资与消费比例关系的适度平衡，是宏观经济管理工作的一个重要内容，千万不可忽视。

投资占GDP的比率的明显攀升必然造成消费占GDP的比率的逐步下降，而消费下降的主要原因是居民收入增长的缓慢。连续多年我国居民的人均收入增长速度明显低于GDP的增长速度，这也是国民收入分配中存在的一个不容忽视的问题。20世纪90年代后期，农村居民和城市低收入群体收入增长近乎停滞，更是需要我国政府认真解决的问题。在消费领域内，主要有两方面的问题：一是消费需求增长相对不足，2001年上半年消费增长对GDP增长的贡献率不足40%，低于2000年；二是不同收入阶层之间的收入差距进一步拉大，据统计，表示我国居民收入差距的基尼系数已经接近了国际公认的0.4的警戒线。这两个问题的存在十分不利于中长期有效需求的扩大。

3. 试述GDP、GNP、NDP、NNP、NI、DPI和NT几者之间的关系。

答案：(1)GDP(Gross Domestic Product)，即国内生产总值的简称，是指一国范围内一年中所生产的最终产品和服务的市场总价值。

(2)GNP(Gross National Product)，即国民生产总值的简称，是指一国所拥有的生产要素在一定时期内所生产的最终产品(包括产品与劳务)的市场价值总和。GNP是按照国民原则来计算的，而GDP是按国土原则来计算的。两者的关系：GDP＝GNP－来自国外的净要素收益。

(3)NDP(Net Domestic Product)，即国内生产净值的简称，是指GDP扣除折旧的部分，即NDP＝GDP－折旧。

(4)NNP(Net National Product)，即国民生产净值的简称，在实物形态上，国民生产净值是社会总产品扣除已消耗掉的生产资料后的全部消费资料和用于扩大再生产及增加后备的那部分生产资料。在价值形态上，国民生产净值等于国民生产总值(GNP)与资本折旧之差。

(5)NI(National Income)，即国民收入的简称，是指一个国家一年内用于生产的各种生产要素等所得到的全部收入，即工资、利润、利息和地租的货币值之和。它与GDP的关系：GDP－折旧－间接税＝NI。

(6)DPI(Disposable Personal Income)，即个人可支配收入，NI概括了一个社会所有人的总收入，但总收入并不等于可支配收入。某人一个月的总收入中要扣除住房公积金、医疗保险金和个人所得税；此外，他也会有一些额外的收入，如国家发给的住房和特殊津贴等，进行了这些加减之后的钱才是这个人可以自由支配的收入。个人可支配收入DPI就是从NI中扣除相应的项目，即DPI＝

NI－社会保险费－经营利润－企业留利－个人所得税＋国家的转移支付＋企业的转移支付＋其他。

(7)NT(Net Taxes)即净税收的简称，是指政府的总税收减去转移支付的部分。它与 GDP 的关系：DI＝GDP－NT。

4. (南开大学 2010 年研)请指出以下各项交易是否能计入我国的 GDP。如果能，请说明其分别是 GDP 中的消费、投资、政府购买及净出口中的哪一部分；如果不能，请说明原因。

(1)国内消费者购买一台二手的海信电视机。

(2)国内投资者购买 2000 股海信电器股票。

(3)海信电器库存电视机增加一万台。

(4)也门政府购买 1000 台新的海信电视机。

(5)政府向海信公司的下岗工人提供失业救济金。

答案：(1)国内消费者购买一台二手的海信电视机不计入我国的 GDP。理由如下：消费者购买的这台二手海信电视机在生产时已计入当年或以前的 GDP，不能再计入本期 GDP。

(2)国内投资者购买 2000 股海信电器股票不能计入我国的 GDP。理由如下：购买股票只是一种证券交易活动，是一种产权转移活动，并不是实际的生产经营活动。经济学意义上的投资是增加或减少资本资产的支出，即购买厂房、设备和存货的行为。

(3)海信电器库存电视机增加一万台需要计入我国的 GDP，属于投资的增加。理由如下：GDP 是一定时期内(往往为一年)所生产而不是所售卖掉的最终产品价值。库存的电视机可看作海信公司自己买下来的存货投资，应计入 GDP。

(4)也门政府购买 1000 台新的海信电视机需要计入我国的 GDP，是 GDP 中净出口的一部分。理由如下：净出口指进出口的差额，其中出口应加进本国总购买量之中，因为出口表示收入从外国流入，是用于购买本国产品的支出。

(5)政府向海信公司的下岗工人提供失业救济金属于政府转移支付，不能计入我国的 GDP。理由如下：政府转移支付只是简单地把收入从一些人或一些组织转移到另一些人或另一些组织，并没有相应的物品或劳务的交换发生，因此不计入 GDP。

三、计算题

1. (武汉大学 2000 年研)某地区居民总是把相当于 GDP 60% 的部分存起来，并且不用缴税也不购买外地商品。今年该地区将总价值 2000 万元的汽车销往邻省，这对该地区的 GDP 产生了影响，请回答：

(1)该地区的 GDP 增加了多少？

(2)假如当地政府增加同样 2000 万元购买本地汽车，是否会产生与(1)相同的结果？为什么？

(3)假如政府将 2000 万元以补贴形式发给居民，该地 GDP 是否会增加？与(1)相比如何？为什么？

答案：第一种解法：考虑了乘数效应。

(1)将总值 2000 万元的汽车销往邻省，首先导致国民收入的第一轮增加 2000 万元，在边际消费倾向为 1－60%＝40%的前提下，该地区将把其中的 800 万元用于消费，导致国民收入的第二轮增加，这样一直继续下去，便导致了国民收入数倍的增加。该地区的 GDP 增加值计算如下：

$\Delta Y = 2000\times1 + 2000\times40\% + 2000\times(40\%)^2 + 2000\times(40\%)^3 + \cdots$
$= 2000/(1-40\%)$
$= 2000/60\% = 3333.3$（万元）

(2)会产生相同的效果，因为政府支出中对商品和劳务的支出是国民收入中的一部分，具体解释如下：当政府向厂商购买商品和劳务的时候，在私人消费支出和投资支出中并没有包括对这些劳务的支出，因而应该加上政府的这部分支出，当政府向居民购买生产要素的服务而生产出物品和劳务的时候，它们也构成社会产品的一部分，因而应该加上政府的这部分支出，因此在国民收入第一轮中增加2000万元，由于边际消费倾向为40%，在此影响下，第二轮增加$2000\times(40\%)^2$，于是增加的国民收入为$\Delta Y = 2000\times40\% + 2000\times(40\%)^2 + 2000\times(40\%)^3 + \cdots = 2000/60\% = 3333.3$（万元）。

(3)增加，但增加的幅度会比较小。因为这2000万元是以补贴的形式出现，并不能记入GDP，因为居民只会将其中的40%用于消费或投资，即只能使GDP增加800万。相对(1)来说，显然这种做法对GDP的贡献比较小。

第二种解法：没有考虑乘数效应。

(1)支出法GDP＝消费＋投资＋政府购买＋净出口。显然该地区的净出口增加了2000万元，而其他项没有变化，所以该地区的GDP增加了2000万元。

(2)产生同样的结果，因为此做法相当于增加了2000万元的政府购买，而其他项没有变，所以最终该地区的GDP仍然增加了2000万元。

(3)不会增加。因为政府以补贴的形式发给居民，实际上是一种没有换取生产要素服务的单方面的转移支付，社会产品没有相应增加，因而在计算国民收入时不应该算上这部分的政府支出。

注意：本题没有说明是否考虑乘数效应，但第一种解法比第二种解法全面，建议在答题时采用第一种解法。

2. 假设某国某年有下列国民收入统计资料，如表12-1所示。

表12-1 国民收入统计资料

单位：亿美元

资本消耗补偿	356.4
雇员酬金	1866.3
企业支付的利息	264.9
间接税	266.3
个人租金收入	34.1
公司利润	164.8
非公司企业主收入	120.3
红利	66.4
社会保险税	253.0
个人所得税	402.1
消费者支付的利息	64.4
政府支付的利息	105.1
政府转移支付	347.5
个人消费支出	1991.9

请计算：

(1)国民收入；(2)国内生产净值；(3)国内生产总值；(4)个人收入；(5)个人可支配收入；(6)个人

储蓄。

答案:(1)国民收入=雇员酬金+企业支付的利息+个人租金收入+公司利润+非公司企业主收入

=1866.3+264.9+34.1+164.8+120.3

=2450.4(亿美元)

(2)国内生产净值=国民收入+间接税

=2450.4+266.3

=2716.7(亿美元)

(3)国内生产总值=国民生产净值+资本消耗补偿

=2716.7+356.4

=3073.1(亿美元)

(4)个人收入=国民收入-(公司利润+社会保险税)+政府支付的利息+政府的转移支付+红利

=2450.4-(164.8+253.0)+347.5+105.1+66.4

=2551.6(亿美元)

(5)个人可支配收入=个人收入-个人所得税

=2551.6-402.1

=2149.5(亿美元)

(6)个人储蓄=个人可支配收入-消费者支付的利息-个人消费支出

=2149.5-64.4-1991.9

=93.2(亿美元)

3. 设某国某年国民收入经济数据如表 12-2 所示。

表 12-2　国民收入经济数据

单位:亿美元

个人租金收入	31.8
折旧	287.3
雇员的报酬	1596.3
个人消费支出	1672.8
营业税和国内货物税	212.3
企业转移支付	10.5
统计误差	-0.7
国内私人总投资	395.3
产品和劳务出口	339.8
政府对企业的净补贴	4.6
政府对产品和劳务的购买	534.7
产品和劳务进口	316.5
净利息	179.8
财产所有者的收入	130.6
公司利润	182.7

(1)用支出法计算 GDP。

(2)计算国内生产净值。

(3)用两种方法计算国民收入。

答案:(1)用支出法计算:

$$\begin{aligned}GDP &= C+I+G+(X-M)\\ &=1672.8+395.3+534.7+(339.8-316.5)\\ &=2626.1(亿美元)\end{aligned}$$

(2)国内生产净值＝国内生产总值－折旧

$$\begin{aligned}&=2626.1-287.3\\ &=2338.8(亿美元)\end{aligned}$$

(3)用支出法计算的国民收入:

国民收入＝国内生产净值－间接税－企业转移支付＋政府对企业的净补贴

$$\begin{aligned}&=2338.8-212.3-10.5+4.6\\ &=2120.6(亿美元)\end{aligned}$$

用收入法计算的国民收入:

国民收入＝个人租金收入＋雇员报酬＋净利息＋财产所有者的收入＋公司利润

$$\begin{aligned}&=31.8+1596.3+179.8+130.6+182.7\\ &=2121.2(亿美元)\end{aligned}$$

4.(上海财经大学2011年研)假设某政府花钱10000元修路,其中给工人支付工资5000元,给水泥厂支付5000元,水泥厂用5000元购买设备,而工人用2000元买大米,用2000元买电脑,另外1000元存入银行。电脑店用收入获得的2000元中的1000元还之前电脑厂家货款的欠款,又从银行借了1000元,加上剩下的1000元总共2000元从电脑厂进了2000元的电脑(就是说作为存货)。给出表12-3中的GDP、个人消费支出、个人耐用品消费支出、个人非耐用品消费支出、个人服务支出、国民投资、国民投资中的存货投资和固定资产投资支出以及政府采购支出,并给出计算过程。

表12-3　项目及金额统计表

项目	金额
GDP	
消费支出	
耐用品消费支出	
非耐用品消费支出	
服务	
投资支出	
存货投资支出	
固定资产投资支出	
政府采购	

答案:(1)个人消费支出 $C=2000+2000=4000$(元),个人耐用品消费支出为2000元,个人非耐用品消费支出为2000元,个人服务支出为0元。

(2)国民投资为 $2000+5000=7000$ 元,固定资产投资为5000元,存货投资为2000元。

(3)$GDP=C+I+G=4000+7000+10000=21000$(元),政府采购支出为10000元。

5. (武汉大学 2011 年研)假设一国的成年人口由以下构成:就业人数为 1.34 亿,失业人数 860 万,非劳动力人口 7090 万。求:

(1)劳动力人数。

(2)劳动力参与率。

(3)失业率。

答案:(1)劳动人数为就业人数与失业人数之和,即 1.34+0.086=1.426(亿)。

(2)劳动力参与率$=\frac{\text{劳动力人数}}{\text{总人口}}$,

其中总人口为劳动力人数与非劳动力人数之和,即 1.426+0.709=2.135(亿),故劳动力参与率为$\frac{1.426}{2.135}\approx 66.8\%$。

(3)失业率$=\frac{\text{失业人数}}{\text{劳动力人数}}$,

即失业率$=\frac{0.086}{1.426}=6\%$。

6. (北京航空航天大学 2013 年研)某经济体有下列宏观统计资料:

(国内生产总值)$Y=5000$ 亿元;(总投资)$I=800$ 亿元;

(居民消费)$C=3000$ 亿元;(政府支出)$G=1000$ 亿元;

(政府预算盈余)$B=40$ 亿元。

根据上述资料:

(1)计算净出口。

(2)计算政府税收减去政府转移支付后的财政收入。

(3)计算个人可支配收入。

(4)如果政府支出增加 100 亿元,会有什么变化?

答案:(1)净出口 $NX=Y-(C+I+G)=200$(亿元)。

(2)$T-TR=B+G=1040$(亿元)。

(3)$Y_D=Y-T+TR=3960$(亿元)。

(4)当 $G=1100$ 时,

$NX=Y-(C+I+G)=100$(亿元),

$T-TR=B+G=1140$(亿元),

$Y_D=Y-T+TR=3860$(亿元),

即政府支出增加 100 亿元,净出口减少 100 亿元。

财政收入增加 100 亿元,个人可支配收入减少 100 亿元。

四、论述题

1. (华中科技大学 2006 年研)用 GDP 衡量国民经济活动的缺陷是什么?

答案:GDP 是现代国际社会用来衡量各国经济发展水平的极为重要的标准。虽然 GDP 概念被普遍运用,但是它在衡量各国经济活动时却并不是一个完美无缺的标准。作为衡量一国经济水平的标准,GDP 有以下几个缺点:

(1)GDP 不能完全反映一个国家真实的生活水平。因为 GDP 的统计数据基本是根据市场交换而获得的，那些虽没有经过市场交换，但对人们生活水平有重大影响的经济活动就不能通过 GDP 反映出来。例如，在一个自给自足程度较高的经济社会，其 GDP 数据一定低估了人们的实际生活水平。所以，由于每个国家的经济社会结构不同，GDP 便不能作为一个精确的衡量标准进行比较。另外，人们的休息、娱乐也是生活水平的一个重要组成部分，GDP 对此却没有反映。假如 GDP 的下降幅度不至于严重影响人们的物质生活水平，而当减少劳动时间造成 GDP 下降时，人们可能会因此获得更充足的休息时间而感到幸福。

(2)GDP 不能反映一个国家的产品和服务的结构。例如两个国家的 GDP 相同，其中一个国家的经济活动主要在于制造导弹、武器等军用品；另外一个国家却主要在于建立学校教育设施、文化体育中心及公园等娱乐场所，则 GDP 无法反映两者的差别。而这两个国家在产品和服务上结构的不同，对各自国家人民的生活影响很大。

(3)GDP 不能反映产品和服务的进步。由于 GDP 的数据是根据产品和服务的市场价格统计而得，而生产技术水平的进步可能会降低产品和服务的市场价值，因而 GDP 不能反映出这种技术水平的进步。例如，现在生产出来的汽车要比半个世纪以前生产的汽车质量、性能都好得多，但由于社会生产力的提高，现在的生产成本可能比过去低得多，而 GDP 对此却无法反映出来。

(4)GDP 的统计有一定的误差。GDP 许多数据是根据抽样调查得出来的，其中包含一定的误差。有些是根据人们的申报得出来的，由于种种原因，人们在申报时往往并不反映真实情况，因而统计出来的数字存在一定程度的虚假成分。此外，由于各国的情况不同，具体的政策规定不同，故统计出来的 GDP 并不基于同样的标准。

2.（北京师范大学 2006 年研）试评述国民收入核算理论，为什么要用绿色 GDP 替代 GDP?

答案：(1)诺贝尔经济学奖获得者萨缪尔森在《经济学》教科书中把 GDP 称作 20 世纪最伟大的发明之一。GDP 代表一国或一个地区所有常住单位在一定时期内全部生产活动（包括产品和劳务）的最终成果，是社会总产品价值扣除了中间投入价值后的余额，也就是当期新创造财富（包括有形和无形）的价值总量。由于 GDP 是以一个国家或地区所有经济单位（包括住户）的生产成果为对象进行核算的，它的核算覆盖国民经济所有行业，并具有国际上通用的核算原则与方法，是衡量国家之间、地区之间经济活动总量的国际通用语言。因此，GDP 是全世界通用的最重要的宏观经济指标，是一个国家和地区总体经济实力的根本体现，是国民经济宏观调控的重要参数，尤其是在政府制定经济政策、实行宏观监控以及宏观经济分析方面具有重要意义。

但是，GDP 具有局限性。GDP 不能反映经济发展对资源环境所造成的负面影响，不能准确地反映经济增长质量，不能准确地反映一个国家或地区的财富变化，GDP 也不能反映某些重要的非市场经济活动，更不能反映一个国家和地区收入分配的差异和社会公平度，因此 GDP 不是万能的。

(2)1992 年里约会议之后，可持续发展观被世界各国政府广泛认同。人们普遍意识到需要对传统的国民经济核算体系进行修正，从传统意义上的 GDP 中扣除不属于真正财富积累的虚假部分，从而再现一个真实的、可行的、科学的指标，即“真实 GDP”，也就是人们所说的“绿色 GDP”，使其能更准确地说明增长与发展的数量表达和质量表达的对应关系。绿色 GDP 指标实质上代表了国民经济增长的净的正效应。绿色 GDP 的比重高，表明经济增长的正面效应越高，即为社会创造的财富越多；负面效应越低，即向生态环境索取资源、排放废物或破坏生态环境的情况越少，反之亦然。用绿色 GDP 替代传统的 GDP 可以较为真实地衡量经济发展的水平，衡量经济福利水平的提高程度，弥补传统 GDP 的不足。

教材习题参考答案

1. 宏观经济学和微观经济学有什么联系和区别？为什么有些经济活动从微观看是合理的、有效的，而从宏观看却是不合理的、无效的？

答案：(1)含义：微观经济学以单个经济单位为研究对象，通过研究单个经济单位的经济行为和相应的经济变量单项数值的决定来说明价格机制如何解决社会的资源配置问题。宏观经济学以整个国民经济为研究对象，通过研究经济中各有关总量的决定及其变化，来说明资源如何才能得到充分利用。

(2)联系：①微观经济学与宏观经济学是互相补充的；②微观经济学与宏观经济学的研究方法都是实证分析；③微观经济学是宏观经济学的基础。

(3)区别：①研究对象不同。微观经济学的研究对象是单个经济单位的经济行为，宏观经济学的研究对象是整个经济。②解决的问题不同。微观经济学解决的问题是资源配置，宏观经济学解决的问题是资源利用。③中心理论不同。微观经济学的中心理论是价格理论，宏观经济学的中心理论是国民收入决定理论。④研究方法不同。微观经济学的研究方法是个量分析，宏观经济学的研究方法是总量分析。

总体经济行为并不是个体经济行为的简单加总，所以有些经济活动从微观看是合理的、有效的，从宏观看却是不合理的、无效的。

2. 举例说明最终产品和中间产品的区别不是根据产品的物质属性，而是根据产品是否进入最终使用者手中。

答案：轮胎如果是卖给汽车制造商用于装配汽车，则是中间产品；如果卖给消费者，则是最终产品。

3. 为什么人们从公司债券中得到的利息应计入 GDP，而从政府公债中得到的利息不计入 GDP？

答案：购买公司债券实际上是借钱给公司，公司从人们手中借到了钱用于生产，如购买机器设备就是提供生产性的服务，可以被认为创造了价值，因而公司债券可以看作资本这一要素，投入生产获得的报酬或收入要计入 GDP。政府公债利息往往看作转移支付，因为政府借的债不一定投入生产，往往是用于弥补财政赤字，政府公债利息常常被看作从纳税人身上取得的收入加以支付，因而习惯上看作转移支付。

4. 为什么政府给公务员发工资要计入 GDP，而给灾区或困难人群发的救济金不计入 GDP？

答案：因为政府所发的工资用于购买公务员的劳动，对于公务员是个人收入，而给灾区的救济金是政府的转移支付。

5. 为什么企业向政府缴纳的间接税也计入 GDP？

答案：企业间接税也是企业生产出来的价值之一，只不过这部分价值以税收的形式上缴国家，而只要是生产出来的价值都要计入 GDP，所以企业间接税要计入 GDP。

6. 假设某国某年发生了以下活动：(a)一银矿公司支付 7.5 万美元给矿工开采了 50 千克银卖给一个银器制造商，售价 10 万美元；(b)银器制造商支付 5 万美元工资给工人加工一批项链卖给消费者，售价 40 万美元。

(1)用最终产品生产法计算 GDP。

(2)在生产活动中赚得的工资和利润各共为多少？用收入法计算 GDP。

答案:(1)最终产品生产法:银矿—银—项链。项链为最终产品,价值 40 万美元。

(2)收入法核算 GDP＝工资＋利润。在生产活动中,所获工资共计 7.5＋5＝12.5(万美元),在生产活动中,所获利润共计(10－7.5)＋(30－5)＝27.5(万美元)。

用收入法计算的 GDP 为 12.5＋27.5＝40(万美元)。

可见,最终产品生产法和收入法计算得到的 GDP 是相同的。

7. 一经济社会生产三种产品:书、面包和菜豆。它们在 2016 年和 2017 年的产量和价格如表 12-4 所示。

表 12-4 三种产品在 2016 年和 2017 年的产量和价格

	2016 年		2017 年	
	产量	价格	产量	价格
书(本)	100	10 美元	110	10 美元
面包(条)	200	1 美元	200	1.5 美元
菜豆(千克)	500	0.5 美元	450	1 美元

试求:

(1)2016 年名义 GDP。

(2)2017 年名义 GDP。

(3)以 2016 年为基期,2016 年和 2017 年的实际 GDP 是多少？这两年实际 GDP 变化多少百分比？

(4)以 2017 年为基期,2016 年和 2017 年实际 GDP 是多少？这两年实际 GDP 变化多少百分比？

(5)"GDP 的变化取决于我们用哪一年的价格作为衡量实际 GDP 的基期价格。"这句话是否正确？

(6)用 2016 年作为基期,计算 2016 年和 2017 年的 GDP 折算指数。

答案:(1)2016 年名义 GDP＝100×10＋200×1＋500×0.5＝1450(美元)。

(2)2017 年名义 GDP＝110×10＋200×1.5＋450×1＝1850(美元)。

(3)以 2016 年为基期,2016 年实际 GDP＝100×10＋200×1＋500×0.5＝1450(美元),2017 年的实际 GDP＝110×10＋200×1＋450×0.5＝1525(美元),这两年实际 GDP 变化百分比＝(1525－1450)/1450＝5.17%。

(4)以 2017 年为基期,2017 年实际 GDP＝110×10＋200×1.5＋450×1＝1850(美元),2016 年的实际 GDP＝100×10＋200×1.5＋500×1＝1800(美元),这两年实际 GDP 变化百分比＝(1850－1800)/1800＝2.78%。

(5)这句话是不完整的,GDP 的变动由两个因素造成:一是所生产的物品和劳务的产量的变动,二是物品和劳务的价格的变动。

(6)用 2016 年作为基期,2016 年 GDP 折算指数＝名义 GDP/实际 GDP＝1450/1450＝100%,2017 年的 GDP 折算指数＝1850/1525＝121.31%。

8. 假定一国有如表 12-5 所示的国民收入统计资料。

表 12-5　某国的国民收入统计资料

单位：亿美元

国内生产总值	4800
总投资	800
净投资	300
消费	3000
政府购买	960
政府预算盈余	30

试计算：(1)国内生产净值；(2)净出口；(3)政府税收减去转移支付后的收入；(4)个人可支配收入；(5)个人储蓄。

答案：(1)国内生产净值＝国内生产总值－资本折旧，而资本折旧等于总投资减净投资后的余额，即 800－300＝500(亿美元)。因此，国内生产净值＝4800－500＝4300(亿美元)。

(2)由 $GDP=c+i+g+nx$，得到 $nx=GDP-c-i-g$。从而，净出口 $nx=4800-3000-800-960=40$(亿美元)。

(3)用 BS 代表政府预算盈余，T 代表净税收即政府税收减去政府转移支付后的收入，则有 $BS=T-g$，从而有 $T=BS+g=30+960=990$(亿美元)。

(4)个人可支配收入＝个人收入－个人所得税＋政府转移支付。本题中没有说明间接税、公司利润、社会保险税等因素，因此，可从国内生产净值中直接得到个人可支配收入，即 $y_D=NDP-T=4300-990=3310$(亿美元)。

(5)个人储蓄＝个人可支配收入－消费，即 $S=y_D-C=3310-3000=310$(亿美元)。

9. 假设国内生产总值是 5000，个人可支配收入是 4100，政府预算赤字是 200，消费是 3800，贸易赤字是 100(单位都是亿元)。试计算：(1)储蓄；(2)投资；(3)政府支出。

答案：(1)用 S 表示储蓄，用 y_D 代表个人可支配收入，由储蓄＝个人可支配收入－消费，可得 $S=y_D-c=4100-3800=300$(亿元)。

(2)用 i 代表投资，用 S_p、S_g、S_r 分别代表私人部门、政府部门和国外部门的储蓄，则为 $S_g=t-g=BS$，在这里 t 代表政府税收收入，g 代表政府支出，BS 代表预算盈余。在本题中，$S_g=BS=-200$(亿元)，$S_r=100$，因此 $i=S_p+S_g+S_r=300+(-200)+100=200$(亿元)。

(3)从 $GDP=c+i+g+(x-m)$中可知，政府支出 $g=5000-3800-200-(-100)=1100$(亿元)。

10. 举例说明资本存量、总投资、净投资和重置投资四者的关系，这四者是否都计入 GDP？它们是否一定都是正数？

答案：总投资是指一定时期内增加到资本存量中的资本流量，而资本存量是经济社会在某一时点上的资本总量。假定某国在某年的投资是 4000 亿美元，该国在该年的资本存量可能是 2 万亿美元(包括厂房、机械设备及存货价值)。厂房、机器设备等会不断磨损。假定该年磨损掉的资本价值即折旧(包括物质磨损和精神磨损)有 1000 亿美元，则上述 4000 亿美元的投资中就有 1000 亿美元要用来补偿旧资本消耗，净增加的资本只有 3000 亿美元，这 3000 亿美元就是净投资，而这 1000 亿美元因使用于重置资本设备，即用来替换或补偿旧资本消耗，故称为重置投资。净投资加上重置投资就是总投资，即上述的4000亿美元。用支出法计算GDP时的投资，指的就是总投资。

从上述可知，资本存量、总投资和重置投资不可能是负数。拿总投资来说，即使本年度没有生产任何资本，总投资也只是零而不能为负。重置投资也不可能为负数，因为设备消耗掉了，即使不补偿，重置投资也只是零，不能是负数。但净投资情况就不同了，如果本年度生产的资本品不足以弥补资本消耗的折旧，净投资就要成为负数。例如，本年度投入了价值1000万美元的1000台机器，但报废了1万美元/台的机器1200台，这样尽管总投资达1000万美元，但由于重置投资达1200万美元，因此净投资就是－200万美元。

11. 为什么存货会被算作资本，存货变动会被算作投资？

答案：存货对厂商来说像设备一样，能提供某种服务，例如，当市场发生意料之外的需求增加时，存货可应付这种临时增加的需要，同时，生产过程要连续不断地维持下去，仓库也必须有足够的原料储备。至于商店，更需要库存必需的商品，才能满足顾客的需要。可见，库存对厂商的正常经营来说是必不可少的，它构成资本存量的一部分。

GNP是某经济社会在每一时期所生产的产品价值。如果把存货排除在GNP之外，所计得的就只是销售额，而不是生产额。例如，某国某年生产了9000亿美元产值，但只卖掉8500亿美元，还有500亿美元要作为存货投资计入GNP，即看作企业自己购买存货的支出计入GNP。

12. 为什么计入GDP的只能是净出口而不是出口？

答案：出口是本国生产的一部分，因而也是本国GDP的一部分，而从外国进口的货物并不是本国生产的一部分，只是外国生产的一部分，被计入本国的消费支出、投资支出和政府购买的一部分。例如，进口一台价值10万美元的机器被计入本国投资，进口价值5万美元的香水被计入本国消费，进口价值15万美元的军火被计入政府购买。如果我们计算投资、消费和政府购买时不把这30万美元的进口减去，就会误把外国生产的GDP记作本国的GDP。因此，我们计算GDP时，必须从出口中扣除进口即仅计算净出口，否则，我们就会犯多计算GDP的错误。

13. 假定甲厂商为乙厂商提供服务应得的报酬为400美元，乙厂商为甲厂商提供服务应得的报酬为300美元，甲和乙商定互相抵消300美元，结果甲只收乙100美元。试问计入GDP的是否就是这100美元？

答案：国内生产总值用最终产品来计量，因此计入GDP的应是300＋400＝700（美元）。

14. 根据表12-6统计资料计算国民收入(NI)、国内生产净值(NDP)、国内生产总值(GDP)、个人收入(PI)。

表12-6　统计资料　　单位：亿美元

项目	金额	项目	金额	项目	金额
折旧	20	间接税	15	红利	100
公司利润	250	个人租金收入	140	社会保险税	10
雇员报酬	500	非公司企业主收入	200	政府转移支付	50
企业支付的利息	25				

答案：国内生产总值＝雇员报酬＋非公司企业主收入＋企业支付的利息＋个人租金收入＋公司利润＋间接税＋折旧＝500＋200＋25＋140＋250＋15＋20＝1150（亿美元）。

国内生产净值＝国内生产总值－折旧＝1150－20＝1130（亿美元）。

国民收入＝国内生产净值－间接税＝1130－15＝1115(亿美元)。

个人收入＝国民收入－公司利润＋红利－社会保险税＋政府转移支付＝1115－250＋100－10＋50＝1005(亿美元)。

15. 消费价格指数(CPI)能完美地衡量人们的生活费用变动吗?

答案:消费者价格指数能够在很大程度上反映人们的生活费用,但不能完美地衡量人们的生活费用。这是因为:

(1)消费者价格指数的"一篮子"商品和服务组合的种类和数量是固定的,如果一些消费者实际消费的"一篮子"商品和服务的组合和数量与计算 CPI 所采用的"一篮子"商品和服务不一致,这些消费者的生活费用及其变化就不能够完全在 CPI 上反映出来。

(2)CPI 没有考虑到消费者的替代倾向。当商品和服务的价格变动时,它们并不是同比例变动的,一些商品和服务价格上涨较明显,一些商品和服务价格上涨比较缓慢,而另一些商品和服务的价格甚至会下降。对此消费者会进行消费商品和服务的替代,即减少消费价格上升明显的商品和服务,增多消费价格上升缓慢甚至下降的商品和服务。但是,CPI 的"一篮子"商品和服务的组合是固定的,因此 CPI 会高估生活费用的变化。

(3)CPI 没有考虑新产品或新服务的出现。当新产品或新服务出现后,消费者有了更多的选择,而更多的选择意味着消费者为了维持既定生活水平所需要支出的钱可以减少了,因此 CPI 会高估生活费用的变化。

(4)CPI 难以反映和衡量产品和服务的质量。如果一种产品和服务的质量提高了,而这种产品和服务的价格保持不变,单位货币的购买力实际上是上升了;反之则下降。但由于 CPI"一篮子"商品和服务的组合是固定的,所以也难以反映和衡量产品和服务质量。

第十三章 国民收入的决定:收入—支出模型

知识脉络图

- 均衡产出
  - 概念:公式 $y=c+i$
  - 非计划存货投资:实际产出与均衡产出间的差额
- 凯恩斯的消费理论
  - 消费函数概念:公式 $c=c(y)$
  - 消费函数
    - 边际消费倾向(MPC)公式:$MPC=\frac{dc}{dy}$
    - 平均消费倾向(APC)公式:$APC=\frac{c}{y}$
  - 储蓄函数概念:公式 $s=s(y)$
  - 储蓄函数
    - 边际储蓄倾向(MPS)公式:$MPS=\frac{ds}{dy}$
    - 平均储蓄倾向(APS)公式:$APS=\frac{s}{y}$
  - 消费函数与储蓄函数的关系
- 两部门经济中国民收入的决定及变动
  - 宏观均衡条件:$i=s$
  - 均衡国民收入:$y=\frac{\alpha+i}{1-\beta}$
  - 支出角度:消费和计划投资 $y=c+i$
  - 收入角度:计划消费和计划储蓄 $y=c+s$
- 乘数论
  - 乘数原理
  - 投资乘数:$k=\frac{\Delta y}{\Delta i}=\frac{1}{1-\beta}$
  - 政府购买支出乘数:$k_g=\frac{\Delta y}{\Delta g}=\frac{1}{1-\beta}$
  - 税收乘数:$k_t=\frac{\Delta y}{\Delta t}=\frac{-\beta}{1-\beta}$
  - 政府转移支付乘数:$k_{t_r}=\frac{\Delta y}{\Delta t_r}=\frac{\beta}{1-\beta}$
  - 平衡预算乘数

三部门经济中的国民收入决定：

- 宏观均衡条件：$i+g=s+t$
- 均衡国民收入：$y=\dfrac{a+i+g-\beta t+\beta t_r}{1-\beta}$
- 支出角度：$y=c+i+g$
- 收入角度：$y=c+s+t$

四部门经济中的国民收入决定：

- 进口函数：$m=m_0+\gamma y$
- 均衡国民收入：$y=\dfrac{a+\bar{i}+\bar{g}-\beta\bar{t}+\beta\bar{t}_r+\bar{x}-m_0}{1-\beta+\gamma}$

复习提示

概念：凯恩斯定律、均衡产出、非计划存货投资、边际消费倾向、平均消费倾向、边际储蓄倾向、平均储蓄倾向、投资乘数、政府购买支出乘数、税收乘数、政府转移支付乘数、平衡预算乘数、对外贸易乘数、加速数。

理解：意愿消费和投资与实际消费和投资的区别，凯恩斯的绝对收入理论。

掌握：凯恩斯的国民收入决定模型及各种经济状态下的均衡收入如何决定；乘数理论，会计算各乘数；两部门、三部门、四部门经济中的乘数表达式，以及各因素对乘数的影响。

重点难点常识理解

1. 总需求

总需求指一国经济中所需求的商品总量。它由居民用户在消费上的计划支出、厂商在资本品上的计划支出、政府在对商品和劳务购买上的计划支出以及净出口所构成。

2. 均衡产出

均衡产出又叫均衡收入，指和总需求相等的产出，也就是经济社会的收入正好等于全体居民和企业想要有的支出时的产出。当产出水平等于总需求水平时，企业生产就会稳定下来。如果生产(供给)超过需求，企业的存货会增加，企业就会减少生产；如果生产低于需求，企业库存会减少，企业就会增加生产。总之，由于企业要根据产品销路来安排生产，一定会把生产定在和产品需求相一致的水平上。产出或收入的均衡条件是 $E=y$，即计划支出等于计划产出，非意愿存货投资等于零。均衡的条件也可以表示为 $i=s$，即计划投资等于计划储蓄。

要点解析：凯恩斯定律只能用于分析短期中收入和就业如何决定。凯恩斯定律提出的背景是1929—1933年的经济大萧条时期，凯恩斯认为需求决定供给，而不是萨伊提倡的供给决定需求，总需求是制约短期经济规模的短期因素，因此社会能够以不变的价格提供平衡需求的供给量。

“投资外生”是另外一个重要假设，即投资不随利率和产量变动，因此本章不必过早讨论投资决定问题，对国民收入的分析只在产品市场条件下进行。

3. 加速原理与加速数

论证投资水平取决于预期的产量变动的理论。加速原理可以用公式表示如下：

$$I_0=a\Delta Y, I_t=a\Delta Y+b, \Delta Y=Y_t-Y_{t-1}$$

其中，I_0 为净投资，a 为加速系数，ΔY 为产量的变动，即 $\Delta Y=Y_t-Y_{t-1}$，I_t 为总投资，b 为重置投资。这个理论假设厂商都力图使其希望的资本存量与预期的产出之间保持固定的比率。在加速原理中，利息率不起作用，因而它是一种最极端的关于投资决定因素的凯恩斯观点。例如，设 $a=2$，意指根据生产技术的要求，为使产量增加一定量，需要增加两倍的净投资。

加速原理的具体含义：①净投资是产量变化量的函数，而不是产量绝对量的函数。②投资的变动大于产量的变动。当产量增加时，投资的增长幅度大于产量的增长幅度；当产量减少时，投资的减少幅度大于产量的减少幅度。③要使投资保持增长，产量必须保持一定的增长率，如果产量水平不变或下降，投资水平必定下降。加速原理说明，产量水平的变动是影响投资水平的重要因素。

在西方宏观经济学中，加速原理具有重要的地位：它与乘数原理结合可以解释经济周期的原因；在哈罗德—多马模型中被用以解释经济增长。但加速原理也存在不足：它没有考虑影响投资的投资成本、技术进步、商业风险等因素，难以准确说明产量对投资的影响。此外，加速原理的应用需要有一个条件，即只有实现了充分就业，设备被充分利用起来，它才能起作用。

4. 边际消费倾向与平均消费倾向

边际消费倾向指每增加一单位收入中用于增加消费部分的比率。可以表示为

$$MPC=\frac{\Delta c}{\Delta y}$$

其中，Δc 为增加的消费，Δy 为增加的收入。一般而言，边际消费倾向在 0 和 1 之间波动。在西方经济学中，任何增加的收入无非两个用途：消费和储蓄。所以，边际消费倾向与边际储蓄倾向之和必定为 1。根据消费统计资料，短期中的边际消费倾向小于平均消费倾向，长期中的边际消费倾向等于平均消费倾向。边际消费倾向既可以指国民收入的消费倾向，也可以指可支配收入的消费倾向。

平均消费倾向指在任一收入水平上消费支出在收入中的比率，可记为 $APC=c/y$。凯恩斯认为，当收入增加时，平均消费倾向下降。

5. 政府购买乘数、政府转移支付乘数与税收乘数

政府转移支付乘数指收入变动对政府转移支付变动的比率。在三部门经济中，$k_{t_r}=\frac{\Delta y}{\Delta t_r}=\frac{\beta}{1-\beta}$。政府转移支付乘数的绝对值和税收乘数相同，但符号相反。

政府支出的乘数原理指在宏观经济中，国民收入随着政府支出的增长成倍数增长。根据公式 $\Delta y=k_g\Delta g$，其中 k_g 为乘数值，Δg 为政府支出的变化，这个公式表明了政府支出需求变化导致了产出以 k_g 倍变化。这个原理反映了政府支出的变化必然在经济中的各部门间引起连锁反应从而使

收入以 k_g 倍增加。在三部门经济中，$k_g=\frac{\Delta y}{\Delta g}=\frac{1}{1-\beta}$。其中，$k_g$ 为政府购买支出乘数，Δy 为收入变动，Δg 为政府支出变动，β 为边际消费倾向。政府购买乘数和投资乘数相等，有 $k_g=k$。

税收乘数指收入变动对税收变动的比率，即 $k_t=\frac{\Delta y}{\Delta t}=\frac{-\beta(1-t)}{1-\beta(1-t)}$（如果只考虑定量税对总收入的影响，则为 $k_t=\frac{\Delta y}{\Delta t}=\frac{-\beta}{1-\beta}$，税收乘数等于边际消费倾向对边际储蓄倾向之比的负数值）。其中，k_t 为税收乘数，Δy 为收入变动，Δt 为税收变动，β 为边际消费倾向，t 为边际税率。税收乘数为负值，表示收入随税收增加而减少，随税收减少而增加。

要点解析：政府购买支出乘数、税收乘数和转移支付乘数的关系：

(1)三者绝对值的大小为政府购买支出乘数大于税收乘数以及转移支付乘数。

(2)改变政府购买水平对宏观经济活动的影响要大于改变税收和转移支付带来的效果，改变政府购买水平是财政政策中最有效的手段。原因在于政府购买支出直接作用于国民经济，而税收和转移支付则是间接影响国民经济，它们主要是通过影响消费进而影响总产出。

6. 绝对收入假说

凯恩斯在《就业、利息和货币通论》中提出，消费支出和收入之间有稳定的函数关系，消费函数若假设为 $c=\alpha+\beta y$，其中 $\alpha>0$，$0<\beta<1$，c、y 分别为当期消费和收入，β 为边际消费倾向。凯恩斯提出边际消费倾向随收入 Y 的增加而递减，平均消费倾向 $\frac{c}{y}$ 也随收入的增加而有递减的趋势。

7. 边际消费倾向递减规律

边际消费倾向递减规律又称为边际消费递减规律，是凯恩斯提出的三大基本心理规律之一。它是指人们的消费虽然随收入的增加而增加，但消费的增量不如收入的增量那样多。由于人们总是不把所增加的收入全部消费掉，而要留下一部分作为储蓄，这样人们的收入越是增加，消费支出占全部收入的比例就越小。

凯恩斯认为，边际消费倾向递减规律是由人类的天性所决定的。由于这个规律的作用，增加的产量在除去个人消费增加以后，就留下了一个缺口。假如没有相应的投资来填补这个缺口，产品就会有一部分无法销售出去，于是就会出现有效需求不足，引起生产紧缩和失业。

8. 乘数与投资乘数

乘数指收入的变化与带来这种变化的支出的初始变化之间的比率，用公式表示为 $k=\Delta Y/\Delta J$，其中，ΔY 为国民收入的变化，ΔJ 为支出的变化。乘数作用可通过初始支出后的消费和收入变化来说明。初始支出增加引起收入增加，增加的收入中将有一部分花费在其他商品和劳务上，这意味着生产这些商品和劳务的人的收入增加，随后他们也将花费一部分增加的收入。如此继续下去，最终引起的收入增量多倍于初始支出量，其大小取决于每一阶段有多少收入用于消费，即取决于人们的边际消费倾向。支出乘数包括投资乘数、政府购买乘数等。

投资乘数指收入的变化与带来这种变化的投资变化量的比率。投资乘数的大小与居民边际消费倾向有关。居民边际消费倾向越高，投资乘数则越大；居民边际储蓄倾向越高，投资乘数则越小。

即 $k=\Delta y/\Delta i=\frac{1}{1-\beta}$ 或 $k=1/(1-MPC)=1/MPS$，其中，Δy 为增加的收入，Δi 为增加的投资，MPC 或 β 为边际消费倾向，MPS 为边际储蓄倾向。投资增加会引起收入多倍增加，投资减少会引起收入成比例减少。由于这是凯恩斯最早提出来的，所以又叫“凯恩斯乘数”。投资乘数发挥作用的前提假设：①社会中存在闲置资源；②投资和储蓄的决定相互独立；③货币供应量的增加适应支出增加的需要。

9. 消费函数

消费函数即消费与收入之间的依存关系。凯恩斯认为，存在一条基本心理规律：随着收入的增加，消费也会增加，但消费的增加不如收入增加得多，消费和收入的这种关系叫作消费函数或消费倾向。以 c 代表消费，y 代表收入，则消费函数的一般形式为 $c=c(y)$。如果假定消费和收入之间存在线性函数关系，则边际消费倾向为一个常数，这时消费函数可以表示为 $c=\alpha+\beta y$，即消费等于自发消费和引致消费之和。

10. 萨伊定律和凯恩斯定律的对比分析

（1）萨伊定律认为供给自动创造需求。萨伊定律的背景是在工业革命时期，当时供给不足，需求过剩。这一命题的含义是任何产品的生产除了满足生产者自身需求外，其余部分总会用来交换其他产品，即形成对产品的需求。每个人实际上都是在用自己的产品去购买他人的产品，所以卖者也是买者。一种产品供给的增加，实际上也是对其他产品需求的增加；一国供给能力增加一倍，所有产品的供给量增加一倍，购买力也同时增加一倍。故总需求总是等于总供给，经济总能实现充分就业的均衡。需要注意，萨伊定律并不否定局部供求失衡，萨伊定律否定全面生产过剩的失衡。

（2）凯恩斯定律建立在三大基本心理规律基础之上，即边际消费倾向递减规律、资本边际效率递减规律和流动性偏好规律。凯恩斯定律的背景是大萧条时期，需求不足，凯恩斯定律论证了消费需求不足、投资需求不足从而导致有效需求不足的原因，认为有效需求不足会使供给不能达到充分就业的程度，从而导致非自愿失业的出现。

（3）萨伊定律与凯恩斯定律的区别在以下两个方面：

1）萨伊定律认为供给创造需求，凯恩斯定律认为需求创造供给。

2）萨伊定律主张放任自流的经济政策，凯恩斯定律则主张政府干预。

考研真题与难题详解

一、概念题

1.（东北大学 2003 年、2004 年研，首都经济贸易大学 2003 年研）投资乘数

答案：投资乘数指收入的变化与带来这种变化的投资变化量的比率。投资乘数的大小与居民边际消费倾向有关。居民边际消费倾向越高，投资乘数则越大；居民边际储蓄倾向越高，投资乘数则越小。即 $k=\Delta y/\Delta i=\frac{1}{1-\beta}$ 或 $k=1/(1-MPC)=1/MPS$，其中，Δy 为增加的收入，Δi 为增加的投资,MPC 或 β 为边际消费倾向,MPS 为边际储蓄倾向。投资增加会引起收入多倍增加,投资减少会引起收入成比例减少。由于这是凯恩斯最早提出来的,所以又叫"凯恩斯乘数"。投资乘数发挥作用的前提假设:①社会中存在闲置资源;②投资和储蓄的决定相互独立;③货币供应量的增加适应支出增加的需要。

2. 边际消费倾向

答案:边际消费倾向(MPC)指每增加一单位收入中用于增加消费部分的比率。边际消费倾向可以表示为

$$MPC=\frac{\Delta c}{\Delta y}$$

其中,Δc 为增加的消费,Δy 为增加的收入。一般而言,边际消费倾向在0和1之间波动。在西方经济学中,任何增加的收入无非两个用途:消费和储蓄。所以,边际消费倾向与边际储蓄倾向之和必定为1。根据消费统计资料,短期中的边际消费倾向小于平均消费倾向,长期中的边际消费倾向等于平均消费倾向。边际消费倾向既可以指国民收入的消费倾向,也可以指可支配收入的消费倾向。

3. 边际储蓄倾向

答案:边际储蓄倾向(MPS)指收入增加一单位所引起的储蓄的变化率。边际储蓄倾向可以表示为

$$MPS=\frac{\Delta s}{\Delta y}$$

其中,Δy 为收入的变化量,Δs 为储蓄的变化量。一般而言,边际储蓄倾向在0和1之间波动。因为全部新增收入要么用来消费,要么用来储蓄,所以边际储蓄倾向与边际消费倾向之和恒为1。边际消费倾向可以说成是国民收入的储蓄倾向,也可以说成是可支配收入的储蓄倾向。

4. (中央财经大学2007年研,华中科技大学2003年研,北京邮电大学2006年研,对外经济贸易大学2006年研)平衡预算乘数

答案:平衡预算乘数指政府收入和支出同时以相等数量增加或减小时国民收入变动对政府收入变动的比率。假设政府购买和税收各增加同一数量,即

$$\Delta g=\Delta t$$

$$\Delta y=k_g\Delta g+k_t\Delta t=\frac{1}{1-\beta}\Delta g+\frac{-\beta}{1-\beta}\Delta t$$

$$=\frac{1}{1-\beta}\Delta g+\frac{-\beta}{1-\beta}\Delta g=\Delta g$$

$$k_b=\frac{\Delta y}{\Delta g}=1$$

无论在定量税还是比例税下,平衡预算乘数均为1。根据平衡预算乘数,可以把财政政策的作用归纳为三种情况:①政府在增加支出的同时减少税收,将对国民收入有巨大的促进作用;②政府在增加支出的同时增加税收,保持平衡,对国民收入的影响较小;③政府在减少支出的同时增加税收,将会抑制国民收入的增长。

5. (中南财经政法大学2005年研,南开大学2007年研)节俭悖论

答案:节俭悖论是由凯恩斯最早提出的一种关于储蓄与国民收入之间相互作用的理论。节制

储蓄增加消费会减少个人财富，对个人是件坏事，但由于会增加国民收入使经济繁荣，对整个经济来说是件好事；节制消费增加储蓄会增加个人财富，对个人是件好事，但由于会减少国民收入引起萧条，对国民经济是件坏事。

节俭是一种美德。从理论上讲，节俭是个人积累财富最常用的方式。从微观上分析，某个家庭勤俭持家，减少浪费，增加储蓄，往往可以致富。然而根据凯恩斯的总需求决定国民收入的理论，节俭对于经济增长并没有什么好处。实际上，这里蕴含着一个矛盾：公众越节俭，降低消费，增加储蓄，往往会导致社会收入的减少。因为在既定的收入中，消费与储蓄呈反方向变动，即消费增加、储蓄就会减少，消费减少、储蓄就会增加。所以，储蓄与国民收入呈现反方向变动，储蓄增加，国民收入就减少；储蓄减少，国民收入就增加。根据这种看法，增加消费、减少储蓄会通过增加总需求而引起国民收入增加，就会促进经济繁荣；反之，就会导致经济萧条。由此可以得出一个蕴含逻辑矛盾的推论：节制消费、增加储蓄会增加个人财富，对个人是件好事，但由于会减少国民收入引起萧条，对国民经济却是件坏事。

节俭悖论告诉人们：节俭减少了支出，迫使厂家削减产量，解雇工人，从而减少了收入，最终减少了储蓄。储蓄为个人致富铺平了道路，然而如果整个国家加大储蓄，将使整个社会陷入萧条和贫困。

6.（中央财经大学 2011 年、2014 年研，东北财大 2015 年研）税收乘数

答案：税收乘数是指收入变动与引起这种变动的税收变动的比率。税收乘数有两种：一种是税率变动对总收入的影响，另一种是税收绝对量变动对总收入的影响。在定量税下，税收乘数用公式表示为 $k=-\beta/(1-\beta)$。其中，β 为边际消费倾向。可以看出，税收乘数为负值，税收乘数的绝对值等于边际消费倾向与 1 减边际消费倾向之比，或者边际消费倾向对边际储蓄倾向之比。

二、简答题

1.（北京科技大学 2007 年研）简要说明乘数理论的内容并加以分析。

答案：(1)乘数理论的内容。

1)前提假设：社会中存在闲置资源；投资和储蓄的决定相互独立；货币供应量的增加适应支出增加的需要。

2)内容：假如一国增加（或减小）一笔投资（以 Δi 表示），那么由此引起的国民收入增加量（或减小量）（以 Δy 表示）是这笔投资的若干倍，即 $\Delta y=k\Delta i$，其中 k 称为投资乘数。其原因是，各经济部门是相互关联的，某一部门的一项投资不仅会增加本部门的收入，而且会在国民经济其他部门中引起连锁反应，从而增加这些部门的投资与收入。

(2)经济理论中常见的各种乘数主要有以下 5 种：

1)投资乘数(k)。在两部门经济中，$\Delta y=\dfrac{\Delta i}{1-\beta}$，$k=\dfrac{\Delta y}{\Delta i}=\dfrac{1}{1-\beta}$（$\beta$ 为边际消费倾向）。在三部门经济中，加入政府部门后，须考虑税收因素，延续上面对税收函数的假设，t 为税率，定量税则视为 $t=0$ 时的特例，$\Delta y=\dfrac{\Delta i}{1-\beta(1-t)}$，则 $k=\dfrac{\Delta y}{\Delta i}=\dfrac{1}{1-\beta(1-t)}$。而且在这种情况下，不仅投资支出变动有乘数效应，政府购买、税收和政府转移支付的变动，同样有乘数效应。

2)政府购买支出乘数(k_g)。政府购买支出乘数指收入变动(Δy)对引起这种变动的政府购买支出变动(用 Δg 表示)的比率。在三部门经济中，$k_g=\frac{\Delta y}{\Delta g}=\frac{1}{1-\beta}$，$\beta$ 为边际消费倾向。

3)税收乘数(k_t)。税收乘数指收入变动对引起这种变动的税收变动(用 Δt 表示)的比率。此时指的是税收总量的变化而不是税率的变化，计算如下：

$$\Delta y=\frac{-\beta\Delta t}{1-\beta},k_t=\frac{\Delta y}{\Delta t}=\frac{-\beta}{1-\beta}$$

4)政府转移支付乘数(k_{t_r})。政府转移支付乘数指收入变动对政府转移支付变动的比率，即 $k_{t_r}=\frac{\Delta y}{\Delta t_r}=\frac{\beta}{1-\beta}$。政府转移支付乘数和税收乘数的绝对值相等，但符号相反。

5)平衡预算乘数。平衡预算乘数指政府收入和支出同时以相等数量增加或减小时国民收入变动对政府收入变动的比率。假设政府购买和税收各增加同一数量，即 $\Delta g=\Delta t$ 时，有

$$\Delta y=k_g\Delta g+k_t\Delta t=\frac{1}{1-\beta}\Delta g+\frac{-\beta}{1-\beta\Delta t}$$

$$=\frac{1}{1-\beta}\Delta g+\frac{-\beta}{1-\beta}\Delta g=\Delta g$$

$$k_b=\frac{\Delta y}{\Delta g}=1$$

无论在定量税还是比例税下，平衡预算乘数均为 1。

2.(西安交通大学 2006 年研)为什么投资的边际效率随着投资支出的增加而逐渐递减?

答案：(1)投资的边际效率也称“内在收益率”，是指一笔投资的未来收益折算成现值时的贴现率。它与资本边际效率的区别在于，它所指的是短期内投资的贴现率，而在短期由于各厂商会同时增加投资而使投资品的供给价格上升。

(2)投资边际效率递减的主要原因。

1)实际利率的提高会减少企业的实物投资数量。因为利率升高，投资者发现实物投资的回报不如购买国库券或在股市里投资，他们就会增加对金融资产的投资，而减少实物投资；利率下降，实际投资的收益率确实对投资者有利时，他们就会减少对金融资产的投资，而增加对实物的投资。

2)投资的边际收益存在着递减的趋势。无论是投资的边际效率，还是资本的边际效率都呈现向右下方倾斜的特征，这在本质上都反映了资本边际收益的递减。因为对企业家来说，在不考虑其他变量的情况下，资本的边际效益是投资的边际收益，市场的利率是投资的边际成本，为了获得投资利润的最大化，他们必须保持投资的边际收益等于投资的边际成本，也就是随着利率的下降而扩大投资规模，利率下降的轨迹因此也就是资本边际效益递减的轨迹。

3)投资的边际效益递减是由多方面的原因决定的。一是边际产出递减规律的作用，投资规模的扩大导致生产规模的扩大，生产规模的扩大又导致产出的增长速度越来越慢了。二是商品销售竞争的结果。投资规模的扩大导致产出的增加，企业之间销售的竞争必然导致商品价格的下降，从而造成产出的边际销售收入减少。三是生产要素的竞争推动投资成本的提高。因为许多企业的竞相投资造成所有生产要素，包括物资、资金和劳动力供给的紧张，从而导致这些要素价格的上升，投资成本随之增大。这些原因决定投资边际收益的递减，而递减的程度和速度则在不同的经济条件下有不同的表现。

3.（南开大学 2012 年研）以下三种方式中，哪种方式对总产出（总收入）产生的刺激效果最大？哪种方式最小？

（1）政府增加数量为 X 的开支；

（2）政府削减数量为 X 的税收；

（3）政府增加数量为 X 的开支，同时增加数量为 X 的税收，以保持财政平衡。

请说明你的理由。

答案：三种政策中，政策（1）对总产出（总支出）产生刺激效果最大，政策（2）和（3）哪个最小取决于边际消费倾向与 0.5 的大小比较。分析如下：

（1）如果政府增加数量为 X 的开支，考虑定量税的情况下，结合乘数效应可得产出增加 $X/(1-\beta)$，其中 β 为边际消费倾向。

（2）如果政府减少数量为 X 的税收，考虑定量税的情况下，结合乘数效应可得产出增加 $[\beta/(1-\beta)]X$，其中 β 表示边际消费倾向。

（3）如果政府增加数量为 X 的开支，同时增加数量为 X 的税收，以保持财政平衡。考虑定量税和比例税的情况下，平衡预算乘数都等于 1，因此，这种政策的实施会使得产出增加数量等于政府支出和税收变动相等的数量，即产出增加 X。

边际消费倾向为大于 0、小于 1 的数值，因此，三种政策中，政策（1）对总产出（总支出）产生刺激效果最大；当 $\beta>0.5$ 时，$\beta/(1-\beta)>1$，此时政策（3）效果最小；当 $\beta<0.5$ 时，$\beta/(1-\beta)<1$，此时政策（2）效果最小；当 $\beta=0.5$ 时，$\beta/(1-\beta)=1$，此时政策（2）和（3）效果一样。

4.（财政部财政科学研究所 2008 年研，昆明理工大学 2010 年研，中南财经大学 2011 年研）论述乘数原理的形成过程和条件。

答案：（1）乘数原理的形成过程。乘数是指自发总支出的增加所引起的国民收入增加的倍数。乘数原理说明了各种支出变动对国民收入变动的影响。乘数原理的形成过程分析如下：

设第一部门最初增加的支出为 ΔA，并设各部门的边际消费倾向为 β，则第一部门增加的支出会使消费需求增加 $\beta\cdot\Delta A$，从而又引起第二部门的收入增加了 $\beta\cdot\Delta A$，并且第二部门的收入中又要增加 $\beta^2\cdot\Delta A$ 的消费，于是，第三部门的收入又增加了 $\beta^2\cdot\Delta A$，第三部门的收入中又要增加 $\beta^3\cdot\Delta A$ 的消费。这种收入增加带动消费增加、消费增加又带动收入增加将在国民经济各部门中不断地循环下去直到国民经济再一次达到均衡，此时整个国民经济部门所增加的总支出 ΔAE 和国民收入 Δy 的关系则为 $\Delta y=\Delta A+\beta\Delta A+\beta^2\Delta A+\beta^3\Delta A+\cdots$，因为边际消费倾向 $0<\beta<1$，所以 $\Delta AE=\Delta y=[1/(1-\beta)]\Delta A$，其中 $[1/(1-\beta)]$ 即为乘数，表示均衡时国民收入的增加量 Δy 是自发支出增加 ΔA 的 $[1/(1-\beta)]$ 倍，并且在这里乘数的大小取决于边际消费倾向的大小，边际消费倾向越大，乘数越大；边际消费倾向越小，乘数越小。

（2）乘数原理发挥作用的条件：①社会中存在闲置资源，即社会中存在过剩生产能力；②投资和储蓄决定的相互独立性，要假定它们相互独立，否则，乘数作用要小得多；③货币供给量增加能否适应支出增加的需要，假定货币供给受到限制，则投资和消费支出增加时，货币需求的增加就得不到货币供给相应增加的支持，利率会上升，不但会抑制消费，还抑制投资，使总需求降低；④增加的收入不能用于购买进口货物，否则收入增加会受到限制。

三、计算题

1.（北京大学 2007 年研）$C=100+0.8Y_d$，$t=0.25$，$G=200$，$TR=62.5$，$I=50$，$T=tY$。求均衡收入是多少？边际税率的乘数是多少？政府支出的乘数是多少？平衡预算乘数是多少？实际收入水平是 800 时，求非计划投资是多少？

答案：(1)由方程组：

$$\begin{cases} C=100+0.8Y_d \\ Y_d=Y-tY+TR \\ Y=C+I+G \end{cases}$$

可解得 $Y=\dfrac{100+0.8TR+I+G}{0.2+0.8t}=\dfrac{100+0.8\times 62.5+50+200}{0.2+0.8\times 0.25}=1000$，故均衡收入为 1000。

(2)可以直接根据三部门的表达式来计算乘数，也可以根据乘数原理来推导。

$$\begin{cases} Y=C+I+G \\ C=\alpha+\beta Y_d \\ Y_d=Y+TR-T \\ T=T_0+tY \end{cases} \Rightarrow Y=\frac{\alpha+\beta TR-\beta T_0+I+G}{1-\beta(1-t)}$$

因此，边际税率乘数 $k_T=\dfrac{\mathrm{d}Y}{\mathrm{d}T}=\dfrac{-(\alpha+\beta TR-\beta T_0+I+G)\beta}{[1-\beta(1-t)]^2}=\dfrac{-\beta Y}{1-\beta(1-t)}$，

政府购买乘数为 $k_g=\dfrac{1}{1-\beta(1-t)}$。

把 $\beta=0.8$、$t=0.25$、$Y=1000$ 代入上面的计算公式，解得

$$k_T=\frac{-0.8\times 1000}{1-0.8(1-0.25)}=-2000$$

$$k_g=\frac{1}{1-0.8(1-0.25)}=2.5$$

平衡预算乘数为 1，其原因为，$\Delta Y=\Delta AD=\Delta C+\Delta I+\Delta G=\Delta C_0+c\Delta YD+\Delta I+\Delta G=c(\Delta Y-\Delta T+\Delta TR)+\Delta I+\Delta G=c\Delta Y-c\Delta T+\Delta G$，因为 $\Delta G=\Delta T$，所以有 $\Delta Y=c\Delta Y+(1-c)\Delta T$，得 $\Delta Y=\Delta T$，即平衡预算乘数为 1。

(3)当实际收入水平为 $Y=800$ 时，$C=100+0.8(800+62.5-0.25\times 800)=630$。

社会的总需求为 $Y=C+I+G=630+50+200=880$，此时，社会的非计划投资为 $800-880=-80$。

2.（中国人民大学 2007 年研）假设某一宏观经济有下列关系和数据描述：

消费曲线 $C=40+0.8Y_d$，其中，C 为消费，Y_d 为可支配收入；货币需求曲线 $L=0.2Y-5r$，其中，L 为货币需求，Y 为收入，r 为利息率；投资曲线 $I=140-10r$，政府购买 $G=50$，政府税收为 $T=0.2Y$，名义货币供给为 $M=200$，价格水平 $P=2$。

(1)求当经济中产品市场和货币市场同时均衡时的收入、利息率、储蓄和投资。

(2)如果政府购买 G 增加 50 时，求政府购买乘数。

答案：(1)

$$\begin{cases} Y=C+I+G \\ C=40+0.8Y_d \\ I=140-10r \\ G=50 \\ T=0.2Y \\ Y_d=Y-T \end{cases} \Rightarrow Y=40+0.8(Y-0.2Y)+140-10r+50$$

整理得 $r=23-0.036Y$（IS 曲线）。

$$\begin{cases} L=\dfrac{M}{P} \\ L=0.2Y-5r \Rightarrow 0.2Y-5r=\dfrac{200}{2} \\ P=2 \\ M=200 \end{cases}$$

整理得 $r=0.04Y-20$（LM 曲线）。

$$\begin{cases} r=0.04Y-20 \\ r=23-0.036Y \end{cases} \Rightarrow \begin{cases} Y=565.8 \\ r=2.6 \end{cases}$$

即当货币市场和产品市场都均衡时，均衡收入为 565.8，均衡利率为 2.6%，则有

$$S=I=140-10\times 2.6=114$$

即当货币市场和产品市场都均衡时，国民储蓄和投资均为 114。

(2)政府购买乘数为 $k_g=\dfrac{1}{1-MPC(1-t)}$，把 $MPC=0.8$、$t=0.2$ 代入上式，

解得 $k_g=\dfrac{1}{1-0.8(1-0.2)}=2.78$。

3.（中央财经大学 2007 年研）在一个多期经济模型中，假设每一期经济中同时存在年轻人和老年人，并且每个人生存两期。在第 t 期，每个年轻人拥有一单位劳动，通过提供劳动获得收入，并将劳动收入中的一部分用于第 t 期的消费 $c_{1,t}$（其中下标 1 表示年轻人，t 表示第 t 期），一部分用于储蓄 s_t；到了第 $t+1$ 期，t 期时的年轻人变成老年人，而且也不再有劳动收入，而是依靠年轻时存下的储蓄生活，消费为 $c_{2,t+1}$（其中下标 2 表示老年人，$t+1$ 表示第 $t+1$ 期）并用完所有储蓄。假设所有人的效用函数形式为 $U(c)=\dfrac{c^{1-\theta}}{1-\theta}$，$\theta>0$，市场利率为 r_1，主观贴现率为 p，工资率为 w。

(1)求年轻人的储蓄。

(2)提高工资率对年轻人的储蓄有什么影响？请解释。

(3)降低利率对年轻人的储蓄有什么影响？请解释。

答案：(1)该题所考查的是戴蒙德的 OLG 模型，代表性家庭的最优化问题为

$$\max_{C_{1,t}\cdot C_{2,t+1}} U_1=\frac{C_{1,t}^{1-\theta}}{1-\theta}+\frac{1}{1+p}\cdot\frac{C_{2,t+1}^{1-\theta}}{1-\theta}$$

$$\text{s. t.}\quad C_{1,t}+\frac{C_{2,t+1}}{1+r}=w$$

利用拉格朗日方法求解此问题，设拉格朗日函数为

$$L=\frac{C_{1,t}^{1-\theta}}{1-\theta}+\frac{1}{1+p}\cdot\frac{C_{2,t+1}^{1-\theta}}{1-\theta}+\lambda(w-C_{1,t}-\frac{C_{2,t+1}}{1+r})$$

一阶条件为

$$\frac{\partial L}{\partial C_{1,t}}=C_{1,t}^{-\theta}-\lambda=0 \quad ①$$

$$\frac{\partial L}{\partial C_{2,t+1}}=\frac{C_{2,t+1}^{-\theta}}{1+p}-\frac{\lambda}{1+r}=0 \quad ②$$

$$\frac{\partial L}{\partial \lambda}=w-C_{1,t}-\frac{C_{2,t+1}}{1+r}=0 \quad ③$$

由式①和式②化简可得$\frac{C_{2,t+1}}{C_1,t}=[\frac{1+r}{1+p}]^{\frac{1}{\theta}}$， ④

式④代入式③可得$C_{1,t}=\frac{(1+p)^{1/\theta}}{(1+p)^{1/\theta}+(1+r)^{(1-\theta)/\theta}}w$。

因此，年轻人的储蓄为

$$S_{1,t}=w-C_{1,t}=[1-\frac{(1+p)^{1/\theta}}{(1+p)^{1/\theta}+(1+r)^{(1-\theta)/\theta}}]w$$

(2)$\frac{\partial S_{1,t}}{\partial w}=[1-\frac{(1+p)^{1/\theta}}{(1+p)^{1/\theta}+(1+r)^{(1-\theta)/\theta}}]>0$，

因此，提高工资率会增加年轻人的储蓄。

(3)$\frac{\partial S_{1,t}}{\partial r}=\frac{(1+p)^{1/\theta}(1-\theta)/\theta}{[(1+p)^{1/\theta}+(1+r)^{(1-\theta)/\theta}]^2}(1+r)^{-1+(1-\theta)/\theta}w$，

因此，利率的变化同时会产生替代效应和收入效应。如果$0<\theta<1$，则降低利率会减少年轻人的储蓄；如果$\theta>1$，则降低利率会增加年轻人的储蓄；如果$\theta=1$，则降低利率不会对年轻人的储蓄产生影响。

4.（中央财经大学2005年研，暨南大学2012年研）假设在一个只有家庭和企业的两部门经济中，Y为收入，消费函数为$C=1000+0.8Y$，投资$I=1000$。（单位：10亿元）

(1)求均衡收入及相应的消费和储蓄额。

(2)当实际收入为12000时，求社会的非自愿存货；并回答收入将如何变化，并解释收入变化的原因。

(3)如果把投资增加400，相应增加的均衡收入是多少？

(4)投资乘数是多少？

答案：(1)由$Y=C+I$可得$Y=1000+0.8Y+1000$，

得$Y^*=10000$。

此时$C=1000+0.8\times10000=9000$，$S=Y-C=1000$。

(2)当$Y=12000$时，$C=1000+0.8\times12000=10600$，$C+I=11600$，

故社会非自愿存货为$12000-11600=400$。

总收入会减少。因为总产出大于总需求，社会非自愿存货使得厂商减少生产。

(3)当$I=1400$时，由$Y=C+I$可得$Y=1000+0.8Y+1400$，

得$Y^*=12000$，$\Delta Y^*=2000$。

(4)投资乘数 $K=\frac{1}{1-MPC}=5$。

四、论述题

1.（北京大学中国经济研究中心 2007 年研）理论上投资随利率上升而下降，但实证没有发现投资与利率的这种关系，试用均衡的观点说明这两个问题。

答案：(1)第一个问题是一个最优化问题，即是厂商追求利润最大化的结果。厂商是否要对新的实物资本如机器、设备、厂房、仓库等进行投资，取决于这些新投资的预期利润率与投资成本的比较。前者大于后者时，投资是值得的。因为利率是投资的一项最重要的成本，利率升高意味着投资的净收益率低，从而投资量减少。所以，投资随利率上升而下降。

(2)第二个问题是一个均衡的问题，即现实中的利率都是投资和储蓄相结合共同作用的均衡结果。实证方法是用实际观察到的数据去拟合投资和利率的关系，由于实际观察到的数据是均衡的结果，是由投资的需求和投资的供给共同决定的，从而会产生识别性问题。所以回归的结果并不一定能反映投资的需求面，也就是不一定能得出投资和利率的负相关性。事实上，由于储蓄和投资的不同变动情况，实际中的利率和投资可能表现出负相关，也可能表现出正相关，甚至毫无规律可循。图 13-1 的(a)、(b)、(c)分别反映了三种典型情形。

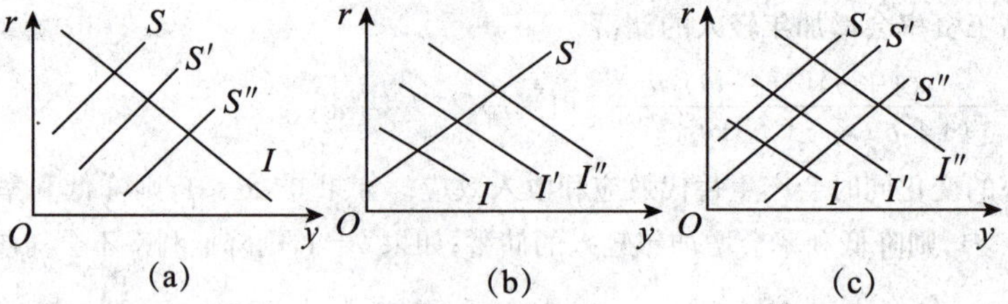

图 13-1　实证中的利率和投资之间的关系

2.（北京大学中国经济研究中心 2006 年研）用持久收入理论解释短期边际消费倾向与长期边际消费倾向为何不同。

答案：(1)持久收入理论认为，家庭的现期收入 y 由 y_p 和 y_1 两部分组成，$y=y_p+y_1$，其中，y_p 为持久收入部分，y_1 为当前收入对持久收入的随机扰动部分。家庭的消费决策取决于持久收入，而不是现期收入。

持久收入的消费理论可解释短期边际消费倾向为何小于长期边际消费倾向，具体解释为在短期中，收入的增加主要源于随机扰动部分 y_1 的增加，持久收入 y_p 变化不大，从而消费变化不大，表现为短期边际消费倾向较小。而在长期中，收入的增加则源于收入 y_p 的增加，从而消费也相应增加，表现为长期边际消费倾向较大。

(2)我们可以用一个简单的两时期模型更直观地表达上述观点。假设家庭两时期收入分别为 y_1 和 y_2，家庭按照持久收入 y_p 均等化两期消费 $c=c_1=c_2$。根据消费者的预算约束有

$$c+\frac{c}{1+r}=y_p+\frac{y_p}{1+r}=y_1+\frac{y_2}{1+r}$$

可得 $c=y_p=\frac{1+r}{2+r}\left(y_1+\frac{y_2}{1+r}\right)$。

短期内仅 y_1 变化，MPC 为$\frac{1+r}{2+r}$，趋于 1/2。

3.（南开大学 2013 年研）在 2012 年召开的党的十八大报告中提出："调整国民收入分配格局，着力解决收入分配差距较大问题，使发展成果更多更公平惠及全体人民，朝着共同富裕方向稳步迈进。"同时报告指出，到 2020 年，实现国内生产总值和城乡居民人均收入比 2010 年翻一番。

（1）结合你所学的经济学知识，论述党的十八大报告中提出的收入分配格局调整对于我国扩大内需及拉动居民消费的意义。

（2）结合你所学的经济学知识，论述在我国今后的发展目标中同时考虑国内生产总值和城乡居民人均收入增长的原因及意义。

（3）结合你所学的经济学知识，论述实现国民收入分配格局调整和城乡居民收入翻番的有关政策手段。

答案：（1）党的十八大报告中提出的收入分配格局调整对于我国扩大内需及拉动居民消费的意义可以结合凯恩斯的消费理论进行分析。

1）根据凯恩斯的消费理论，边际消费倾向是递减的。按照该理论，由于中低收入者具有更高的边际消费倾向，从而提高中低收入者的收入水平可以促进我国扩大内需、拉动居民消费。

2）凯恩斯关于消费函数的三大猜测之一是平均消费倾向随着收入的增加而减少。这意味着穷人的平均消费倾向比富人高，按照该理论，由于中低收入者具有更高的平均消费倾向，从而提高中低收入者的收入水平可以促进我国扩大内需、拉动居民消费。

3）社会消费函数不是家庭消费函数的简单加总，国民收入分配情况会影响社会总体的消费情况。富有者边际消费倾向较低，贫穷者边际消费倾向较高。国民收入分配越不均等，社会消费曲线就越是向下移动。提高中低收入者的收入水平，更加注重公平性，这样就会使得消费曲线向上移动，有助于扩大国内需求、拉动居民消费。综上所述，收入分配格局调整对扩大内需、拉动消费起着非常重要的推动作用。

（2）我国在今后的发展目标中同时考虑国内生产总值和城乡居民人均收入增长的原因主要如下：

1）GDP 不是一个完美的指标，用 GDP 衡量国民经济活动存在很多缺陷。GDP 指标存在以下几点缺陷：①它不能反映社会成本；②它不能反映经济增长的方式和为此付出的代价；③它不能反映经济增长的效率、效益和质量；④它不能反映人们的生活质量；⑤它不能衡量社会财富分配情况和社会公正程度。

另外，GDP 的统计有一定的误差。GDP 的许多数据是根据抽样调查得出来的，其中包含一定的误差。由于种种原因，人们往往并不反映真实情况，因而统计出来的数字存在一定程度的虚假成分。

2）从国民收入核算的角度看，可能会存在"GDP 快速增长，而居民可支配收入却增长缓慢"的可能性，我国近年的情况正说明了这一点。从我国近几年经济发展的实际情况来看，GDP 增长虽快，但是城乡居民可支配收入增长却落后于 GDP 的增长。出现这种情况的主要原因：①生产要素报酬意义上的国民收入并不会全部成为个人的收入；②从我国的实际情况看，我国经济快速增长更多的是建立在固定资产投资超常规增长的基础上，居民可支配收入和消费支出增长缓慢。在我国，劳动者报酬所占比重大致稳定在 50%，所占比重较低，经济增长过程中民众并没有获得同等的福利待遇。这在一定程度上影响到我国经济的长期发展，特别是国内消费支出的扩大等。

我国今后的发展目标中同时考虑国内生产总值和城乡居民人均收入增长的意义主要如下：

1)有利于扩大内需，拉动居民消费。

2)有利于处理好保持经济平稳较快发展、调整经济结构和管理通胀预期的关系。

3)更加注重公平，有利于调动人民群众的积极性，为全面建设小康社会奠定坚实的基础。

(3)为实现国民收入分配格局调整和城乡居民收入翻番，可采取以下政策手段：

1)千方百计增加就业，改变就业结构，使低收入阶层的收入水平得到大幅度的提高。

2)继续健全并实施再分配政策，进一步促进国民收入分配结构调整。完善社会保障制度，实现公共服务均等化，提高社会保障统筹层次，扩大社会保障覆盖面；建立基本住房保障制度，降低居民住房利息支出，提高居民消费能力；完善转移支付制度，提高转移支付效率。

3)注重税收对收入差距的调节。一是通过税制变动直接影响收入的初次分配结构；二是实现收入再分配，从而调整收入差距；三是利用差别税率的行为课税来调整收入差距；四是利用财产税制来调整财富差距；五是利用流转税和企业所得课税手段增强弱势群体收入获取能力。

4)加大国家财政转移支付的力度。通过这一强有力的国家财政手段合理地调节社会财力的分配，以缓解因地理位置、自然资源分布、历史原因等而引起的东、中、西部发展不平衡所带来的收入分配的差异。

4.(财政部财政科学研究所2010年研)简述“绿色GDP”概念提出的背景、现实意义和实施上的难点。

答案：绿色GDP泛指在一国(或地区)扣减资源耗减成本与环境降级成本之后的生产活动最终成果。

(1)“绿色GDP”概念提出的背景首先在于随着经济社会的发展和进步，发现GDP指标有一定的局限性：①它不能反映社会成本；②它不能反映经济增长方式付出的代价；③它不能反映经济增长的效率和效益；④它不能反映人们的生活质量；⑤它不能反映社会收入和财富分配的状况。

(2)绿色GDP的现实意义：①有利于环境的保护改善。实行“绿色GDP”的发展指标，有利于节约能源、保护和改善环境。②有利于经济增长模式的转变。可持续发展是一种全新的发展观，它符合当今社会发展的趋势。绿色GDP的实施有利于经济持续稳定的增长。③有利于国家的协调发展。严峻的事实告诉我们，单纯的以经济增长为目标的发展模式是不可能持续的，实施绿色GDP的发展指标，建立绿色GDP的核算体系，有利于国家的协调发展。

(3)实施绿色GDP的难度：①认识观念不够全面、深刻。虽然关于建立绿色GDP核算的重要性已基本形成了共识，但仍有相关一部分领导和专家对此认识不足，还没有树立正确的资源环境价值观，在思想上和实际工作中重视程度不够。②绿色核算技术还不够完美。环境成本计量是绿色GDP核算的基础，但环境成本的计量却是非常困难的事情。这种困难主要来源于环境成本的时间因素、空间因素和非市场价格问题。③国际上还没有成功的经验可供借鉴。到现在为止，尚没有哪一个国家能够完成全面的环境经济核算，计算出一个全面的绿色GDP指标，也没有一个国家以政府的名义正式公布绿色GDP统计数据。④绿色核算的制度安排基本空白。绿色GDP从概念的提出到现今已有一段时间，之所以没有从理论到实践取得突破性进展，其中一个重要的原因就是绿色GDP核算的相关法规制度安排还基本空白。

教材习题参考答案

1. 能否说边际消费倾向和平均消费倾向总是大于0而小于1？

答案：消费支出和收入的关系可以从两个方面加以考察，一是考察边际消费倾向（$MPC=\frac{\Delta c}{\Delta y}$或$MPC=\frac{dc}{dy}$），即考察消费支出变动量和收入变动量的关系；二是考察平均消费倾向（$APC=\frac{c}{y}$），即考查一定收入水平上消费支出量和该收入量的关系。

边际消费倾向总大于0而小于1。因为一般说来，消费者增加收入后，既不会分文不消费（即$MPC=\frac{\Delta c}{\Delta y}=0$），也不会把增加的收入全用于增加消费（即$MPC=\frac{\Delta c}{\Delta y}=1$），一般情况是一部分用于增加消费，另一部分用于增加储蓄，即$\Delta y=\Delta c+\Delta s$，因此$\frac{\Delta c}{\Delta y}+\frac{\Delta s}{\Delta y}=1$，所以有$\frac{\Delta c}{\Delta y}=1-\frac{\Delta s}{\Delta y}$。只要$\frac{\Delta s}{\Delta y}$不等于1或0，就有$0<\frac{\Delta c}{\Delta y}<1$。可是，平均消费倾向就不一定总是大于0而小于1。当人们收入很低甚至是零时，平均消费倾向也会大于1，因为此时也必须消费，哪怕借钱也要消费。例如，在图13-2中，当收入低于y_0时，平均消费倾向就大于1。从图13-2中可见，当收入低于y_0时，消费曲线上任一点与原点相连的连线与横轴所形成的夹角总大于45°，因而这时$\frac{c}{y}>1$。

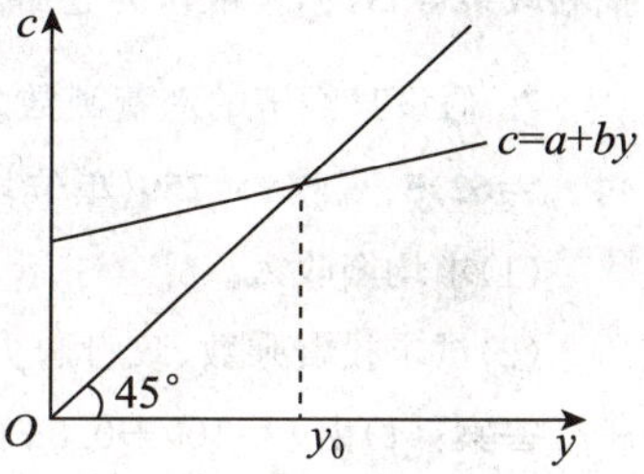

图13-2　平均消费倾向

2. 什么是凯恩斯定律？提出凯恩斯定律的社会经济背景是什么？

答案：英国经济学家凯恩斯于20世纪30年代提出的需求能创造出自己的供给，因此政府采取措施刺激需求以稳定经济的论点。这是凯恩斯根据对总供给和总需求之间关系的分析，为推行其国家干预经济的政策而提出的与萨伊定律截然相反的论点。凯恩斯认为，仅靠自由机制是无法保证经济稳定增长、达到充分就业的，必须加强国家干预。据此他提出，在需求出现不足（有效需求不足）时，应当由政府采取措施来刺激需求，而总需求随着投资的增加，可使收入增加，消费也将增加，经济就可以稳定地增长，以至达到充分就业，使生产（供给）增加。这一论点被凯恩斯的追随者们奉为定律，叫凯恩斯定律。提出凯恩斯定律的社会经济背景是20世纪30年代的经济大萧条时期，以政府干预为主的凯恩斯主义开始登上历史舞台。

3. 为什么一些西方经济学家认为，将一部分国民收入从富人转给穷人将提高总收入水平？

答案：将国民收入从富人转移到穷人，因为穷人的边际消费率更高，换句话说，就是因为穷人的收入大部分用来消费，而富人的收入大部分都用来储蓄了，穷人得到钱更倾向于消费，这样就能增加社会总需求，从而使社会总产出增加，也就提高了社会总收入水平。

4. 为什么政府购买乘数的绝对值大于政府税收乘数和政府转移支付乘数的绝对值？

答案：政府购买本身就是总支出的组成部分，再加上政府购买的杠杆作用，所以它对总支出的影响最大。税收和转移支付不是总支出的组成部分，它通过影响消费来影响总支出，所以影响程度要小于政府购买。因而政府（支出）购买乘数的绝对值大于政府税收乘数和政府转移支付乘数的绝对值。

5. 平衡预算乘数作用的机理是什么？

答案：乘数效应是一种宏观的经济效应，是指经济活动中某一变量的增减所引起的经济总量变化的连锁反应程度。在经济学中，乘数效应更完整地说是支出/收入乘数效应，是宏观经济学的一个概念，也是一种宏观经济控制手段，是指支出的变化导致经济总需求与其不成比例的变化。原理是一个变量的变化以乘数加速度的方式引起最终量的增加。

6. 税收、政府购买和转移支付这三者对总需求的影响有何区别？

答案：政府购买本身就是总支出的组成部分，再加上政府购买的杠杆作用，所以它对总支出的影响最大。税收不是总支出的组成部分，它通过影响消费来影响总支出，所以影响程度要小于政府购买。转移支付和税收的性质相同，也不是总支出的组成部分，只是操作方向相反而已。由于诸如福利政策等目的，一般认为它对总支出的影响极小。

7. 假设某经济的消费函数为 $c=100+0.8y_d$，投资 $i=50$，政府购买性支出 $g=200$，政府转移支付 $t_r=62.5$，税收 $t=250$（单位均为 10 亿美元）。

（1）求均衡收入。

（2）试求投资乘数、政府购买乘数、税收乘数、政府转移支付乘数、平衡预算乘数。

答案：（1）由 $c=100+0.8y_d$，$y_d=y-t+t_r$，$y=c+i+g$。

可得 $y=100+0.8(y-t+t_r)+i+g=100+0.8(y-250+62.5)+50+200=1000$，故均衡收入水平为 1000。

（2）投资乘数 $k=\dfrac{1}{1-\beta}=\dfrac{1}{1-0.8}=5$，

政府购买乘数 $k_g=5$（与投资乘数相等），

税收乘数 $k_t=\dfrac{-\beta}{1-\beta}=-\dfrac{0.8}{1-0.8}=-4$，

政府转移支付乘数 $k_{t_r}=\dfrac{\beta}{1-\beta}=\dfrac{0.8}{1-0.8}=4$，

平衡预算乘数等于政府购买（支出）乘数和税收乘数之和，即 $k_b=k_g+k_t=1$ 或 $5+(-4)=1$。

8. 在上题中，假定该社会达到充分就业所需要的国民收入为 1200。试问：（1）增加政府购买；或（2）减少税收；或（3）以同一数额增加政府购买和税收（以便预算平衡）实现充分就业，各需多少数额？

答案：根据前面求出的各种乘数，均衡收入由 1000 达到 1200，则缺口 $\Delta y=200$。

（1）增加政府购买 $\Delta g=\dfrac{\Delta y}{k_g}=\dfrac{200}{5}=40$。

（2）减少税收 $\Delta t=\dfrac{200}{|k_t|}=\dfrac{200}{4}=50$。

（3）由题意得 $1200=100+0.8[1200-(t+\Delta t)+t_r]+i+(g+\Delta g)$，且 $\Delta g=\Delta t$，解得 $\Delta g=\Delta t=200$。即同时增加政府购买 200 和税收 200 就能实现充分就业。

9. 消费支出波动比国内生产总值波动平稳的主要原因是什么?

答案:从长期来看,消费支出和国内生产总值按相同的比率增长,但是从短期或从经济周期角度来看,消费支出和国内生产总值都有波动,消费支出波动的幅度比国内生产总值要小。这是因为国内生产总值中包含折旧、税收、公司未分配利润等各项内容,而个人可支配收入则不包含这些;个人可支配收入包含诸如失业保险和社会保险等政府转移支付,而国内生产总值中不包含这些。由于税收和政府支付的存在,当经济衰退时(即国内生产总值减少时),税收减少,政府给个人转移支付增加,使得个人可支配收入的减少幅度小于经济衰退的幅度(即小于国内生产总值减少幅度);反之,当经济高涨时(即国内生产总值增加时),税收增加,政府给个人的转移支付减少,使得个人可支配收入的增加幅度小于经济高涨的幅度(即小于国内生产总值增加的幅度)。税收和转移支付起到了自动稳定器的作用,个人可支配收入的波动幅度要小于国内生产总值的波动幅度。而消费支出则依赖于个人可支配收入,在这种情况下,显然消费支出幅度要比国内生产总值小,即消费支出波动比国内生产总值波动要平稳一些。

10. 按照凯恩斯的观点,增加储蓄对均衡收入会有什么影响? 什么是"节俭悖论"?

答案:储蓄和投资决定国民收入的模型可用图 13-3 表示。

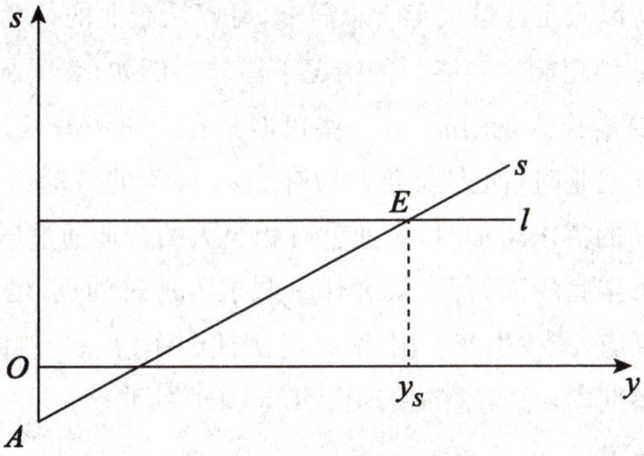

图 13-3　储蓄和投资决定国民收入模型

交点 E 表示计划的投资等于储蓄,这点决定了均衡收入水平。

假设消费函数为 $c=a+by$,则储蓄函数为 $s=-a+(1-b)y$,则增加储蓄也就是减少消费,即减少消费函数中的 a、b 值。a 变小,意味着图 13-3 中的储蓄线上移;b 变小,意味着图 13-3 中的储蓄线以 A 为圆心逆时针转动。这两者均会导致均衡点 E 向左移动,也就是使均衡收入下降。

增加储蓄会导致均衡收入下降,这就是凯恩斯主义的观点。增加消费或减少储蓄会通过增加总需求而引起国民收入增加,经济繁荣;反之,减少消费或增加储蓄会通过减少总需求而引起国民收入减少,经济萧条。由此得出一个看来是自相矛盾的推论:节制消费、增加储蓄会增加个人财富,对个人是件好事,但由于会减少国民收入引起萧条,对整个经济来说却是坏事;增加消费、减少储蓄会减少个人财富,对个人是件坏事,但由于会增加国民收入使经济繁荣,对整个经济来说是件好事。这就是所谓的"节俭悖论"。

任何经济理论都是以一定的假设为前提的,在此基础上,通过演绎推理构筑理论体系。离开了假设,理论就失去了基础,当然也就不能成立。另外,假设往往是对经济的一种理想化和简化,在此基础上构筑的经济理论当然不能全面地反映经济现实。凯恩斯在简化国民收入决定模型的前提假设是经济中资源没有得到充分利用，从而限制国民收入增加的就不是总供给，而是总需求。凯恩斯的这一理念主要是针对 20 世纪 30 年代大危机的情况提出的，当时工人大量失业、设备闲置，在这种情况下增加总需求，当然可以增加国民收入，使经济走出低谷。

在这一理论中包含了一些一般理论的因素，即消费对生产的刺激作用。生产决定消费，但消费对生产具有反作用。凯恩斯的国民收入决定理论强调了消费的这种作用。从总体上看，生产对消费的制约作用是主要的，但在某些特殊情况，消费对生产的作用也可以成为主要的。在资本主义社会，生产能力的无限增加与有支付能力的需求的相对缩小是基本矛盾的表现之一。总需求不足在经济中成为一种比较普遍的、重要的制约因素。

不能把凯恩斯的这种理论普遍化，这是因为：①凯恩斯所用的是一种短期分析，即假设生产能力、技术条件等都是不变的，资源未得到充分利用也是短期的。在长期中，经济的发展、国民收入的增加仍然要依靠生产能力的提高、资本的增加、技术的进步。这样在长期中经济增长就取决于储蓄的提高，而不是消费的增加。②由于各国的情况不同，所以不能将之到处照搬，对于总供给不足的国家，这种理论不完全适用。

11. 为什么西方宏观经济学家通常可假定产量是由总需求决定的？

答案：宏观经济学之所以假定产量决定于总需求，可以从企业的行为上作出回答。在正常条件下，大多数企业总是在有某种超额生产能力的情况下运转。例如，美国制造业生产能力的平均利用率约为 86%，一些机器闲置着作为备用品，另一些机器只在三班中开两班。同样，劳动力不总处于充分就业状态，即使是充分就业时，西方社会大约有 5%～6% 的劳动力处于所谓的自然失业率状态。因此，一旦市场对产品的需求增加时，企业就有相当大的余地通过增加生产能力和利用率来增加生产，企业可以把以前每年雇的人召回，或者让一些工人加班加点，增加生产。同样当需求下降时，企业也会作出同样的反应，减少生产。因此，把经济社会作为一个整体看，可以把整个社会的产量看作由总需求决定，在短期内，总需求的波动会引起 GDP 的波动。

12. 试述乘数理论的适用性。

答案：我们有公式 $\Delta y=k\cdot\Delta A$，其中 k 为乘数值，ΔA 为自发需求的变化，它包括投资变化 Δi、政府购买变化 Δg 和转移支付变化 Δt_r 等因素。这个公式表明了自发需求变化导致产出以 k 倍变化。这个理论反映了现代经济的特点，即由于经济中各部门的密切关系，某一部门支出（即需求）的增加必然在经济中引起其他部门的连锁反应，从而使收入以 k 倍增加。一般说来，需求增加有两个后果：一是价格水平上升；二是产出水平（即收入水平）上升。只有当经济中存在没有得到充分利用的资源时，自发需求增加 ΔA 会导致收入水平增加 $k\cdot\Delta A$。当然经济中已实现充分就业时，即没有可利用的闲置资源时，自发需求增加 ΔA 只会导致价格水平上升而不会使产出水平（或实际收入水平）上升。一般情况下，需求的增加将导致价格水平和产出水平同时上升，上升幅度一般不等。还应该指出，有时经济中大部分资源没有得到充分利用，但由于某一种或几种重要资源处于“瓶颈状态”，这也会限制乘数发挥作用。因为这种某些资源的“瓶颈状态”会使利用其他闲置资源成为不可能。

13. 能否说边际消费倾向递减，平均消费倾向也一定递减？能否反过来说，平均消费倾向递减，边际消费倾向也一定递减？

答案：$MPC=\frac{dc}{dy}$，$APC=\frac{c}{y}$。

假定消费函数为 $c=a+\beta y$，则 $MPC=\beta$，$APC=\frac{c}{y}=\frac{a}{y}+\beta$。

从这个公式可以看出，如果边际消费倾向 β 递减，则 APC 一定递减。但是不能反过来说，APC 递减，MPC 也一定递减，因为即使 MPC（即 β）不变，APC 也会随着收入 y 的增大而减小（因为 a 是常数，y 变大时，$\frac{a}{y}$ 会越来越小，从而 APC 递减）。

14. 假设某社会经济的储蓄函数为 $s=-1600+0.25y$，投资从 $i=400$ 增加到 $i=600$ 时，均衡国民收入增加多少？

答案：$i=400$ 时，均衡国民收入为 8000；

$i=600$ 时，均衡国民收入为 8800；

因此增长了 800。

15. 假设某经济的消费函数为 $c=1000+0.75y_d$，投资为 $i=800$，政府购买为 $g=750$，净税收为 $t=600$。试求：(1)均衡国民收入和可支配收入；(2)消费支出；(3)私人储蓄和政府储蓄；(4)投资乘数。

答案：(1)$y=c+i+g=0.75y+2100$，

$y^*=8400$，$y_d=8400-600=7800$。

(2)$c=1000+0.75\times7800=6850$。

(3)私人储蓄$=y-t-c=950$，

政府储蓄$=t-g=-150$。

(4)边际消费倾向为 0.75，投资乘数为 4。

16. 在一个两部门经济中，假设边际储蓄倾向为 0.2，投资增加 1000 亿美元时，国民收入、消费及储蓄如何变化？

答案：$MPC=0.8$，投资乘数为 5，因此国民收入增加 5000 亿美元，消费增加 $0.8\times5000=4000$（亿美元），储蓄增加同投资增加，为 1000 亿美元。

17. 假设一国经济中消费者支出增加 600，政府购买、政府转移支付和税收各减少 300，边际储蓄倾向为 0.2。试问：新的均衡国民收入将如何变动？

答案：边际消费倾向为 0.8，考虑各乘数效应，消费支出增加 600，导致国民收入增加 3000，政府购买减少 300，导致国民收入减少 1500，转移支付和税收抵消，所以新均衡国民收入增加 1500。

18. 假设某经济的消费函数为 $c=150+0.75y$，试问 $y=1000$ 时的边际消费倾向、平均消费倾向、边际储蓄倾向和平均储蓄倾向各是多少？

答案：此时 $c=900$，$MPC=0.75$，$APC=c/y=0.9$。

$s=-150+0.25y=100$，MPS 为 $1-MPC=0.25$，$APS=s/y=0.1$。

19. 什么是宏观税收函数？

答案：宏观税收函数是税收与税率、国民收入之间数量模型。$T=T_0+ty$。其中，T 为税收额，T_0 为定量税，t 是税率，y 为国民收入。T 为 y 同方向变动，但是税率太高可能使国民收入减少，进而引起税收减少，表现为拉弗曲线。

第十四章 国民收入的决定：IS—LM 模型

知识脉络图

- 国民收入的决定：IS—LM 模型
  - 投资的决定
    - 概念
    - 决定投资的因素
      - 实际利率水平
      - 预期收益率
      - 投资风险
    - 投资是银行利率的减函数：$i=i(r)$
    - 资本边际效率及资本边际效率曲线
    - 投资边际效率及投资边际效率曲线
  - IS 曲线
    - 含义及推导
    - 利率：$r=\frac{\alpha+e}{d}-\frac{1-\beta}{d}y$
    - 移动
      - 投资需求增加，IS 曲线向右移动，移动幅度 $\Delta y=k_i\Delta i$
      - 储蓄增加，IS 曲线向左移动，移动幅度 $\Delta y=-k_i\Delta s$
      - 政府购买性支出增加，IS 曲线向右移动，移动幅度 $\Delta y=k_g\Delta g$
      - 政府税收增加，IS 曲线向左移动，移动幅度 $\Delta y=-k_t\Delta T$
  - 利率的决定
    - 货币需求函数：$L=L_1(y)+L_2(r)=\begin{cases}C, r\leqslant r_0 & \text{(萧条区域)}\\ ky-hr, r_0\leqslant r<r_1 & \text{(中间区域)}\\ ky, r\geqslant r_1 & \text{(古典区域)}\end{cases}$
    - 货币供给
    - 货币供求均衡与利率的决定
  - LM 曲线
    - 含义及推导
    - 斜率：$r=\frac{ky}{h}-\frac{m}{h}$
    - 移动
      - 货币投机性需求曲线右移，LM 曲线左移
      - 货币交易性需求曲线右移，LM 曲线左移
      - 实际的货币供给增加时，LM 曲线右移
      - 名义的货币供给不变时，如果价格水平下降，LM 曲线也会右移
  - IS—LM 模型分析
    - 产品市场和货币市场的一般均衡
    - 两个市场的失衡及调整
    - 两个市场一般均衡的调整
    - IS—LM 模型的用处
  - 凯恩斯的基本理论框架

第十四章　国民收入的决定：*IS*—*LM* 模型

复习提示

概念：资本的边际效率、投资的边际效率、流动偏好、实际货币余额、交易动机、投机动机和谨慎动机、流动性偏好陷阱、货币的交易需求和投机需求、货币中性、*IS* 曲线、*LM* 曲线、古典区域、凯恩斯区域。

理解：托宾的 q 理论、利率的决定、流动偏好与货币需求动机、货币需求函数及货币需求曲线。

掌握：*IS*（*LM*）曲线推导过程（图解）、代数表达式及 *IS*（*LM*）曲线移动产生的影响，运用 *IS*—*LM* 模型分析产品市场和货币市场的一般均衡。

计算：由产品市场的均衡求解 *IS* 曲线，由货币市场的均衡求解 *LM* 曲线。

运用：运用 *IS*—*LM* 模型分析中国的宏观经济现象。

第十四章

重点难点常识理解

1. 交易动机、投机动机、预防动机

交易动机指为进行日常交易而产生的持有货币的愿望。从个人的角度看，在这方面保持货币的目的在于度过从支出费用到取得收入这一段时间间隔。交易动机的强度主要取决于收入的多少和收入间隔时间的长短。从一家企业着眼，持有货币是为了在业务上度过从支出成本到获得销售收入这样一段时间间隔。这种需求的强度主要取决于本期收入数额和本期产品到达消费者手中所需时间的长短。不管是企业还是个人，他们持有货币都是为了应付在收支时差中的业务开支需要。这种支出是有规律的、大致确定的。

预防动机也称谨慎动机，指为应付紧急情况而产生的持有货币的愿望。出于预防动机持有货币，对个人来说是应付失业、患病等意料不到的需要；对于企业来说，其目的在于预防不时之需，或者准备用于事前没有料到的进货机会。这种支出都是突发的、不确定的。

投机动机指人们根据市场利率变化的预测，需要持有货币以满足从中获利的愿望。也就是指人们根据自己对利率变化的预期，为避免资产损失或增加资产收益而产生的货币需求。例如，若利率过低，债券价格过高，投资者预期利率会上升，将增加对货币的需求，以待利率变化时进行投机；若利率过高，债券价格过低，投资者预期利率会下降，将增加对债券的购买而减少货币持有量，以待利率变化时卖出债券以获得资本利益。

后来新剑桥学派对凯恩斯货币交易需求动机理论加以发展。新剑桥学派认为投机动机是为推动商业流通和金融流通而引起的货币需求。因为商业流通量是由货币收入和支出所决定，是由实现的收益所构成的。而进入金融流通的货币虽然独立于收入，但金融流通主要同资本市场有关，在资本市场和货币市场之间经常存在着货币剩余的转移，这种转移将影响各个市场的价格，而市场价格的变动则会引起人们调整他们的手持货币量。这种调整的本身就是为了获得更大的收益，是一种投机行为。引起这种投机行为有三个具体的动机：预防和投机动机、还款和资本金融化动机、通货膨胀下的再投资动机。预防和投机动机需求是指在手中保留一部分超过交易需求的货币以备不时之需，等待更好的获益机会；还款和资本金融化动机是为了在需要的时候能筹集到必要的资金并按规定的条件偿还债务、支付利息等以建立良好的信誉；通货膨胀下的再投资动机是物价上升、货币贬值的结果。为了弥补物价上升、币值下降造成的缺口，必须追加货币持有量以待机行事。

2. 资本的边际效率及投资的边际效率

资本边际效率是指使一项资本物品在使用期内各预期收益的现值之和等于这项资本品的供给价格或重置成本的贴现率，它可被视为将一项投资按复利的方法计算得到的预期利润率，其公式为 $R=\sum_{i=1}^{n}\frac{R_i}{(1+r)^i}+\frac{J}{(1+r)^n}$。$R$ 为资本品的供给价格或重置成本，R_i 为使用期内各年份的预期收益，J 为资本品在第 n 年年末的处置残值，r 为资本边际效率。遵循边际效用递减规律，资本边际效率曲线由左上向右下倾斜，表示资本边际效率的值随资本存量的增加而下降，而将曲线上各资本边际效率之值与利息率作比较，即可得均衡投资量。根据凯恩斯的观点，资本边际效率由预期收益和资本资产的供给价格或重置成本决定。

资本是存量概念，投资则是流量概念，相当于本期资本对上期资本的改变值。当利率下降时，若每个企业都增加投资，资本品供给价格或重置成本 R 就会上涨，在相同预期收益的情况下，r 就会缩小。这个缩小了的 r 就是投资边际效率。由于投资边际效率小于资本边际效率，因此，投资边际效率曲线比资本边际效率曲线陡峭，它更精确地反映了投资和利率间存在的反方向关系。

托宾的 q 理论。美国经济学家詹姆斯·托宾还提出了股票价格会影响企业投资的理论。企业的市场价值与重置成本之比，可以作为衡量要不要进行新投资的标准，托宾称此比率为 q。其中市场价值就是这个企业的股票的市价总额，它等于每股的价格乘以总股数。重置成本是指建造这个企业所需的成本。$q<1$ 时，说明买旧的企业比新建的便宜，于是就不会有投资；相反地，$q>1$ 时，说明新建企业比较便宜，因此会有新投资。这是区别于凯恩斯理论的一种投资需求理论。

3. *IS* 曲线

(1)*IS* 曲线的含义及推导。在两部门经济中，均衡条件为 $i=s, i=e-dr, s=-\alpha+(1-\beta)y$。推导出 *IS* 的表达式为 $y=\frac{\alpha+e}{1-\beta}-\frac{d}{1-\beta}r$ 或 $r=\frac{\alpha+e}{d}-\frac{1-\beta}{d}y$。

在三部门经济中，均衡条件为 $i+g=s+t, t=t_0+ty, i=e-dr, s=-\alpha+(1-\beta)(y-t)$。推导出 *IS* 的表达式为 $y=\frac{\alpha+e+g_0-\beta t+\beta t_r}{1-\beta}-\frac{d}{1-\beta}r$ 或 $r=\frac{\alpha+e+g_0-\beta t+\beta t_r}{d}-\frac{1-\beta}{d}y$。

可见，均衡国民收入与利率间存在反方向变化的关系。以 r 为纵轴、y 为横轴所画出的 *IS* 曲线是由左上向右下倾斜的，*IS* 曲线是描述满足产品市场均衡条件（即总需求等于总供给）的利率和收入关系的曲线。

(2)*IS* 曲线的斜率。在两部门经济中，由 $r=\frac{\alpha+e}{d}-\frac{1-\beta}{d}y$ 可以看出，*IS* 曲线的斜率为 $\frac{1-\beta}{d}$。*IS* 曲线斜率的大小，即利率变动对国民收入的影响程度，取决于以下两个因素：①利率对投资需求的影响系数 d；②边际消费倾向 β。d 一定时，β 越大，*IS* 曲线斜率越小，*IS* 曲线越平缓，利率变动对国民收入的影响越大。在三部门经济中，斜率变为 $\frac{1-\beta(1-t)}{d}$，税率 t 对 *IS* 曲线斜率亦会产生影响，当 d、β 一定时，t 越大，*IS* 曲线斜率越大，*IS* 曲线越陡峭，利率变动对国民收入的影响越小。

(3)*IS* 曲线的移动。由 *IS* 曲线表达式 $r=\frac{\alpha+e+g-\beta T_0}{d}-\frac{1-\beta(1-t)}{d}y$ 可以看出，引起 *IS* 曲线移动的有以下几种因素：①乘数性因数，即上面提到的 d、β 和 t，当 d、β 增大或 t 减小时，*IS* 曲线

变平缓，发生逆时针转动；反之，IS 曲线顺时针转动。②自主性因素，即自主性消费支出 α、投资支出 e、政府支出 g 和自主性税收 T_0。当 α、e、g 增加或 T_0 减少时，IS 曲线向右上方平移，平移距离为其改变量乘以各自的乘数；反之，IS 曲线向左下方平移。其中，政府支出 g 的增加和税收 T_0 的减少属于增加总需求的膨胀性财政政策，g 的减少和 T_0 的增加属于降低总需求的紧缩性财政政策。政府若实行膨胀性财政政策，会引起 IS 曲线向右上方平移；若实行紧缩性财政政策，IS 曲线则向左下方平移。可见，由 IS 曲线可清楚看出财政政策如何影响利率和国民收入。

4. LM 曲线

（1）LM 曲线的含义及推导。LM 曲线是描述满足货币市场均衡条件（货币需求等于货币供给）的利率与收入关系的曲线。假定 m 为实际货币供给量，M 为名义货币供给量，P 为物价水平，货币市场均衡条件为 $m=\frac{M}{P}=L=ky-hr$，推导出 LM 曲线的表达式 $y=\frac{hr}{k}+\frac{m}{k}$ 或 $r=\frac{k}{h}y-\frac{m}{h}$。以 y 为横轴、r 为纵轴所画的 LM 曲线是由左下方向右上方倾斜的。

（2）LM 曲线的斜率。由 $r=\frac{k}{h}y-\frac{m}{h}$ 可以看出，LM 曲线的斜率为 $\frac{k}{h}$，LM 曲线斜率的大小取决于以下两个因素：①货币需求对收入的敏感系数 k。h 一定时，k 越大，LM 曲线的斜率越大，LM 曲线越陡峭；②货币需求对利率的敏感系数 h。k 一定时，h 越大，LM 曲线的斜率越小，LM 曲线越平缓。一般情况下，LM 曲线斜率为正值，LM 曲线由左下方向右上方倾斜，这一区域称为中间区域。当利率下降到很低时，货币投机需求将成为无限，即 h 为无穷大，LM 曲线斜率为零，LM 曲线成为一条水平线，这一区域称为凯恩斯区域。当货币的投机需求为零，即 h 为零时，LM 的斜率为无穷大，LM 曲线为竖直线，此时被称为古典区域。

（3）LM 曲线的移动。由 LM 曲线表达式 $r=\frac{k}{h}y-\frac{m}{h}$ 可以看出，引起 LM 曲线移动的有以下两种因素：①货币需求对收入及利率的敏感系数 k、h 的影响，当 k 增大或 h 减小时，LM 曲线越陡峭，发生逆时针转动；反之，LM 曲线顺时针转动；②实际货币供给量 m，当名义货币供给量 M 增加或物价水平 P 下降时，LM 曲线向右下方平移；反之，向左上方平移。其中，名义货币供给量由国家货币当局根据需要进行调整。增加货币供给量属于膨胀性货币政策，减少货币供给量属于紧缩性货币政策。通过 LM 曲线可清楚地看出货币政策如何影响利率和国民收入。

在凯恩斯区域，LM 为水平状态，货币投机需求无限大，此时采取扩张性货币政策，不能降低利率，不能增加收入，货币政策无效，而财政政策极为有效。凯恩斯认为 20 世纪 30 年代的情况就是如此。相反，利率上升到很高水平时，货币投机需求为零。导致 IS 右移的扩张性财政政策只会增加利率，而导致 LM 右移的扩张性货币政策则会极有效。这符合古典学派和货币主义的观点，被称为古典区域。

要点解析：判断四个区域的非均衡状态，可观察其位于 IS 曲线或 LM 曲线的左侧还是右侧。当点位于 IS 曲线右侧时，保持 r 不变，增加 y，则 s 增加，i 不变。IS 曲线上的点表示 $i=s$，故 IS 曲线右侧的点 $i<s$。

5. 有效需求

对有效需求有两种理解：①在凯恩斯主义理论中，有效需求指有支付能力的对商品和劳务的总需求。与之相区别的是名义需求，这种需求只是一种愿望而没有支付能力。凯恩斯认为有效需求决定经济的产量水平和就业水平。资本主义社会的失业是由于有效需求不足引起的。②在新古典综合学派的非均衡理论中，有效需求指的是商品市场和劳动市场都处于均衡状态时，即厂商提供的商品量等于居民的需求量，居民提供的劳动量等于厂商的需求量时，居民对商品的需求和厂商对劳动的需求总和。

6. 鲍莫尔-托宾模型

威廉·鲍莫尔和詹姆斯·托宾在凯恩斯的货币需求理论的基础上，提出了基于交易动机的货币需求模型。鲍莫尔-托宾模型研究的结论是交易需求层面的货币需求对利率是敏感的。这个模型的基本观点是人们持有货币是有机会成本的，即持有货币的替代资产如债券的利息收入。而持有货币的好处是避免了交易成本，持有债券是有交易成本的。人们在应付日常交易的时间段里，可以频繁地置换货币和债券，只要利息收入大于交易成本。当利率上升时，持有货币的机会成本必然增大。只要在不影响日常交易的时间内，持有货币的机会成本大于持有债券的交易成本，人们就愿意放弃一部分货币转而持有债券以谋求利益；反之亦然。可见交易需求对利率也是敏感的，即交易需求与利率水平呈现负相关。

同样，沿着鲍莫尔-托宾模型的思路可以得到，谨慎动机的需求也与利率水平呈负相关。鲍莫尔-托宾模型的数学表达式为 $M^d=\sqrt{\frac{bT_0}{2i}}$。其中，$M^d$ 为愿意持有的现金额，T_0 为每期开始时的个体收入，b 为债券的交易费用，i 为债券利率。这个模型又称为平方根法则，具体如下：

(1)收入 T_0 增加，货币需求增加。

(2)交易费用 b 增加，将使债券需求减少，货币需求增加。

(3)债券利率 i 增加，将使债券需求增加，货币需求减少。

(4)价格的变动使 b、T_0 同时变动，结果使货币需求作同比例的变动。

7. 惠伦模型

惠伦模型是指由美国经济学家惠伦在《现金预防需求的合理化》一文中提出的一种关于货币预防性需求的模型。凯恩斯认为预防动机的货币需求不受利率变动影响，这与现实情况不相吻合，1966 年美国经济学家惠伦论证了预防性货币需求也与利率呈反方向变动的结论，并创立了惠伦模型。这是对凯恩斯货币预防性需求理论的发展。

惠伦模型的主要思路如下：惠伦认为，预防性货币需求来自事物的不确定性，这与交易动机的货币需求是以收入和支出为既定或可预料的前提正好相反。考虑了收入与支出在时间上的不确定性后，惠伦分析了最适度预防性货币余额的影响因素。他认为影响预防性货币需求的因素有三个：非流动性成本、持有预防性现金余额的机会成本、收入和支出的平均和变化情况。惠伦认为，一个理性的最优预防性货币余额持有量为

$$L_{12}^{*}=\sqrt{\frac{2s^2b}{r}}$$

这就是惠伦模型的结论。其中，L_{12}^{*} 为最优预防性货币余额持有量，s^2 为净支出方差，b 为非流

动性成本,r 为利率。

惠伦模型的结果表明,最优预防性货币需求和净支出方差 s^2 以及非流动性成本 b 正相关,与利率 r 负相关。在上述结果中,收入对预防性货币需求的影响是通过净支出的方差间接表现出来的。

8. IS—LM 模型的用处

IS—LM 模型的用处:①可清楚直观地表示经济短期波动究竟来自何方;②可清楚直观地表现出政府干预经济使用的是财政政策还是货币政策;③可清楚直观地表现构成总需求变动影响的强弱程度;④可清楚直观地表现出政府干预经济政策的效果;⑤可清楚直观地表现出凯恩斯主义和货币主义这两大学派为什么会对财政政策和货币政策有不同的态度;⑥可清楚地表现出总需求曲线的来历。

9. 货币需求曲线需要注意的问题

货币需求曲线需要注意以下三点:

(1)货币交易需求曲线是一条垂直线,货币投机需求曲线向右下方倾斜。

(2)货币投机需求曲线起初向右下方倾斜,最后表现为水平的直线。向右下方倾斜表示为货币的投机需求量随利率的下降而增加,水平阶段表示为"流动偏好陷阱"。

(3)货币需求量和收入水平的正向关系需要在同一坐标轴上画出若干条货币需求曲线来表示。

10. 不同学派对于利率的不同看法

(1)凯恩斯学派认为中央银行决定利率。凯恩斯把利率看成是货币现象,认为利率与实际经济变量无关。同时,他对利率的分析一直是存量分析,因而属于货币利率理论或短期利率理论。凯恩斯的流动性偏好理论认为货币供求决定利率,认为货币供求是一种具有流动性的特殊资产,利息是人们放弃流动性取得的报酬,而不是储蓄的报酬,因此利率决定于货币供求。流动性偏好和货币供给量是决定利率的两大因素。货币供给量表现为满足货币需求的供给量,即货币供给量等于货币需求量是均衡利率的决定条件。在货币需求一定的情况下,利率取决于货币政策,并随货币供给量增加而下降。但是当利率下降到一定程度后,即使增加货币供给量,利率也不会再下降,人们对货币的需求无限大,形成"流动性陷阱"。

(2)古典学派认为借贷市场决定利率。古典学派利率理论被称为长期实际利率理论。古典学派强调资本供求对利率的影响,认为在实物经济中,资本是一种生产要素,利息是资本得到价格,利率的高低由资本的供给和资本的需求决定;储蓄是利率的增函数,投资是利率的减函数,均衡利率取决于投资流量和储蓄流量的均衡。

(3)在经济学研究中,凯恩斯学派利率理论被称为短期利率理论,古典学派利率理论被称为长期利率理论。这两个理论都有一定道理,但是并不全面,可贷资金理论将这两种理论综合起来,把货币因素和实际因素结合起来,肯定储蓄和投资的交互作用是对的,但完全忽视货币因素是不当的,尤其是在金融产量相当庞大的今天。凯恩斯指出了货币因素对利率决定的影响是可取的,但完全否定实际因素是错误的。可贷资金理论试图在古典利率理论的框架内,同时考虑货币因素和实际因素,完善利率决定理论。利率是借贷资金的价格,借贷资金的价格取决于金融市场上资金的供求关系。

考研真题与难题详解

一、概念题

1.（北京邮电大学 2007 年研，首都经济贸易大学 2007 年研）流动性陷阱

答案：流动性陷阱是凯恩斯的流动偏好理论中的一个概念，又称凯恩斯陷阱或灵活陷阱，是指当利率水平极低时，人们对货币需求趋于无限大，货币当局即使增加货币供给也不能降低利率，从而不能增加投资引诱的经济状态。当利率极低时，有价证券的价格会达到很高，人们为了避免因有价证券价格跌落而遭受损失，几乎每个人都宁愿持有现金而不愿持有价证券，这意味着货币需求会变得完全有弹性，人们对货币的需求量趋于无限大，表现为流动偏好曲线或货币需求曲线的右端会变成水平线。在此情况下，货币供给的增加不会使利率下降，从而也就不会增加投资引诱和有效需求，当经济出现上述状态时，就称为流动性陷阱。但实际上，以经验为根据的论据从未证实过流动性陷阱的存在，而且流动性陷阱也未能被精确地说明是如何形成的。

2.（厦门大学 2007 年研，华中科技大学 2004 年研）流动偏好

答案：流动偏好又称灵活偏好，是指人们为应付日常开支、意外支出和进行投机活动而愿意持有现金的一种心理偏好。该理论由英国著名经济学家凯恩斯于 1936 年在《就业、利息和货币通论》中提出。它根源于交易动机、预防动机和投机动机。交易动机是为了日常交易而产生的持有货币的愿望，预防动机是为了应付紧急情况而产生的持有货币的愿望。满足交易动机和预防动机的货币需求数量取决于国民收入水平的高低，并且是收入的增函数。投机性动机是人们根据对市场利率变化的预测，持有货币以便从中获利的动机。投机动机的货币需求与现实利率呈负相关。由交易动机、预防动机引起的流动偏好所决定的货币需求与收入(y)呈同方向变动，可以表示为 $L_1(y)$；由投机动机引起的流动偏好所决定的货币需求与利率(r)呈反方向变动，故表示为 $L_2(r)$。这样由流动偏好所决定的货币需求(L)就可以表示为 $L=L_1(y)+L_2(r)$。

3.（华中科技大学 2006 年研）实际余额效应

答案：实际余额效应是指价格总水平的降低导致消费和投资两者都增加的一种经济效应。实际余额效应是以色列经济学家帕廷金把庇古效应与凯恩斯效应结合起来提出的。它既考虑到了价格水平变动对商品市场的影响，也考虑到了价格水平变动对货币市场的影响。实际余额效应理论在揭示这些影响时遵循的是这样的思路：①个人在处理持有的货币余额与在商品和服务上消费的关系时，具有一种理想的模式；②价格水平下降，持有的货币实际价值上升；③一定数量的货币能买到的商品和服务增加了；④原来的理想模式被打破，而且个人的流动资产有多余部分了；⑤一部分增加的流动资产被用来购买商品和服务，消费增加；⑥一部分流动资产被借出去，这使货币市场上的资金供应增加，利率降低；⑦利率降低，引起投资增加。这样，实际余额效应既增加了消费，也增加了投资。

二、简答题

1.（北京大学 2008 年研）用 IS—LM 封闭经济，论述在 t 时期由于未预期的货币供给变动使得实际利率和名义利率如何变动，价格水平缓慢调整至长期均衡，比较 t 期和 $t-1$ 期的实际利率和名义利率。

答案：(1)假设 $t-1$ 时期的名义利率和实际利率都处于长期的均衡水平，而且 $t-1$ 时期价格稳定，则通货膨胀预期为零，即 $\pi^e=0$。根据实际利率(r)＝名义利率(R)－预期通货膨胀率(π^e)，可得名义利率与实际利率相等。

(2)在封闭经济下的 $IS-LM$ 模型中，IS 曲线方程为 $y=c(y)+i(r-\pi^e)+g$，因此，通胀预期和财政政策将引起 IS 曲线的移动。

LM 曲线方程为 $\frac{M}{P}=L(R,y)$，因此，货币供给的增加将引起 LM 曲线的移动。

在 t 时期，未预期的货币供给增加会使得 LM 曲线向右下方移动，如图 14-1 所示，LM 曲线从 LM_0 右移 LM_1。由于人们的通胀预期没有改变，因为初始时 $\pi^e=0$，由 $r=R-\pi^e$ 可知，名义利率和实际利率都将下降。

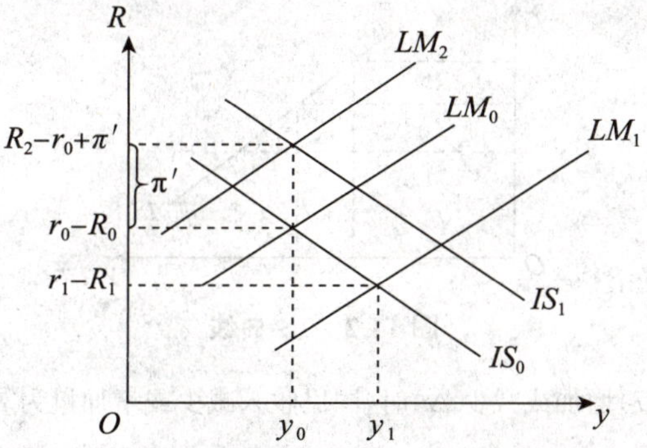

图 14-1　未预期到的货币供给对经济的影响

但是当价格缓慢升高时，一方面实际货币余额会减少，从而使 LM 曲线从 LM_1 向左移动，这将促使名义利率升高；另一方面人们会逐渐调整其通胀预期，从而 π^e 将大于零，通胀预期的增加会使 IS 曲线向右移动，因为通胀预期增加会导致实际利率降低，从而促使投资增加。如图 14-1 所示，最终通胀预期以及货币供给增加所引起的物价水平的上升将使 LM 曲线从 LM_1 回调到 LM_2，通胀预期将使 IS 曲线从 IS_0 右移到 IS_1，从而实际利率没有发生改变，仍为 r_0，但是名义利率却由于通胀预期的升高而上升至 R_2。

2.（北京大学 2006 年研）鲍莫尔-托宾的货币需求理论及其与货币需求函数之间的联系。

答案：(1)鲍莫尔-托宾的货币需求理论。鲍莫尔-托宾的货币需求模型又称现金存货的需求管理模型，该模型考虑一个代表性家庭的货币需求决策。

1)模型的基本假定。①家庭月收入 P_Y，自动存入生息储蓄账户，利率为 i；②家庭在一个月中平均消费掉 P_Y，每次提款 M，提款次数 $\frac{P_Y}{M}$；③每次提款的交易成本为 P_b，提款的总的交易成本为 $\frac{P_bP_Y}{M}$，提款的机会成本为 $\frac{iM}{2}$。

2)模型的求解。家庭决策每次提款 M 的量，使总的现金管理成本(包括提款的交易成本和机会成本)最小化。

具体求解如下：$\min TC=\frac{P_b P_Y}{M}+\frac{iM}{2}$。

可解得最优的 M：$M=(2\frac{P_b P_Y}{i})^{1/2}$，得实际的货币需求 $M^d=\frac{M}{2}=(\frac{bY}{2i})^{1/2}$。

3)模型的基本结论：①货币需求是对实际货币的需求；②货币需求与提款的交易成本及收入正相关；③货币需求与利率负相关。

(2)鲍莫尔-托宾的货币需求理论与货币需求函数之间的联系。货币需求是表示经济总体货币需求的函数关系式，一般形式为 $M^d=L(i,Y)$，而且货币需求与利率相关。鲍莫尔-托宾的货币需求模型得出单个微观家庭货币需求的表达式 $M^d=(bY/2i)^{1/2}$，证实了货币需求和利率负相关，从而为货币需求函数奠定了微观基础。

3. (清华大学 2005 年研)分析税收和政府支出对 *IS* 曲线的影响，并分析其中隐含的政策意义。

答案：(1)IS 曲线表达式为

$$y=\frac{a+e+g_0-\beta t+\beta t_r}{1-\beta}-\frac{d}{1-\beta}r \text{ 或 } r=\frac{a+e+g_0-\beta t+\beta t_r}{d}-\frac{1-\beta}{d}y$$

(2)税收和政府支出对 IS 曲线的影响如图 14-2 所示。

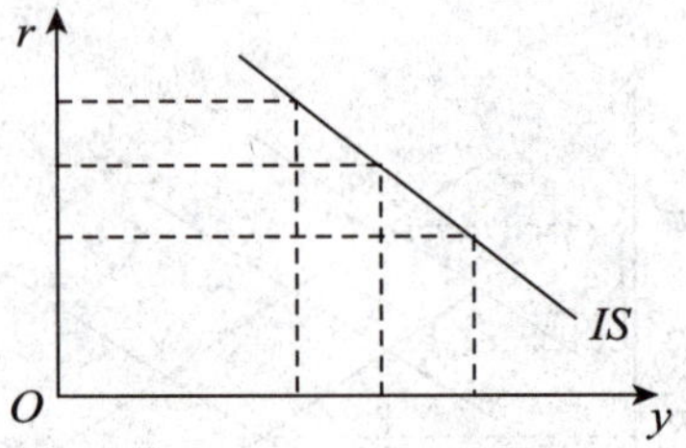

图 14-2　*IS* 曲线

1)税收变动：当税收(t)增加或减少 Δt 时，国民收入减少或增加量为 $\Delta y=\frac{-\beta\Delta t}{1-\beta}$，即 IS 曲线左移或右移 $\frac{-\beta\Delta t}{1-\beta}$。这是因为一笔税收增加(或减少)，如果是增加(或减少)了企业的负担，则会使投资相应减少(或增加)，从而使 IS 曲线向左(或向右)移动；同样，一笔税收的增加(或减少)，如果是增加(或减少)了居民个人的负担，则会使他们的可支配收入减少(或增加)，从而使他们的消费支出相应地减少(或增加)，从而也会使 IS 曲线向左(或向右)移动。

2)政府支出变动：当政府支出 g_0 增加或减少 Δg_0 时，国民收入增加或减少量为 $\Delta y=\frac{\Delta g_0}{1-\beta}$，即 IS 曲线右移或左移 $\frac{\Delta g_0}{1-\beta}$。

(3)政策意义。政府支出与税收的变动可以引起需求变动，其隐含的政策含义：政府可以通过变动税收和政府支出人为地调整总需求，从而影响干预经济的运转，而这也成为政府宏观调控的理论基础。事实上，增加政府支出和减税，都属于增加总需求的膨胀性财政政策；减少政府支出和增税，都属于降低总需求的紧缩性财政政策。

三、计算题

1.（中央财经大学 2007 年研）假设在货币市场上，货币需求为 $L=0.25y-10r$，货币供给为 $M/P=400$。在产品市场上，IS 曲线为 $y=2000-40r$。

(1)如果支出乘数 $k=2$，政府购买增加 200，求两个市场再度均衡时，收入和利率各自变化了多少？

(2)在政府购买后挤出了多少投资？

答案：(1)在政府购买支出未变时，货币市场均衡为 $L=\frac{M}{P}$，因而可得 LM 曲线方程为 $y=1600+40r$，而产品市场均衡的 IS 曲线方程为 $y=2000-40r$，由 IS 曲线与 LM 曲线方程可得，两个市场初始均衡的收入和利率分别为 $r=5$、$y=1800$。

当政府购买支出增加 200，支出乘数 $k=2$ 时，这会使 IS 曲线向右平移 $200\times2=400$，从而使 IS 曲线方程变为 $y=2400-40r$，而 LM 曲线保持不变。

由新的 IS 曲线方程和原来的 LM 曲线方程可得，两个市场再度均衡的收入和利率分别为 $r=10$、$y=2000$。可见利率升高了 $10-5=5$，收入增加了 $2000-1800=200$。

(2)政府购买增加后挤出的投资 $=400-200=200$，如图 14-3 所示。

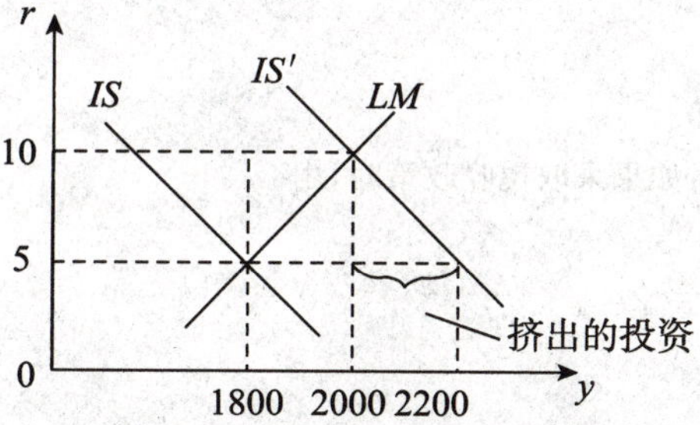

图 14-3　财政购买的挤出效应

2.（武汉大学 2006 年研）假设在一个生产能力过剩的经济体中，消费函数为 $C=200+0.75(Y-T)$，计划投资、政府购买和税收都是 100。请回答如下 9 个问题中的任意 6 个问题，但(3)和(7)必做。

(1)均衡的收入水平是多少？均衡的储蓄水平是多少？

(2)如果政府购买增加到 125，新的均衡收入是多少？

(3)(此问必做)假设充分就业的收入为 1600，政府要实现充分就业，如果采取调整政府购买支出政策，政府购买支出应该是多少？如果采取税收政策，税收应该是多少？平衡预算政策能否实现同样的目标，为什么？

(4)当一个社会变得更加节约时，比方说，边际消费倾向从 0.75 降低为 0.70 时，均衡的储蓄是增加了还是减少了？(通过计算说明)

(5)你对(4)的回答被称为"节俭悖论"，请用所学原理解释为什么会存在"节俭悖论"？

(6)你怎样理解消费和储蓄的关系？储蓄是不是越少越好？为什么？

(7)(此问必做)假设这个经济体受到货币市场的影响，货币需求函数为 $M/P=Y-100r$，同时投资不再是 100，而是随着利率的变化而变化的，即 $I=200-25r$。如果货币量为 1000，物价水平为 2。请问均衡的收入水平是多少？

(8)延续(7)的环境，如果中央银行将货币供给从原来的 1000 增加到 1200。新的均衡收入是多少？请用经济学原理解释为什么收入会有这样的变化？

(9)你能否推导出总需求方程来？

答案：(1)由 $\begin{cases}Y=C+I+G\\C=200+0.75(Y-T)\\I=G=T=100\end{cases}$

可得均衡收入水平为 $Y=1300$，均衡储蓄水平为 $S=Y_d-C=-200+0.25(Y-T)=100$。

(2)如果政府购买增加到 125，则由

$$\begin{cases}Y=C+I+G\\C=200+0.75(Y-T)\\I=T=100\\G=125\end{cases}$$

解得新的均衡收入为 $Y=1400$。

(3)①政府要实现充分就业，如果采取调整政府购买支出政策时，由

$$\begin{cases}Y=C+I+G\\C=200+0.75(Y-T)\\I=T=100\\Y=1600\end{cases}$$

可得政府购买支出为 $G=175$。

②政府要实现充分就业，如果采取税收政策时，由

$$\begin{cases}Y=C+I+G\\C=200+0.75(Y-T)\\I=G=100\\Y=1600\end{cases}$$

可得政府征税额为 $T=0$。

③政府要实现充分就业，如果采取平衡预算政策时，由

$$\begin{cases}Y=C+I+G\\C=200+0.75(Y-T)\\I=100\\G=T\\Y=1600\end{cases}$$

可得 $G=T=400$，因此平衡预算政策也能实现目标，此时政府购买支出等于税收收入，$G=T=400$。

(4)由 $\begin{cases}Y=C+I+G\\C=200+0.7(Y-T)\\I=G=T=100\end{cases}$

可得均衡收入为 $Y=1100$，因此，均衡储蓄为 $S=Y_d-C=-200+0.3(Y-T)=100$。

与(1)相比，当边际消费倾向从 0.75 降低为 0.70 时，均衡的储蓄没有变化，但是均衡的收入却减少了，这就是“节俭悖论”。

(5)节俭悖论指节制消费增加储蓄会增加个人财富，对个人是件好事，但由于会减少国民收入引起萧条，对国民经济是件坏事。根据凯恩斯的总需求决定国民收入的理论，节俭对于经济增长并没有什么好处。实际上，这里蕴含着一个矛盾：公众越节俭，降低消费，增加储蓄，往往会导致社会收入的减少。因为在既定的收入中，消费与储蓄呈反方向变动，即消费增加、储蓄就会减少，消费减少、储蓄就会增加。所以，储蓄与国民收入呈现反方向变动，储蓄增加，国民收入就减少；储蓄减少，国民收入就增加。根据这种看法，增加消费、减少储蓄会通过增加总需求而引起国民收入增加，就会促进经济繁荣；反之，就会导致经济萧条。由此可以得出一个蕴含逻辑矛盾的推论：节制消费、增加储蓄会增加个人财富，对个人是件好事，但由于会减少国民收入引起萧条，对国民经济却是件坏事。节俭悖论说明：节俭减少了支出，迫使厂家削减产量，解雇工人，从而减少了收入，最终减少了储蓄。储蓄为个人致富铺平了道路，然而如果整个国家加大储蓄，将使整个社会陷入萧条和贫困。

(6)①对于个人而言，在一定时期内和既定的收入下，消费和储蓄存在着此消彼长的关系：消费越多，储蓄就越少；储蓄越多，消费就越少。但是在适当的条件下，如果将储蓄视为是一种投资行为，则适当减少消费，增加储蓄，有可能提高未来的消费水平，从而使消费者的福利水平获得提高。

②储蓄不是越少越好。根据资本存量的黄金律，适当的储蓄使得人均资本存量在长期中能够达到黄金律水平，则将在长期中使人们的消费水平达到最优，经济福利实现最优化。

(7)由$\begin{cases} Y=C+I+G \\ C=200+0.75(Y-T) \\ I=200-25r \\ G=T=100 \end{cases}$

可得 IS 曲线方程为 $Y=1700-100r$。　①

由$\begin{cases} M^S/P=M^D/P \\ M^S=1000 \\ M^D/P=Y-100r \\ P=2 \end{cases}$

可得 LM 曲线方程为 $Y=500+100r$。　②

由方程①和②联立可得，均衡的收入水平为 $Y=1100$。

(8)如果中央银行将货币供给从原来的 1000 增加到 1200，

由$\begin{cases} M^S/P=M^D/P \\ M^S=1200 \\ M^D/P=Y-100r \\ P=2 \end{cases}$

可得新的 LM 曲线方程为 $Y=600+100r$。　③

由方程①和③联立可得，均衡的收入水平为 $Y=1150$。

导致均衡收入增加的原因是货币供给的增加，降低了利率，增加了投资需求，从而使经济中的总需求增加了，产出水平也增加了。

(9)总需求曲线揭示了产品和货币市场均衡时，价格和产出之间的关系。

由$\begin{cases} M^S/P=M^D/P \\ M^S=1000 \\ M^D/P=Y-100r \end{cases}$

可得新的 LM 曲线方程为 $Y=\frac{1000}{P}+100r$。 ④

由方程①和④联立可得 $Y=850+\frac{500}{P}$，即为总需求方程。

3.（厦门大学 2007 年研）假定经济在开始时产品和货币市场均处于均衡状态。IS 方程为 $Y=a(\bar{A}-br)$，其中 Y 为实际收入，$\bar{A}$ 为政府支出，r 为实际利率，a、b 为参数且 $a=2$。LM 方程为 $r=\frac{1}{h}(kY-\frac{\bar{M}}{\bar{P}})$，其中 $\frac{\bar{M}}{\bar{P}}$ 为实际货币供给余额，h、k 为参数且 $k=0.5$。当中央银行增加实际货币供给 10 亿美元时，若要保持实际利率不变，政府支出 $\bar{A}$ 必须增加多少？

答案：由题目可知，产品和货币市场均处于均衡状态，则 $Y=2(\bar{A}-br)$， ①

$r=\frac{1}{h}\left(0.5Y-\frac{\bar{M}}{\bar{P}}\right)$， ②

将式①代入式②可得 $r=\frac{\bar{A}}{h+b}-\frac{\bar{M}}{(h+b)\bar{P}}$。 ③

由题意知，若$(\frac{\bar{M}}{\bar{P}})'=(\frac{\bar{M}}{\bar{P}})+10$，$r'=r$，则将$(\frac{\bar{M}}{\bar{P}})'$、$r'$代入式③得 $\bar{A}'=\bar{A}+10$。

由此可得政府支出 $\bar{A}$ 必须增加 10 亿美元。

四、论述题

1.（北京大学 2006 年研）对于凯恩斯主义的 $IS—LM$ 模型，如果政府将个人所得税率由 t_1 降至 t_2，则有：

(1)在利率—总产量和价格—总产量两个坐标空间中做一一对应的图形，这对 AD 曲线有何影响？

(2)这对均衡利率和投资产生什么影响？

(3)从传导机制的角度详细解释为什么均衡利率和投资发生这种变化。

答案：设 $c=\alpha+\beta y$，$i=e-dr$，则 IS 曲线为 $y=\frac{\alpha+e-dr}{1-\beta}$。

LM 曲线为 $m=ky-hr$，即 $y=\frac{hr}{k}+\frac{m}{k}$ 或 $r=\frac{ky}{h}-\frac{m}{h}$。

(1)当政府将税率从 t_1 降至 t_2 时，会刺激投资增加，导致收入增加，从而会导致 IS 曲线向右移动。同时，税收下降所导致的投资增加会导致利率的上升，因此，在利率—总产量图形上表现为利率与产出的同时增加，同时二者增加的效果还受 IS 曲线斜率的影响，由于税收下降属于财政政策的范畴，因此 LM 曲线不受影响，如图 14-4 所示。

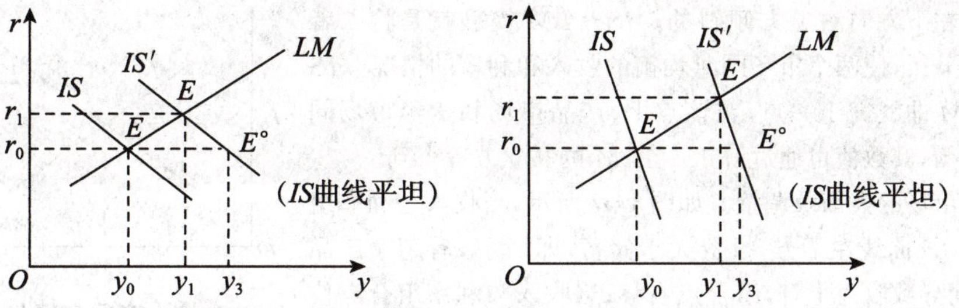

(a) 政策效果小　　　(b) 政策效果大

图 14-4　税率下降对经济的影响

可以由 $IS-LM$ 曲线推出 AD 曲线，从而得到价格—总产量的图形，由于财政政策中税率的降低会导致 AD 曲线向右移动，从而价格和产量同时上升，如图 14-5 所示。

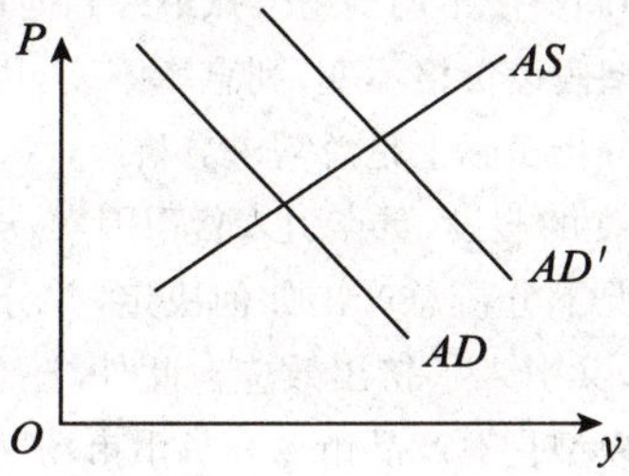

图 14-5　税率下降对价格和产出的影响

(2)利率和投资都会增加。政府降税会降低投资的成本，从而刺激投资增加，这又会推动利率的上升。

(3)税收降低→投资成本下降→投资增加→GDP 增加→货币需求增加→利率上升。原因在于 $m=L(y)+L(r)$，因为 GDP 增加且 $L'(y)\geqslant 0$，所以 $L(y)$ 上升，为了保证经济处于平衡路径上，必须有 $L(r)$ 下降，又因为 $L'(r)<0$，所以利率必须上升。

2.（北京师范大学 2007 年研）比较国民收入利息率均衡的分析（$IS-LM$ 分析）和凯恩斯的现代国民收入理论，说明 $IS-LM$ 分析在哪些方面得出了与凯恩斯的现代国民收入理论不同的结论。

答案：(1)凯恩斯的现代国民收入理论（以两部门经济为例）。在两部门经济中，国民收入的均衡条件为总需求等于总供给，即 $AE=y$。其中 $AE=c+i$，$y=c+s$，因此 $c+i=c+s$，$i=s$。这就是两部门经济中国民收入决定的恒等式。如果 $i>s$，则意味着计划总需求大于实际产量，厂商的非合意存货减少，为了增加合意存货，厂商必然会扩大生产规模，增加产品供给，直至 $i=s$；如果 $i<s$，则意味着计划总需求小于实际产量，厂商的非合意存货增加，出现非合意存货大于零，为了减少非合意存货，厂商必然会缩小生产规模，减少产品供给，直至 $i=s$。两部门经济中国民收入决定的消费—投资决定法如图 14-6 所示。

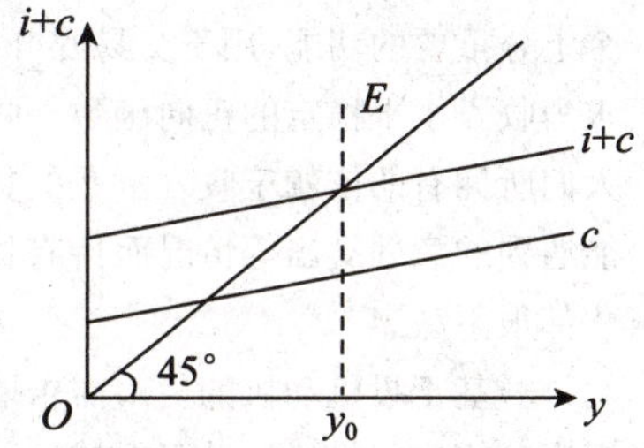

图 14-6　两部门经济中国民收入决定模型

(2)$IS-LM$ 模型。IS 曲线是一系列使产品市场均衡的利率及收入组合点，均衡国民收入与利率间存在反方向变化的关系。在以 r 为纵轴、y 为横轴的坐标系上，IS 曲线是由左上方向右下方倾斜的。LM 曲线是一系列使货币市场均衡的利率及收入组合点，以 r 为纵轴、y 为横轴所画的 LM

曲线是由左下方向右上方倾斜的。$IS-LM$ 模型就是将二者结合起来分析，使两个市场同时均衡的收入和利率的情况。IS 曲线与 LM 曲线交于一点，在该点上，产品市场和货币市场同时达到均衡，其数值可通过解 IS 与 LM 的联立方程得到。

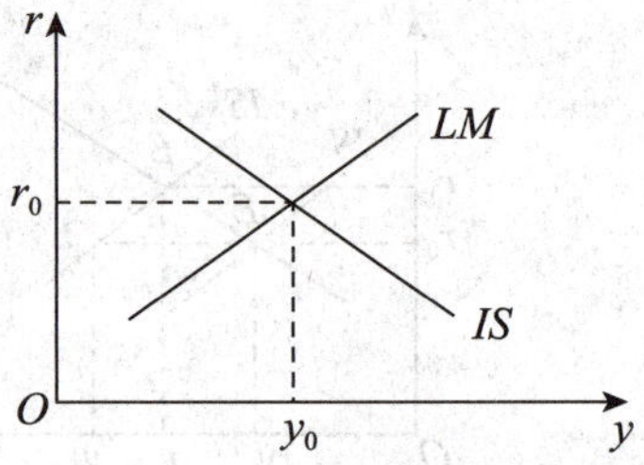

14-7　产品市场与货币市场的一般均衡

两个市场的失衡及调整。如图 14-7 所示，当收入与利率组合点位于 IS 曲线左下方，投资大于储蓄，即 $i>s$，有超额产品需求，从而导致收入上升，组合点右移；当收入与利率组合点位于 IS 曲线右上方，$i<s$，有超额产品供给，从而导致收入下降，组合点左移；当收入与利率组合点位于 LM 曲线左上方时，货币需求小于货币供给，即 $L<M$，有超额货币供给，从而导致利率下降，提高货币需求，组合点会下移；当收入与利率组合点位于 LM 曲线右下方时，$L>M$，有超额货币需求，从而导致利率上升，抵制货币需求，组合点会上升。这四种调整使不均衡组合点最终趋向均衡利率与均衡收入。

第十四章

(3)综上所述，简单凯恩斯模型假设价格不变、利息率不变，用乘法理论刻画财政政策效应。该模型对总产出决定和政策效应的分析实际上是总需求分析。

而 $IS-LM$ 模型保持价格不变的假设，重点引入货币因素，从而说明了利息率变动对宏观经济的影响。该模型在利息率可变情况下分析总产出如何决定，并分析了利息率如何决定。对财政政策效应的分析既保留了乘数效应，又引入了挤出效应。此外，还分析了货币政策效应。但是，该模型仍然是总需求分析。$IS-LM$ 模型是对产品市场和货币市场一般均衡的分析。

3.（中南财经政法大学 2000 年研）评价凯恩斯的货币需求理论。

答案：(1)凯恩斯的货币需求函数为 $m=m_1+m_2=L_1(y)+L_2(r)$，其中，m 为货币总需求，m_1 是指由交易性动机和预防性动机决定的货币需求，y 为收入水平，L_1 为收入水平 y 的函数，m_2 为基于投机动机的货币需求，r 为利率，L_2 为利率 r 的函数。

(2)货币需求理论的含义如下：

1)人们的货币需求行为是由三种动机决定的，即交易动机、预防动机、投机动机。把货币总需求划分为出于各种动机的货币需求是凯恩斯货币需求理论在分析方法上对传统理论进行突破的主要表现。

2)交易动机和预防动机决定的货币需求取决于收入水平。凯恩斯认为，交易媒介是货币的一个十分重要的功能，用于交易媒介的货币需求量与收入水平存在稳定的关系，即交易动机的货币需求为收入水平稳定的正向函数。收入越多，此项货币需求越大；收入越少，此项货币需求也就越小。人们所拥有的依赖于收入水平的货币需求不仅出于交易动机，而且还出于预防动机，即为了应付可能遇到的意外支出等情况而持有货币的动机。交易动机和预防动机所决定的货币需求对利率的变化都很不敏感。

3)基于投机动机的货币需求取决于利率水平。投机动机的货币需求是指人们为了在未来某一适当时间进行投机活动而保持的一定数量的货币，这里的投机活动最典型的就是买卖债券，因为凯恩斯把资产分为货币和债券，货币无收益，债券有收益但价格波动。投机动机的货币需求的大小取决于三个因素：当前利率水平、投机者心目中的正常利率水平及投机者对未来利率变化趋势的预期。如果整个经济中有许多投机者，而且每个投机者所拥有的财富对于所有投机者的财富总额是微不足道的，那么，投机动机的货币需求就成了当前利率水平的减函数。可见，投机性货币需求同利率之间存在着负相关的关系。

4)就利率与货币需求的关系问题，凯恩斯又进行了特殊情况的研究，提出了著名的“流动性陷阱”假说：当一定时期的利率水平降低到不能再低时，人们就会产生利率将上升从而债券价格下跌的预期，货币需求弹性就会变得无限大，即无论增加多少货币，都会被人们贮藏起来。

(3)凯恩斯的货币需求理论被称为西方经济理论的革命，其突出贡献是深入探讨了货币需求动机，提出了以投机需求为中心的流动性偏好理论，从而把利率变量引入货币需求函数之中。这一“革命”为中央银行运用利率杠杆调节货币供应量提供了理论依据。凯恩斯把货币需求量与名义国民收入和市场利率联系在一起，这就否定了传统数量论者关于货币数量直接决定商品价格的说法，使货币成为促进宏观经济发展的重要因素，从而对通过收入政策和利率政策调控货币供应量，促进经济增长有重要的借鉴意义。

但是，凯恩斯的货币需求理论还存在一些缺陷，主要表现在两个方面：

1)凯恩斯把货币需求分为交易性需求和投机性需求，前者取决于收入所得，与利率无关，但一些凯恩斯学派经济学家发现，实际情况并非如此，利率对交易性货币需求也有较大影响。任何经济主体的经济行为都以收益最大化为目标。因此，在货币收入取得和支用之间的时差内，没有必要让所有用于交易的货币都以现金的形式存在。人们可以把暂时不用的现金转化为生息资产的形式，待需要时再变现，人们持有现金的成本等于将有息资产转换为现金的实际成本和持有现金丧失的利息收入之和。因此，货币的需求不但与利率有关，而且关系极大。

2)凯恩斯在货币投机需求理论中认为，人们对未来变化的预计是自信的，并在自信的基础上决定自己持有货币还是债券。由于个人预计不同，因此总有一部分人持有货币，另一部分人持有债券，二择其一，而不是两者兼有。然而现实情况往往与凯恩斯的理论不吻合，即投资者对自己的预期往往是犹豫不定的。一般人对财富持有选择都是既持有货币，同时又持有债券，即人们持有财富的选择是多样化的资产组合，而不是单一资产。

(4)20 世纪 50 年代，一些凯恩斯学派的经济学家在深入研究凯恩斯的货币理论时发现，凯恩斯的货币需求理论还存在缺陷，他们提出了许多新的理论，这些新的研究成果集中反映在以下两个方面：一是鲍莫尔-托宾的交易性货币需求对利率相当敏感的“平方根定律”，二是托宾的多样化资产选择对投机性货币需求影响的“资产选择理论”。

4.（财政部财政科学研究院 2005 年研，青岛理工大学 2010 年研）试用凯恩斯理论解释西方国家 20 世纪 30 年代经济大萧条的原因。

答案：根据凯恩斯的经济理论，该次经济大萧条的原因可以从以下几个方面分析。

(1)大萧条的出现是由于总需求的急剧下降造成的。凯恩斯的解释强调了总需求的不稳定性，认为大萧条的出现是由于总需求的急剧下降造成的。他认为有效需求不足是因为心理上的消费倾向、灵活偏好和对资本未来收益预期的作用。总需求或有效需求不足是消费需求与投资需求不足的结果，心理上的消费倾向使得消费的增长赶不上收入的增长，从而引起消费需求不足。灵活偏好及对资本未来收益的预期使预期的利润率有降低的趋势，从而与利率水平不相适应，导致了投资需求不足。

(2)资本边际效率的作用尤为重要。凯恩斯认为对资本未来收益的预期即资本边际效率的作用尤为重要。凯恩斯十分强调投资支出的不稳定性，他认为大萧条的主要原因就在于资本效率的突然崩溃。在资本边际效率宣告崩溃时，人们对于未来的看法也随之变得黯淡，于是灵活偏好大增，利率上涨。在资本边际效率崩溃时，常连带着利率上涨，由此导致投资量减退得非常厉害。不仅如此，若资本边际效率降得很厉害，消费倾向也会受到不利影响。这是因为资本边际效率的崩溃引起了证券市场价格急剧下跌，而消费者决定其消费行为受其投资价值的涨落影响大，从而对消费倾向产生不利影响。自发支出的下降反映了有效需求的不足。

(3)自发支出的下降加剧了萧条。自发支出的这些组成部分的下降通过乘数效应，导致实际收入和价格水平的下降。由于自发支出持续急剧下降，萧条变得十分严重。凯恩斯以 20 世纪 30 年代经济大危机为背景，解释了社会生产总量和国民收入是由何种因素决定的，严重失业，“富裕中的贫困”的矛盾现象，并寻求解决这些问题的对策。凯恩斯明确承认，他的这一理论是关于“经济繁荣内部何以会孕育着使其自身趋于毁灭的种子”的理论。

教材习题参考答案

1. 怎样理解 *IS*－*LM* 模型是凯恩斯主义宏观经济学的核心？

答案：凯恩斯理论的核心是有效需求原理，认为有效需求决定国民收入，而有效需求原理的支柱是三大基本心理规律的作用。这三大基本心理规律涉及四个变量：边际消费倾向、资本边际效率、货币需求和货币供给。凯恩斯是通过利率把货币经济和实物经济联系了起来，认为货币不是中性的，货币市场上的均衡利率要影响投资和收入，而产品市场上的均衡收入又会影响货币需求和利率，这就是产品市场和货币市场的相互作用和联系。但凯恩斯本人并没有用一种模型把上述四个变量联系在一起。经济学家汉森、希克斯则用 *IS*－*LM* 模型把这四个变量放在一起，构成一个产品市场和货币市场之间相互作用如何共同决定国民收入与利率的理论框架，从而使凯恩斯的有效需求理论得到了较为完善的表述。不仅如此，凯恩斯主义的经济政策（财政政策和货币政策）的分析，也是围绕 *IS*－*LM* 模型而展开的，因此可以说，此模型是凯恩斯主义宏观经济学的核心。

2. 一个预期长期实际利率是 3% 的厂商正在考虑一个投资项目清单，每个项目都需要花费 100 万美元，这些项目在回收期长短和回收数量上不同，第一个项目将在两年内回收 120 万美元；第二个项目将在三年内回收 125 万美元；第三个项目将在四年内回收 130 万美元。哪个项目值得投资？如果利率是 5%，答案有变化吗？（假定价格稳定）

答案：当项目预期收益的现值大于投资花费时，就值得投资；当预期收益现值小于投资花费时，就不值得投资。

第一个项目回收值的现值是 $\frac{120}{1.03^2}=113$（万美元），大于 100 万美元，故值得投资。

同理，可得到第二个项目回收值的现值是 $\frac{125}{1.03^3}=114$（万美元），大于 100 万美元，也值得投资。

第三个项目回收值的现值为 $\frac{130}{1.03^4}=115$（万美元），也值得投资。

如果预期利率是 5%，则上面三个项目回收值的现值分别是 $\frac{120}{1.05^2}=108.84$（万美元）、$\frac{125}{1.05^3}=107.98$（万美元）、$\frac{130}{1.05^4}=106.95$（万美元）。因此，也都值得投资。

3. 假定每年通货膨胀率是 4%，上题中回收的资金以当时的名义美元计算，这些项目仍然值得投资吗？

答案：名义利率＝实际利率＋通货膨胀率。由于年通货膨胀率为 4%，实际利率为 3%，因此名义利率约为 7%，这样，三个项目回收值的现值分别为$\frac{120}{1.07^2}=\frac{120}{1.145}=104.8$(万美元)、$\frac{125}{1.07^3}=\frac{125}{1.225}=102$(万美元)、$\frac{130}{1.07^4}=\frac{130}{1.311}=99.2$(万美元)。因此第一、第二个项目值得投资，第三个项目不值得投资。

4. (1)若投资函数为 $i=100$(亿美元)$-5r$，找出利率 r 为 4%、5%、6%、7%时的投资量；
(2)若储蓄函数为 $s=-40$(亿美元)$+0.25y$，找出与上述投资相均衡的收入水平；
(3)求 *IS* 曲线并作出图形。

答案：(1)由 $i=100$(亿美元)$-5r$ 可知，当 $r=4\%$时，$i=100-5\times4=80$(亿美元)；当 $r=5\%$时，$i=100-5\times5=75$(亿美元)；当 $r=6\%$时，$i=100-5\times6=70$(亿美元)；当 $r=7\%$时，$i=100-5\times7=65$(亿美元)。

(2)由 $i=s$，即 $100-5r=-40+0.25y$，解得 $y=560-20r$。当 $r=4$ 时，$y=480$(亿美元)；当 $r=5$ 时，$y=460$(亿美元)；当 $r=6$ 时，$y=440$(亿美元)；当 $r=7$ 时，$y=420$(亿美元)。

(3)*IS* 曲线如图 14-8 所示。

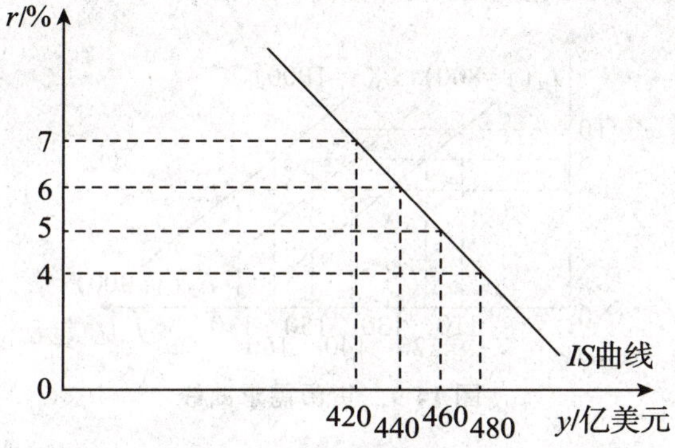

图 14-8　*IS* 曲线

5. 假定：

(a)消费函数为 $c=50+0.8y$，投资函数为 $i=100$(亿美元)$-5r$；

(b)消费函数为 $c=50+0.8y$，投资函数为 $i=100$(亿美元)$-10r$；

(c)消费函数为 $c=50+0.75y$，投资函数为 $i=100$(亿美元)$-10r$。

(1)求(a)、(b)、(c)的 *IS* 曲线；

(2)比较(a)和(b)，说明投资对利率更敏感时，*IS* 曲线的斜率发生什么变化；

(3)比较(b)和(c)，说明边际消费倾向变动时，*IS* 曲线的斜率发生什么变化。

答案：(1)根据 $y=c+s$，得到 $s=y-c=y-(50+0.8y)=-50+0.2y$，再根据均衡条件 $i=s$，可得 $100-5r=-50+0.2y$，解得(a)的 *IS* 曲线为 $y=750-25r$；同理，可得(b)的 *IS* 曲线为 $y=750-50r$，(c)的 *IS* 曲线为 $y=600-40r$。

(2)比较(a)和(b)，可知(b)的 *IS* 曲线斜率的绝对值变小，即 *IS* 曲线平坦一些，即投资函数中的投资对利率更敏感。

(3)比较(b)和(c)，当边际消费倾向变小(从 0.8 变为 0.75)时，*IS* 曲线斜率的绝对值变大了，即 *IS* 曲线更陡峭一些。

6. 假定货币需求函数为 $L=0.2y-5r$。

(1)画出利率为10%、8%和6%而收入为800亿美元、900亿美元和1000亿美元时的货币需求曲线。

(2)若名义货币供给量为150亿美元，价格水平 $P=1$，找出货币需求与供给相均衡的收入与利率。

(3)画出 LM 曲线，并说明什么是 LM 曲线。

(4)若货币供给为200亿美元，再画一条 LM 曲线，这条 LM 曲线与(3)中的 LM 曲线相比有何不同？

(5)若 $r=10$，$y=1100$ 亿美元，货币供给与(4)中的相同，则货币需求与供给是否均衡？若不均衡，利率会怎样变动？

答案：(1)当 $r=10$、y 为800时，$L=0.2y-5r=0.2\times800-5\times10=110$ 亿美元；当 $r=10$、y 为900和1000亿美元时的货币需求量分别为130和150亿美元；进而，当 $r=8$，y 为800、900和1000亿美元时的货币需求量分别为120、140和160亿美元；当 $r=6$，y 为800、900和1000亿美元时的货币需求量分别为130、150和170亿美元。图形如图14-9所示。

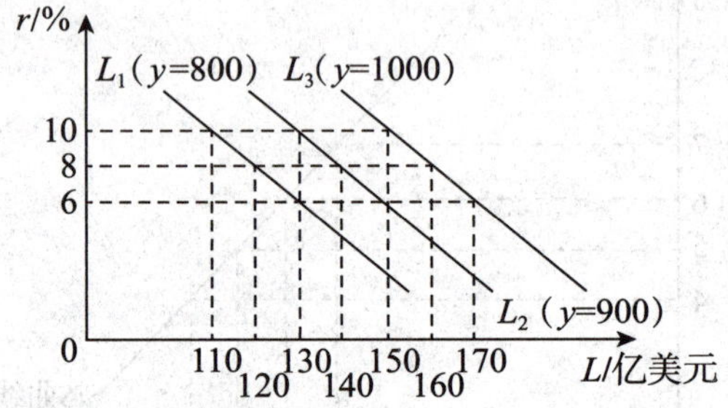

图14-9　货币需求曲线

(2)货币需求与供给相均衡，即 $L=M_S$，由 $L=0.2y-5r$，$M_S=m=\dfrac{M}{P}=\dfrac{150}{1}=150$，联立这两个方程得 $0.2y-5r=150$，即 $y=750+25r$。

当 $r=6$ 时，$y=900$ 亿美元；当 $r=8$ 时，$y=950$ 亿美元；当 $r=10$ 时，$y=1000$ 亿美元。

(3)LM 曲线是从货币的投机需求与利率的关系，货币的交易需求和谨慎需求与收入的关系以及货币需求与供给相等的关系中推导出来的。

根据(2)的 $y=750+25r$，就可以得到 LM 曲线，图形如图14-10所示。

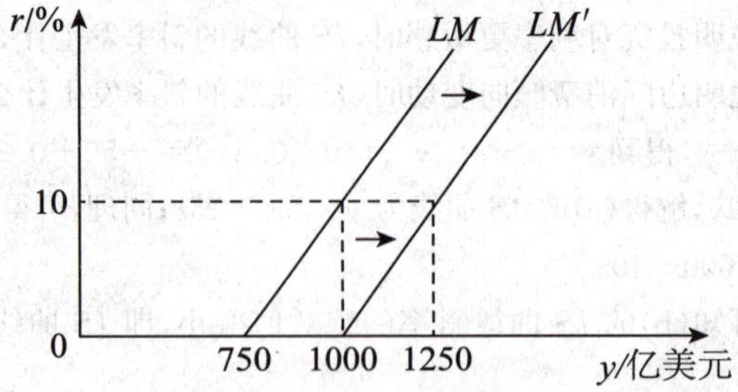

图14-10　LM 曲线

(4)当货币供给为200美元时，LM' 曲线方程为 $0.2y-5r=200$，即 $y=1000+25r$。这条 LM'

曲线与(3)中得到的这条 LM 曲线相比，向右平行移动了 250 个单位。

(5)对于(4)中这条 LM' 曲线，若 $r=10$、$y=1100$ 亿美元，则货币需求 $L=0.2y-5r=0.2\times1100-5\times10=220-50=170$(亿美元)，而货币供给 $M_S=200$ 亿美元，由于货币需求小于货币供给，所以利率会下降，直到实现新的平衡。

7. 假定名义货币供给用 M 表示，价格水平用 P 表示，实际货币需求用 $L=ky-hr$ 表示。

(1)求 LM 曲线的代数表达式，找出 LM 曲线的斜率的表达式。

(2)找出 $k=0.20, h=10$；$k=0.20, h=20$；$k=0.10, h=10$ 时 LM 曲线斜率的值。

(3)当 k 变小时，LM 曲线的斜率如何变化；当 h 增加时，LM 曲线的斜率如何变化，请说明变化原因。

(4)若 $k=0.20, h=0$，LM 曲线的形状如何？

答案：(1)货币的实际供给为 M/P，货币的需求为 $L=ky-hr$，因此得到 $L=\frac{M}{P}=ky-hr$。

假定价格水平 $P=1$，整理可得 $r=\left(-\frac{M}{h}\right)+\frac{k}{h}y$，其斜率代数表达式为 $\frac{k}{h}$。

(2)当 $k=0.20, h=10$ 时，斜率为 $k/h=\frac{0.20}{10}=0.02$；

当 $k=0.20, h=20$ 时，斜率为 $k/h=\frac{0.20}{20}=0.01$；

当 $k=0.10, h=10$ 时，斜率为 $k/h=\frac{0.10}{10}=0.01$。

(3)由于 LM 曲线斜率为 $\frac{k}{h}$，k 越小，LM 曲线斜率越小，其曲线越平坦，h 越大，LM 曲线斜率也越小，其曲线也越平坦。

(4)若 $k=0.2, h=0$，则 LM 曲线为 $0.2y=M$，即 $y=5M$。

此时 LM 曲线为一垂直于横轴 y 的直线，$h=0$ 表明货币需求与利率大小无关。

8. 假设一个只有家庭和企业的两部门经济中，消费 $c=100+0.8y$，投资 $i=150-6r$，实际货币供给 $m=150$，货币需求 $L=0.2y-4r$(单位都是亿美元)。

(1)求 IS 曲线和 LM 曲线。

(2)求产品市场和货币市场同时均衡时的利率和收入。

答案：(1)联立 $\begin{cases}y=c+i\\c=a+\beta y\\i=e-dr\end{cases}$

得 $y=a+\beta y+e-dr$，此时 IS 曲线为 $r=\frac{a+e}{d}-\frac{1-\beta}{d}y$。

由题意 $c=100+0.8y, i=150-6r$，可得 IS 曲线为 $r=\frac{100+150}{6}-\frac{1-0.8}{6}y$，即 $r=\frac{250}{6}-\frac{1}{30}y$ 或 $y=1250-30r$。

再求 LM 曲线：实际货币供给 $m=150$，货币需求 $L=0.2y-4r$，均衡时得 $150=0.2y-4r$，即 $r=-\frac{150}{4}+\frac{1}{20}y$ 或 $y=750+20r$。

(2)当 IS 和 LM 相交于一点时，产品市场和货币市场同时均衡，该点上收入和利率可通过求解

IS 和 LM 方程而得，即 $\begin{cases} y=1250-30r \\ y=750+20r \end{cases}$，得均衡利率 $r=10$，均衡收入 $y=950$（亿美元）。

9. 分析研究 IS 曲线和 LM 曲线的斜率及其决定因素有什么意义？

答案：分析研究 IS 曲线和 LM 曲线的斜率及其决定因素，主要是为了分析有哪些因素会影响财政政策和货币政策的效果。

分析财政政策的效果时，比方说分析一项增加政府支出的扩张性财政政策时，如果增加一笔政府支出会使利率上升很多（在 LM 曲线比较陡峭时就会这样），或者利率每上升一定幅度会使私人部门投资下降很多（在 IS 曲线比较平坦时就会这样），则政府支出的“挤出效应”就大，从而扩张性财政政策效果较小，反之则相反。可见，通过分析 IS 曲线和 LM 曲线的斜率及其决定因素就可以比较直观地了解财政政策效果的决定因素。

分析货币政策的效果时，比方说分析一项增加货币供给的扩张性货币政策时，如果增加一笔货币供给会使利率下降很多（在 LM 曲线比较陡峭时就会这样），或者利率每下降一定幅度会使私人部门投资增加很多（在 IS 曲线比较平坦时就会这样），从而货币政策效果较明显，反之则相反。可见，通过分析 IS 曲线和 LM 曲线的斜率及其决定因素就可以比较直观地了解货币政策效果的决定因素。

10. 为什么要讨论 IS 曲线和 LM 曲线的移动？

答案：在 IS—LM 框架中，引起 IS 和 LM 曲线移动的因素很多，如政府购买、转移支付、税收、进出口等的变动都会使 IS 移动，而实际货币供给和货币需求变动都会使 LM 移动，这些移动都会引起均衡收入和利率的变动。例如，政府减税使人们可支配的收入增加，在其他情况不变时，消费支出水平就会上升。再如汇率变动，比方说本国货币贬值在其他情况不变时会使出口增加，进口减小，从而使净出口增加，IS 曲线也会向右上方移动。同样，在价格水平不变时增加名义货币供给或减少名义货币需求，或者在货币名义供求不变时价格水平下降，都会使 LM 曲线向右下方移动。在诸多使 IS 曲线和 LM 曲线移动的因素中，西方学者特别重视财政政策和货币政策的变动。政府实行扩张性财政政策，IS 曲线向右上方移动，收入和利率同时上升，并且通过与不同斜率的 IS 和 LM 曲线相交可清楚表现出财政政策的效果。同样，政府实行扩张货币的政策，LM 曲线向右下方移动，利率下降，收入增加，并且通过与不同斜率的 IS 和 LM 曲线相交可清楚表现出货币政策的效果。因此，西方学者常常用 IS—LM 模型作为分析财政政策和货币政策及其效果的简明而直观的工具。这也可以说是西方学者讨论 IS 曲线和 LM 曲线移动的主要目的之一。

11. 消费函数中的自发消费支出和边际消费倾向变动时，IS 曲线会有什么变动？

答案：从消费函数可知，自发性消费支出增加，将导致消费曲线向上移动，即同一收入对应的消费量增加、储蓄量变小。这样，确定的利率对应的投资量要求有更高的收入水平来提供和投资相等的储蓄额，从而 IS 曲线右移；边际消费倾向变动时，如下降，会使 IS 曲线的斜率变小，即 IS 曲线更陡峭。

12. 什么是 LM 曲线的三个区域？其经济含义是什么？

答案：LM 曲线上斜率的三个区域分别指 LM 曲线从左到右所经历的水平线、向右上方的倾斜线、垂直线的三个阶段。LM 曲线这三个区域被分别称为凯恩斯区域、中间区域、古典区域。其经济含义是指在水平线阶段的 LM 曲线上，货币的需求曲线已处于水平状态，对货币的投机需求已达到利率下降的最低点“灵活偏好陷阱”阶段，货币需求对利率的敏感性极大。凯恩斯认为，当利率很低，即债券价格很高时，人们觉得用货币购买债券风险极大，因为债券价格已经这样高，从而只会跌，因此买债券很可能亏损，人们有货币在手的话，就不肯去买债券，这时的货币投机需求成为无限大，从而使 *LM* 曲线呈水平状态，由于这种分析是凯恩斯提出的，所以水平的 *LM* 区域称为凯恩斯区域。“古典学派”认为只有交易需求而无投机需求，货币需求的利率无弹性，因此垂直的 *LM* 区域称为古典区域。在古典区域和凯恩斯区域之间的这段 *LM* 曲线称为中间区域，*LM* 曲线的斜率在古典区域为无穷大，在凯恩斯区域为零，而在中间区域则为正值。

13. 如果经济中的收入和利率的组合不在 *IS* 曲线和 *LM* 曲线的交点上，市场能否使产品市场和货币市场的这种非均衡走向均衡？

答案：只要生产能随产品市场供求而变动，利率能随货币市场的供求而变动，产品市场和货币市场中的非均衡就可以通过调整逐步走向均衡。例如，若利率和收入的组合点在 *IS* 曲线和 *LM* 曲线的上方，则一方面表示这时储蓄大于投资；另一方面表示货币供给大于货币需求，在这种非均衡的情况出现时，只要市场机制能充分起作用，则储蓄大于投资（即产品市场上供过于求）就会导致生产收缩，货币供给大于货币需求就会导致利率下降，经过多次调整，一定会使收入和利率趋向两个市场同时达到均衡。

14. 为什么政府支出增加会使利率和收入均上升，而中央银行增加货币供给会使收入增加而利率下降？

答案：政府支出的增加意味着总需求（或总支出）的增加，这将使产量和收入增加，从而增加对货币的交易需求量，在货币供给量不变的条件下（或 *LM* 曲线不变），新增加的货币需求会使利率上升，最终引起投机动机的货币需求的下降来保证货币市场均衡。这个过程在 *IS*－*LM* 模型上表现为，在 *LM* 曲线不变的条件下，*IS* 曲线向右移动，总需求的增加引起收入和利率的同时增加。中央银行增加货币供给量而货币需求不变的话，利率将会下降，从产品市场看，在 *IS* 曲线的既定投资函数上利率的下降会导致投资和国民收入的增加，这个过程表现为在 *IS* 曲线不变的条件下，*LM* 曲线向右移动，并导致利率下降和国民收入上升。

15. 已知 *IS* 方程为 $y=550-1000r$，边际储蓄倾向 $MPS=0.2$，利率 $r=0.05$。

（1）如果政府购买支出增加 5 个单位，新旧均衡收入分别为多少？

（2）*IS* 曲线如何移动？

答案：（1）旧均衡收入为 500，政府购买乘数为 5，所以新均衡收入为 525。

（2）*IS* 曲线向右上方移动。

16. 假定 $y=c+i+g$，消费需求为 $c=800+0.63y$，投资需求为 $i=7500-20000r$，货币需求为 $L=0.1625y-10000r$，价格水平为 $P=1$，试计算名义货币供给是 6000 亿美元、政府支出是 7500 亿美元时的 GDP 值，并证明所求的 GDP 值等于消费、投资和政府支出的总和。

答案：（1）由 $y=c+i+g$，可知 *IS* 曲线为 $y=800+0.63y+7500-20000r+7500$，即 $0.37y=15800-20000r$，化简得在 $P=1$ 的情况下，由货币供给等于货币需求可得 *LM* 曲线为 $0.1625y-10000r=6000$，联立上面两个式子，化简整理得 $y=40000$ 亿美元，即为所求的 GDP 值。

（2）证明：由所求收入和利率，得 $c=800+0.63\times40000=26000$（亿美元）；而 g 已知为 7500 亿美元，则 $c+i+g=26000+6500+7500=40000=y$，这说明所求的 GDP 值正好等于消费、投资和政府支出的总和，总收入和总支出相等。

第十五章 国民收入的决定：*AD*—*AS*模型

知识脉络图

- 总需求曲线
  - 总需求及总需求函数的含义
  - 总需求曲线的图形：通常向右下方倾斜
  - 总需求曲线的三种效应
    - 财富效应
    - 利率效应
    - 凯恩斯效应
  - 总需求曲线的推导
    - 总产出总支出法推导
    - 代数法推导
    - 用 *IS*－*LM* 图形推导
  - 总需求曲线的移动
    - 引起移动的因素
      - 消费者支出增加　曲线右移
      - 企业投资增加　曲线右移
      - 政府购买增加　曲线右移
      - 净出口增加　曲线右移
      - 货币供给增加　曲线右移
    - 扩张性财政或货币政策对总需求曲线的影响
- 总供给的一般说明
  - 总供给与总供给函数的概念
  - 宏观生产函数与潜在产量
  - 劳动市场均衡理论
- 两种极端的总供给曲线
  - 古典总供给曲线
    - 长期总供给曲线的逻辑推导
    - $(P\uparrow\Rightarrow W/P\downarrow\Rightarrow \begin{matrix}N_s\downarrow\\N_d\uparrow\end{matrix}\Rightarrow W\uparrow\Rightarrow(W/P)$、$f$ 不变$\Rightarrow N_f$ 不变$\Rightarrow y_f$ 不变)
    - 长期总供给曲线的图形及其意义
  - 凯恩斯总供给曲线
    - 短期含义
    - 主流学派对短期总供给曲线的分析
      - 实际成本效应
      - 货币幻觉效应
    - 特殊形式：反 *L* 形总供给曲线

第十五章　国民收入的决定：$AD-AS$ 模型

- 常规总供给曲线
  - 常规总供给曲线的图形：位于古典和凯恩斯总供给曲线之间
  - 常规总供给曲线的推导：黏性价格模型
  - 常规总供给曲线的移动
    - 可得到的劳动供给量增加　曲线右移
    - 资本增加　曲线右移
    - 自然资源可获得性增加　曲线右移
    - 技术进步　曲线右移
    - 预期价格水平下降　曲线右移
    - 投入品价格下降　曲线右移
    - 名义工资下降　曲线右移

- 总需求-总供给模型
  - 对现实的解释
    - 用 $AD-AS$ 模型解释经济波动
    - 用 $AD-AS$ 模型解释充分就业状态
  - 总需求与总供给曲线移动效应
    - 凯恩斯情形（总供给曲线为水平线）
    - 古典情形（总供给曲线为垂直线）
    - 常规情形（总供给曲线为向右上方的倾斜线）
    - 总供给曲线移动的效应
  - 模型政策含义：解释经济波动并运用经济政策来稳定经济

- 总需求和总供给曲线的数学小结
  - 短期
    - 产品市场均衡条件：$y=c(y-t)+i(r)+g$
    - 货币市场均衡条件：$\frac{M}{P}=L_1(y)+L_2(r)$
    - 劳动市场均衡条件：$f(N)=\frac{W}{P}, W=\bar{W}$
    - 总量生产函数：$y=f(N,\bar{K})$
  - 长期
    - 产品市场均衡条件：$y=c(y-t)+i(r)+g$
    - 货币市场均衡条件：$\frac{M}{P}=L_1(y)+L_2(r)$
    - 劳动市场均衡条件：$f(N)=\frac{W}{P}, h(N)=\frac{W}{P}$
    - 总量生产函数：$y=f(N,K)$

复习提示

概念：总需求函数、利率效应、财富效应、货币中性、总供给曲线、潜在就业量或充分就业量、潜在产量或充分就业产量、劳动市场均衡、滞胀。

理解：分析影响总需求曲线的因素、数量论与货币中性、凯恩斯主义对经济波动的解释。

掌握：总需求曲线的推导过程以及影响总需求曲线和位置的要素分析；常见的影响总需求的政策；两种极端情况下的总供给曲线以及背后的经济学含义；应用 $AD-AS$ 模型分析，分析两种极端情况下货币政策的效果；$IS-LM$ 模型与 $AD-AS$ 模型的比较。

图解：劳动市场的均衡总需求曲线、两种极端情况下的总供给曲线。

运用：运用 $AD-AS$ 模型解释宏观经济现象。

重点难点常识理解

1. 潜在产量与潜在就业量

潜在产量又称充分就业的产量，是指在现有资本和技术水平条件下，经济社会的潜在就业量所能生产的产量。

潜在就业量即充分就业量，指一个社会在现有激励条件下所有愿意工作的人都参加生产时所达到的就业量。由于经济中一些难以避免的原因，当就业量等于潜在就业量时，失业率并不为零，这时的失业率称为自然失业率。一般地，当就业量低于潜在就业量时，失业率高于自然失业率；反之，当就业量高于潜在就业量时，失业率低于自然失业率。在宏观经济学中，潜在就业量通常被看作一个外生变量，即它不取决于产量、消费、投资和价格水平等宏观经济变量。但另一方面，一个社会的潜在就业量又不是固定不变的，它随着人口的增长而稳定增长。

2. 宏观生产函数

宏观生产函数又称总量生产函数，是指整个国民经济的生产函数，它表示总量投入和总产出之间的关系，即一个经济社会在既定的技术水平下进行生产所使用的要素总量（一般指劳动）和总产出之间的关系。

3. 劳动市场的均衡

在劳动市场上，劳动需求等于劳动供给即实现了劳动市场的均衡，此时企业所选择的劳动数量恰好等于公众所提供的劳动数量，此时的实际工资即为均衡工资。

4. 总需求函数与总需求曲线

总需求函数指表示产品市场和货币市场同时达到均衡时的价格水平与国民收入间的依存关系的函数。描述这一函数的曲线称为总需求曲线。所谓总需求是指整个经济社会在每一个价格水平下对产品和劳务的需求总量，它由消费需求、投资需求、政府支出和国外需求构成。在其他条件不变的情况下，当价格水平上升时，国民收入水平就下降；当价格水平下降时，国民收入水平就上升。由产品市场均衡条件 $i(r)+g=s(y-t)+t$ 和货币市场均衡条件 $\frac{M}{P}=L_1(y)+L_2(r)$ 可以求得总需求函数。

第十五章 国民收入的决定:AD—AS 模型

总需求曲线表示产品市场和货币市场同时达到均衡时价格水平与国民收入间的依存关系的曲线。所谓总需求是指整个经济社会在每一个价格水平下对产品和劳务的需求总量,它由消费需求、投资需求、政府支出和国外需求构成。在其他条件不变的情况下,当价格水平提高时,国民收入水平就下降;当价格水平下降时,国民收入水平就上升。总需求曲线向下倾斜,其机制在于:当价格水平上升时,将会同时打破产品市场和货币市场上的均衡。在货币市场上,价格水平上升导致实际货币供给下降,从而使 *LM* 曲线向左移动,均衡利率水平上升,国民收入水平下降。在产品市场上,一方面由于利率水平上升造成投资需求下降(即利率效应),总需求随之下降;另一方面价格水平的上升还导致人们的财富和实际收入水平下降及本国出口产品相对价格的提高,从而使人们的消费需求下降,本国的出口也会减少,国外需求减少,进口增加。这样随着价格水平的上升,总需求水平就会下降。总需求曲线的斜率反映价格水平变动一定幅度使国民收入(或均衡支出水平)变动多少。*IS* 曲线斜率不变时,*LM* 曲线越陡,则 *LM* 移动时收入变动就越大,从而 *AD* 曲线越平缓;相反,*LM* 曲线斜率不变时,*IS* 曲线越平缓(即投资需求对利率变动越敏感或边际消费倾向越大),则 *LM* 曲线移动时收入变动越大,从而 *AD* 曲线也越平缓。

政府采取扩张性财政政策,如政府支出扩大,或者采取扩张性货币政策,都会使总需求曲线向右上方移动;反之,则向左下方移动。

要点解析:(1)价格水平的变化对 *IS* 曲线的位置没有影响,因为只有实际变量才能使得 *IS* 曲线移动,名义变量对其没有影响。

(2)当加入政府部门后,财政政策与货币政策变化对需求曲线的影响:扩张性的财政政策或扩张性的货币政策都会使得需求曲线向右移动(只要是扩张性的政策,无论是财政政策还是货币政策都会使得需求曲线向右移动)。

(3)分析:*IS* 曲线 $y=c+i+g$,

LM 曲线 $L=ky-hr=\frac{M}{P}$,

分析需求端,可以将影响总需求变化的因素分成以下几种情况,见表 15-1。

表 15-1 影响总需求变化的因素

因素分类	总需求增加	总需求减少
实际货币量	增加	减少
利率	下降	上升
汇率	下降	上升
预期的通货膨胀率	上升	下降
预期的未来利润	增加	减少
政府支出	增加	减少
税收	减少	增加
政府转移支付	增加	减少
国外收入	增加	减少
出口	增加	减少

5. 古典的总供给曲线与凯恩斯主义的总供给曲线

古典的总供给曲线是一种长期总供给曲线。在长期中，根据西方的经济学，经济的就业水平并不随着价格的变动而变动，而是总处于充分就业的状态，此时，总供给曲线为一条垂直线，即古典的总供给曲线。其原因在于工资的充分弹性或劳动市场的充分竞争性。劳动市场的充分竞争性保证了劳动市场经常处于均衡位置即充分就业。劳动的供求主要受实际工资的影响。在名义工资既定时，价格变动将引起实际工资变动，从而导致劳动市场非均衡，或劳动供大于求，或劳动求大于供。由于充分竞争性，非均衡将导致名义工资变动，直至重新回到均衡位置。

凯恩斯主义的总供给曲线是一种短期总供给曲线，曲线为一条水平线。它的两个假设为①货币工资和价格水平 P 具有刚性，完全不能进行调整；②研究短期刚性工资假设，W 和 P 也没有充足时间去调整。当价格上升时，实际工资下降，劳动力市场的供给减少，要求货币工资增加，实际工资恢复原值，就业量不变，总供给不变。当价格下降时，实际工资增加，劳动力市场需求减少，而货币工资又不能减少，所以导致厂商减少劳动力雇佣，就业水平小于均衡状态，总供给减少。

6. 凯恩斯的 *AD*－*AS* 模型

凯恩斯的 $AD-AS$ 模型指由一条向右下方倾斜的总需求曲线和一条由水平段和垂直段构成的总供给曲线（即反 L 型总供给曲线）所构成的模型。此模型的含义是在总供给曲线的水平阶段，总需求曲线向右上方移动时，不会引起价格水平的提高，只是引起产量增加。而在总供给曲线的垂直阶段，总需求曲线向右上方移动时，只能引起价格水平的提高，而不能引起实际产量的增加。

7. 修正的凯恩斯的 *AD*－*AS* 模型

修正的凯恩斯的 $AD-AS$ 模型指由修正了的总供给曲线和向右下方倾斜的总需求曲线构成的模型。西方经济学界有人认为，在没有达到充分就业的产量情况下，价格水平就会随着总需求的提高而逐步提高。因此，根据这种看法，他们将反 L 型的总供给曲线的水平段修正为向右上方倾斜的正斜率段，但总需求曲线仍为向右下方倾斜的曲线，从而得到了修正的凯恩斯的 $AD-AS$ 模型。其基本含义是在到达充分就业前的产量水平上，总需求曲线向右移动，会引起价格和产量水平都增加，而在到达充分就业产量水平后，总需求的提高只会引起价格水平的提高，而不会引起实际产量的增加。

8. 总需求—总供给模型

总需求—总供给模型是把总需求与总供给结合在一起来分析国民收入与价格水平的决定及其变动的国民收入决定模型。在图 15-1 中，横轴代表国民收入（y），纵轴代表价格水平（P），AD_1 代表原来的总需求曲线，AS_1 代表短期总供给曲线，AS_2 代表长期总供给曲线。最初，经济在 E_1 点时实现了均衡，均衡的国民收入为 y_1，均衡的价格水平为 P_1。这时 E_1 点又在长期总供给曲线 AS_2 上，所以，y_1 代表充分就业的国民收入水平。在短期内，政府通过扩张性的财政政策或货币政策增加了总需求，从而使总需求曲线从 AD_1 向右上方平行移动到 AD_2。AD_2 与短期总供给曲线 AS_1 相交于 E_2。这样，总需求的增加使国民收入水平从 y_1 增加到 y_2 并使价格水平从 P_1 上升到 P_2。但是，价格的上升必然引起工资增加，总供给减少，短期总供给曲线从 AS_1 向左上方平行移动到 AS_3，AS_3 与 AD_2 相交于 E_3。这样，国民收入水平从 y_2 减少到 y_3，价格水平从 P_2 上升到 P_3。在长期中，总供给曲线是一条垂直线（AS_2）。AD_2 与 AS_2 相交于 E_4，国民收入水平为充分就业的国民收入 y_1，而价格水平上升到 P_4。这一模型是用总需求来说明国民收入决定的收入支出模型的发展。

它说明总需求与总供给对国民收入与价格水平的决定都有重要的作用，因此，应该同时运用需求管理与供给管理的政策。

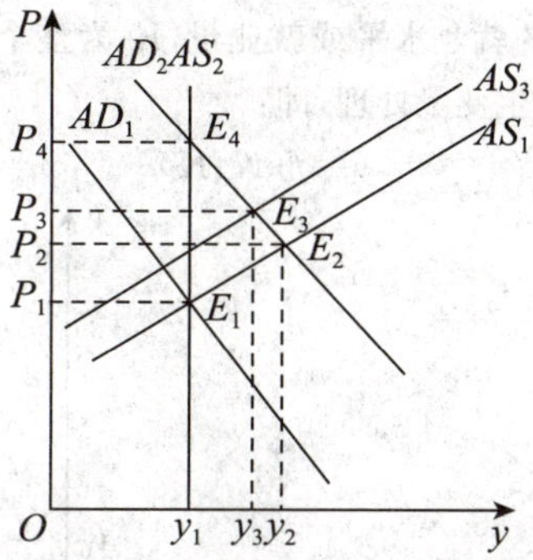

图 15-1　总需求—总供给模型

要点解析：供给—需求（S—D）和总供给—总需求（AS—AD）模型的联系与区别：

（1）两者的联系。①形式上相似。供给—需求（S—D）模型是微观经济的模型，主要用来说明单个商品的价格和数量的决定。总供给—总需求（AS—AD）模型是宏观经济的模型，主要用来说明总体经济的价格水平和国民收入的决定。②坐标轴中都用两条曲线表示，而且曲线走势一般情况下基本相同。需求曲线一般向右下方倾斜，供给曲线一般向右上方倾斜。

（2）两者的区别。①两个模型涉及的对象不同。供给—需求（S—D）模型研究微观领域的事物，总供给—总需求（AS—AD）模型研究宏观领域的事物。②两个模型的理论基础不同。供给—需求（S—D）模型理论基础是消费者行为理论、成本理论以及市场理论；总供给—总需求（AS—AD）模型理论基础是产品市场均衡理论、货币市场均衡理论、劳动力市场理论和总量生产函数。③两个模型的功能不同。供给—需求（S—D）模型理论主要用来说明商品价格和数量的决定，以及说明需求曲线和供给曲线移动对价格和数量的影响，解释微观现象；总供给—总需求（AS—AD）模型主要用来说明价格和产出决定以及解释宏观经济的波动现象，也可以用来说明政府运用宏观经济政策干预经济的结果。

9. 总需求—总供给模型的政策含义

总需求—总供给模型不仅能解释经济波动，政府还可运用需求管理政策来实现稳定经济的目的。

如图 15-2 所示，假如受到冲击，经济的实际产量为 y_0，它低于经济的潜在产量 y_f，表明该经济正经历衰退。衰退是指失业、低收入和经济劳动增加的时期。为了减轻衰退给经济带来的不利影响，作为社会管理者的政府此时会运用财政政策和（或）货币政策干预经济。根据图 15-2，若政府能将经济的总需求曲线从现在的 AD_0 向右移动到 AD_1，使其和 AS 曲线相交于 E_1 点，便可达到稳定经济的目的。

10. 总供给

总供给是经济社会的总产量（或总产出），一般而言是由劳动力、生产性资本存量和技术决定的。宏观经济学中一般用宏观生产函数来表示产出与劳动和资本等之间的关系。

宏观生产函数可以表示为

$$y=f(N,K)$$

其中，y 为总产出，N 为整个社会的就业水平或就业量，K 为整个社会的资本存量。在宏观经济波动分析中，一般把资本存量作为外生变量处理，即：

$$y=f(N,\overline{K})$$

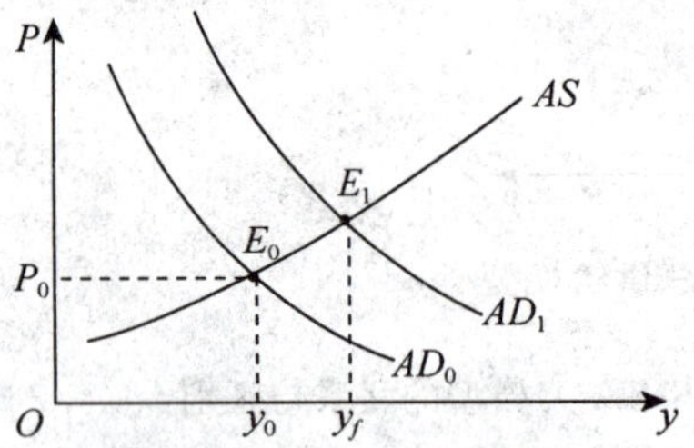

图 15-2　受到冲击下的总需求—总供给模型

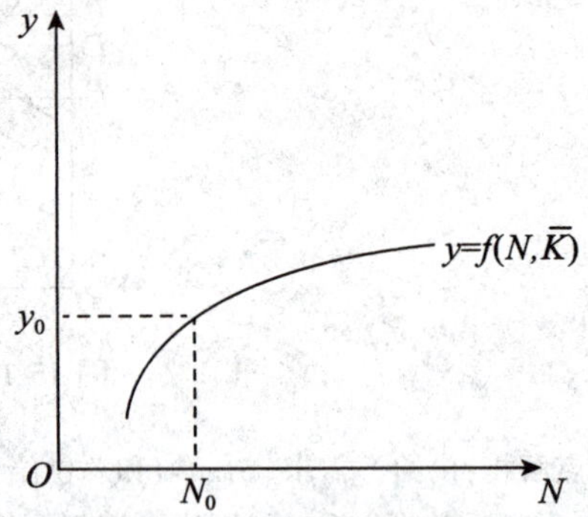

图 15-3　宏观生产函数

同时，宏观经济学假定宏观生产函数有两条重要性质：一是总产出随总就业量的增加而增加；二是由于“报酬递减规律”的作用，随着总就业量的增加，总产出按递减的比率增加，如图 15-3 所示。

要点解析：(1)总供给曲线的斜率取决于劳动力市场对货币工资变动能作何反应的假定。劳动者关注的是实际工资而不是名义工资，实际工资是名义工资与价格水平的比率，当名义工资上涨的幅度低于价格上涨的幅度，实际工资就会下降；反之，实际工资就会上升。

(2)当价格水平具有完全的弹性时，实际产出主要由潜在产出决定，不受价格水平影响。因为物价上升时，名义工资也会同比例上升，劳动力市场恢复到原来的均衡，就业量也会恢复到原来的水平。因此就业量不随物价水平的变化而变化，总产出也不随价格水平的变化而变化，从而供给曲线变现为垂直的直线，其位于充分就业产出水平，这条垂线被称为长期总供给曲线或古典总供给曲线。

(3)垂直的总供给曲线并不是说总供给固定不变，只是想表明价格并不影响产出水平高低。在长期中，资本量、劳动量和技术是决定实际产出水平的因素，劳动供给增加、资本存量增加和技术水平提高都会使得实际产出增加，从而总供给曲线向右移动。

考研真题与难题详解

一、概念题

1. (中央财经大学 2000 年研)劳动供给曲线

答案：劳动供给曲线指描述人们提供的劳动和对劳动所支付的报酬之间关系的曲线。假设每一个劳动力的供给都只取决于工资，则劳动供给曲线可用图 15-4 表示。图中 S 曲线为劳动供给曲线，OW、OL 轴分别表示工资率和劳动数量。①图(a)中 S 曲线为水平状态，当工资为 W_0 时，能够提供的劳动数量与所需要的数量相等；当工资低于 W_0 时，劳动供给为 0；高于 W_0 时，劳动供给也不增加；②图(b)中的 S 曲线是整个行业或某种职业可能的情形。工资从 W_0 提高到 W_1，劳动供给就从 L_0 上升到 L_1；工资下降，劳动供给相应减少。图(b)的纵轴可用实际工资 W/P 表示，从而代表宏观(总量)意义上完全竞争的劳动供给曲线，它是实际工资的函数；③图(c)中的 S 曲线说明工资增减对劳动供给没有影响。这种情形可能在短时期内出现，此时个人来不及调整他的工作计划或某些职业培训期较长，而此时即使增加工资也不能吸引更多的劳动；④图(d)是向后弯曲的劳动供给曲线。它说明当工资足够高(如 W_0)时，人们可以享用更多的闲暇而从事较少的工作。在 E 点上，提高工资会减少劳动的供给，当工资从 W_0 提高到 W_1 时，劳动供给则从 L_0 减少到 L_1。

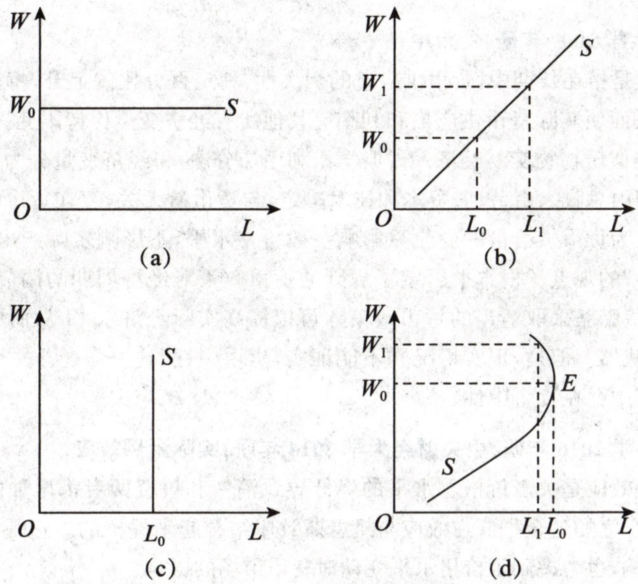

图 15-4　劳动供给曲线

2. (对外经济贸易大学 2007 年研)附加预期的总供给函数

答案：附加预期的总供给函数是指加入预期价格后反映产出与价格变动关系的总供给函数，又称卢卡斯总供给函数，用公式一般表示为 $y-y^*=\lambda(P-\dot{P})$。其中，y 为总产出，P 为价格水平，y^* 为经济的潜在产量，参数 $\lambda>0$，$\dot{P}$ 为预期价格。附加预期的总供给函数表明，经济的总产出与未被预期到的价格上升之间具有正相关关系。预期价格与实际价格的偏离会导致实际产出与经济正常产出的偏离，如果价格水平等于人们预期的值，则总供给等于自然率的产出水平。否则，随着现实价格水平超出预期的价格水平，产出增加到自然率水平之上。

3. (厦门大学 2007 年研)总需求曲线

答案：总需求曲线表示产品市场和货币市场同时达到均衡时价格水平与国民收入间的依存关系的曲线。所谓总需求是指整个经济社会在每一个价格水平下对产品和劳务的需求总量，它由消费需求、投资需求、政府支出和国外需求构成。在其他条件不变的情况下，当价格水平提高时，国民收入水平就下降；当价格水平下降时，国民收入水平就上升。总需求曲线向下倾斜，其机制在于：当价格水平上升时，将会同时打破产品市场和货币市场上的均衡。在货币市场上，价格水平上升导致实际货币供给下降，从而使 LM 曲线向左移动，均衡利率水平上升，国民收入水平下降。在产品市场上，一方面由于利率水平上升造成投资需求下降(即利率效应)，总需求随之下降；另一方面，价格水平的上升还导致人们的财富和实际收入水平下降以及本国出口产品相对价格的提高，从而使人们的消费需求下降，本国的出口也会减少，国外需求减少，进口增加。这样，随着价格水平的上升，总需求水平就会下降。总需求曲线的斜率反映价格水平变动一定幅度使国民收入（或均衡支出水平）变动多少。*IS* 曲线斜率不变时，*LM* 曲线越陡，则 *LM* 移动时收入变动就越大，从而 *AD* 曲线越平缓；相反，*LM* 曲线斜率不变时，*IS* 曲线越平缓（即投资需求对利率变动越敏感或边际消费倾向越大），则 *LM* 曲线移动时收入变动越大，从而 *AD* 曲线也越平缓。

政府采取扩张性财政政策，如政府支出扩大，或者采取扩张性货币政策，都会使总需求曲线向右上方移动；反之，则向左下方移动。

4.（中央财经大学 2007 年研）货币中性

答案：货币中性是指在长期中，货币供应量的一次性、一定百分比的上升，将被价格水平相同比例的上升所抵消，从而使实际货币供应量和利率等其他所有经济变量保持不变。此时，货币只是一种面钞，货币经济类似于物物交易经济。古典学派利用二分法，将经济变量分为名义变量和实际变量两种，认为在长期内总收入由劳动、资本和技术决定，与货币量无关，存在货币中性。新古典学派继承了这一观点，认为货币供给量的变化只影响一般价格水平，不影响实际产出水平，因而货币是中性的。“货币中性”的观点从根本上否定了规则的货币政策对经济周期的调节作用，并认为只有对未被预期到的通货膨胀采取适当的货币政策才可以提高实际经济水平，从而成为抨击凯恩斯主义的强有力的思想武器。但是，现实情况并不能证实“货币中性”这一命题。一般认为在短期中货币非中性，而在长期中存在货币中性。

5.（华中科技大学 2016 年研，中央财经大学 2014 年研）实际余额效应

答案：实际余额效应是关于价格总水平的降低导致消费和投资两者都增加的理论。实际余额效应是以色列经济学家帕廷金把庇古效应与凯恩斯效应结合起来提出的。它既考虑了价格水平变动对产品市场的影响，也考虑到了价格水平变动对货币市场的影响。

实际余额效应理论在揭示这些影响时遵循的是这样的思路：①个人在处理持有的货币余额与在商品和服务上的消费关系时，具有一种理想的模式；②价格水平下降，持有的货币实际价值上升；③一定数量的货币能买到的商品和服务增加了；④原来的理想模式被打破，而且个人的流动资产有多余；⑤一部分增加的流动资产被用来购买商品和服务，消费增加；⑥一部分增加的流动资产被借出去，这使货币市场上的资金供应量增加，利率降低；⑦利率降低，引起投资增加。这样，实际余额效应既增加了消费，也增加了投资。

二、简答题

1.（华中科技大学 2006 年研）分析宏观经济均衡的条件。

答案：宏观经济的均衡是指一国经济的总供给和总需求相等，从而实现了宏观经济的平衡这样一种状态。宏观经济均衡包括产品和货币市场的均衡以及劳动市场的均衡。

宏观经济均衡的条件是总供给与总需求相等（$AS=AD$），或者总储蓄等于总投资（$s=i$）。

当 $s>i$ 时，即 $AS>AD$ 时，生产过剩，供过于求，导致存货上升，价格下降，利润减少，企业缩减生产，解雇工人，这一过程表现为经济衰退和失业增加的过程。

当 $s<i$ 时，即 $AS<AD$ 时，生产不足，存货下降，导致价格上涨，利润增加，此时企业扩大生产，

增雇工人,表现为经济扩张过程。

因此,只有当 $s=i$ 时,宏观经济才实现了均衡。

2.（华中科技大学 2005 年研）说明主流学派的经济学家是怎样用总供求分析法解释经济的“滞胀”状态的。

答案:(1)总供给和总需求的含义。总供给是指整个经济社会在每一价格水平下提供的产品和劳务的总量。总供给函数表示国民收入(总产出量)和价格水平之间的数量关系。描述这一函数关系的曲线就是总供给曲线,可以用来表示国民收入和价格水平各种不同的组合。总供给曲线可以根据总生产函数、劳动需求函数和劳动供给函数以及货币工资曲线推导得到。

总需求指整个社会经济在每一价格水平下对产品和劳务的需求总量,总需求函数表示产品市场和货币市场同时达到均衡时的价格水平和国民收入之间的数量关系。描述这一函数关系的曲线被称为总需求曲线。由于实际资产效应、跨期替代效应和开放替代效应等因素,总需求曲线向右下方倾斜,表明在其他条件不变的情况下,价格水平和国民收入的反方向变动关系。可以从简单的凯恩斯模型和 $IS-LM$ 模型中推导出总需求曲线。

作为凯恩斯主义重要代表的主流经济学派,他们试图用总供给曲线和总需求曲线来解释宏观经济运行,同时使用长期和短期总供给曲线,把向右上方倾斜的总供给曲线称为短期总供给曲线,把垂直的总供给曲线称为长期总供给曲线。

(2)运用总供求分析法对经济“滞胀”状态的解释。从图 15-5(a)中可以看到,短期的收入和价格水平的决定有两种情况。第一种情况是,AD 是总需求曲线,AS_s 是短期总供给曲线,二者交点 E 决定的收入或产量为 y,价格水平为 P,二者都处于很低的水平。这种情况表示经济处于萧条状态。第二种情况是,当总需求增加,总需求曲线从 AD 向右移动到 AD',短期总供给曲线 AS_s 和新的总需求曲线 AD' 和交点 E' 决定的产量或收入为 y',价格水平为 P',二者都处于很高的水平,这种情况表示经济处于高涨状态。现在假定短期总供给曲线由于受到供给冲击(如石油价格和工资等提高)而向左移动,但总需求曲线不发生变化。在这种情况下,短期收入和价格水平的决定可用图 15-5(b)表示。

在图 15-5(b)中,AD 是总需求曲线,AS_s 是短期总供给曲线,二者交点 E 决定的产量或收入为 y,价格水平为 P。现在出现供给冲击,AS_s 左移到 AS'_s,与总需求曲线 AD 交于 E',E' 点所决定的产量为 y',价格水平为 P'。这个产量低于原来的产量,而价格水平却高于原来的价格水平,这种情况表示经济处于“滞胀”状态,即经济停滞和通货膨胀结合在一起的状态。

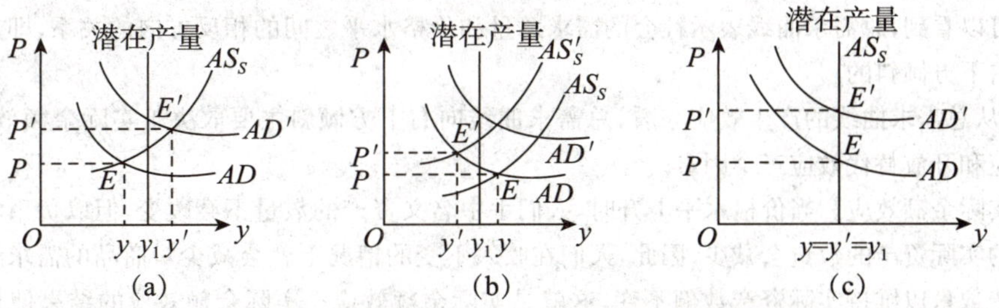

图 15-5　总供求分析法对“滞胀”状态的解释

(3)治理“滞胀”的对策。在政策主张上,主流学派经济学家认为,虽然资本主义经济在长期内可以处在充分就业的均衡状态,总需求增加只是提高了价格水平,而不改变产量或收入,如图 15-5(c)所示。但短期内的萧条和过度繁荣是不可避免的,仍然可以给社会带来损失。因此,有必要执行凯恩斯主义的经济政策，以熨平萧条和过度繁荣所带来的经济波动，使经济持续处于稳定的充分就业的状态。

政府治理“滞胀”的对策主要有①紧缩的货币政策；②扩张的财政政策；③实施减税和增加财政支出，利用财政杠杆调节产业结构和产品结构。

3. (武汉大学 2007 年研)为什么说菲利普斯曲线与总供给曲线是看待同一宏观经济现象的两种不同方式？

答案：(1)总供给曲线与菲利普斯曲线描述相似的关系，并且可以用于分析相同的现象。总供给曲线表示的是价格与产出水平之间的关系；菲利普斯曲线表示的是在一定的通货膨胀预期下，通货膨胀率与失业率之间的关系。

菲利普斯曲线说明通货膨胀率取决于两种力量：预期的通货膨胀率、失业与自然率的背离(周期性失业)，即 $\pi=\pi^e-a(u-u^*)$。

而总供给曲线可以写成 $y=y_f+\lambda(P-P^e)$，进一步可写成 $P^e+(1/\lambda)(y-y_f)$。

两边减去上一年的物价水平 P_{-1} 得到 $P-P_{-1}=(P^e-P_{-1})+(1/\lambda)(y-y_f)$，有 $\pi=\pi^e+(1/\lambda)(y-y_f)$。

再结合奥肯定律，就可以将总供给曲线与菲利普斯曲线连接起来。

(2)菲利普斯曲线和总供给曲线实际上是同一枚硬币的两面，都反映了经济中的价格调整机制。可以从菲利普斯曲线推导出总供给曲线，也可以从总供给曲线推导出菲利普斯曲线。总供给曲线提供了产出和价格之间的关系，这可以通过变换得出产出和通货膨胀之间的关系。结合奥肯定律，又可以得出产出和失业的关系，然后就可以得到描述通货膨胀和失业率之间关系的菲利普斯曲线。

例如，沿着总供给曲线移动价格水平上升的同时，产出水平增加。根据奥肯定律，产出增加，失业率会下降。因此，伴随着价格水平的上升(更高的通货膨胀率)，失业率就会下降，并产生向下倾斜的菲利普斯曲线，当通货膨胀预期变化时菲利普斯曲线就会移动。如果假定当工人的通货膨胀预期变化时，他们会改变工资需求，就可以断定菲利普斯曲线上的移动是对总供给曲线上移动的反映，因为更高的工资意味着更高的生产成本。

综上所述，菲利普斯曲线与总供给曲线是看待同一宏观经济现象(价格与产出关系)的两种不同方式。

4. (武汉大学 2000 年、2006 年研，深圳大学 2007 年研)总需求曲线为什么向右下方倾斜？

答案：(1)从总需求曲线的获得方法来看，总需求曲线的推导参见概念题第 3 题。从总需求曲线推导中可以看到，总需求曲线表示社会的需求总量和价格水平之间的相反方向的关系，即总需求曲线是向右下方倾斜的。

(2)从总需求曲线的产生效应来看，总需求曲线向右下方倾斜主要取决于实际余额效应、实际替代效应和开放替代效应三个因素。

1)实际余额效应。当价格水平上升时，人们手中名义资产的数量不会改变，但以货币实际购买力衡量的实际资产的数量会减少，因此，人们在收入不变的情况下就会减少对商品的需求量而增加名义资产数量以维持实际资产数额不变，这就是实际余额效应。实际余额效应的结果使价格水平上升时，人们所愿意购买的商品总量减少；价格水平下降时，人们所愿意购买的商品总量增加。因此，总需求曲线向右下方倾斜。

2)实际替代效应。一般来讲，价格上升时会提高利率水平。利率水平的提高也就意味着当前消费的机会成本增加而未来消费的预期收益提高。因此，人们会减少当前消费量，增加未来消费量。因此，随着总价格水平的提高，人们会用未来消费替代当前消费从而减少对商品的需求总量；而随着总价格水平的下降，人们则会用当前消费替代未来消费从而增加对商品的总需求量，这就是实际替代效应。实际替代效应也会导致总需求曲线向右下方倾斜。

3)开放替代效应。当一国价格水平上升时，在其他国家生产的产品就会变得相对便宜，本国居民就会用外国产品来替代本国产品，增加对进口品的需求；而外国居民则会用本国产品替代外国产品，减少对出口品的需求，从而商品需求总量会减少。因此，总价格水平上升，人们会用进口替代出口，从而减少对国内商品的需求量；而总价格水平下降，人们则会用出口替代进口，从而增加对国内商品的需求量，这就是开放替代效应。当一个经济对外开放时，开放替代效应就构成了总需求曲线向右下方倾斜的另一个原因。

5.（中南财经政法大学 2011 年研）总供给曲线有哪些类型？请分别说明。

答案：总供给曲线的理论主要由总量生产函数和劳动力市场理论来反映，总供给曲线主要有三类：古典总供给曲线、凯恩斯总供给曲线和常规总供给曲线。

(1)古典总供给理论认为，劳动力市场运行没有阻力，在工资和价格可以灵活变动的情况下，劳动力市场得以出清，使经济的就业总量维持充分就业状态，从而在其他因素不变的情况下，经济的产量总能保持在充分就业的产量或潜在产量水平上。因此，在以价格为纵坐标、总产量为横坐标的坐标系中，古典总供给曲线是一条位于充分就业产量水平的垂直线。

(2)凯恩斯的总供给理论认为，在短期一些价格是刚性的，从而不能根据需求的变动进行调整。由于工资和价格刚性，短期总供给曲线不是垂直的，凯恩斯总供给曲线在以价格为纵坐标、收入为横坐标的坐标系中是一条水平线，表明经济中的厂商在现有价格水平上，愿意供给所需的任何数量的商品。凯恩斯总供给曲线的基础思想是，作为工资和价格刚性的结果，劳动力市场不能总维持在充分就业状态，由于存在失业，厂商可以在现行工资下获得所需劳动，因而它们的平均生产成本被认为是不随产出水平变化而变化的。

(3)一些经济学家认为，古典总供给曲线和凯恩斯的总供给曲线分别代表劳动力市场的两种极端的说法。在现实中，工资和价格的调整经常介于两者之间。在这种情况下，以价格为纵坐标、产量为横坐标的坐标系中，总供给曲线是向右上方延伸的，这即为常规的总供给曲线。

总之，针对总量劳动市场关于工资和价格的不同假设，宏观经济学中存在着三种类型的总供给曲线。

三、计算题

1.（中国人民大学 2006 年研）设经济的总供给函数为 $y_s=2000+P$，总需求函数为 $y_d=2400-P$。求：

(1)经济的均衡产量和均衡的价格水平。

(2)若经济遭受冲击，使总需求曲线向左方平行移动 10%，求该经济新的均衡点所对应的产量和价格。并说明使经济恢复到(1)所示的均衡状态所应采取的政策选择。

(3)若总供给曲线也向左方平行移动 10%，求该经济新的均衡点所对应的产量和价格。

答案：(1)经济的总供给函数为 $y_s=2000+P$，总需求函数为 $y_d=2400-P$，$y_s=y_d$，则 $2000+P=2400-P$。

解得均衡价格 $P=200$，均衡产量$=2000+200=2200$。

(2)经济遭受冲击，使总需求曲线向左方平行移动10%，新的总需求函数为 $y_d=2160-P$，$y_s=y_d$，则 $2000+P=2160-P$。

解得均衡价格 $P=80$，均衡产量 $=2000+80=2080$。

为了使经济恢复到(1)所示的均衡，可以通过扩张性财政政策和货币政策使总需求扩大，总需求曲线重新回到原来的位置时，就使经济重新回到均衡；也可以通过扩大总供给的办法，使总供给曲线向右移动，与总需求曲线相交于原来的均衡产量上，此时价格更低。

(3)总供给曲线也向左方平行移动10%，则新的需求函数为 $y_d=2160-P$，新的供给函数为 $y_s=1800+P$，$y_s=y_d$，则 $1800+P=2160-P$。

解得均衡价格 $P=180$，均衡产量 $=1800+180=1980$。

2.（中山大学2006年研）一个经济的总需求和总供给分别为：

AD：$m+v=p+y$

AS：$p=p^e+\lambda(y-y^*)$

其中，p^e 为对价格水平的预期，y^* 为充分就业产出水平，m 为货币总量，y^* 和 λ 为常数。

(1)若预期为完美预见，求出均衡的价格与产出水平。

(2)若货币当局实行了一次意料外的并且是永久性的货币扩张，图解这次政策操作的短期和长期效应。

答案：(1)如果预期为完美预见，则 $p=p^e$，由总供给曲线 AS 为 $p=p^e+\lambda(y-y^*)$，可得均衡时的产出水平为 $y=y^*$，即产出实现充分就业水平。

此时，由总需求曲线 AD 为 $m+v=p+y$，可得均衡的价格水平为 $p=m+v-y^*$。

(2)若货币当局实行了一次意料外的并且是永久性的货币扩张，在短期内，人们可能没有意识到货币政策的改变，因此，人们将不会调整其对价格的预期 p^e，因此，经济中的产出将增加。如图15-6所示，由于预期 p^e 没有发生改变，短期总供给曲线为 AS_0，货币扩张使总需求曲线从 AD_0 右移至 AD_1，产出从初始充分就业的产出 y^* 增至 y_1，价格水平由 p_0 增至 p_1。

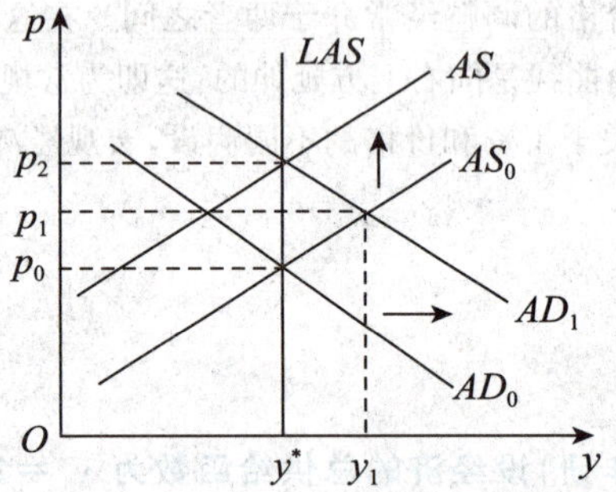

图15-6　一次意外的并且是永久性的货币扩张的短期和长期影响

但是在下一期人们就会意识到发生了永久性的货币扩张，因此，人们将修正其对价格的预期，如图15-6所示，总供给曲线将由 AS_0 上移至 AS，产出重新恢复到充分就业水平 y^*，价格上升为 p_2。

因此，货币扩张在短期内提高了产出，但是在长期人们调整价格预期后，产出维持在充分就业水平不变，货币扩张只会引起价格水平的上升。

3.（中国人民大学2014年研）假定一个经济的消费函数为 $C=400+0.5Y$，投资函数为 $I=1200$

$-20r$，经济中货币的需求函数为 $L=0.5Y-20r$，中央银行的名义货币供给量为 $M=10000$，其中 C、I、Y 表示消费、投资和总产出，单位是 10 亿，r 表示利率，按照百分率计量。假设经济的一般价格水平为 P。

(1)推导这个经济的 IS 曲线。

(2)推导这个经济的 LM 曲线。

(3)推导这个经济的总需求函数。

答案：(1)由 $Y=C+I$，

得 $Y=400+0.5Y+1200-20r$，

即 $Y=3200-40r$，

故 IS 曲线方程为 $Y=3200-40r$。

(2)由 $L=\dfrac{M}{P}$，

得 $0.5Y-20r=\dfrac{1000}{P}$，

即 $Y=\dfrac{2000}{P}+40r$，

故 LM 曲线方程为 $Y=\dfrac{2000}{P}+40r$。

(3)联立 IS 曲线与 LM 曲线，得

$$\begin{cases} Y=3200-40r \\ Y=\dfrac{2000}{P}+40r \end{cases}$$

消去 r，可得 $Y=1600+\dfrac{1000}{P}$，

故总需求函数为 $Y=1600+\dfrac{1000}{P}$。

4.(南京大学 2011 年研)某国经济总量生产函数为 $Y=10\sqrt{L}$，求：

(1)劳动力的需求函数。

(2)用实际工资表示产出。

(3)如果名义工资为 2，价格水平为 1.5，计算产出水平。

(4)按照工资黏性模型，假设名义工资固定在 $W=2$，求总供给方程。

答案：(1)$MP_L=\dfrac{dY}{dL}=\dfrac{5}{\sqrt{L}}$，

又 $MP_L=\dfrac{W}{P}$，

故 $L=\dfrac{25}{(W/P)^2}$。

(2)将 $L=\dfrac{25}{(W/P)^2}$ 代入 $Y=10\sqrt{L}$，

得 $Y=\dfrac{50}{W/P}$。

（3）当 $W=2, P=1.5$ 时，

$$Y=\frac{50}{2/1.5}=37.5。$$

（4）当 $W=2$ 时，

$$Y=\frac{50}{2/P}=25P。$$

5.（对外经济贸易大学 2013 年研）某国经济总量生产函数为 $Y=2K^{0.5}L^{0.5}$，其中，Y 为实际产出，K 为资本存量总额且 $K=100$，L 为总劳动力。

（1）求劳动力的需求函数。

（2）用实际工资表示产出。

（3）如果名义工资开始为 4，实际价格水平和预期价格水平均为 1，实际工资目标为 4，计算初始产出水平和充分就业的产出水平。

（4）按照工资黏性模型，假设名义工资固定在 $W=4$，求总供给方程。

答案：（1）当 $K=100$ 时，

$Y=2\times100^{0.5}L^{0.5}=20L^{0.5}$，

故 $MP_L=\frac{10}{\sqrt{L}}$。

又 $MP_L=\frac{W}{P}$，故劳动力需求函数为 $L=\frac{100}{(W/P)^2}$。

（2）将 $L=\frac{100}{(W/P)^2}$ 代入 $Y=20L^{0.5}$，得 $Y=\frac{200}{W/P}$。

（3）当 $W=4, P=1$ 时，

$$Y=\frac{200}{4/1}=50,$$

故充分就业的产业水平为 50。

（4）当 $W=4$ 时，$Y=\frac{200}{4/P}=50P$，

故总供给方程为 $Y=50P$。

四、论述题

1.（武汉大学 2005 年研）利用总供给和总需求曲线分析框架：

（1）分析石油危机引起的经济衰退即滞胀问题，和西方国家 1929—1933 年大萧条时期因为总需求骤减带来的经济衰退。

（2）如果政府不加干预，经济能否恢复正常？为什么？

（3）说明时间、预期和市场是否完善在这种分析中所起的作用。

（4）基于上述分析，货币数量的改变会对经济产生什么样的影响（可以考虑时间因素，考虑不同的理论或学派）？为什么？

（5）解释什么是货币中性和理性预期。

答案：(1)石油危机引起的经济衰退，主要原因在于石油输出国限制石油的出口，提高石油价格，结果石油供给大幅度减少，价格大幅度上升，造成了通货膨胀和失业并存的滞胀现象。

在图 15-7 中，AD 和 AS_0 相交于充分就业的 E_0，这时的石油的产量和价格水平依次为 y_f 和 P_0。此时，如果由于某种原因，如石油供给的紧缺、原料价格猛涨等，AS 曲线由 AS_0 向左移动到 AS_1，使 AD 与 AS_1 相交于 E_1 点，那么，E_1 点可以表示滞胀的状态，其产量和价格水平依次为 y_1 和 P_1，即表示失业和通货膨胀并存。进一步说，AS 向左偏离 AS_0 的程度越大，失业和通货膨胀也都会越为严重。但是，失业的下降比例和价格上涨的比例这两者之间的相对关系却并不明确。

西方国家在 1929—1933 年大萧条时期因为总需求骤减带来的经济衰退。图 15-8 表明，在某一时期，AD_0 和 AS 相交于代表充分就业的 E_0 点。E_0 点的就业量为 W_1，价格水平为 P_0。在此时，由于投资减少，AD 向左移动到 AD_1 的位置，这样 AD_1 和 AS 相交于 E_1 点。这表明经济社会处于萧条状态，其产量和价格分别为 Y_1 和 P_1，二者均低于充分就业的数值。然而，AS 的形状表明，二者下降的比例并不相同。在小于充分就业的水平时，越是偏离充分就业，经济中过剩的生产能力就越来越多，价格下降的空间就越来越小，这说明价格下降的比例要小于就业量下降的比例。

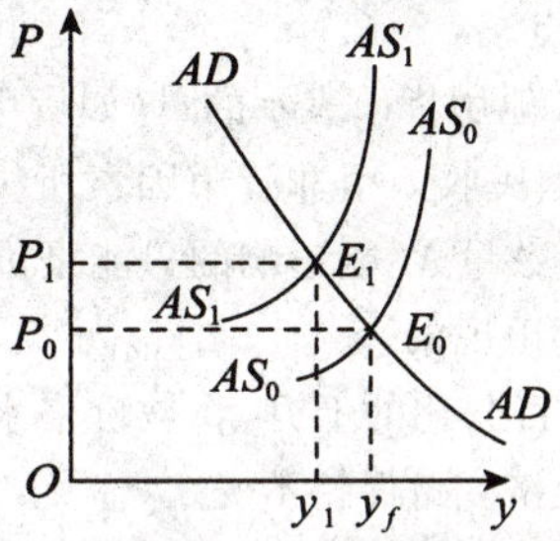

图 15-7　总供给和总需求曲线(1)

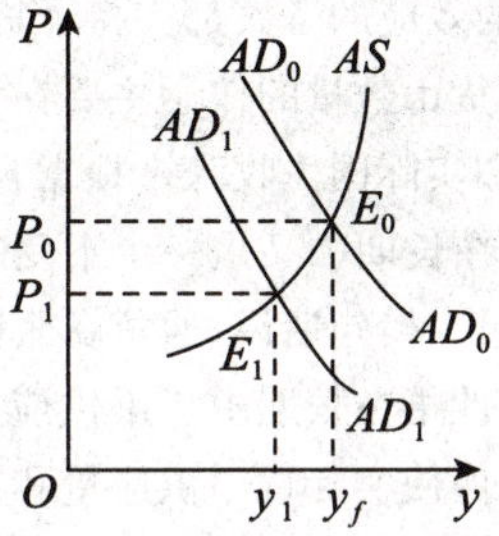

图 15-8　总供给和总需求曲线(2)

(2)如果政府不加干预，经济能恢复正常。原因如下：据西方学者解释，在短期内，如在几个月或一两年内，企业所使用的生产要素的价格相对不变，因而总供给曲线向右上方延伸，在长期内，一切价格都能自由地涨落，经济具有达到充分就业的趋势，因而总供给曲线成为垂线。

相应地，在政策主张上，主流学派经济学家认为，虽然资本主义经济在长期内可以处在充分就业的均衡状态，但短期内的萧条和过度繁荣是不可避免的，仍然可以给社会带来损失。因此，有必要执行凯恩斯主义的经济政策，以熨平萧条和过度繁荣所带来的经济波动，使经济持续处于稳定的充分就业的状态。

(3)时间因素在这种分析中起着重要的作用。一项起初适合于今天的政策，随着如图 15-9 所示的长期状态的推移，就可能不再适合于明天，这就发生了时间不一致性。政策的时间不一致性告诉人们，没有硬性规定政府必须执行其原来的计划，政府就有权选择目前看来更好的政策。问题在于，如果经济主体(在这里是工会)意识到这种情况，他们就会预测政策的变化并采取相应的行动，以阻止决策者所设想的目的的实现。

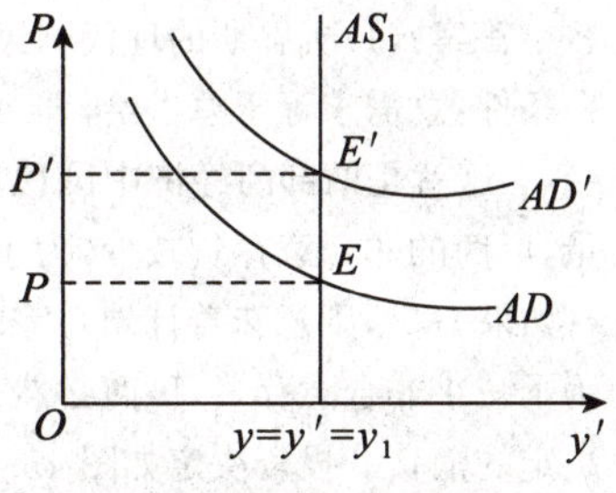

图 15-9　时间因素在分析中的作用

预期对于政府宏观经济干预的效果有着重要的影响。一切公开执行的经济政策，包括财政和货币政策在内，都属于意料之中的因素。由于理性预期的作用，经济政策只能改变价格水平的高低，不会造成就业量或产量的上升或下降。对于意料之外的因素所造成的价格和产量的波动，理性预期学派认为，国家是不能使用经济政策来使之稳定的。由于意料之外的因素无法事先得知，所以参加经济活动的人，包括国家的经济管理人员在内，事先都不知道这些因素的存在，更谈不到理解这些因素的作用。因此，即使经济政策是有效的，国家的经济管理人员也无从执行这些政策。理性预期学派的最终结论是，在任何情况下，宏观经济政策都是无效的。

市场是否完善对于经济的稳定发展至关重要。完善的市场意味着可以实现市场出清，无论劳动市场上的工资还是产品市场上的价格都具有充分的灵活性，可以根据供求情况迅速进行调整。有了这种灵活性，产品市场和劳动市场都不会存在超额供给。因为一旦产品市场出现超额供给，价格就会下降，直至商品价格降到使买者愿意购买为止；如果劳动市场出现超额供给，工资就会下降，直至工资降到使雇主愿意为所有想工作的失业者提供工作为止。因此，每一个市场都处于或趋向于供求相等的一般均衡状态。如果市场不完善，经济很难实现均衡，这就需要政府的宏观调控。

（4）在短期中，货币供给量可以影响实际变量；在长期中货币数量不能影响就业量和实际国民收入。理由为在短期中，货币供给量可以影响实际变量，如就业量和实际国民收入。根据新货币数量论，货币流通速度 V 在短期可以具有轻微变动的解释，以及货币主义从自然率假说出发，对货币政策在短期中的效应的考察都支持了货币主义的这一观点。

在长期中，货币数量的作用主要在于影响价格以及其他用货币表示的量（如货币工资等），而不能影响就业量和实际国民收入。根据自然率假说，实际国民收入由非货币因素所决定。按照弗里德曼的看法，V 在长期中又是一个不变的常数，因此，货币数量 M 能影响的只能是价格 P 以及由货币所表示的变量。换句话说，通货膨胀归根到底是一种货币现象。

（5）货币中性指在长期中货币供应量的一次性、一定百分比的上升，将被价格水平相同比例的上升所抵消，从而使实际货币供应量和利率等其他所有经济变量保持不变。

理性预期又称合理预期，是现代经济学中的预期概念之一，指人们的预期符合实际将发生的事实。约翰·穆思在其《合理预期和价格变动理论》一文中首先提出它的含义有三个：①做出经济决策的经济主体是有理性的；②决策为正确决策，经济主体会在做出预期时力图获得一切有关的信息；③经济主体在预期时不会犯系统错误，即使犯错误，也会及时有效地进行修正，使得在长期而言保持正确。它是新古典宏观经济理论的重要假设（其余三个为个体利益最大、市场出清和自然率），是新古典宏观经济理论攻击凯恩斯主义的重要武器。

2.（北京师范大学 2007 年研）比较国民收入与价格水平均衡的分析（$AD-AS$ 分析）和凯恩斯的现代国民收入理论，说明 $AD-AS$ 分析如何推进了凯恩斯的现代国民收入理论。

答案：（1）凯恩斯的现代国民收入理论（以两部门经济为例）。在两部门经济中，国民收入的均衡条件：总需求等于总供给，即 $AE=y$。其中 $AE=c+i$，$y=c+s$。因此 $AE=y$，即 $c+i=c+s$，$i=s$。这就是两部门经济中国民收入决定的恒等式。如果 $i>s$，则意味着计划总需求大于实际产量，厂商的非合意存货减少，为了增加合意存货，厂商必然会扩大生产规模，增加产品供给，直至 $i=s$；如果 $i<s$，则意味着计划总需求小于实际产量，厂商的非合意存货增加，出现非合意存货大于零，为了减小非合意存货，厂商必然会缩小生产规模，减少产品供给，直至 $i=s$。两部门经济中国民收入决定的消费—投资决定如图 15-10 所示。

（2）总供给—总需求模型是将总需求与总供给结合在一起来分析国民收入与价格水平的决定及其变动的国民收入决定模型。其中，总需求是指整个社会经济在每一价格水平下对产品和劳务的需求总量，总需求函数表示产品市场和货币市场同时达到均衡时的价格水平和国民收入之间的数量关系。描述这一函数关系的曲线称为总需求曲线。由于实际资产效应、跨期替代效应和开放

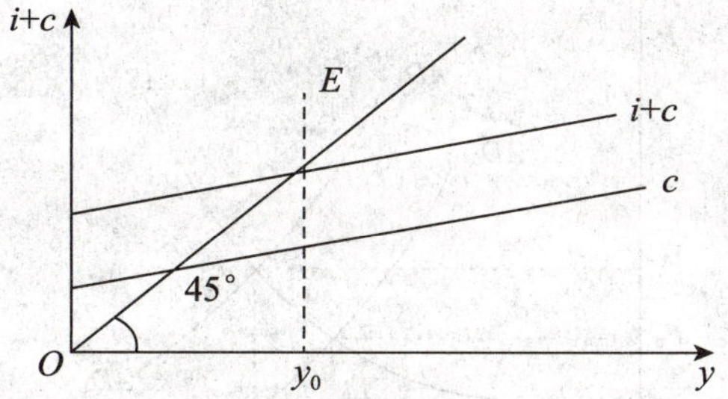

图 15-10　两部分经济中国民收入的消费—投资决定

替代效应等因素,总需求曲线向右下方倾斜,表明在其他条件不变的情况下,价格水平和国民收入的反方向变动关系。总供给是指整个经济社会在每一价格水平下提供的产品和劳务的总量。总供给函数表示国民收入(总产出量)和价格水平之间的数量关系。描述这一函数关系的曲线就是总供给曲线,可以用来表示国民收入和价格水平的各种不同组合。总供给曲线可以根据总生产函数、劳动需求函数和劳动供给函数以及货币工资曲线推导而得到。作为凯恩斯主义重要代表的主流经济学派试图用总供给曲线和总需求曲线解释宏观经济运行。他们同时使用长期和短期总供给曲线,把向右上方倾斜的总供给曲线称为短期总供给曲线,把垂直的总供给曲线称为长期总供给曲线。

(3)总供求模型引入劳动市场从而分析总供给对宏观经济的影响,于是放弃了价格不变假设。该模型在价格可变的情况下分析总产出决定,并分析了价格水平决定;不仅分析了需求管理政策的产出效应,而且分析了它的价格效应;不仅进行了总需求分析,而且进行了总供给分析。

主流学派认为总供给—总需求曲线可以用来解释萧条状态、高涨状态和滞胀状态的短期收入和价格水平的决定,也可以用来解释充分就业状态的长期收入和价格水平的决定。相应地,在政策主张上,主流学派经济学家认为,虽然资本主义经济在长期内可以处在充分就业的均衡状态,但短期内的萧条和过度繁荣是不可避免的,仍然可以给社会带来损失。因此,有必要执行凯恩斯主义的经济政策,以熨平萧条和过度繁荣所带来的经济波动,使经济持续处于稳定的充分就业的状态。

3.(东北财经大学 2010 年研)1945 年,美国经济在接近其潜在生产能力的状态下运行。约翰逊总统面临一个问题:他想在越南开战,但是他又不想让美国人知道一场战争要耗费多少钱,结果是他决定不提高税收,至少是不完全用提高税收来支付战争的费用。另外,他不打算削减政府支出,不仅如此,他还提出向贫困开战的计划,该计划包括很多费用极高的新的社会方案。请使用总供给和总需求的框架对上述情况加以分析,并推测 20 世纪 60 年代末美国的宏观经济运行状况。

答案:约翰逊总统实行的这些政策无疑使总需求增加,在总供给不变的情况下,最终使物价水平上升过快,产量增加较少。

如图 15-11 所示,初期 AD_0 和 AS 相交于代表接近充分就业的 E_0 点。E_0 点的产量为 y_0,价格水平为 P_0。总需求增加,总需求曲线向右移动到 AD_1 的位置,这样 AD_1 和 AS 相交于 E_1 点。E_1 点的产量为潜在产出水平 y_f,价格水平为 P_1。通过比较可以看出,这一情况表示经济处于过热的状态。这时产量增加的可能性越来越小,而价格上升的压力越来越大。

可以看出,总需求曲线向右移动的过程中,价格和产量增加的比例并不相同。在 E_0 的右方,总需求曲线越向右移动,价格上升的幅度越大,产出增加的空间越来越小。当产出接近于潜在产出水

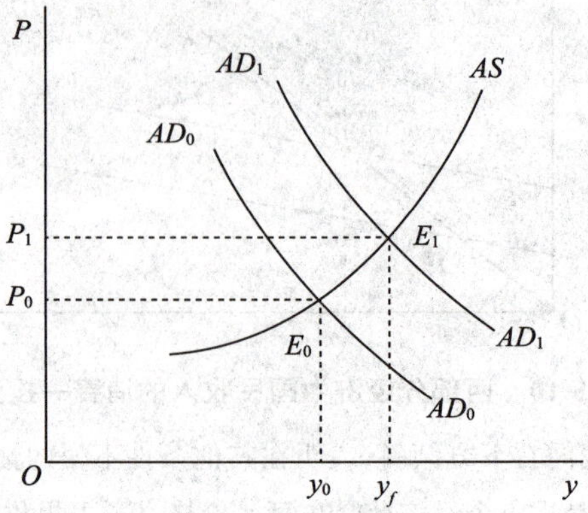

图 15-11　总需求曲线向右移动的后果

平时，总需求曲线的向右移动更多体现为价格的上涨。也就是说，在 E_0 的右方，总需求曲线向右移动的距离越大，价格上升的比例越要高于产量上升的比例。

结合总需求—总供给模型可以推测：约翰逊总统实行的这些政策无疑会给 20 世纪 60 年代末的美国宏观经济运行带来风险，这种风险体现为高通货膨胀率。此时经济一旦遭遇不利的供给冲击，如 20 世纪 70 年代的石油危机，美国经济便会出现"滞胀"，即生产停滞与通货膨胀并存。

教材习题参考答案

1. 总需求曲线的理论来源是什么？为什么在 IS－LM 模型中，由 P（价格）自由变动，即可得到总需求曲线？

答案：（1）总需求是经济社会对产品和劳务的需求总量，这一需求总量通常以产出水平来表示。一个经济社会的总需求包括消费需求、投资需求、政府购买和国外需求。总需求量受多种因素的影响，其中价格水平是一个重要的因素。在宏观经济学中，为了说明价格水平对总需求量的影响，引入了总需求曲线的概念，即总需求量与价格水平之间关系的几何表示。在凯恩斯主义的总需求理论中，总需求曲线的理论来源主要有产品市场均衡理论和货币市场均衡理论。

（2）在 IS－LM 模型中，一般价格水平被假定为是一个常数（参数）。在价格水平固定不变且货币供给为已知的情况下，IS 曲线和 LM 曲线的交点决定均衡的收入（产量）水平。现用图 15-12 来说明怎样根据 IS－LM 图形推导总需求曲线。

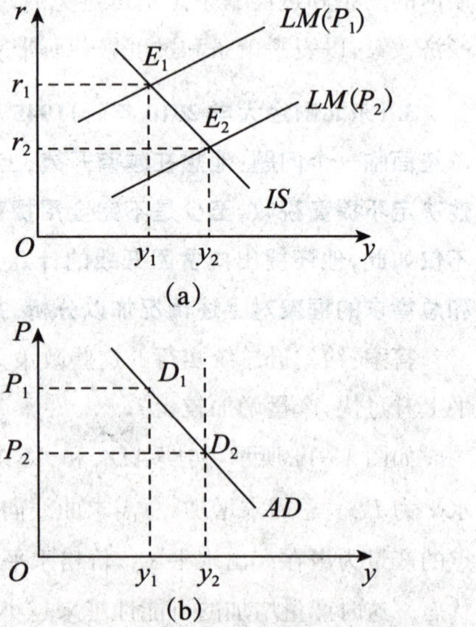

图 15-12　根据 IS—LM 图形推导总需求曲线

图 15-12 分为上下两个部分，图 15-12(a)为 $IS-LM$ 图，图 15-12(b)为价格水平和需求总量之间的关系，即总需求曲线。当价格 P 的数值为 P_1 时，此时的 LM 曲线 $LM(P_1)$ 与 IS 曲线相交于 E_1 点，E_1 点所表示的国民收入和利率依次为 y_1 和 r_1。将 P_1 和 y_1 标在图 15-12(b)中便得到总需求曲线上的一点 D_1。

现在假设 P 由 P_1 下降到 P_2。由于 P 的下降，LM 曲线移动到 $LM(P_2)$ 的位置，它与 IS 曲线的交点为 E_2 点。E_2 点所表示的国民收入和利率依次为 y_2 和 r_2。对应图 15-12(a)中的点 E_2，又可以在图 15-12(b)中找到 D_2。按照同样的程序，随着 P 的变化，LM 曲线和 IS 曲线可以有许多交点，每一个交点都代表着一个特定的 y 和 P。于是就有许多 P 与 y 的组合，从而构成了图 15-12(b)中一系列的点。把这些点连在一起所得到的曲线 AD 便是总需求曲线。

从以上关于总需求曲线的推导中看到，总需求曲线表示社会的需求总量和价格水平之间的相反方向的关系，即总需求曲线是向右下方倾斜的。向右下方倾斜的总需求曲线表示，价格水平越高，需求总量越小；价格水平越低，需求总量越大。

2. 为什么进行宏观调控的财政政策和货币政策一般被称为需求管理的政策？

答案：财政政策是指政府变动税收和支出，以便影响总需求，进而影响就业和国民收入的政策。货币政策是指货币当局即中央银行通过银行体系变动货币供应量来调节总需求的政策。无论财政政策还是货币政策，都是通过影响利率、消费和投资进而影响总需求，使就业和国民收入得到调节的。通过对总需求的调节来调控宏观经济，所以称为需求管理政策。在总供给—总需求模型中，财政政策和货币政策可以表示为 AD 曲线的移动。

3. 总供给曲线的理论来源是什么？

答案：总供给曲线描述国民收入与一般价格水平之间的依存关系，它是根据生产函数和劳动力市场的均衡推导而得到的。总供给是社会的收入总量，它描述了经济社会的基本资源用于生产时可能有的产量。资本存量一定时，国民收入水平就随就业量的增加而增加，就业量取决于劳动力市场的均衡。所以总供给曲线的理论来源于生产函数和劳动力市场均衡的理论。

4. 为什么总供给曲线可以被区分为古典、凯恩斯和常规这三种类型？

答案：总供给曲线的理论主要由总量生产函数和劳动力市场理论来反映。在劳动力市场理论中，经济学家对工资和价格变化和调整速度的看法是有分歧的。

(1)古典总供给曲线是一条位于充分就业产量水平的垂直线。古典总供给理论认为，劳动力市场运行没有摩擦，在工资和价格可以灵活变动的情况下，劳动力市场得以出清，使经济的就业总能维持充分就业状态，从而在其他因素不变的情况下，经济的产量总能保持在充分就业的产量或潜在产量水平上。因此，在以价格为纵坐标、总产量为横坐标的坐标系中，古典总供给曲线是一条位于充分就业产量水平的垂直线。

(2)凯恩斯总供给曲线是一条水平线。凯恩斯的总供给理论认为，在短期中一些价格是黏性的，从而不能根据需求的变动而调整。由于工资和价格黏性，短期总供给曲线不是垂直的。凯恩斯总供给曲线在以价格为纵坐标、收入为横坐标的坐标系中是一条水平线，表明经济中的厂商在现有价格水平上，愿意供给所需的任何数量的商品。凯恩斯总供给曲线基础的思想是，作为工资和价格黏性的结果，劳动力市场不能总维持在充分就业状态，由于存在失业，厂商可以在现行工资下获得所需的劳动，因而他们的平均生产成本被认为不随产出水平变化而变化。

(3)一些经济学家认为，古典的和凯恩斯的总供给曲线分别代表着关于劳动力市场的两种极端的说法。在现实中，工资和价格的调整经常介于两者之间。在这种情况下，在以价格为纵坐标、产量为横坐标的坐标系中，总供给曲线是向右上方延伸的，这即为常规的总供给曲线。

总之，针对总量劳动市场关于工资和价格的不同假定，宏观经济学中存在着三种类型的总供给曲线。

5. 用总需求曲线和总供给曲线的互动，说明宏观经济中的衰退、高涨(或过热)和滞胀的状态。

答案：宏观经济中的衰退、高涨(或过热)和滞胀的状态在总需求—总供给模型中主要是通过说明短期的收入和价格水平的决定来完成的。从图 15-13 可以看到，短期的收入和价格水平的决定有两种情况。

第一种情况：AD 是总需求曲线，AS_S 是短期总供给曲线，总需求曲线和短期总供给曲线的交点 E 决定的产量或收入为 y，价格水平为 P，二者都处于很低的水平。第一种情况表示经济处于衰退状态。

第二种情况：当总需求增加，总需求曲线从 AD 向右移动到 AD' 时，短期总供给曲线 AS_S 和新的总需求曲线 AD' 的交点 E' 决定的产量或收入为 y'，价格水平为 P'，二者都处于很高的水平，第二种情况表示经济处于高涨状态。

现在假定短期总供给曲线由于供给冲击(如石油价格和工资等提高)而向左移动，但总需求曲线不发生变化。在这种情况下，短期收入和价格水平的决定可以用图 15-14 表示。

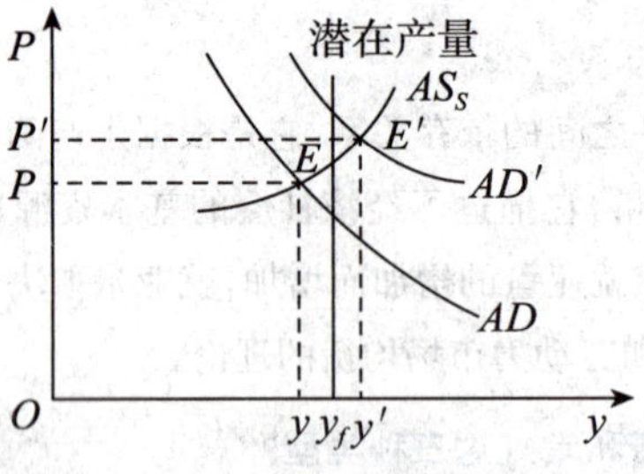

图 15-13　短期的收入和价格水平的决定

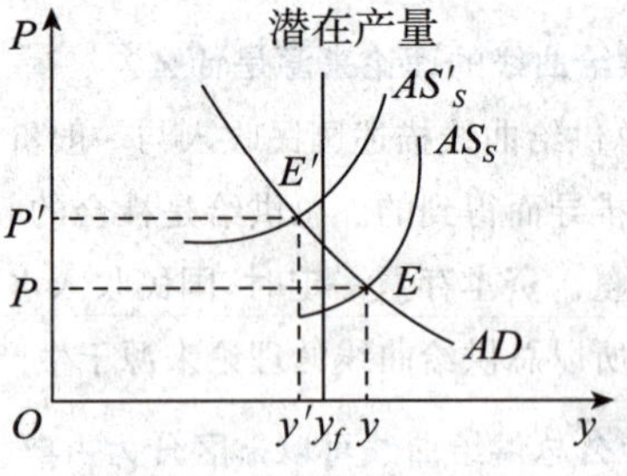

图 15-14　供给冲击后的曲线

在图 15-14 中，AD 是总需求曲线，AS_S 是短期总供给曲线，两者的交点 E 决定的产量或收入为 y，价格水平为 P，现在由于出现供给冲击，短期总供给曲线向左移动 AS'_S，总需求曲线和新的短期总供给曲线的交点 E' 决定的产量或收入为 y'，价格水平为 P'，这个产量低于原来的产量，而价格水平却高于原来的价格水平，这种情况表示经济处于滞胀状态，即经济停滞和通货膨胀结合在一起的状态。

6. 对微观经济中的供求模型和宏观经济中的 $AD-AS$ 模型加以比较，并说明二者的异同。

答案：两者在"形式"上有一定的相似之处。微观经济学的供求模型主要说明单个商品的价格和数量的决定。宏观经济中的 $AD-AS$ 模型主要说明总体经济的价格水平和国民收入的决定。二者在图形上都用两条曲线来表示，在价格为纵坐标、数量(产出)为横坐标的坐标系中，向右下方倾斜的为需求曲线，向右上方延伸的为供给曲线。

但二者在内容上有很大的不同：①两个模型涉及的对象不同。微观经济学的供求模型是微观领域的事物,而宏观经济中的 $AD-AS$ 模型是宏观经济领域的事物。②各自的理论基础不同。微观经济学中的供求模型中的需求曲线的理论基础是消费者行为理论,而供给曲线的理论基础主要是成本理论和市场理论,它们均属于微观经济学的内容。宏观经济学中的总需求曲线的理论基础主要是产品市场均衡理论和货币市场均衡理论,而总供给曲线的理论基础主要是劳动市场理论和总量生产函数,它们均属于宏观经济学的内容。③各自的功能不同。微观经济学中的供求模型在说明商品价格和数量决定的同时,还可以用来说明需求曲线和供给曲线移动对价格和商品数量的影响,充其量这一模型只解释微观市场的一些现象和结果。宏观经济学中的 $AD-AS$ 模型在说明价格和产出决定的同时,可以用来解释宏观经济的波动现象,还可以用来说明政府运用宏观经济政策干预经济的结果。④变量含义不同。微观经济学中的供求模型中的价格是相对价格,表示的是不同商品之间的交换关系;宏观经济学中的 $AD-AS$ 模型中是价格总水平,是某种价格指数。

7. 设总供给函数为 $y_s=2000+P$,总需求函数为 $y_d=2400-P$。

(1)求供求均衡点。

(2)如果总需求曲线向左(平行)移动 10%,求新的均衡点并把该点与(1)的结果相比较。

(3)如果总需求曲线向右(平行)移动 10%,求新的均衡点并把该点与(1)的结果相比较。

(4)如果总供给曲线向左(平行)移动 10%,求新的均衡点并把该点与(1)的结果相比较。

(5)本题的总供给曲线具有何种形状?属于何种类型?

答案:(1)由 $y_s=y_d$,得 $2000+P=2400-P$。于是 $P=200$,$y_d=y_s=2200$,即得供求均衡点。

(2)向左平移 10%后的总需求方程为 $y_d=2160-P$,于是,由 $y_s=y_d$ 有 $2000+P=2160-P$,$P=80$,$y_s=y_d=2080$。与(1)相比,新的均衡表现出经济处于萧条状态。

(3)向右平移 10%后的总需求方程为 $y_d=2640-P$,于是,由 $y_s=y_d$ 有 $2000+P=2640-P$,$P=320$,$y_s=y_d=2320$。与(1)相比,新的均衡表现出经济处于高涨状态。

(4)向左平移 10%后的总供给方程为 $y_d=1800+P$,于是,由 $y_s=y_d$ 有 $1800+P=2400-P$,$P=300$,$y_s=y_d=2100$。与(1)相比,新的均衡表现出经济处于滞胀状态。

(5)总供给曲线为向右上方倾斜的直线,属于常规型总供给曲线。

8. 导致总需求曲线和总供给曲线变动的因素主要有哪些?

答案:一个经济社会的总需求包括消费需求、投资需求、政府购买和国外需求。总需求量受多种因素的影响。

在给定的价格水平上,任何使总支出曲线向上或向下移动的因素都会使总需求曲线移动。这些因素主要有①消费需求尤其是消费者对耐用品购买的变化;②投资需求的变化;③政府支出和税收的变化;④净出口的变化。例如,政府支出增加或税收减少,会使总需求曲线右移,扩张性财政政策实行时情况即如此。

总供给曲线移动的因素有①天灾人祸。严酷的自然灾害或战争会减少经济中的资本数量,总供给曲线左移;②技术变化。例如,技术进步使既定的资源生产更多地产出,从而使总供给曲线右移;③风险承担意愿的变化。如果经济生活水平风险增加,厂商愿意供给的数量减少,总供给曲线左移;④进口商品价格变化。例如,进口价格上升,厂商成本上升,从而使总供给曲线左移;⑤劳动意愿的变化。如果人们更偏好闲暇,在既定工资水平上劳动供给会减少,从而使总供给曲线左移。

9. 设某一个三部门的经济中，消费函数为$C=200+0.75Y$，投资函数为$I=200-25r$，货币需求函数为$L=Y-100r$，名义货币供给是1000，政府购买$G=50$，求该经济的总需求函数。

答案：由$Y=C+I+G$及上述数据，得$Y=200+0.75Y+200-25r+50$。 ①

又设价格为P，则有$\frac{M}{P}=L(r)$，即$\frac{1000}{P}=Y-100r$。 ②

联立式①和式②解得该经济的总需求函数为$Y=\frac{500}{P}+900$。

10. 决定总需求曲线斜率的主要因素有哪些？

答案：决定总需求曲线斜率的主要因素是LM曲线的斜率和IS曲线的斜率。在IS曲线斜率不变的情况下，LM曲线越陡，则曲线移动时收入变化越大，从而AD曲线越平缓；相反，LM曲线斜率不变时，IS曲线越平缓，则LM曲线移动时收入变动越大，从而AD曲线也越平缓。

11. 根据收入—支出模型推导总需求曲线。

答案：总需求曲线表示在满足产品市场的均衡条件和满足资本市场的均衡条件时价格和国民收入之间的关系。

根据简单收入模型的推导如图15-15所示。

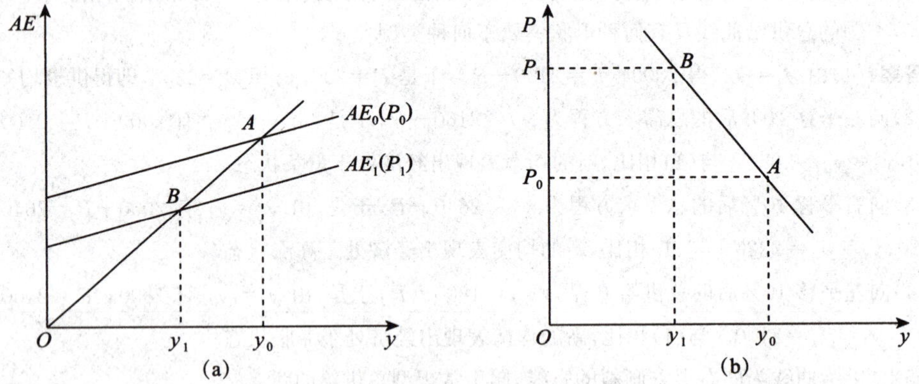

图15-15 收入模型的推导

当价格水平为P_0时，均衡的总支出或收入为y_0，于是在图15-15(b)中得到与P_0相应的y_0，即图15-15(b)中的A点。A即为总需求曲线上的一点。

当价格水平发生变动，如从P_0变化为P_1。在构成总支出的其他因素不发生变动的情况下，价格的上升将导致消费支出和投资支出的下降，从而使总支出下降，表现在图15-15(a)中，总支出从AE_0下降为AE_1，从而使均衡收入从y_0下降为y_1，于是又得到了图15-15(b)中的B点，B点也是总需求曲线上的一点。

将A、B等这类的点连接起来，便得到图15-15(b)中的总需求曲线。

12. 导致短期总供给曲线（常规）移动的因素有哪些？

答案：导致短期总供给曲线移动的因素主要有以下五点。

(1)劳动变动。参加工作的劳动量增加会使得短期总供给曲线向右移动，而就业的劳动量减少会使得短期总供给曲线向左移动。

(2)物质资本或人力资本变动。物质资本或人力资本的增加会使得短期总供给曲线向右移动，而物质资本或人力资本的减少会使得短期总供给曲线向左移动。

(3)自然资源变动。自然资源可获得性的增加会使得短期总供给曲线向右移动，而自然资源可获得性减少会使得短期总供给曲线向左移动。

(4)生产技术水平变动。生产技术进步会使得短期总供给曲线向右移动，生产技术退步会使得短期总供给曲线向左移动。

(5)预期价格的变动。预期价格水平下降会使企业想办法快速出售产品，因此一般会增加物品与劳动的供给，并使得短期总供给曲线向右移动；相反，预期价格水平上升一般会减少物品与劳动的供给，并使得短期总供给曲线向左移动。

13. 简要说明在总供给曲线中价格影响经济总产出的机制。

答案：(1)在斜率为 0 的总供给曲线中，价格水平是保持不变的，因此无法影响总产出，此时总供给可以无限增加。

(2)在斜率大于 0 的总供给曲线中，总产出与一般价格水平呈同方向变动，资源逐渐接近充分利用。

(3)在斜率无穷大的古典情况下，供给曲线垂直于横轴，即使价格再提高，供给量也不会再增加，资源得到了充分利用，充分就业，产量达到最大。

14. 假定经济的总需求函数为 $P=80-\frac{2}{3}y$，总供给函数为 $y=y_f=60$。

(1)求经济均衡时的价格水平。

(2)如果总需求函数变为 $P=100-\frac{2}{3}y$，价格水平可变，那么经济的价格水平和变动幅度将为多少？

答案：(1)$p=40$。

(2)$p'=60$，变动 20。

15. 假设一经济的货币数量减少了，用 AD-AS 模型说明：

(1)短期中价格水平与总产出水平的变动情况。

(2)长期中价格水平与总产出水平的变动情况。

答案：(1)在短期中，总供给曲线的斜率为正，当经济中的货币数量减少时，AD 曲线向左移动，经济总产出水平和价格都减小。

(2)在长期中，总供给曲线的斜率为无穷大，当经济中的货币数量减少时，AD 曲线向左移动，经济总产出不变，价格减小。

第十六章 失业与通货膨胀

知识脉络图

- 失业的描述
  - 失业的概念
  - 失业率 $=\frac{\text{失业人数}}{\text{劳动力总数}}\times 100\%$
  - 自然失业率与自然就业率的概念
  - 失业的经济学解释
- 失业的原因
  - 摩擦性失业的原因
  - 结构性失业的原因
- 失业的影响与奥肯定律
  - 失业的影响
    - 社会影响
    - 经济影响
  - 奥肯定律的内容：$\frac{y-y_f}{y_f}=-a(u-u^*)$
- 通货膨胀的描述
  - 价格指数
    - GDP 折算指数
    - CPI 消费价格指数
    - PPI 生产者价格指数
  - 通货膨胀的定义及分类
- 通货膨胀的原因
  - 需求拉动通货膨胀
  - 成本推动通货膨胀
  - 结构性通货膨胀

- 通货膨胀的成本
  - 预期到的通货膨胀成本
    - 菜单成本
    - 鞋底成本
    - 税收扭曲
    - 相对价格的变动导致资源配置不当
    - 混乱与不方便
  - 未预期到的通货膨胀成本
    - 不确定性的增加
    - 不合意的财富的再分配
    - 相对价格变动性的增加
- 失业与通货膨胀的关系——菲利普斯曲线
  - 菲利普斯曲线
    - 定义及曲线的推导
    - 政策性意义
  - 牺牲率及痛苦指数的概念
  - 附加预期的菲利普斯曲线
    - 含义及曲线
    - 政策性意义
  - 长期菲利普斯曲线
    - 含义及曲线
    - 政策性意义

复习提示

概念：充分就业、摩擦性失业、结构性失业、周期性失业、奥肯定律、自然失业率、消费者价格指数、通货膨胀、奔腾的通货膨胀、平衡的通货膨胀、非平衡的通货膨胀、惯性的通货膨胀、需求拉动通货膨胀、成本推动通货膨胀、结构性通货膨胀、价格调整曲线、菲利普斯曲线、牺牲率和痛苦指数、异端稳定计划、收入政策。

理解：通货膨胀的分类、产生的原因及其对经济的影响；通货膨胀的成本；运用总需求—总供给模型对通货膨胀进行分析；降低通货膨胀的对策和争论；收入政策的评论。

掌握：需求拉动和成本推动的通货膨胀理论。

重点难点常识理解

1. 通货膨胀与通货膨胀率

通货膨胀最初指因纸币发行量超过商品流通中的实际需要量而引起的货币贬值现象。纸币流通规律表明，纸币发行量不能超过它代表的金银货币量，一旦超过了这个量，纸币就要贬值，物价就要上涨，从而出现通货膨胀。通货膨胀只有在纸币流通的条件下才会出现，在金银货币流通的条件下不会出现此种现象。因为金银货币本身具有价值，作为贮藏手段的职能，可以自发地调节流通中的货币量，使它同商品流通所需要的货币量相适应。而在纸币流通的条件下，因为纸币本身不具有价值，它只是代表金银货币的符号，不能作为贮藏手段，因此，纸币的发行量如果超过了商品流通所需要的数量，此时，流通中的纸币量比流通中所需要的金银货币量增加了，货币就会贬值，这就是通货膨胀。在宏观经济学中，通货膨胀主要是指价格和工资的普遍上涨。

通货膨胀率是货币超发部分与实际需要的货币量之比，用以反映通货膨胀、货币贬值的程度；而价格指数则是反映价格变动趋势和程度的相对数。

2. 消费者价格指数

消费者价格指数也称零售物价指数和生活费用指数，是反映消费品（包括劳务）价格水平变动状况的一种价格指数，一般用加权平均法来编制。消费者价格指数是用来衡量通货膨胀和通货紧缩程度的指标之一。它根据若干种主要日用消费品的零售价格和服务费用而编制，用公式来表示如下：

$$\text{CPI}=\frac{\text{一组固定商品按当期价格计算的价值}}{\text{一组固定商品按基期价格计算的价值}}\times 100\%$$

消费者价格指数的优点是能及时反映消费品供给与需求的对比关系，资料容易搜集，能够迅速直接地反映影响居民生活的价格趋势。其缺点是范围较窄，只包括社会最终产品中的居民消费品的这一部分，因而不足以说明全面的情况。例如，品质的改善可能带来一部分消费品价格而非商品劳务价格总水平的提高，但消费者价格指数不能准确地表明这一点，因而有夸大物价上涨幅度的可能。

在美国，该指数由劳工部的劳工统计局按月计算并发表，主要用以反映美国中等收入城市家庭消费商品和劳务的平均价格变化情况，其范围包括从食品到汽车、房租、理发等大约 300 种商品和劳务的价格，但不包括那些主要由郊区和乡村家庭购买的，或者由低收入家庭或高收入家庭购买的商品和劳务的价格。

3. 失业的原因

失业分为三种类型：摩擦性失业、结构性失业和周期性失业。下面主要介绍摩擦性失业和结构性失业的原因。

(1)摩擦性失业的原因。在现实生活中，工人具有不同的偏好与能力，工作也有不同的属性。在劳动市场上，企业和工人都在搜寻，但两者搜寻的目标也有不同，因此摩擦性失业还可以描述为由于一些原因，工人在工作搜寻过程中所引起的失业，一般来说，一些摩擦性失业是难以避免的。在概念上，人们把需求在不同行业和地区之间的构成变动称为部门转移。由于部门转移点的发生，而且工人改变部门需要时间，因此摩擦性失业总是存在。

(2)结构性失业的原因。结构性失业是指劳动力的供给和需求不匹配所造成的失业，其特点是既有失业又有职位空缺，失业者没有合适的技能或居住地点不当，因此无法填补现有的职位空缺。

结构性失业的一个来源是工资刚性，即工资不能调整到使劳动市场的供给基于需求从而消除失业的水平。

说明两个工资刚性的原因：①最低工资法。为了减少贫困和降低收入不平等而颁布的法案，该法案减少了企业对劳动的需求；②效率工资理论。高工资使工人的生产效率更高，却减少了劳动力的更替。

要点解析：(1)当经济中的总需求的减少降低了总产出时，会引起整个经济社会较普遍的周期性失业。

(2)摩擦性失业与结构性失业的区别：①摩擦性失业在性质上是短期性的，它通常起源于劳动力的供给方，而且摩擦性失业不被认为是严重的经济问题。②结构性失业在性质上是长期的，它通常起源于劳动力的需求方，它是由经济变化所致，劳动者的技能不能与市场需求所匹配，一般认为结构性失业较为严重。

4. 通货膨胀的分类

(1)按照价格上升的速度加以区分：温和的通货膨胀（每年物价上升的比例在10%以内），奔腾的通货膨胀（年通货膨胀率在10%以上和100%以内）、超级通货膨胀（通货膨胀率在100%以上）。

(2)按照对价格影响的差别加以区分：平衡的通货膨胀（每种商品的价格都按照相同比例上升）、非平衡的通货膨胀（各种商品价格上升的比例并不完全相同）。

(3)按照人们的预期程度区分：一种为未预期到的通货膨胀，即价格上升的速度超过人们的预料，或者人们根本没有想到价格会上涨。另一种为预期到的通货膨胀。

5. 通货膨胀的成本

通货膨胀给整个经济施加了两种类型的成本：预期到的通货膨胀成本和未预期到的通货膨胀成本。

(1)预期到的通货膨胀成本：①菜单成本。企业不经常改变价格是因为决定新价有成本，调整价格的成本被称为菜单成本；②鞋底成本。当通货膨胀高时，通常名义利率会上升，导致现金放在口袋里的成本高，这时为了赚取更高的利息而去银行存款，这时往返银行路上所花的时间和汽油钱等开支称为鞋底成本；③税收扭曲。经济的税率不会对预期的通货膨胀作出充分的调整，这会对经济中的当事人产生一种成本；④相对价格变动导致的资源配置不当；⑤混乱与不方便。因为通货膨胀使不同时期的货币有不同的真实价值，在某种程度上使投资不能区分成功与不成功的企业。

(2)未预期到的通货膨胀成本：①不确定性的增加。对于经济的当事人，与其预期相异的通货膨胀能导致不正确的投资和储蓄决策，这对经济当事人来说都是成本高昂的；②不合意的财富再分配。预期到的通货膨胀以一种既与才能无关又与需要无关的方式在经济中重新分配财富；③相对价格变动性的增加。预期的通货膨胀具有制订计划以最大化由此产生的成功的能力，相反地，未预期到的通货膨胀，企业设定的价格相对于其他价格变动时，可能难以明白其中的缘由。

6. 收入政策

收入政策又称工资物价管制政策，是指政府制定的一套关于物价和工资的行为准则，由价格决定者（劳资双方）共同遵守，其目的在于限制物价和工资的上涨率，以降低通货膨胀率，同时又不致造成大规模的失业。收入政策主要针对成本推进型的通货膨胀。收入政策可以采取以下三种形式：①以指导性为主的限制；②以税收为手段的限制，如果工资物价增长率保持在政府规定的幅度之内，就以减税作为奖励，否则，就以增税作为惩罚；③强制性限制，即政府颁布法令对工资和物价实行管制，甚至实行暂时冻结。

收入政策也存在缺陷：①如果是指导性政策或税收政策，其效果如何取决于劳资双方与政府能否通力合作；②强制性收入政策会妨碍市场机制对资源的有效配置；③如果在价格管制的同时没有采取相应的紧缩需求的措施，公开的通货膨胀就会转变为隐蔽的，一旦重新放开价格，通货膨胀就会以更大的力量爆发出来。

7. 奥肯定律

奥肯定律是由美国经济学家奥肯于 1962 年提出的一种说明经济周期中产出变化与失业变化之间数量关系的理论。奥肯定律可用公式写为

$$\frac{y-y_f}{y_f}=-a(u-u^*)$$

其中，y 为实际产出，y_f 为潜在产出，u 为现时的实际失业率，u^* 为自然失业率，a 为由现时的实际失业率相对于自然失业率的变动而引起的实际产出增长率对潜在产出增长率的变化系数。

奥肯定律揭示了产品市场和劳动市场之间极为重要的联系，并描述了实际 GDP 的短期变动与失业率变动的联系。

奥肯定律的应用：为防止失业率的上升，实际 GDP 必须保持与潜在 GDP 同样快地增长。如果政府想让失业率下降，那么该经济社会的实际 GDP 的增长必须快于潜在 GDP 的增长。

8. 瓶颈现象

由于劳动力、原料、生产设备等的不足而使成本提高，从而引起价格水平的上涨现象。

9. 信用膨胀

信用膨胀是指银行信用、商业信用、消费信用等信用活动过度扩张，超过了生产、流通的实际需要的一种现象。通常说的信用膨胀，主要指的是银行信贷的过度扩张。中央银行降低法定存款准备率，降低利息率，商业银行扩大工商业贷款和消费贷款规模、扩大投资规模等都可以使银行信贷总量扩张。银行信用膨胀而增加的货币供应量，是推动物价上涨的货币力量。商业信用和消费信用的扩张，也相当于增加了市场的货币供应量。信用扩张的结果是货币供应超过实际需要。如果信用过度扩张，造成信用膨胀，就必然使货币供应大大超过需求，出现通货膨胀。

10. 工资推动通货膨胀与利润推动通货膨胀

工资推动通货膨胀是不完全竞争的劳动市场造成的过高工资所导致的一般价格水平的上涨。

利润推动通货膨胀是指由垄断企业和寡头企业利用市场势力谋取过高利润所导致的一般价格水平的上涨。

要点解析：（1）长期菲利普斯曲线的政策含义：长期来看，政府运用扩张性政策能够降低失业率，但是通货膨胀率会不断上升。

（2）对通货膨胀的治理：部分西方学者认为降低通货膨胀率的最有效的方法是人为地制造一次经济衰退。具体有两种方法，即渐进主义的方法和激进主义的方法。前者认为用较小的失业率和较长的时间来降低通货膨胀率，后者认为应该以较大的失业率和较短的时间来降低通货膨胀率。具体哪种方法更好，没有统一的结果，读者可以查阅保罗·沃尔克降低通货膨胀率的案例。另外，收入政策和收入指数化也被用来治理通货膨胀。

(3)菲利普斯曲线表明短期中出现的通货膨胀与失业的组合是由于总需求曲线的移动使得经济沿着短期总供给曲线变动。总需求变动在短期中使得通货膨胀和失业反方向变动,这正是菲利普斯曲线所说明的一种关系。

考研真题与难题详解

一、概念题

1.(中央财经大学2007年研)菲利普斯曲线

答案:菲利普斯曲线是说明失业率和货币工资率之间交替变动关系的一条曲线。它是由英国经济学家菲利普斯根据1861—1957年英国的失业率和货币工资变动率的经验统计资料提出来的,故称为菲利普斯曲线。西方经济学家认为,货币工资率的提高是引起通货膨胀的原因,即货币工资率的增加超过劳动生产率的增加会引起物价上涨,从而导致通货膨胀,所以,菲利普斯曲线又成为当代经济学家用以表示失业率和通货膨胀率之间此消彼长、相互交替关系的曲线。即认为失业率高,通货膨胀率就低;失业率低,通货膨胀率就高。并认为两者间这种关系可为政府进行总需求管理提供一份可供选择的菜单,即通货膨胀率或失业率太高时,可提高失业率或提高通货膨胀率,以免经济过分波动。菲利普斯曲线可用图16-1说明。

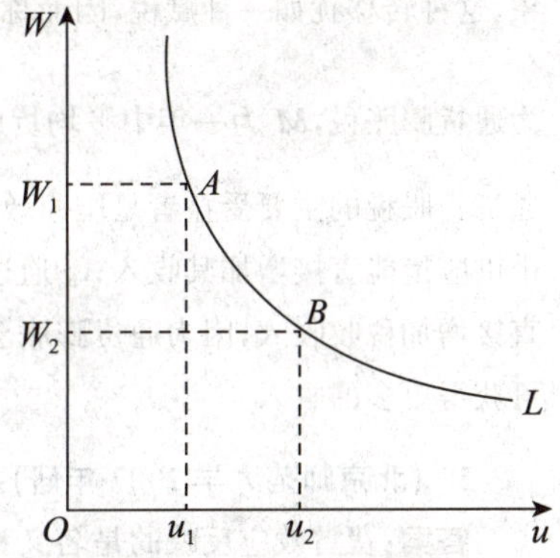

图16-1　菲利普斯曲线

令图16-1中W为货币工资变动率,u为社会的失业率,L为菲利普斯曲线。当失业率由u_2降到u_1时,货币工资增长率就由W_2上升到W_1。这表明失业率与货币工资变动率有着一种交替关系,也就是说,要实现充分就业就必然会出现较高的物价上涨率。由于货币工资变动率与物价上涨率有关,而通货膨胀又用物价上涨率来表示,因而进一步对此图引申,便可表示通货膨胀率与失业率之间的关系。

2.(中央财经大学2007年研)菜单成本

答案:菜单成本是指厂商改变价格,需要重新印刷它的产品价格表,向客户通报改变价格的信息和理由所引起的开支或费用。它和饭馆由于价格改变而重新印制新菜单价目表一样,所以被称为菜单成本。菜单成本是新凯恩斯主义反击新古典主义的批判并证明其所主张的价格刚性的重要理由。关于菜单成本能否引起价格的短期黏性,经济学家们的观点是不一致的。一部分经济学家认为菜单成本通常非常小,不可能对经济产生巨大影响;另一部分经济学家却认为菜单成本虽然很小,但由于总需求外部性的存在,会导致名义价格出现黏性,从而对整个经济产生巨大影响,甚至引起周期性波动。

3.（北京交通大学2007年研）自然失业率

答案：自然失业率又称“有保证的失业率”“正常失业率”“充分就业失业率”等，是指在没有货币的因素干扰的情况下，让劳动市场和商品市场自发供求力量起作用时，总供给和总需求处于均衡状态时的失业率。所谓没有货币因素干扰，指的是失业率的高低与通货膨胀的高低之间不存在替代关系。自然失业率是充分就业时仍然保持的失业水平。自然失业率决定于经济中的结构性和摩擦性的因素，取决于劳动市场的组织状况、人口组成、失业者寻找工作的能力愿望、现有工作的类型、经济结构的变动、新加入劳动队伍的人数等众多因素。任何把失业降低到自然失业率以下的企图都将造成加速的通货膨胀。任何时候都存在着与实际工资率结构相适应的自然失业率。自然失业率是弗里德曼对菲利普斯曲线发展的一种观点，他将长期的均衡失业率称为“自然失业率”，它可以和任何通货膨胀水平相对应且不受其影响。

4.（北京大学1997年研，厦门大学2006年研，中山大学2007年研）通货膨胀税

答案：通货膨胀税指通货膨胀引起的一部分货币购买力由资产持有者向货币发行者转移的现象，这种转移犹如一种赋税，因而称为通货膨胀税。通货膨胀税的计算公式为 $T=\frac{i}{1+i}M$，其中，T 为通货膨胀税，M 为一年中平均货币余额，i 为通货膨胀率，$\frac{i}{1+i}$ 为每一单位货币所丧失的购买力。通货膨胀税的主要受益者是国家政府，政府在通货膨胀过程中可以得到三个方面的收益：①扩大货币供应量能直接增加其收入；②通过单位货币购买力的降低而减少未偿还国家债务的实际价值；③直接增加税收收入，因为通货膨胀会使企业和个人的收入在名义上增加，纳税等级自动上升，政府可获得更多的收入。

5.（北京师范大学2007年研）费雪效应

答案：费雪效应反映的是名义利率、实际利率和预期的通货膨胀率之间的关系。费雪效应由美国经济学家费雪在其著作《利息理论》中提出。在封闭经济条件下，费雪效应使名义利率高于实际利率，而且还要高到足以抵消预期的通货膨胀，只有这样，人们才会购买和持有各种金融资产；在开放经济条件下，费雪效应使两国名义利率之差等于它们即期汇率的预期变动。它还体现了通货膨胀对汇率变化的作用，是购买力平价得以成立的一个必要条件。因此，在开放经济条件下，如果人们预期一个国家的货币将贬值，那么为避免该国资本外逃，该国的名义利率必须高到足够抵消因贬值给投资者带来的损失。只有这样，投资者才有可能继续持有该国的金融资产。

6.（厦门大学2007年研）“债务—通货紧缩”理论

答案：“债务—通货紧缩”理论是由美国经济学家欧文·费雪在1933年大萧条时提出的一种关于债务与通货紧缩之间相互作用关系的理论。该理论是从某个时点经济体系中存在过度负债这一假设开始。费雪认为，新发明、新产业的出现或新资源的开发等导致利润前景看好，企业因此过度投资；债权人一旦注意到这种过度借债的危险就会趋于债务清算；这种清算会导致企业销售、利润的下降，经营困难。结果带来货币收缩，货币流通速度下降，价格水平下降；同时引起产出、就业的减少，信心的下降；最终带来对利率的复杂扰动，尤其是名义利率的下降，实际利率的上升。

债务是初始原因，债务利息是最终结果，而所有波动都是由于价格下降而发生的。过度负债和通货紧缩两者会相互作用和反作用，两者的结合会导致很大的危害。而且即使价格水平是稳定的，仍然有可能出现过度负债问题。因此，控制价格水平非常重要。

7.（北京师范大学 2006 年研，武汉大学 2007 年研）遗憾指数

答案：遗憾指数又称痛苦指数，是指把通货膨胀率与失业率加在一起所计算出的指数。例如，通货膨胀率为 5%，失业率为 5%，则遗憾指数为 10%。这个指数说明人们对宏观经济状况的感觉，这个指数越大，人们会对宏观经济状况越不满。一般来说，各个社会有一个临界点，在遗憾指数低于这个临界点时，社会是安定的，越过这个临界点则会引起各种社会问题。

8.（中央财经大学 2011 年研，东北财经大学 2014 年研）附加预期的菲利普斯曲线

答案：附加预期的菲利普斯曲线即短期菲利普斯曲线，就是人们预期通货膨胀率保持不变时，表示通货膨胀率与失业率之间关系的曲线，其典型的特征是存在着通货膨胀与失业的替代关系。附加预期的菲利普斯曲线方程为

$$\pi=\pi^e-a(u-u^*)$$

其中，π^e 为预期通货膨胀率，整理得 $\pi-\pi^e=-a(u-u^*)$。

9.（财政部财政科学研究院 2012 年研，北京邮电大学 2010 年研，北京科技大学 2011 年研，厦门大学 2014 年研）结构性失业

答案：结构性失业是指劳动力的供给和需求不匹配所造成的失业，其特点是既有失业又有职位空缺，失业者或者没有合适的技能，或者居住地点不当，因此无法填补现有的职位空缺。

根据凯恩斯的观点，结构性失业既有失业也有职位空缺，两者并存，但不匹配。新古典经济学派认为，通过劳动者相对工资的调整，可以反映出引起劳动者需求结构性失调的根本性需求变化，可以消除结构性失业，因而结构性失业不可能长期存在。

二、简答题

1.（北京大学 2007 年研）请给出下列概念的含义：潜在产出、摩擦性失业、结构性失业、自然失业率、菲利普斯曲线。并说明它们之间的关系。

答案：(1)潜在产出又称产出的自然率水平，是指充分就业（即自然失业率下）的产出，即现有生产要素得到充分完全利用时的产出，可表示为 $y_f=F(N^*,K^*)$。在短期和中期分析经济波动及通货膨胀时，一般假定潜在产出不变（由于短期内生产要素和生产技术都不改变），经济波动是围绕潜在产出波动，短期内总需求的扰动，以及通货膨胀冲击都可以使实际产出水平偏离潜在产出水平（要素闲置或过度使用），但是价格的调整最终会使经济回归潜在产出水平，实际产出和潜在产出的缺口称为产出缺口。在长期考虑经济增长时，潜在产出不再假定为不变，而是随着生产要素（劳动力、资本和技术）的变化而变化。

(2)摩擦性失业是指由于工人和工作相匹配需要时间所产生的失业。由于劳动市场的特殊性，摩擦性失业总会存在的，不能消灭，但是可以采取措施促进工人工作的匹配以减少摩擦性失业。摩擦性失业属于自然失业的一部分，减少摩擦性失业可以降低自然失业率，进而提高潜在产出水平。

(3)结构性失业是指由于工资刚性，劳动市场无法实现均衡所产生的失业。工资刚性通常由于

效率工资、最低工资法、工会集体议价等原因造成。或者是由于厂商的意愿，或者是由于工会的议价力量，或者是由于政府的法律限制，工资不能回到市场出清水平，从而产生了结构性失业。结构性失业也是失业的一部分，通过减少结构性失业可以降低自然失业率，增加潜在产出。

(4)自然失业率是相对周期性失业率而言，它是经济在长期中趋向的失业率，是经济处于潜在产出水平时的失业率。其产生的原因在于无论经济繁荣还是衰退，经济中始终会存在不可避免的失业，包括摩擦性失业和结构性失业两部分。

(5)菲利普斯曲线是描述通货膨胀与失业率关系的曲线。有以下四种形式：

1)菲利普斯曲线的原始形式：$w=a$(常数)$-bu$。

2)弗里德曼对菲利普斯曲线的修正：$w=-\beta(u-u_n)$。

3)附加预期的菲利普斯曲线的价格通胀表达式：$P_{+1}=P^e_{+1}-\beta(u-u_n)$。

4)菲利普斯曲线的现代形式：$P_{+1}=P^e_{+1}-\beta(u-u_n)+v$(供给冲击)。

现代的菲利普斯曲线加进了预期、周期性失业、供给冲击等因素，使其更加适应变化发展的经济现实，以更准确地反映通货膨胀与失业之间的内在联系，为控制通货膨胀和失业提供可靠依据。

2.（西安交通大学 2005 年研）简要解释短期菲利普斯曲线与长期菲利普斯曲线的区别。

答案：菲利普斯曲线是菲利普斯根据现实统计资料所给出的反映货币工资变动率与失业率之间相互关系的曲线。短期菲利普斯曲线与长期菲利普斯曲线的区别主要体现在以下两个方面。

(1)形状不同。①短期菲利普斯曲线是表明在预期通货膨胀率低于实际发生的通货膨胀率的短期中，失业率与通货膨胀率之间存在交替关系的曲线。所以，短期菲利普斯曲线是向右下方倾斜的。关于短期内失业率和通货膨胀率之间会存在交替关系的原因，货币主义者认为，如果工资契约是在不存在通货膨胀预期的情况下订立的，那么，物价上涨会导致实际工资下降，因而厂商愿意扩大产量，增加就业。当工人们发现实际工资下降时，他们会要求增加货币工资，但货币工资的增长总是滞后于物价上涨。②长期菲利普斯曲线是一条位于"自然失业率"水平的垂直线，表明失业率与通货膨胀率之间不存在交替关系。一旦形成了通货膨胀预期，短期菲利普斯曲线就会上移，工人会要求足以补偿物价上涨的更高的名义工资，而雇主则不愿在这个工资水平上提供就业岗位，最终失业率又恢复到"自然失业率"水平。无论政府如何继续采取膨胀政策，工人预期的调整必然带来短期菲利普斯曲线的进一步上移，结果长期内通货膨胀率和失业率之间并不存在稳定的替代关系。弗里德曼将长期的均衡失业率称为"自然失业率"，它可以和任何通货膨胀水平相对应且不受其影响。因此，长期的菲利普斯曲线是一条垂直线，这实际上就是货币中性论的观点。

(2)政策含义不同。①短期菲利普斯曲线说明，在短期中引起通货膨胀率上升的扩张性财政与货币政策是可以起到减少失业的作用的，这就是宏观经济政策的短期有效性。在长期中，经济中能实现充分就业，失业率是自然失业率，因此，垂直的菲利普斯曲线表明，无论通货膨胀率如何变动，失业率总是固定在自然失业率的水平上，以引起通货膨胀为代价的扩张性财政政策与货币政策并不能减少失业，这就是宏观经济政策的长期无效性。②短期菲利普斯曲线不断右移，不但会形成垂直的长期菲利普斯曲线，甚至可能形成向右上倾斜的正相关曲线。如果实际通货膨胀率为 3%，而人们预期为 5%，并以这一预期要求提高工资，则企业就会把雇工减到原先水平，甚至低于原先水平。这样就会产生通货膨胀与失业并发的"滞胀"局面。

3.（南开大学 2005 年研）说明需求拉动型通货膨胀、成本推动型通货膨胀与结构性通货膨胀的区别与联系。

答案：需求拉动型通货膨胀指总需求超过总供给所引起的一般价格水平的持续显著上涨，又称为超额需求通货膨胀。

成本推动型通货膨胀是在没有超额需求的情况下，由于供给方面成本的提高所引起的一般价格水平持续显著地上涨，又称为成本通货膨胀或供给通货膨胀。它又可以分为工资推动通货膨胀及利润推动通货膨胀。

结构性通货膨胀是指由于国民经济结构比例失调造成供求关系失调，从而引起物价的全面上涨。

(1)需求拉动型通货膨胀、成本推动型通货膨胀与结构性通货膨胀的区别。三者的区别主要表现在以下两个方面。

1)造成通货膨胀的原因不同。需求拉动型通货膨胀产生的原因在于：在总产量达到一定产量后，当需求增加时，供给会增加一部分，但供给的增加会遇到生产过程中的瓶颈现象，即由于劳动、原料、生产设备的不足使成本提高，从而引起价格上升。或者当产量达到最大，即为充分就业时的产量，当需求增加时，供给也不会增加，总需求增加只会引起价格的上涨。消费需求、投资需求或来自政府的需求、国外需求，都会导致需求拉动通货膨胀。

成本推动型通货膨胀产生的原因在于：不完全竞争的劳动市场造成的过高工资所导致的一般价格水平的上涨，或者垄断企业和寡头企业利用市场势力谋取过高利润所导致的一般价格水平的上涨，前者因为工会的力量导致非市场化的工资，后者因为垄断导致非市场化的产品定价。

结构型通货膨胀产生的原因在于：由于经济结构因素的变动，出现一般价格水平的持续上涨。由于生产部门的生产率提高的速度不同，两个部门的工资增长也应当有区别。但是生产率提高慢的部门要求工资增长向生产率提高快的部门看齐，结果使全社会工资增长速度超过生产率增长速度，因而引起通货膨胀。

2)对经济的影响效果不同。需求拉动型通货膨胀是由于需求的膨胀产生的，在总供给—总需求分析中，表现为总需求曲线向右移动，因此新的均衡点具有更高的物价水平和更高的产出水平。成本推动型的通货膨胀是由于成本增加造成的，在总供给—总需求分析中，表现为总供给曲线左移，在新的均衡点具有更高的物价水平和更低的产出水平，即出现滞胀。而结构性通货膨胀对产出的影响比较复杂，可能导致产出增加，也可能减少，也可能不变。

(2)需求拉动型通货膨胀、成本推动型通货膨胀与结构性通货膨胀的联系。三者都属于通货膨胀，因此都具有通货膨胀的一些基本特征，具体来说，三者的联系表现在以下三个方面。

1)三者都造成物价上涨。无论是哪种类型的通货膨胀，都会造成一般物价持续的上涨，这是通货膨胀最根本的本质。

2)三者都会产生一些相似的经济效应。由于物价的上涨，无论哪种通货膨胀都会产生资产结构调整效应及强制储蓄效应，同时都会给经济带来"菜单成本"之类的成本。

3)三者是紧密联系的。在现实生活中，通货膨胀很少是单独由总需求、总供给或经济结构引起，往往是三者共同作用的结果，尤其是总需求和总供给相互作用的结果。因此现实中很难将三者明确区分开来。

4.（北京大学 2011 年研）媒体常说食品（或任何个别商品）的价格上涨是通货膨胀的原因。试用货币供给与需求决定物价水平的理论，来评论前述结论。

答案：(1)对名义货币的总需求由下式表示：

$M^d = P \cdot L(y, i)$

其中，P 为物价水平，$L(y,i)$ 为实际货币需求，它和国民收入 y 同向变动，和利率水平 i 反向变动。

名义货币供给量 M^s 是一个给定的数量 M，货币市场均衡的条件为名义货币供给量等于名义货币需求量，即 $M^s = M^d = P \cdot L(y,i)$。

上式说明两点：①当给定了名义货币供给量和实际货币需求量时，物价水平需要调整到一个水平，使得名义货币供给量等于名义货币需求量；②当名义货币供给量增加而实际货币需求量不变时，物价水平必然上升。

因此，通货膨胀归根结底是由于货币供给量增加所致。这就是货币数量论的观点。

(2)显然媒体的说法是错误的，因为它只看到了问题的表面现象而没有触及问题的实质。食品（或任何个别商品）的价格上涨只是通货膨胀的一个表现形式而不是导致通货膨胀的原因，真正导致通货膨胀的原因是货币供给量的增加。

5.（中国人民大学 2010 年研）政府公开宣布控制通货膨胀预期的意义，通货膨胀如何自我维持。

答案：(1)通货膨胀的自我维持是指通货膨胀率会有不断持续下去的趋势，即价格水平不断持续上升。产生这种现象的原因在于，如果经济中大多数人都预期到同样的通货膨胀率，那么，这种对通货膨胀的预期就会变成经济运行的现实。通货膨胀开始后，在需求拉动和成本推动的作用下，通货膨胀会自行持续下去。图 16-2 说明了通货膨胀的自我维持。

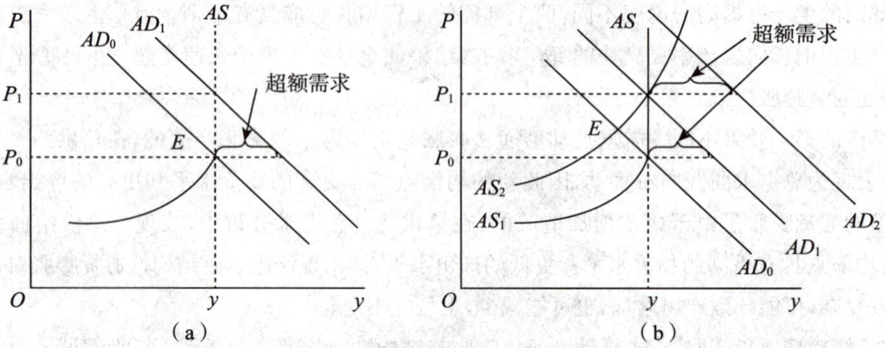

图 16-2　通货膨胀的自我维持

在图 16-2(a)中，经济初始时处于均衡点 E。假定出现总需求冲击，总需求曲线从 AD_0 移到 AD_1，这个移动使得价格从原来的 P_0 上升到 P_1。价格上升会引起工资提高，较高的工资使总供给曲线向上移动，表现在图 16-2(b)中，就是总供给曲线由 AS_1 移动到 AS_2。同时，更高的工资率意味着人们有更多的货币收入，导致更多的消费，从而使总需求进一步扩大，在图 16-2(b)中，总需求曲线由 AD_1 移动到 AD_2。新的总需求曲线 AD_2 与新的总供给曲线 AS_2 之间存在一个对商品的超额需求，导致价格进一步上涨，又引发了另一轮的工资的上涨。这样，通货膨胀的压力在整个经济中具有不断循环下去的趋势。

(2)政府公开宣布控制通货膨胀预期的意义。通货膨胀预期是指公众对后一段时期内可能发生的通货膨胀的事前估计。政府所宣布的将要执行的各种经济政策会影响或决定人们的预期。因此,当政府宣布控制通货膨胀的预期并且承诺可信时,如政府宣布将控制物价水平或增加有效供给时,就可以有效抑制需求的扩大和抢购风潮的发生,物价就能够保持稳定,通货膨胀也就不能自我维持下去。

6.(北京大学 2011 年研)当前,我国经济发展过程当中出现了原材料价格上涨以及由此导致的价格上涨的现象。如果这一假设成立,请分析原材料价格上涨对我国经济的影响,并提出相应的政策建议。

答案:(1)根据宏观经济学理论,原材料价格上涨会对总供给造成不利的冲击,导致总供给曲线向左上方移动,产出水平下降,造成经济在原有的价格水平下总需求超过总供给。只要总供给不随价格水平的变化而调整,价格水平就持续上升直到总需求重新等于总供给。结果,总产出与就业水平下降,而利率上升,一般物价也普遍上升,即造成通货膨胀,供给冲击的影响如图 16-3 所示。另外,不利的供给冲击还会导致实际工资水平的下降。

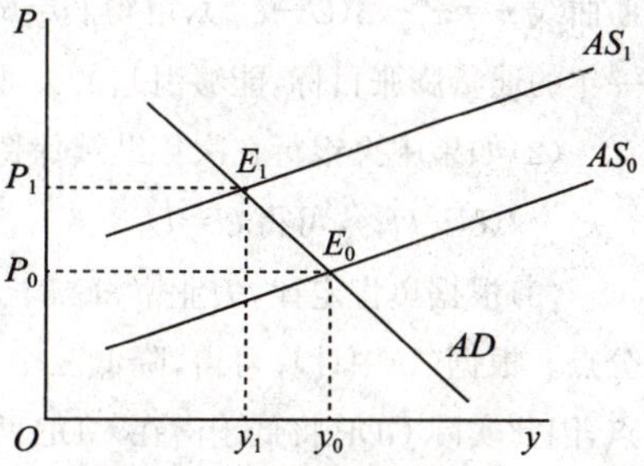

图 16-3 供给冲击的影响

(2)当前,我国经济发展过程当中出现了包括大宗商品在内的原材料价格上涨的现象,这将对我国经济产生两方面的影响:温和的上涨将会促进经济增长,提高就业水平;但是剧烈的上涨将会对经济产生不利的供给冲击,导致成本推进型通货膨胀,会对我国经济造成不利的影响。

(3)在此建议政府密切关注原材料价格走势,采取必要的财政政策和货币政策让总供给曲线向右下方移动或让总需求曲线向右上方移动,控制价格的过快上涨,如采取税收政策鼓励进口低价的原材料,采取准备金和利率政策来调节货币供给,防止流动性泛滥等,必要时甚至采取行政手段直接规定原材料价格的上限。

7.(厦门大学 2014 年研)预期和未预期的通货膨胀的成本有哪些?

答案:(1)预期的通货膨胀的成本:①鞋底成本。②菜单成本。③相对价格变动与资源配置失误。④税收扭曲。许多税则的条款没有考虑通货膨胀的影响。因此,通货膨胀会以法律制定者没有想到的方式改变个人及企业所得税负担。⑤通货膨胀使价格频繁变动,会给人们的生活带来不方便。

(2)未预期通货膨胀的成本:①任意再分配社会财富的成本。未预期到的通货膨胀任意地在个体之间进行财富再分配。②会损害靠固定养老金生活的人的利益。③高变动的通货膨胀会使债务人和债权人易于受到任意的且可能相当大的财富再分配,从而增加了借贷双方的不确定性。

三、计算题

1.（南开大学2007年研）假设一国的菲利普斯曲线为 $\pi=\pi^e-3(U-U_n)$，自然失业率 U_n 为5%，对通货膨胀的预期为适应性预期，中央银行对下一年的通货膨胀目标为2%。

(1)如果当前的通货膨胀率为5%，那么中央银行为实现下一年的通货膨胀目标，能够引起的失业率是多少？

(2)如果中央银行在次年继续保持2%的通货膨胀目标，那么失业率将是多少？

(3)根据奥肯定律，计算降低通货膨胀的产出牺牲率。

(4)如果对通货膨胀的预期为理性预期，那么产出牺牲为多少？

答案：(1)由题知该国的预期为适应性预期，有 $\pi^e=\pi_{-1}=5\%$，$\pi=2\%$，$U_n=5\%$。代入菲利普斯曲线 $\pi=\pi^e-3(U-U_n)$，可得 $U=6\%$，即如果当前的通货膨胀率为5%，那么中央银行为实现下一年的通货膨胀目标，能够引起的失业率是6%。

(2)如果中央银行在次年继续保持2%的通货膨胀目标，即有 $\pi=\pi^e=2\%$，根据菲利普斯曲线 $\pi=\pi^e-3(U-U_n)$，可得 $U=U_n=5\%$，即失业率为自然失业率。

(3)根据奥肯定律，失业率每高于自然失业率一个百分点，实际GDP或将低于潜在GDP两个百分点。根据(1)中计算可得，降低三个百分点的通货膨胀率，将使失业率高于自然失业率一个百分点，因此实际GDP将低于潜在GDP两个百分点。所以牺牲率$=2\%\div3\%=67\%$。

(4)如果对通货膨胀的预期为理性预期，那么产出牺牲率为0。分析如下：理性预期表明 $\pi=\pi^e$，因而 $U-U_n=0$。无论通货膨胀如何变化，失业率一直处于自然失业率水平，失业率恒定不变，从而产出不变，因此牺牲率为0。

2.（北京大学2007年研）实际货币需求的收入弹性为2/3，经济增长率为4.5%，实际货币需求的利率弹性为−0.1，利率从0.05增长到0.06，问为使下期通胀为1%，名义货币供给需增加多少？

答案：货币市场均衡条件为 $\frac{M^s}{P}=L(i,y)$，即 $M^s=PL(i,y)$。

两边同时取对数得 $\ln M^s=\ln P+\ln L(i,y)$。

上式两边同时对时间 t 求导得

$$\frac{1}{M^s}\cdot\frac{dM^s}{dt}=\frac{1}{P}\cdot\frac{dP}{dt}+\frac{1}{L}\left(\frac{\partial L}{\partial i}\cdot\frac{di}{dt}+\frac{\partial L}{\partial y}\cdot\frac{dy}{dt}\right)$$

整理得 $$\frac{1}{M^s}\cdot\frac{dM^s}{dt}=\frac{1}{P}\cdot\frac{dP}{dt}+\frac{\partial L}{\partial i}\cdot\frac{i}{L}\cdot\frac{1}{i}\cdot\frac{di}{dt}+\frac{\partial L}{\partial y}\cdot\frac{y}{L}\cdot\frac{1}{y}\cdot\frac{dy}{dt}。\quad ①$$

由题中已知条件可知：

货币需求的利率弹性为 $E_i=\frac{\partial L}{\partial i}\cdot\frac{i}{L}=-0.1$，

货币需求的收入弹性为 $E_y=\frac{\partial L}{\partial y}\cdot\frac{y}{L}=\frac{2}{3}$，

利率增长率为 $g_i=\frac{1}{i}\cdot\frac{di}{dt}=\frac{0.06-0.05}{0.05}=0.2$，

经济增长率 $g_r=\frac{1}{y}\cdot\frac{dy}{dt}=0.045$。

把上面的条件代入式①得

第十六章

$$\frac{1}{M^s} \cdot \frac{dM^s}{dt} = 0.01 - 0.1 \times 0.2 + \frac{2}{3} \times 0.045 = 0.02$$

由此，即名义货币供给需要增长 2%。

四、论述题

1. (北京航空航天大学 2005 年研)自然失业率由哪些部分构成？宏观经济政策所能调整的是哪一种失业？中国失业率的构成与发达国家失业率的构成有什么区别？

答案：(1)自然失业率指充分就业下的失业率。自然失业率的存在与劳动市场和商品市场的实际结构性特征有关，也与市场信息的不完全性、寻找工作的成本和劳动力转移的成本有关。自然失业率为摩擦性失业率与结构性失业率之和。

摩擦性失业是指劳动力在正常流动过程中所产生的失业。在一个动态经济中，各行业、各部门和各地区之间劳动需求的变动是经常发生的，即使在充分就业状态下，由于人们从学校毕业或搬到新城市而要寻找工作，总是会有一些人力的周转，所以摩擦性失业的存在也是正常的。摩擦性失业量的大小取决于劳动力流动性的大小和寻找工作所需要的时间。

结构性失业是在劳动力的供求不一致时产生的失业。供求之所以会出现不一致是因为对某种劳动的需求增加，而对另一种劳动的需求减少，与此同时，供给没有迅速做出调整。因此，当某些部门相对于其他部门出现增长时，可以经常看到各种职业或地区之间劳动力供求的不平衡。这种情况下，往往失业与空位并存，即一方面存在着有工作无人做的"空位"，而另一方面又存在着有人无工作的"失业"，这是劳动力市场的结构特点造成的。

(2)宏观经济政策能够调整的主要是结构性失业和周期性失业，其中财政政策和货币政策调整总需求，从而调整周期性失业，供给政策调整结构性失业。

总需求不足的失业就是周期性失业，这是一种非自然失业。根据凯恩斯的分析，就业水平取决于国民收入水平，而国民收入水平又取决于总需求。通过财政政策和货币政策的作用，可以调整社会总需求水平，从而调整周期性失业。例如，扩张性的财政政策和货币政策提高总需求，从而减少周期性失业。

总供给政策可以调整国民经济结构，从而调整结构性失业。政府可以对失业者进行公共筹资的再培训，从而能使工人更容易地从衰退的行业转移到新兴的行业。同时政府还对各个产业和地区进行宏观调控，使各个产业和地区平稳发展，避免产生大波动从而减小更大范围的结构性失业的可能性。如果技术进步和产业结构变化的幅度和速度较快，就可能比较经常和较大幅度地引发自然失业。政府也可以通过增加劳动力的流动性来缓解结构性失业。

(3)中国失业率构成与发达国家失业率构成的区别。中国的劳动市场供求结构比较特殊。在高级复杂劳动市场上，高级人才比较稀缺；在中级劳动市场上，存在着结构性失业；在低级劳动市场上，存在着总体上供给过多，但在有些局部地区却严重缺乏的问题。这就造成了我国的失业率构成与发达国家明显不同。

1)我国的失业率中周期性的失业率所占比例不大，而发达国家的周期性的失业率的比例相对来说比较大。

2)我国的结构性失业比较严重，而发达国家由于各种政策使结构性失业相对来说不太严重。

3)由于我国经济的快速发展使摩擦性失业的现象比较多，因为有能力的工人相对稀缺，他们面临的选择比较多。而发达国家的经济比较稳定，工人的选择机会相对来说比较小。

4)我国的隐性失业比较严重。在农村和城镇存在大量的隐性失业者，他们大部分属于低级劳动者，因此缺乏竞争力，可能名义上不是失业者，可实际上全是失业者。

总之，就处于转轨过程中的中国经济来说，劳动力市场条件乃至整个经济体制都处于不断变化之中。特别是近年来产业结构变动速度加快，劳动力市场改革力度加大，都会导致自然失业率的提高。总体来说，中国经济具有较高的且继续升高的自然失业率，表明单纯依靠宏观反周期政策不能完全消除或缓解失业现象，扩大就业和治理失业要求综合一系列政策手段。而英美等发达国家的自然失业率相对来说比较低，他们对付失业的办法相对来说比较单一。

2.（中国人民大学 2006 年研）劳动力市场上，员工的素质、工作努力程度和忠诚度是企业关心的重点之一。工人寻找工作时，需要关于工作空位和机会的信息。政府的公共政策会影响劳动力市场和宏观经济状况。

(1)发展中国家和地区的城市用工者到农村招工时，往往优先考虑一些特定的村庄或社区（这些村落中往往有其通过很长时期建立的、相对可靠的招募网络）。对农村外出务工者而言，他们也往往倚重于从当地的招工代理人员或已经在外务工的人员处获取就业机会。你对这种现象如何理解？请给出你的经济学直觉解释。

(2)即使在市场经济条件下，企业往往也会向其所雇用的工人支付高于劳动市场均衡水平的工资。你认为这对工人供给量、工人需求量和失业量会产生何种影响？

(3)如果政府管理的公共就业服务机构向处在摩擦失业状态的工人提供就业信息和职业技能培训方面的恰当服务，你认为这对自然失业率可能会产生怎样的影响？

(4)请画图说明(3)中的自然失业率变化后，长期的菲利普斯曲线会发生怎样的变动？并画图说明，此时长期总供给曲线会发生怎样的变动？在总需求一定的情况下，物价水平和通货膨胀率将怎样变化？

(5)如果政府采取扩张性的货币政策，请依据菲利普斯曲线，说明这种政策的短期和长期影响。

答案：(1)在发展中国家和地区，对于城市用工者而言，信息是非对称的，他们不可能充分掌握农民工的足够信息，到农村招工时，往往优先考虑一些特定的村庄或社区，这是因为来自这些地区的工人通过自己的勤劳工作，已经在用工单位树立了一定的信誉度，用工单位对来自该地区的工人较为放心，而且由于当地有许多工人在外务工，会对当地的农民产生一定的“示范效应”，有助于当地农民提高自身的素质。

对农村外出务工者而言，他们也往往倚重于从当地的招工代理人员或已经在外务工的人员处获取就业机会，这是因为当地信息交流不畅通，政府往往不能够提供相关的信息服务，而通过已经在外务工人员获取信息较为可靠，而且可以相互照应。

(2)企业往往会向其所雇用的工人支付高于劳动市场均衡水平的工资，这会造成劳动力市场供过于求，从而出现失业。工资高于均衡水平，劳动的供给会增加，而需求会减少，从而产生失业问题。如图 16-4 所示，高于市场均衡的工资，将使劳动力市场出现 L_2-L_1 的失业。

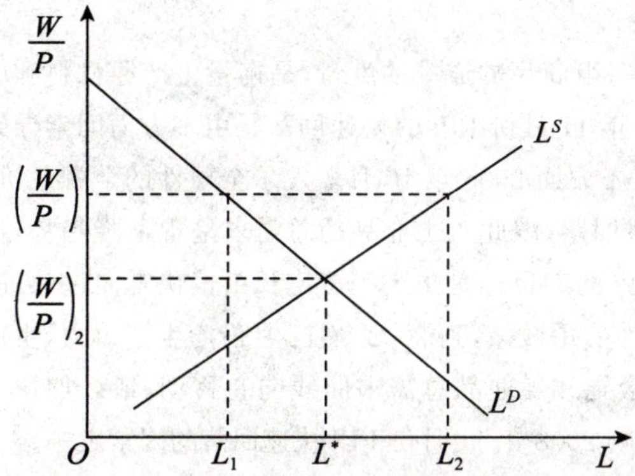

图 16-4　工资高于均衡水平对劳动力市场的影响

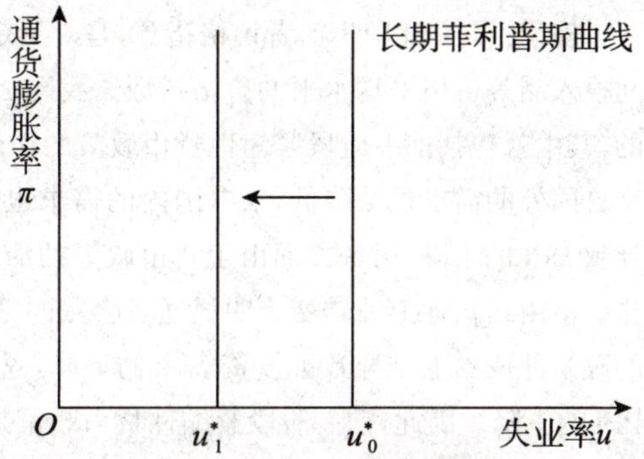

图 16-5　自然失业率降低后的长期菲利普斯曲线

(3)如果政府管理的公共就业服务机构,向处在摩擦失业状态的工人提供就业信息和职业技能培训方面的恰当服务,这种做法有可能会降低自然失业率。职业技能培训提高了处于摩擦性失业状态的工人的素质,使他们能够更好地适应多变的劳动力市场的需要;信息服务将使失业工人尽快找到适合自己的新岗位,这些都将有效地降低自然失业率。

(4)自然失业率降低以后,长期的菲利普斯曲线将向左移动,如图 16-5 所示。长期的总供给曲线将向右移动,在总需求一定的情况下,物价水平将下降,通货膨胀率将降低,如图 16-6 所示。

(5)如果政府采取扩张性的货币政策,在短期内在通货膨胀上升的同时,失业率将下降,经济中的产出将增加,如图 16-7 所示,经济将沿着短期菲利普斯曲线运行到 A 点。在长期内,随着通货膨胀的上升,人们将调整其通货膨胀预期,短期菲利普斯曲线将上移,失业率恢复到自然失业率水平,产出恢复到原来的充分就业水平,但是通货膨胀率却上升了,如图 16-7 所示,经济将运行到 B 点。

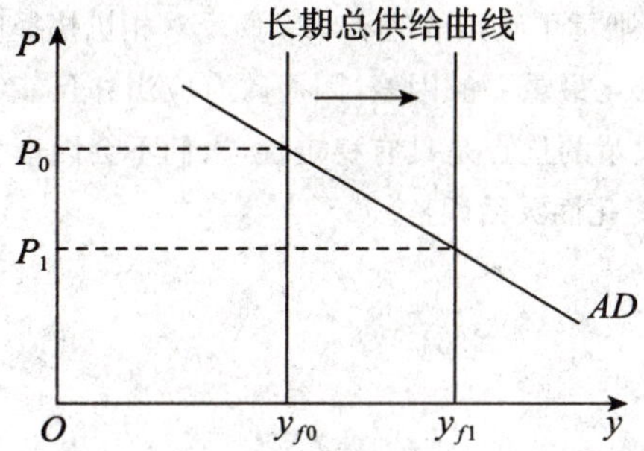

图 16-6　自然失业率降低后的长期总供给曲线

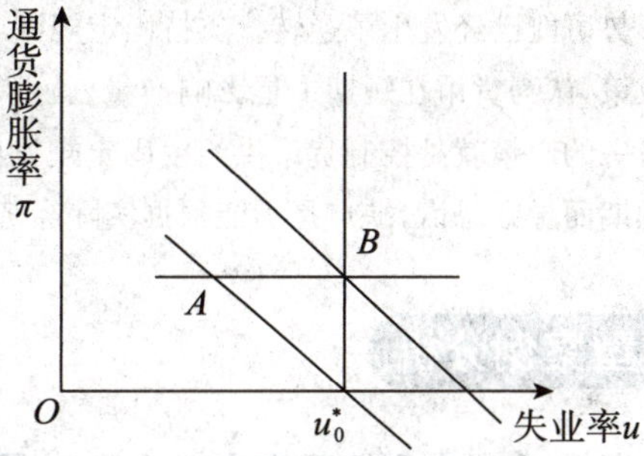

图 16-7　采取扩张性货币政策后的影响

3.(中国人民大学 2009 年研)2008 年 12 月 10 日,国家统计局公布 11 月经济运行数据。数据显示,11 月工业品出厂价格同比上涨 2.00%,涨幅创近 31 个月新低。而此前 2008 年 8 月 PPI 涨幅为 10.10%,9 月下降至 9.10%,10 月再次大幅下跌至 6.60%。请用你所学的宏观经济学理论和模型分析:

(1)11 月份 PPI 的快速回落是前一阶段紧缩性货币政策所导致的吗?

(2)PPI 的快速回落给出了哪些有关未来宏观经济趋势的信息?

(3)请评价先前的紧缩性货币政策的有效性,并回答:相机抉择的货币政策更好还是固定规则的货币政策更好？

答案：(1)PPI 即生产者价格指数，是对给定的一组商品的成本的度量，是衡量生产原材料和中间投入品等价格平均水平的价格指数。我国 2008 年 11 月份 PPI 的快速回落是由多方面因素导致的，其中就包括前一阶段紧缩性货币政策的作用。一方面 2008 年 10 月爆发了全球性的金融危机，来自国外的需求显著降低，来自国内的需求也明显回落，因此对工业品的总需求呈现下降趋势，这导致 PPI 的下降；另一方面由于货币政策的滞后性，前期目标是防止经济增长由偏快走向过热，防止价格由结构性上涨转变为明显通货膨胀的紧缩性货币政策，到 2008 年 11 月份产生了效力，生产的政策性成本上升导致了投资需求的下降，这也会导致工业品总需求曲线向左移动，最终加快了 PPI 的下降。因此，前一阶段紧缩性货币政策是影响 2008 年 11 月份 PPI 快速回落的因素之一。

(2)作为衡量原材料和中间投入品等价格平均水平的价格指数，PPI 是对给定的一组商品的成本的度量，这使得 PPI 成为表示一般价格水平变化的一个信号，被当作经济周期的指示性指标之一，因此受到政策制定者的密切关注。2008 年 11 月份 PPI 的快速回落预示着我国经济从高速增长阶段进入增速减缓阶段，将不可避免地伴之以产出下降、失业增多、通货紧缩等不利的经济趋势，应该引起决策者的高度重视，必要时采取果断措施以遏制 PPI 进一步快速下滑。

(3)应该看到，在应对通货膨胀时，紧缩性的货币政策是有效的，但是由于货币政策的外部时滞影响了政策效果的正常发挥，有时还会起到不良的作用。尤其是本次紧缩性货币政策本来是反通胀的，结果等该政策发生效力的时候却遇到了金融危机，所以导致 2008 年 11 月份的 PPI 快速回落。

固定规则和相机抉择都有各自的优越性，货币政策究竟应该按照固定规则还是按照相机抉择目前仍然处于争论之中，尚无定论。相机抉择的货币政策的优点是能够根据经济形势灵活地调整政策，以便让宏观经济平稳地发展，但是其缺点也很明显，由于货币政策的传导机制比较复杂，所以其外部时滞性比较明显，因此货币政策作用要经过相当长一段时间才会充分得到发挥，而到那时经济形势可能已经发生了逆转。支持固定规则或单一规则货币政策的经济学家们反对相机抉择的货币政策，认为货币在短期中是影响产量、就业和物价变化最重要的因素，因而政府应当并且能够实行唯一的政策就是控制货币供给。固定规则的货币政策的优点是具有稳定性，人们不会因产生其他预期而导致恐慌，缺点是不能根据实际经济形势的变化而灵活调整。

典型案例分析

每一个人来到津巴布韦都会变成百万富翁

巴伦斯·希卡姆巴真正是“鞋儿破、帽儿破、身上的衣服破”，他那千疮百孔的裤子也只能用一根绳子拴着权当裤带使。可他也是个货真价实的“百万富翁”。

“百万富翁”希卡姆巴的职业是津巴布韦的一名出租车司机。他成天开着他那破瘪的汽车在首都哈拉雷兜揽生意。希卡姆巴每揽到一个生意，起步收费总在 100 万津元以上。或许你会觉得那是一个天文数字，但是事实上津巴布韦官方通货膨胀率已经接近 1000%，这打破了非战争状态国家通货膨胀率的历史纪录，市场通货膨胀率则更高。

津巴布韦现在无疑是全球百万富翁最多的国家，但它同时也是全球最穷的国家之一。

事实上，每一个来到首都哈拉雷豪华现代、气派十足的机场的海外游客，马上就摇身一变成为了百万富翁。根据津巴布韦目前的官方汇率，每 10 美元就可以换到 10.1 万津元，而黑市上则可以换到两至三倍的官方汇率。

“是的，我是一个百万富翁——一个什么也买不起的百万富翁。津巴布韦现在遍地都是百万富翁。我们是一个盛产百万富翁的国家，但是我们也一无所有。”希卡姆巴说。

一顿餐费钞票堆成山。希卡姆巴本人对这样奇怪的逻辑现实感到既无奈又好笑，但是对于成百上千万和他一样的津巴布韦人民来说，恶性通货膨胀绝不仅仅是笑谈。上周，津巴布韦低收入家庭平均最低生活消费已经飞升到 4100 万津元/月。然而在这个国家，目前有超过 60% 的劳动力失业，其他部分劳动力每月则只能挣到 400 万津元。

津巴布韦最小面额的纸币是 500 津元，而现在一卷厕纸的价格已经达到 15 万津元；最大面额则为 5 万津元。然而，如果在津巴布韦乘坐出租汽车，即使全用 5 万面额的纸币付费，数钞票付给司机所要花费的时间也差不多与路途全程所用的时间相当。

然而比起到餐馆吃饭来说，这还算不了什么。当用完餐准备结账时，一沓沓的钞票堆在餐桌中央，给用餐者的感觉就像是坐在拉斯维加斯的赌桌旁一样。一名印度商人介绍说：“每次用完餐，你还得再等半小时结账。前些天我到当地税务部门交税，上交 4100 万元税款，他们清点了一个多小时。这简直是疯了。”

通货急剧膨胀给津巴布韦带来的另一个直接后果就是，目前这里最为紧俏的日用品之一竟然是点钞机。津巴布韦国营报纸上每天充斥着日本和新加坡生产的高质量点钞机广告，而每台的价格在 3.45 亿至 12 亿津元之间。

津巴布韦的通货膨胀危机带给人们的影响已经远远超越了种族隔阂。一位亚裔旅店老板恼火地揉着头发，抱怨自己连刮胡子的刀片也买不起了。现在，一包 3 片装的刀片要 1500 万津元。“我都没法刮脸了，谁还管得了别的？”

教材习题参考答案

1. 摩擦性失业与结构性失业相比，哪一种失业问题更严重？

答案：摩擦性失业是由于找一份工作需要时间而引起的失业。结构性失业是因为对某种劳动的需求增加，而对另一种劳动的需求减少，与此同时，供给没有迅速做出调整而造成的劳动力供求不一致时产生的失业。一般来说，结构性失业比摩擦性失业问题更严重。因为摩擦性失业是由于劳动力市场运行机制不完善或因为经济变动过程中的工作转换而产生的失业。摩擦性失业的失业者都可以胜任可能获得的工作，增强失业服务机构的作用，增加就业信息，协助劳动者家庭搬家等都有助于减少摩擦性失业。而结构性失业是由于经济结构变化、产业兴衰转移而造成的失业，是劳动力市场失衡造成的失业，一些部门需要劳动力，存在职位空缺，但失业者缺乏到这些部门和岗位就业的能力，而这种能力的培训需要一段较长的时间才能完成，所以结构性失业的问题更严重一些。

2. 能否说有劳动能力的人都有工作才是充分就业？

答案：不能。失业是有劳动力的人想工作而找不到工作的社会现象。充分就业并不意味着

100%的就业，即使经济能够提供足够的职位空缺，失业率也不会等于零，经济中仍然会存在摩擦性失业和结构性失业。凯恩斯认为，如果消除了“非自愿失业”，失业仅限于摩擦性失业和自愿失业的话，经济就实现了充分就业。所以充分就业不是指有劳动能力的人都有工作。

3. 什么是自然失业率？哪些因素影响自然失业率的高低？

答案：自然失业率又称“有保证的失业率”“正常失业率”，是指在没有货币因素干扰的情况下，劳动力市场和商品市场自发供求力量发挥作用时应有的处于均衡状态的失业率，也就是充分就业情况下的失业率，通常包括摩擦性失业和结构性失业。生产力的发展、技术进步以及制度因素是决定自然失业率及引起自然失业率提高的重要因素。自然失业率取决于经济中的结构性和摩擦性的因素。具体包括如下：①劳动者结构的变化，一般来说，青年与妇女的自然失业率高，而这些人在劳动力总数中所占比例的上升会导致自然失业率上升；②政府政策的影响，如失业救济制度使一些人宁可失业也不从事工资低、条件差的职业，这就增加了自然失业中的“寻业的失业”；最低工资法使企业尽量少雇用人，尤其是技术水平差的工人，同时也加强了用机器取代工人的趋势；③技术进步因素，随着新技术、新设备的投入使用，劳动生产率不断提高，资本的技术构成不断提高，必然要减少对劳动力的需求，出现较多失业，同时，技术进步使一些文化技术水平低的工人不能适应新的工作而被淘汰出来；④劳动市场的组织状况，如劳动力供求信息的完整与迅速性，职业介绍与指导的完善与否，都会影响到自然失业率的变化；⑤劳动市场或行业差别性的增大会提高自然失业率，厂商、行业和地区会兴起和衰落，而劳动者和厂商需要时间来与之适应与配合，这些无疑会引起劳动者的大量流动，增大结构性失业。

4. 说明短期菲利普斯曲线与长期菲利普斯曲线的关系。

答案：从短期看，菲利普斯曲线表现的是在一定的通货膨胀率预期水平下，通货膨胀率与失业率之间的关系。货币主义者认为，在工资谈判中，工人们关心的是实际工资而不是货币工资。当通货膨胀率不太高，工人还没有形成新的通货膨胀预期的时候，失业与通货膨胀之间存在的替代关系就被称为短期的菲利普斯曲线。随着时间的推移，工人们发觉他们的实际工资随物价的上涨而下降，就会要求雇主相应地增加货币工资，以补偿通货膨胀给自己的造成的损失。由于工人不断地形成新的通货膨胀预期，使换取一定失业率的通货膨胀率越来越高，一条条菲利普斯曲线不断向右上方移动，最终演变成为一条垂直的菲利普斯曲线，这就是长期的菲利普斯曲线。即长期的菲利普斯曲线是由短期的菲利普斯曲线不断运动形成的。

5. 通货膨胀的成本有哪些？

答案：(1)鞋底成本。通货膨胀时人们减少货币持有量浪费的资源。

(2)菜单成本。通货膨胀时改变价格的成本。

(3)扭曲消费者决策，相对价格变动与资源配置失误。

(4)通货膨胀引起的税收扭曲。税收未考虑实际利率的改变。

(5)通货膨胀侵蚀了计价单位的实际价值，造成混乱和不方便。

(6)通货膨胀使得财富任意再分配。预期利息不变，由于通货膨胀使得实际利率改变了，货币价值也改变了。

6. 说明需求拉动的通货膨胀。

答案:需求拉动的通货膨胀又称超额需求通货膨胀,是指总需求超过总供给所引起的一般价格水平的持续显著的上涨现象。需求拉动的通货膨胀理论认为这种通货膨胀是“过多的货币追求过少的商品”,即对物品和劳务的需求超过了在现行价格条件下可以得到的供给,所以引起一般价格水平的上升。现用图 16-8 来说明需求拉动的通货膨胀。

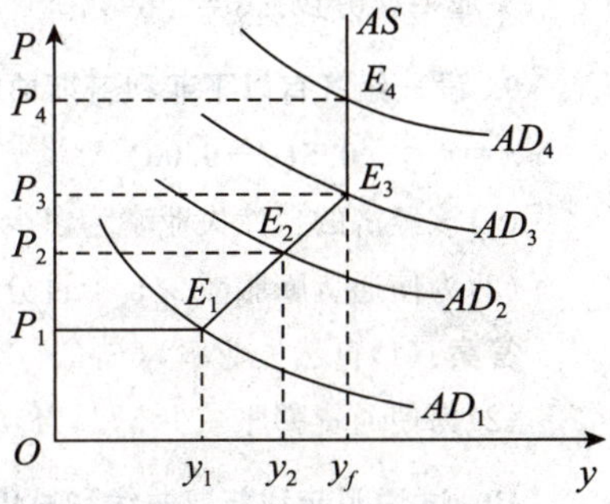

图 16-8 需求拉动的通货膨胀

图 16-8 中,横轴 y 表示总产量(国民收入),纵轴 P 表示一般价格水平,AD 为总需求曲线,AS 为总供给曲线。总供给曲线 AS 起初呈水平状。这表示当总产量较低时,总需求的增加不会引起价格水平的上涨。在图 16-8 中,产量从 0 增加到 y_1,价格水平始终稳定。总需求曲线 AD_1 与总供给曲线 AS 的交点 E_1 决定价格水平为 P_1,总产量水平为 y_1。当总产量达到 y_1 以后,继续增加总供给,就会遇到生产过程中所谓的瓶颈现象,即由于劳动、原料、生产设备等的不足而使成本提高,从而引起价格水平的上涨。图 16-8 中总需求曲线 AD 继续提高时,总供给曲线 AS 便开始逐渐向右上方倾斜,价格水平逐渐上涨。总需求曲线 AD_2 与总供给曲线 AS 的交点 E_2 决定的价格水平为 P_2,总产量为 y_2。当总产量达到最大,即为充分就业的产量 y_f 时,整个社会的经济资源全部得到利用。图 16-8 中总需求曲线 AD_3 与总供给曲线 AS 的交点 E_3 决定的价格水平为 P_3,总产量水平为 y_f。价格水平从 P_1 上涨到 P_2 和 P_3 的现象被称作瓶颈式的通货膨胀。在达到充分就业的产量 y_f 以后,如果总需求继续增加,总供给就不再增加,因而总供给曲线 AS 呈垂直状。这时总需求的增加只会引起价格水平的上涨。例如,图 16-8 中总需求曲线从 AD_3 提高到 AD_4 时,它同总供给曲线的交点所决定的总产量并没有增加,仍然为 y_f,但是价格水平已经从 P_3 上涨到 P_4。这就是需求拉动的通货膨胀。西方经济学家认为,不论总需求的过度增长是来自消费需求、投资需求还是来自政府需求、国外需求,都会导致需求拉动通货膨胀。需求方面的原因或冲击主要包括财政政策、货币政策、消费习惯的突然改变、国际市场的需求变动等。

7. 若某一经济的价格水平 1984 年为 107.9,1985 年为 111.5,1986 年为 114.5。问 1985 年和 1986 年通货膨胀率各是多少?若人们对 1987 年的通货膨胀率预期是按前两年通货膨胀率的算术平均形成的。设 1987 年的利率为 6%,问该年的实际利率为多少?

答案:1985 年的通货膨胀率为

$$\pi_{1985}=\frac{P_{1985}-P_{1984}}{P_{1984}}\times 100\%=\frac{111.5-107.9}{107.9}\times 100\%=3.34\%$$

同理,可得 $\pi_{1986}=2.69\%$。

1987 年的预期通货膨胀率 $\pi^e_{1987}=\frac{\pi_{1985}+\pi_{1986}}{2}=\frac{3.34\%+2.69\%}{2}=3.015\%$。

1987 年的实际利率=名义利率-预期通货膨胀率=6%-3.015%=2.985%。

8. 设某经济某一时期有 1.75 亿成年人，其中 1.2 亿人有工作，0.1 亿人在寻找工作，0.45 亿人没工作但也没有找工作。试求：(1)劳动力人数；(2)劳动力参与率；(3)失业率。

答案：劳动力人数=1.3 亿，

劳动力参与率=劳动力/十五岁以上民间人口=1.3/1.75=74%，

失业率=0.1/1.3=7.69%。

9. 设一经济有以下菲利普斯曲线：

$$\pi=\pi_{-1}-0.5(u-0.06)$$

(1)该经济的自然失业率为多少？

(2)为使通货膨胀减少 5 个百分点，必须有多少周期性失业？

答案：(1)自然失业率为 6%。

(2)为使通货膨胀减少 5%，必须有 16%的周期性失业。

10. 试说明菲利普斯曲线和总供给曲线的关系。

答案：总供给曲线揭示的是总产出和价格水平之间的关系。菲利普斯曲线揭示的是通货膨胀率与失业率之间的替换关系。菲利普斯曲线和总供给曲线虽然表面上所揭示的关系不同，但在本质上都表示同样的宏观经济思想，仅仅是同一枚硬币的两面。失业率越高，在其他条件不变的情况下，总产出越低；同样的，通货膨胀率越高，价格水平越高。在一定的条件下，可以从总供给曲线推导出菲利普斯曲线，也可以由菲利普斯曲线推导出总供给曲线。

11. 设某一经济的菲利普斯曲线为：$\pi=\pi_{-1}-0.4(u-0.06)$。

(1)该经济的自然失业率是多少？

(2)画出该经济的短期和长期菲利普斯曲线。

答案：(1)根据自然失业率的定义，有 $\pi=\pi_{-1}-(u-0.06)$，所以有 $0.4(u-0.06)=0$，得 $u=6\%$，所以自然失业率为 6%。

(2)短期菲利普斯曲线为 SPC，长期菲利普斯曲线为 LPC，如图 16-9 所示。

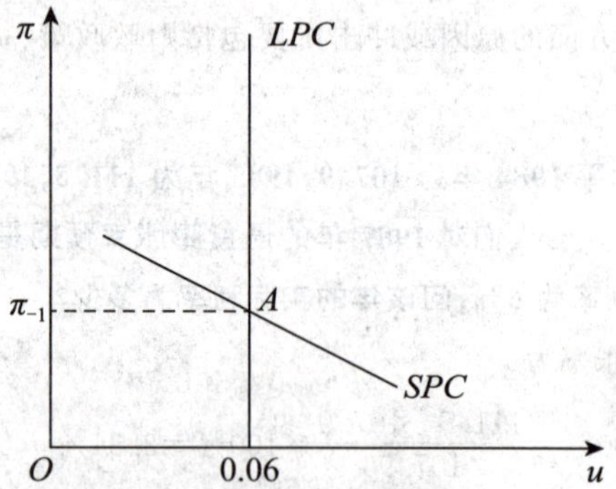

图 16-9　菲利普斯曲线

12. 试根据常规的短期总供给曲线推导出菲利普斯曲线。

答案：总供给曲线是反映经济总产量与价格水平之间关系的曲线。常规的短期总供给曲线揭示的是总产量与价格水平同方向变动的关系。另外，根据奥肯定律，较高的产出意味着较低的失业。故在简单的情况下，将总供给函数写为

$$p=p^{e}+\lambda(y-\overline{y}) \quad ①$$

其中，p 和 p^{e} 分别为价格水平和预期价格水平的对数，y 和 $\overline{y}$ 分别为总产量和潜在产量，$\lambda\geqslant 0$ 为参数。

式①两边减去上一期的价格水平 p_{-1}，有

$$p-p_{-1}=(p^{e}-p_{-1})+\lambda(y-\overline{y}) \quad ②$$

在式②中，$p-p_{-1}$ 为通货膨胀率，记其为 π；$p^{e}-p_{-1}$ 为预期的通货膨胀率，记其为 π^{e}，则式②为

$$\pi=\pi^{e}+\lambda(y-\overline{y}) \quad ③$$

另外，奥肯定律说明，总产量与失业之间存在反向关系。具体地，由奥肯定律，有

$$\lambda(y-\overline{y})=-\beta(u-u_{n}) \quad ④$$

其中，$\beta>0$ 为常数，u 为失业率，u_{n} 为自然失业率。将式④代入式③，得

$$\pi=\pi^{e}-\beta(u-u_{n}) \quad ⑤$$

式⑤即为菲利普斯曲线。

13. 说明菲利普斯曲线的政策含义。

答案：菲利普斯曲线说明失业和通货膨胀的关系。短期菲利普斯曲线和长期菲利普斯曲线的形状不同，对应的政策含义也不相同。

(1)短期菲利普斯曲线及其政策含义：现在研究的短期菲利普斯曲线意指经过改造后的菲利普斯曲线，即描述失业率与通货膨胀率之间替换关系的曲线。该曲线表明，物价上涨率增加时，失业率下降；物价上涨率下降时，失业率上升。

图 16-10 中，横轴表示失业率 u，纵轴表示通货膨胀率 π，向右下方倾斜的曲线即为短期菲利普斯曲线。

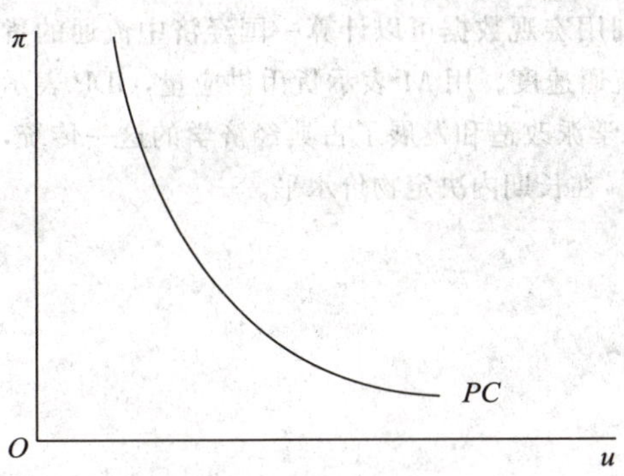

图 16-10　短期菲利普斯曲线

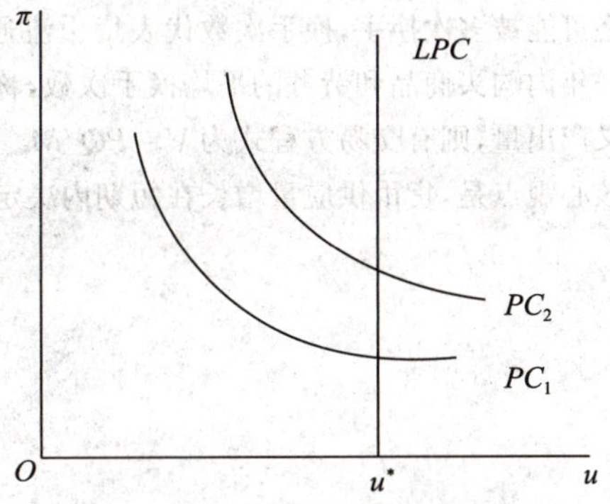

图 16-11　短期和长期菲利普斯曲线

短期菲利普斯曲线可用于分析抑制通货膨胀的对策。在一定的时点上，政府可设置一个经济能够最大限度承受的通货膨胀与失业的界限，通过总需求管理政策把通货膨胀和失业都控制在此界限之内。当通货膨胀率过高时，可通过紧缩性的经济政策使失业率提高，以换取低通货膨胀率；当失业率过高时，采取扩张性的经济政策使通货膨胀率提高，以获得较低的失业率。

(2)长期菲利普斯曲线及其政策含义：西方学者认为，在以失业率为横坐标、通货膨胀率为纵坐标的坐标系中，长期菲利普斯曲线是一条垂直线，表明失业率与通货膨胀率之间不存在替换关系。而且在长期中，经济社会能够实现充分就业，经济社会的失业率将处在自然失业率的水平。

图 16-11 中，从长期来看，工人预期的通货膨胀与实际通货膨胀是一致的。因此，企业不会增加

生产和就业，失业率也就不会下降，从而便形成了一条与自然失业率重合的长期菲利普斯曲线。

长期菲利普斯曲线的政策含义是，从长期来看，政府运用扩张性政策不但不能降低失业率，还会使通货膨胀率不断上升。

14. 已知某国货币工资上升率 $\Delta W/W$ 与失业率 u 之间的菲利普斯曲线为 $\Delta W/W=\frac{a}{u}+b$。今有 W 与 u 的关系资料如表 16-1 所示。

表 16-1　W 与 u 的关系

W	100	110	115.5
u	4%	4%	6.67%

求该国的菲利普斯曲线方程。

答案：根据题目列出方程组 $10/100=(1/0.04)\times a+b$，
$5.5/110=(1/0.0667)\times a+b$，
可得出 $a=0.005$，$b=-0.02$。

15. 货币数量论是如何解释通货膨胀的？

答案：假定货币供给由中央银行决定。决定真实货币需求量的因素之一是交易动机——名义货币需求与物价正相关。由于物价水平与货币价值存在反向关系，所以名义货币需求与货币价值存在反向关系。因此，当物价上升时，人们仍需要利用货币作为交换媒介；如果实际交换物品和劳务数量不变，或者变动幅度小于物价上升幅度，人们对名义货币需求量会上升。根据货币数量论，经济中存在的货币供应量决定了货币价值和物价水平，因而货币量增长是通货膨胀的主要原因。

交易方程式用一个定义式表达了货币与价格之间的联系。钱会被花掉，并且钱在一定时期内还可能被多次换手，换手次数代表货币流通快慢。利用宏观数据可以计算一国经济中流通的货币一年内购买商品和劳务的平均换手次数，称为货币流通速度。用 M 表示货币供应量，GDP 表示名义产出量，则有交易方程式为 $V=PQ/M$。现代货币学派改造和发展了古典经济学的这一传统，其核心观点是，货币供应量增长在短期内决定产出水平，在长期内决定物价水平。

第十七章 宏观经济政策

知识脉络图

- 财政经济政策目标以及经济政策的影响
  - 宏观经济政策的目标
    - 宏观经济政策的概念
    - 目标
      - 充分就业
      - 价格稳定
      - 经济持续均衡增长
      - 国际收支平衡
  - 宏观经济政策的作用和影响
    - 财政政策概念和工具:变动税收和政策支出
    - 货币政策概念和工具:变动货币供给量
    - 对 *IS* 和 *LM* 曲线位置的影响
- 财政政策及其效果
  - 财政的构成及财政政策工具
    - 政府收入:税收和公债
    - 政府支出:政府购买和转移支付
  - 财政政策相关概念
    - 自动稳定器
    - 斟酌使用的财政政策
      - 概念
      - 局限性
        - 政策时滞
        - 不确定性因素干扰
        - 挤出效应的问题
    - 功能财政和预算盈余
      - 功能财政概念
      - 财政预算平衡
        - 年度平衡
        - 周期性平衡
    - 赤字与公债
  - 西方财政的分级管理模式:税收分级
    - 中央税
    - 地方税
    - 中央与地方共享税
  - 财政政策的效果
    - 财政政策效果的 *IS*—*LM* 图形分析
    - 财政政策乘数公式:$\frac{\mathrm{d}Y}{\mathrm{d}G}=\frac{1}{1-\beta(1-t)+\frac{\mathrm{d}k}{\mathrm{d}h}}$
    - 挤出效应

- 货币政策及其效果
  - 货币政策相关概念
    - 商业银行和中央银行
      - 金融机构和金融体系
      - 商业银行及其主要业务
      - 中央银行及其主要职能
    - 存款创造和货币供给
      - 活期存款(D)的概念
      - 货币创造乘数(k)的概念
      - 银行体系的派生存款原理
      - 乔顿模型：$M_1=mH=\frac{1+r_c}{r_d+r_e+r_c}\cdot H$
    - 货币政策
      - 概念
      - 工具
        - 再贴现率政策
        - 公开市场业务
        - 变动法定准备率
      - 操作方式：调整实际利率为主要依据和中介目标
      - 泰勒规则：$i=i^*+a(p-p^*)-b(u-u^*)$
  - 货币政策的效果
    - 货币政策效果 IS—LM 图形分析
      - 货币政策的效果
      - 货币政策乘数公式
      - $\frac{\mathrm{d}r}{\mathrm{d}m}=\frac{1}{[1-\beta(1-t)]\frac{h}{d}+k}$
    - 货币政策的局限性
- 两种政策的混合使用
- 博弈论在宏观经济政策中的应用
  - 概念
  - 博弈模型
  - 时间不一致性
- 关于总需求管理政策的争论
  - 要不要干预
  - 政策有效性干预
  - 按什么规则对经济进行干预
- 供给管理的政策
  - 短期供给管理政策的含义
  - 收入政策和人力政策的概念
  - 供给学派的政策主张，核心是强调激励的作用

复习提示

概念:财政政策、自动稳定器、斟酌使用的财政政策、补偿性财政政策、年度平衡预算、周期平衡预算、挤出效应、货币幻觉、货币政策乘数、预算盈余、功能财政货币政策、基础货币、法定准备金率、贴现率、公开市场业务。

理解:经济政策的目标、财政政策及其工作、货币政策及其工具、货币政策的局限性、经济的动态调整过程、"挤出效应"是如何发生的、财政政策与货币政策的比较、供给管理政策。

图解:财政政策效果和 $IS-LM$ 模型分析运用:利用 $IS-LM$ 框架分析,在不同的经济环境下,政府应当选择何种政策;利用 $IS-LM$ 框架及所学的西方经济学知识分析我国的财政政策和货币政策。

重点难点常识理解

1. 经济政策

经济政策是国家或政府为了达到充分就业、价格水平稳定、经济快速增长、国际收支平衡等宏观经济政策的目标,为增进经济福利而制定的解决经济问题的指导原则和措施。有宏观经济政策和微观经济政策之分。宏观经济政策包括财政政策、货币政策、收入政策等;微观经济政策是指政府制定的一些反对干扰市场正常运行的立法及环保政策等。

2. 相机抉择

相机抉择指政府进行需求管理时根据市场情况和各项调节措施的特点,机动灵活地采取一种或几种措施,使财政政策和货币政策相互搭配的一种政策行为。根据宏观财政政策和宏观货币政策在决策速度、作用速度、预测的可靠程度和中立程度这四个方面的差异,相机抉择一般具有三种搭配方式:①松的财政政策与松的货币政策搭配;②紧的财政政策与紧的货币政策搭配;③松的财政政策与紧的货币政策搭配或紧的财政政策与松的货币政策搭配。实行相机抉择的目的在于既保持总需求,又不引起较高的通货膨胀率。

3. 货币创造与货币创造乘数

货币创造又称为"信用创造",指在整个银行系统中利用超额准备金进行贷款或投资的过程中,活期存款的扩大引起货币供给量增加的一种经济现象。商业银行收存一笔现金,其中一部分按法定准备金率保留作为准备金,其余部分(超额准备金)可用来进行贷款或购买有价证券,以增加银行收益。一般以相应增加借款人或证券卖主在该行户头中的活期存款方式支付,因而创造一笔派生存款。借款人或证券卖主可以开出支票使用这存款。收款人可将支票存入与他往来的另一家银行。这第二家银行由于存款增加,又可将其中超额准备金部分贷放出去,创造另一笔派生存款。如此类推,银行系统将可创造出数倍于原始存款的派生存款。创造货币的先决条件是有人借款。由一笔原始存款创造出的派生存款的数量取决于法定准备金比率的大小和现金漏损情况,即借款人在借款中持有现金而不保持活期存款的比例。

货币创造乘数是指货币供给量(通货与活期存款总额,用 M 表示)对基础货币(商业银行的准备金总额加非银行部门持有的通货，用 H 表示）变动的比率。公式为 $M/H=(r_c+1)/(r_c+r_d+r_e)$，其中，$r_c$ 为现金-存款比率，r_d 为法定准备率，r_e 为超额准备率。

4. 自动稳定器与斟酌使用的财政政策

自动调节指西方财政制度本身有着自动抑制经济波动的作用，即自动稳定器；主动调节指政府有意识地实行所谓反周期的相机抉择的积极财政政策。自动稳定器，亦称内在稳定器。是指经济系统本身存在的一种会减少各种干扰对国民收入冲击的机制，能够在经济繁荣时期自动抑制通货膨胀，在经济衰退时期自动减轻萧条，无须政府采取任何行动。

斟酌使用的财政政策是指由于自动稳定器的作用有限，为确定经济稳定，政府要审时度势，主动采取一些财政措施，即变动支出水平或税收以稳定总需求水平，使之接近物价稳定的充分就业水平。这就是斟酌使用的财政政策。

5. 功能财政

功能财政又称为“职能财政”或“机能财政”，是关于国家财政活动不能仅以预算平衡为目的，而应以充分发挥财政的经济职能，保持整个经济稳定发展为目的的理论。美国经济学家勒纳于 20 世纪 40 年代明确提出“功能财政”的预算准则。他认为，功能财政论的核心思想在于，政府的财政政策、政府的开支与税收、政府的债务收入与债务清偿、政府的新货币发行与货币收缩等政策的运用，都应该着眼于这些举动对经济所产生的结果，而不应该着眼于这些举动是否遵循了既定的传统学说，顾虑这些传统学说是否好听。也就是说，在勒纳看来，财政预算应从其对经济的功能着眼，不能够只是以实现年度预算收支平衡作为财政的最终目标。政府应充分发挥财政支出、税收、国家债务等财政分配工具来调节经济。为消除失业和通货膨胀，需要经常调整总支出。当总支出太低时，增加政府支出；当总支出太高时，增加税收。为获得导致最需要的投资水平的利息率，利用政府举债或债务清偿，调整社会持有的货币和公债的相对份额。同时在必要时，政府可以印刷钞票、窖藏货币或毁掉货币。总之，“功能财政论”的意图是要政府不必局限于年度预算收支平衡，而应当保持国民经济整体的均衡。功能财政是斟酌使用的财政政策的指导思想，而斟酌使用的财政政策是功能财政思想的实现和贯彻。它的提出，是对原有财政平衡预算思想的否定。

但是，功能财政理论是一个宏观静态而非宏观动态的理论，它只对短期的周期波动问题提供了部分解决方案，而完全忽视了长期经济增长问题。而且由于在发展中国家，主要经济问题是需逐渐提高投资率和储蓄率，而不仅是通过调整总支出来治愈衰退和通货膨胀，因而它不适用于发展中国家。

6. 公债的资产效应

公债的资产效应是指公债发行所产生的稳定经济的作用。具体有以下几点：①公债发行在经济不景气时能够扩大消费支出，而在经济景气时能够抑制消费支出；②公债发行可能导致劳动意愿、投资意愿下降以及资本积累减少；③公债的利息支付总是维持在一定的水平之上。萧条时期，公债利息支付会起到刺激消费的作用；繁荣时期，公债的利息支付会起到抑制通货膨胀的作用。

7. 货币幻觉

货币幻觉是指人们不是对实际价值作出反应，而是对用货币来表示的价值作出反应。

8. 西方财政的分级管理模式

西方国家普遍采取分级管理的财政体制，在财政分级管理体制下，税收被划分为中央税、地方税和中央与地方共享税三种，分别规定为中央政府和地方政府的财政收入来源；支出也同样被分为中央政府支出和地方政府支出，并各自规定了相应的支出范围。

9. 财政政策乘数与货币政策乘数

财政政策乘数是指在实际货币供给量不变时，政府收支的变化能使国民收入变动的比率，用公式表示为

$$\frac{\mathrm{d}Y}{\mathrm{d}G}=\frac{1}{1-\beta(1-t)+\frac{dk}{h}}$$

其中，β 为边际消费倾向，t 为税收函数中的边际税率，d 为投资需求函数 $I=e-dr$ 中投资对利率的敏感程度，k 和 h 分别为货币需求函数中货币需求对收入和利率的敏感程度。

由于利率变动对国民收入具有挤出效应，所以财政政策乘数的效果要小于政府支出乘数。财政政策乘数的大小受到政府支出乘数 $1/(1-\beta)$、货币需求的利率敏感性 h、投资需求的利率敏感性 d 和货币需求的收入敏感性 k 的影响。在 LM 曲线为水平线（流动性陷阱）条件下，财政政策乘数等于政府支出（购买）乘数。

货币政策乘数是指当 IS 曲线不变或者说产品市场均衡情况不变时，实际货币供应量变化能使均衡收入变动的比率，用公式表示为$\frac{\mathrm{d}Y}{\mathrm{d}M}=\frac{1}{[1-\beta(1-t)]\frac{h}{d}+k}$。

10. 货币政策传导规则

货币政策传导规则是指各种货币工具的运用引起中间目标的变动和社会经济生活的某些变化，从而实现中央银行货币政策的最终目标这样一个过程。它实际上包含两个方面的内容：一方面是内部传导机制，即从货币工具选定、操作到金融体系货币供给收缩或扩张的内部作用过程；另一方面是中间指标发挥外部影响的过程，即对总支出起作用的过程。在西方，关于货币政策传导机制的分析，一般分为凯恩斯学派的传导机制理论和货币学派的传导机制理论。前者的理论思想可归结为通过货币供给 M 的增减影响利率 r，利率的变化则通过资本边际效率的影响使投资 I 以乘数形式增减，而投资的增减就会进而影响总支出 E 和总收入 Y，用符号表示为 $M\rightarrow r\rightarrow I\rightarrow E\rightarrow Y$。在这个过程中，利率是最主要的环节，货币供应量的调整必须首先影响利率的升降，然后才能使投资乃至总支出发生变化。与凯恩斯不同，货币学派认为利率在货币传导机制中不起重要作用，而更强调货币供应量在整个传导机制上的直接效果。货币学派认为，货币政策的传导机制主要不是通过利率间接影响支出和收入，而是通过货币实际余额的变动直接影响支出和收入，可用符号表示为 $M\rightarrow E\rightarrow I\rightarrow Y$。

要点解析：(1)商业银行存款创造的两个假定前提：①商业银行没有超额准备金，即银行只保留法定准备金，其余货币全部贷出；②银行客户将一切货币收入存入银行，支付完全以支票形式进行。

(2)银行创造的派生存款规模与货币乘数成正相关，而货币乘数与法定准备金率成反比，因而银行创造的派生存款与法定准备金率成反比。此外也与平均消费倾向和边际储蓄倾向有关。银行创造货币的机制也可以说明中央银行发行的货币通过银行的作用将数倍的扩大，从而通过乘数作用使得市场上流通的货币量扩大数倍。中央银行可以通过这一机制控制货币量，进而调节利率来调节经济，当经济过热，减少货币发行量；当经济疲软，增加货币发行量。

11. 货币政策及其工具

中央银行通过控制货币供应量来调节利率进而影响投资和整个经济以达到一定经济目标的行为就是货币政策。下面来介绍美国货币政策的工具。

(1)再贴现率政策。再贴现率是中央银行对商业银行及其他金融机构的货款或者说放款利率。该政策就是商业银行把商业票据出售给当地联邦储备银行，联邦储备银行按贴现率扣除一定利息后再把所贷款项加到商业银行的准备金账户上作为增加的准备金，这种政策的作用是相当有限的，往往作为补充手段同公开市场业务政策结合在一起执行。

(2)公开市场业务。它是指中央银行在金融市场上公开买卖政府债券以控制货币供给和利率的政策行为。政府债券是政府为筹措弥补财政赤字的资金而发行的支付利息的国库券或债券。若中央银行购买债券，其利率就会下降，反之亦然。

(3)变动法定准备率。如果中央银行需要增加货币供给，可以直接通过降低法定准备率，使每一美元的准备金支撑更多的存款；反之，则使每一美元可支撑较少的存款，这是最简单的调整货币供给的办法。

要点解析：道义劝告也经常被纳入货币政策的工具，道义劝告是指中央银行运用自己在金融体系中的特殊地位和威望，通过对银行及其他金融机构的劝告，影响其贷款方向和投资方向，以达到控制信用的目的。

12. 货币政策的局限性

(1)在通货膨胀时期实行紧缩的货币政策可能效果比较显著，但在经济衰退时期，实行扩张的货币政策效果就不明显。

(2)从货币市场均衡的情况看，要增加或减少货币供给影响利率的话，必须以货币流通速度不变为前提。如果这一前提并不存在，货币供给变动对经济的影响就要打折扣。

(3)货币政策作用的外部时滞也影响政策效果。

(4)在开放经济中，货币政策的效果还因资金在国际上流动而受到影响。

13. 财政政策与货币政策的混合使用

财政政策就是通过税收、政府购买、转移支付来调节经济。货币政策主要通过货币发行、调整准备金率以及公开市场业务来调节经济。财政政策主要是政府通过运用自己的税收,而货币政策主要是调节市场上流通的货币量。为实现收入和利率的不同组合,将两种政策搭配使用,即财政政策与货币政策的混合使用。财政政策和货币政策的混合其实就是同时利用财政手段和货币手段共同对经济进行调控。例如,当通货膨胀的时候,国家可以通过财政政策手段(提高税收、减少政府对社会事业的支出等)和货币政策手段(提高利率水平、提高准备金率、提高基准利率等)来抑制经济过热,减缓通货膨胀。反之,当通货紧缩的时候,国家就会通过财政政策手段(减小税收、增加政府对社会事业的支出等)和货币政策手段(降低利率水平、降低准备金率、降低基准利率等)来刺激经济增长,减缓经济衰退。

要点解析:(1)上述两者的实质是通过影响利率、消费和投资,进而影响总需求使就业和国民收入得到调节。

财政政策和货币政策对利率、消费、投资和 GDP 的影响如表 17-1 所示。

表 17-1 财政政策和货币政策的影响

政策种类	政策措施	利率	消费	投资	GDP
财政政策	减少所得税	增	增	减	增
	增加政府购买或转移支付	增	增	减	增
	投资补贴	增	增	增	增
货币政策	扩大货币供给	减	增	增	增

(2)政府转移支付只是一种货币性支出,没有产生生产性活动,不计入当年 GDP。转移支付是为了实现社会公平而采取的资金转移措施,具有无偿性和单向性,如社会保险和社会救济。转移支付对收入再分配具有最直接的影响。

14. 供给管理政策

(1)短期供给管理政策的含义。这里所谓的供给管理政策不是指如何促进经济长期增长的政策,而是指在短期内如何在供给方面采取一些政策措施来消除较大经济波动带来的失业和通货膨胀。

(2)两种供给管理政策。

1)收入政策。收入政策是用来限制垄断企业和工会对物价和工资操纵的一种重要政策,即实行以管理工资—物价为主要内容的政策。

2)人力政策。人力政策是用以改进劳动市场状况,消除劳动市场不完整性以克服失业和通货膨胀进退两难的困境。

考研真题与难题详解

一、概念题

1. 挤出效应

答案："挤出效应"是指政府支出增加所引起的私人消费或投资下降的经济效应。在 $IS-LM$ 模型中，若 LM 曲线不变，向右移动 IS 曲线，两种市场同时均衡时会引起利率的上升和国民收入的增加。但是，这一增加的国民收入小于不考虑货币市场的均衡（即 LM 曲线）或利率不变条件下的国民收入的增量，这两种情况下的国民收入增量之差，就是利率上升而引起的"挤出效应"。"挤出效应"的大小取决于支出乘数的大小、货币需求对收入变动的敏感程度、货币需求对利率变动的敏感程度、投资需求对利率变动的敏感程度等。其中，货币的利率敏感程度和投资的利率敏感程度是"挤出效应"大小的决定性因素。"挤出效应"与货币的利率敏感程度负相关，与投资的利率敏感程度正相关。"挤出效应"的作用机制：①政府支出增加，商品市场上的竞争加剧，价格上涨，实际货币供应量减少。因而用于投机目的的货币量减少；②用于投机目的的货币量减少引起债券价格下降，利率上升，结果投资减少。由于存在着货币幻觉，在短期内，将会有产量的增加。但在长期内，如果经济已经处于充分就业状态，那么增加政府支出只能挤占私人支出。货币主义者认为，当政府增加政府支出而没有增加货币供给时，那么实际上是用政府支出代替私人支出，总需求不变，生产也不会增长。所以，货币主义者认为财政政策不能刺激经济增长。

2. 经济政策

答案：经济政策是指国家或政府为了达到充分就业、价格水平稳定、经济快速增长、国际收支平衡等宏观经济政策的目标，为增进经济福利而制定的解决经济问题的指导原则和措施。经济政策有宏观经济政策和微观经济政策之分。宏观经济政策包括财政政策、货币政策、收入政策等；微观经济政策是指政府制定的一些反对干扰市场正常运行的立法和环保政策等。

3. 财政政策

答案：财政政策是指政府变动税收和支出以便影响总需求进而影响就业和国民收入的政策。变动税收是指改变税率和税率结构。变动政府支出指改变政府对商品与劳务的购买支出以及转移支付。它是利用政府预算（包括税收和政府支出）来影响总需求，从而达到稳定经济目的的宏观经济政策。其特点是政府用行政预算来直接控制消费总量和投资总量，调节国家的需求水平，使总需求和总供给达到理想的均衡状态，从而促进充分就业和控制通货膨胀。从其内容上看，包括财政收入政策和财政支出政策。前者的政策手段主要是税率，后者的政策手段主要是政府购买（支出）。从对经济发生作用的结果上看，财政政策分为扩张性的财政政策和紧缩性的财政政策。前者是指降低税率、增加转移支付、扩大政府支出，目的是刺激总需求，以降低失业率；后者则包括提高税率、减少转移支付、降低政府支出，以此抑制总需求的增加，进而遏制通货膨胀。财政政策是需求管理的一种主要手段。

4. 货币政策

答案:货币政策是指政府通过中央银行变动货币供给量,影响利率和国民收入的政策措施。货币政策分为扩张性的和紧缩性的两种。扩张性的货币政策是通过提高货币供应增长速度来刺激总需求,在这种政策下,取得信贷更为容易,利息率会降低。因此,当总需求与经济的生产能力相比很低时,使用扩张性的货币政策最合适。紧缩性的货币政策是通过降低货币供应的增长率来降低总需求水平,在这种政策下,取得信贷较为困难,利息率也随之提高。因此,在通货膨胀较严重时,采用紧缩性的货币政策较合适。货币政策的工具有公开市场业务、改变贴现率、改变法定准备率及道义劝告等措施。这些货币政策的工具作用的直接目标是通过控制商业银行的存款准备金,影响利率与国民收入,从而最终实现稳定国民经济的目标。

5. (金融联考 2004 年研,东南大学 2002 年研,北方交通大学 2002 年研,上海财经大学 2001 年研,北京化工大学 2005 年研,北京邮电大学 2006 年研,对外经济贸易大学 2006 年研,南京航空航天大学 2006 年研,北京师范大学 2007 年研)自动稳定器

答案:自动稳定器又称"内在稳定器",是在国民经济中无需经常变动政府政策而有助于经济自动趋向稳定的因素。例如,一些财政支出和税收制度就具有某种自动调整经济的灵活性,可以自动配合需求管理,减缓总需求的摇摆性,从而有助于经济的稳定。在社会经济生活中,通常具有内在稳定器作用的因素主要包括个人和公司所得税、失业补助和其他福利转移支付、农产品维持价格及公司储蓄和家庭储蓄等。例如,在萧条时期,个人收入和公司利润减少,政府所得税收入自动减少,从而相应增加了消费和投资。同时,随着失业人数的增加,政府失业救济金和各种福利支出必然增加,又将刺激个人消费和促进投资。但是,内在稳定器的作用是有限的。它只能配合需求管理来稳定经济,而本身不足以完全维持经济的稳定;它只能缓和或减轻经济衰退或通货膨胀的程度,而不能改变它们的总趋势。因此,还必须采用更有力的财政政策措施。

6. (中央财经大学 2007 年研,对外经济贸易大学 2007 年研)奥肯定律

答案:奥肯定律是指由美国经济学家奥肯于 1962 年提出的一种说明经济周期中产出变化与失业变化之间数量关系的理论。奥肯定律的内容:失业率每高于自然失业率 1 个百分点,实际 GDP 将低于潜在 GDP 2 个百分点。换一种方式说,相对于潜在 GDP,实际 GDP 每下降 2 个百分点,实际失业率就会高于自然失业率 1 个百分点。西方学者认为,奥肯定律揭示了产品市场和劳动市场之间极为重要的联系。它描述了实际 GDP 的短期变动与失业率变动的联系。根据奥肯定律,可以通过失业率的变动推测或估计 GDP 的变动,也可以通过 GDP 的变动预测失业率的变动。奥肯定律的一个重要结论是,实际 GDP 必须保持与潜在 GDP 同样快的增长,以防止失业率的上升。如果政府想让失业率下降,那么,该经济社会的实际 GDP 的增长必须快于潜在 GDP 的增长。奥肯定律提供了一种在经济增长率和失业率之间进行选择的"菜单"。它对于政府在制定宏观调控政策时把握潜在产出水平和实际产出水平以及把握实际失业率具有重要意义。

7. 充分就业的预算盈余

答案:充分就业的预算盈余是指既定的政府预算在充分就业的国民收入水平(即潜在的国民收入水平)上所产生的政府盈余。如果这种盈余为负值,就是充分就业预算赤字,它不同于实际的预算盈余。实际的预算盈余是以实际的国民收入水平来衡量预算状况的。因此二者的差别就在于充

分就业的国民收入与实际的国民收入水平的差额。充分就业预算盈余概念的提出具有两个十分重要的作用。第一，把收入水平固定在充分就业的水平上，消除经济中收入水平周期性波动对预算状况的影响，从而能更准确地反映财政政策预算状况的影响。第二，使政策制定者注重充分就业问题，以充分就业为目标确定预算规模，从而确定财政政策。但这一概念同样存在一定的缺陷，因为充分就业的国民收入或潜在国民收入本身就是难以准确估算的。

8. 公开市场业务

答案：公开市场业务是指中央银行在证券市场上公开买卖有价证券（主要是政府公债、国库券和银行承兑票据等），以期调节信用和货币供应量的一种业务活动，是中央银行的三大法宝之一。公开市场业务的目的：①通过政府债券的买卖活动收缩或扩大会员银行存放在中央银行的准备金，从而影响这些银行的信贷能力；②通过影响准备金的数量控制市场利率；③通过影响利率控制汇率和国际黄金流动；④为政府证券提供一个有组织的市场。公开市场业务被认为是实施货币政策、稳定经济的重要工具。例如，经济扩张时，实行卖出政府债券的政策，可以减少商业银行的准备金，降低它的信贷能力，促使贷款利率上涨，遏制过度的投资需求。经济萧条时，则买进政府债券，以便提高商业银行的准备金，扩大它们的信贷能力，促使利息率下降，从而扩大投资需求。

作为中央银行最重要的货币政策工具之一，公开市场业务具有明显的优越性，这主要体现在：①通过公开市场业务可以直接调控银行系统的准备金总量，使其符合政策目标的需要；②中央银行通过公开市场业务可以“主动出击”，避免“被动等待”；③公开市场业务操作可以对货币供应量进行微调，也可以进行连续性、经常性、试探性甚至逆向性操作，以灵活调节货币供应量。

但是，公开市场操作受到诸如商业周期、货币流通速度变化、商业银行的信贷意愿等因素的影响，同时还必须具备一个高度发达的证券市场。

9. 基础货币

答案：基础货币又称为货币基础、货币基数，指商业银行存入中央银行的准备金与社会公众所持有的现金之和，是中央银行直接控制的变量，也是银行体系的存款扩张、货币创造的基础。其数额的大小会影响货币供应量的增减变化，所以也称高能货币。当中央银行提高或降低法定准备金率时，各商业银行就要调整资产负债表项目，相应地增加或减少其存放在中央银行的法定准备金，这会使银行体系内产生一系列的变化。按照乘数理论，就会对货币供应量产生紧缩或扩张的作用。社会公众持有的现金的变动也会引起派生存款的变化，从而引起货币供应量的增加或减少。当公众将现金存入银行时，银行就可以按一定比例发放贷款，从而在银行体系内产生一系列的存款扩张过程；当公众从银行提取现金时，又会使银行体系内不断进行的派生存款过程部分中止。但一般来说，除季节性变动外，公众持有的现金额度比较稳定。基础货币具有以下四个属性：①可控性，是中央银行能调控的货币；②负债性，它是中央银行的负债；③扩张性，能被商业银行吸收作为其创造存款货币的基础，具有多倍扩张的功能；④初始来源唯一性，即其增量只能来源于中央银行，不能来源于商业银行，也不能来源于公众。

10.（中央财经大学2012年研，深圳大学2015年研，浙江工商大学2016年研）货币乘数

答案：货币乘数又称为货币创造乘数或货币扩张乘数，是指中央银行新增一笔原始货币供给使活期存款总和(即货币供给量)扩大为这笔新增原始货币供给量的倍数。

如果是活期存款,货币乘数还能通过活期存款派生机制创造货币,公式为 $D=R/r_d$ 和 $D=R/(r_d+r_e)$,其中,D 为活期存款总额,R 为原始存款,r_d 为法定准备率,r_e 为超额准备率。如果在存款创造机制中还存在现金流出,即贷款并不完全转化为存款,那么货币创造乘数为 $k=1/(r_d+r_e+r_c)$,其中,r_c 为现金-存款比率。此时,仅把活期存款考虑为货币供给量。如果把活期存款和通货都考虑为货币供给量,即 $M=D+C_u$,同时,引入基础货币 H(银行准备金加上非银行部门持有的通货),此时的货币创造公式如下:

$$M/H=(C_u+D)/(C_u+R_d+R_e)=(C_u/D+1)/(C_u/D+R_d/D+R_e/D)=(r_c+1)/(r_c+r_d+r_e)$$

11. (兰州大学 2013 年研)动态不一致性

答案:动态不一致性是指决策者提前宣布政策以影响私人决策者的预期,然后在这些预期形成并发生作用后又采用不同政策的倾向。决策者违背自己以前作出的宣言,主要是由于决策者有改变政策,不履行诺言的激励。

考虑到政策的动态不一致性,固定政策规则优于斟酌处置政策。动态不一致性的概念不仅使宏观经济政策争论的焦点转移到了积极干预政策是否有效的问题上,而且向人们揭示,建立对规则的信任比具体的规则本身更为重要。

二、简答题

1. (北京大学 2008 年研)中央银行可以以名义倾向供给量 M 及存款利率 R 等货币中间变量来达到调节经济的目的,在哪种情况下,中央银行会采取哪个政策?并用图形来说明在每种情况下的政策作用。

答案:中央银行在执行货币政策时以货币政策工具首先影响利率或货币供给量等货币变量。通过这些变量的变动,中央银行的政策工具间接地影响产出、就业、物价和国际收支等最终目标变量。因此,利率或货币供给量等货币变量被称为货币政策中介目标。

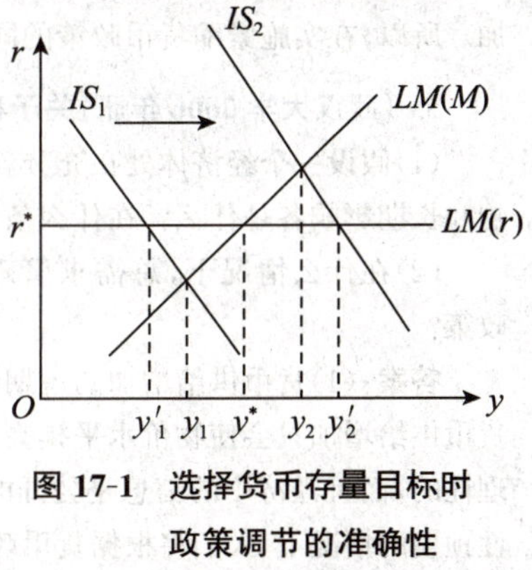

图 17-1　选择货币存量目标时政策调节的准确性

(1)在货币供给和货币需求函数稳定时,$LM(M)$ 曲线的位置稳定,如果产出偏离其均衡水平的主要原因是 IS 曲线向附近移动,那么产出水平可以通过保持货币存量不变而得到稳定,因此,在这种情况下中央银行应该选择以货币存量为目标的货币政策。如图 17-1 所示,中央银行的目的是使产生的收入尽可能接近于目标水平 y^*。选择既定的货币存量目标时,如果 IS 曲线为 IS_1,产出水平将为 y_1;如果 IS 曲线为 IS_2,则产出水平将为 y_2;产出水平将逐步调整,接近 y^* 的位置。如果政策选择既定的利率目标时,在每一种情况下,将得到离 y^* 更远的产出水平 y'_1 和 y'_2。

(2)在 IS 曲线稳定的条件下,如果产出偏离其均衡水平的主要原因是货币需求函数变化,即 LM 曲线的移动,那么固定的利率水平可以保持产量水平的稳定,因此中央银行应该实施以利率为目标的货币政策。如图 17-2 所示，货币需求不稳定，假定中央银行以固定的货币存量为目标，则 LM 曲线可能是 LM_1，也可能是 LM_2，产出将为 y_1 或 y_2，从而导致产出水平偏离均衡水平，货币政策效果不确定；如果选择既定的利率目标时，中央银行将利率固定在 r^* 水平，将保证产出水平为 y^*。

2.（南京大学 2005 年研）对有顺差的过热经济采取紧缩货币政策是否合适？为什么？

答案： 对有顺差的过热经济采取紧缩货币政策不合适。理由如下：

（1）紧缩性的货币政策的含义。所谓货币政策，是指政府为实现一定的宏观经济目标所制定的关于货币供应和货币流通组织管理的基本方针和基本准则。货币政策分为扩张性的和紧缩性的两种。紧缩性的货币政策是通过降低货币供应的增长率来降低总需求水平，在这种政策下，取得信贷较为困难，利息率也随之提高。因此，在通货膨胀较严重时，采用紧缩性的货币政策较合适。

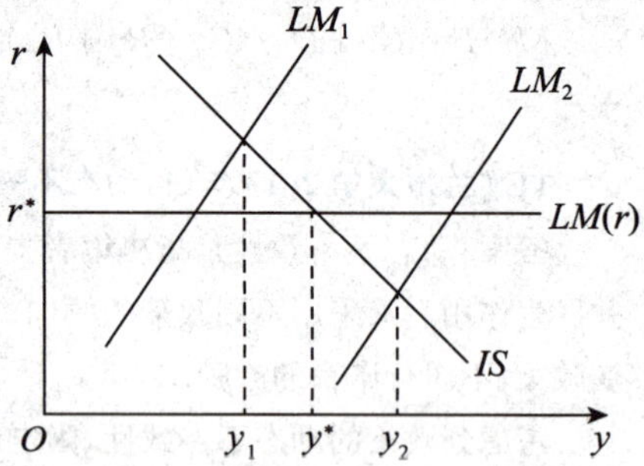

图 17-2 选择利率目标时政策调节的准确性

（2）紧缩货币政策对有顺差的过热经济的影响。紧缩性的货币政策对过热的经济有抑制作用，但是不能调节国际收支的顺差，从而实现宏观经济的外部均衡。

一方面，中央银行实施适度从紧的货币政策，通过灵活调节利率等措施，适时调控货币供应总量和结构，可以有效地控制通货膨胀，使国民经济成功实现“软着陆”，从而达到抑制经济过热的目的。

另一方面，紧缩性的货币政策同时通过以下三个途径影响国际收支状况：①产出下降→进口下降→顺差增加；②价格水平下降→出口增加，进口减少→顺差增加；③利率提高→资本净流出下降→顺差增加。

所以，紧缩性的货币政策可以抑制经济过热，但是不能使顺差减少，即不能兼顾两大经济目标。对有顺差的过热经济仅仅采取紧缩货币政策是不合适的。

（3）实施紧缩货币政策的同时提高汇率可以兼顾两大经济目标。提高汇率使出口减少，进口增加。所以，在实施紧缩货币政策的同时提高汇率能兼顾两大经济目标：顺差减少和产出下降。

3.（武汉大学 2006 年研）关于稳定性政策：

（1）假设一个经济体处在充分就业的初始均衡之中，如果增加货币供给量，其对经济的短期影响和长期影响各是什么？在什么条件下，短期影响与长期影响没有差别？

（2）在什么情况下，总需求管理政策是必要的和有效的？在什么情况下不需要总需求管理政策？

答案：（1）货币供给增加的短期影响是总需求的增加及就业和产出水平的提高。但是在长期，货币供给增加只会使物价水平提高，就业和产出水平都恢复到充分就业状态。如果人们的预期是理性的，而且经济中的信息是公开的，则货币供给增加的短期和长期影响没有差别。这是因为在理性预期的情况下，人们将根据货币政策变化迅速调整其决策，最终货币供给量增加对经济中的就业和产出水平不会产生实际作用。

（2）总需求管理政策是通过调节总需求来达到一定政策目标的宏观经济政策工具，这也是凯恩斯主义所重视的政策工具。需求管理是要通过对总需求的调节，实现总需求等于总供给，达到既无失业又无通货膨胀的目标。在总需求小于总供给时，在经济中会由于需求不足而产生失业，这时就要运用扩张性的政策工具来刺激总需求。在总需求大于总供给时，在经济中会由于需求过度而引起通货膨胀，这时就要运用紧缩性的政策工具来压抑总需求。需求管理包括财政政策与货币政策。

当经济陷入衰退或发生剧烈的经济波动时，总需求管理政策是必要和有效的。特别地，在经济陷入萧条、有效需求不足时，扩张性的总需求政策是极为有效的，它可以在提高经济产出的同时，不会引起较高的通货膨胀水平，这有助于经济尽快走出衰退和萧条。当经济接近充分就业水平或经济运行较为稳定，没有较大的波动时，不需要总需求管理政策。因为此时扩张性的总需求政策极有可能会引发通货膨胀，影响经济的稳定运行。

4. 说明货币政策的含义及其局限性。

答案：(1)货币政策的含义。货币政策指政府通过中央银行变动货币供给量，影响利率和国民收入的政策措施。货币政策的工具有公开市场业务、改变贴现率、改变法定准备率和道义劝告等措施。在 *LM* 曲线形状基本不变时，*IS* 曲线越平坦，*LM* 曲线移动(由于实行变动货币供给量的货币政策)对国民收入变动的影响就越大，货币政策效果就越大；反之，*IS* 曲线越陡峭，*LM* 曲线移动对国民收入变动的影响就越小，货币政策效果就越小。当 *IS* 曲线斜率不变时，*LM* 曲线越平坦，货币政策效果就越小；反之，货币政策效果就越大。

(2)货币政策的局限性。货币政策实施中遇到的困难及局限性表现在以下方面。

1)从货币市场均衡的情况看，增加或减少货币供给要影响利率的话，必须以货币流通速度不变为前提。如果这一前提并不存在，货币供给变动对经济的影响就要打折扣。在经济繁荣时期，中央银行为抑制通货膨胀需要紧缩货币供给，或者说放慢货币供给的增长率，然而，此时公众支出会增加，而且物价上升过快时，公众不愿把货币持在手上，而希望尽快花费出去，从而货币流通速度会加快，这无异在流通领域增加了货币供给量。这时候即使中央银行减少货币供给，也无法使通货膨胀率降下来。反之，当经济衰退时，货币流通速度下降，这时中央银行增加货币供给对经济的影响也就可能被货币流通速度下降所抵消。货币流通速度加快，意味着货币需求增加，流通速度放慢，意味着货币需求减少，如果货币供给增加量和货币需求增加量相等，*LM* 曲线就不会移动，因而利率和收入也不会变动。

2)在通货膨胀时期实行紧缩的货币政策可能效果比较显著，但在经济衰退时期，实行扩张的货币政策效果就不明显。那时候厂商对经济前景普遍悲观，即使中央银行松动银根，降低利率，投资者也不肯增加贷款从事投资活动，银行为安全起见，也不肯轻易贷款。特别是由于存在着流动性陷阱，不论银根如何松动，利息率都不会降低。这样货币政策作为反衰退的政策，其效果就相当微弱。即使从反通货膨胀看，货币政策的作用也主要表现在控制需求上的通货膨胀，而对成本推进的通货膨胀，货币政策的效果就很小。因为物价的上升若是由工资上涨超过劳动生产率上升幅度引起或由垄断厂商为获取高额利润引起，中央银行想通过控制货币供给来抑制通货膨胀就比较困难了。

3)货币政策作用的外部时滞也影响政策效果。中央银行变动货币供给量，要通过影响利率，再影响投资，然后再影响就业和国民收入，因而，货币政策作用要经过相当长一段时间才会得到充分发挥。尤其是市场利率变动以后，投资规模并不会很快发生相应的变动。利率下降以后，厂商扩大生产规模需要一个过程，利率上升以后，厂商缩小生产规模更不是一件容易的事。总之，货币政策即使在开始采用时不要花很长时间，但执行后到产生效果却要有一个相当长的过程，在此过程中，经济情况有可能发生和人们原先预料的相反的变化。比方说，经济衰退时中央银行扩大货币供给，但未到这一政策效果完全发挥出来经济就已转入繁荣，物价已开始较快地上升，则原来扩张性货币政策不是反衰退，却为加剧通货膨胀起了火上加油的作用。

货币政策在实践中存在的问题不止这些，但仅从这些方面看，货币政策作为平抑经济波动的手段，作用也是有限的。

5.（南京大学2006年研）假设中央银行通过其资产项债券增加调节宏观经济。

(1)中央银行这一行为通过哪几个环节最后对总需求施加影响？

(2)在各个环节上会遇到哪些可能的干扰？

答案：(1)中央银行通过其资产项债券增加来调节宏观经济，其对总需求的传导路径：债券购买增加→货币供给增加→市场利率下降→投资需求增加→总需求增加。从传导路径上可见，中央银行的公开市场操作要对总需求施加影响，通常要经过以上环节的相互作用。

(2)"债券购买增加→货币供给增加"这一环节可能遇到的干扰：政府购买债券时存在着债券种类的选择问题，政府可以选择国库券、汇票、期票等；政府还要决定债券的时间长短，可以购买短期债券或长期债券。债券的种类和时间长短不同，对货币供给及整个经济的影响也就不相同。

"货币供给增加→市场利率下降"这一环节可能遇到的干扰：货币供给增加有可能不会导致利率的下降，如陷入流动性陷阱时，货币供给增加有可能对利率没有影响。

"市场利率下降→投资需求增加"这一环节可能遇到的干扰：投资有可能不受利率的影响，投资独立于利率，如在流动性陷阱中，人们只会持有货币，而不是去投资。

"投资需求增加→总需求增加"这一环节可能遇到的干扰：总需求包括消费、投资和政府支出，如果其他需求下降，就有可能抵消投资需求增加对总需求的正的影响，导致投资需求增加，但是总需求未必增加。

6.（中国人民大学2011年研）2010年12月6日美国总统奥巴马宣布将布什政府实施的全部减税政策再延长两年。根据这项政策，年收入4万美元以下的人将减税800美元，年收入10万美元的人将减税2000美元。请说明，奥巴马政府为什么要继续实施减税政策？

答案：(1)美国经济自金融危机爆发以来一直处于低迷状态，失业率居高不下，人们消费意愿下降，为此奥巴马政府采取了积极的财政政策，但是效果并不理想。2007—2009年的金融风暴对实体经济的负向影响依然存在，失业率仍然居高不下（接近10%），GDP增长率仍然很低（2010年第三季度仅有1.7%），宏观经济仍然有二次探底的危险，为此2010年12月6日奥巴马宣布将布什政府实施的全部减税政策再延长两年。

(2)根据经济学原理，减税政策是积极财政政策的一部分，减税可以增加消费者的可支配收入，从而刺激消费者的消费需求，进而拉动生产需求，通过乘数效应扩大人们的收入水平，增加就业和收入。

另外，之前实行扩张性的货币政策已经使得名义利率水平接近0，实际利率水平已经为负值。此时如果进一步实行扩张性的货币政策，不仅不能降低名义利率以刺激投资（流动性陷阱），而且还会加剧未来通货膨胀的风险。

因此，在当时的经济环境下，以减税为代表的扩张性财政政策可刺激消费，其稳定宏观经济，促进经济增长的政策效果更为明显。

7.（辽宁大学2012年研）如果社会已经是充分就业，现在政府想要改变总需求的构成，增加私人投资而减少消费，但不改变总需求水平，这需要什么样的政策组合？用模型表示这一政策建议。

答案：如果社会已经是充分就业，政府要改变总需求构成，增加私人投资而减少消费支出，但不改变总需求水平，为了保持充分就业水平的国民收入不变，可采用扩张性货币政策和紧缩性财政政策相结合的政策组合。

如图17-3所示，扩张性货币政策可使曲线向右移动，导致利率下降，以增加私人部门对利率具有敏感性的投资支出和国民收入。为了保持总需求水平不变，抵消国民收入增加超过潜在国民收入的状况，政府应配合实施紧缩性财政政策，使得人们的可支配收入减少，从而消费支出相应减少，这使 IS 曲线左移，总需求下降，从而使国民收入水平下降。紧缩性财政政策带来的产出减少刚好与扩张性货币政策带来的产出增加相抵消，使得总需求水平不变。

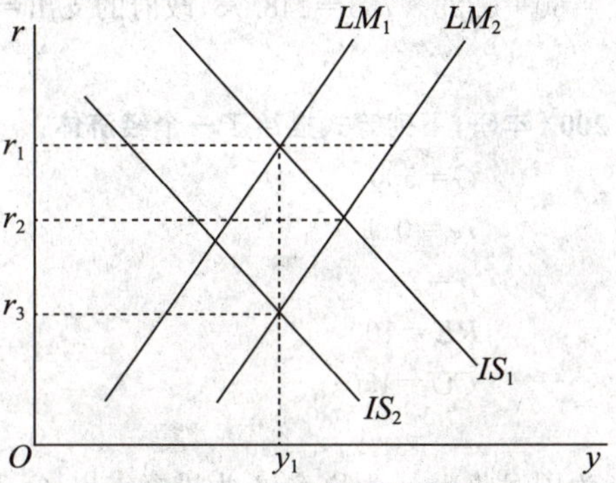

图 17-3　政策组合模型

如图 17-3 所示，y_1 为充分就业的国民收入，政府增加货币供给使 LM_1 移至 LM_2，利率由 r_1 降至 r_2，与此同时，政府采用紧缩性财政政策使 IS_1 移至 IS_2，国民收入维持在 y_1 水平。在上述行为中，私人投资增加了，而私人消费相应下降了。

8.（东南大学 2010 年研）财政政策和货币政策都是政府进行宏观调控经济的手段，为什么有时用财政政策，有时用货币政策，而有时两者同时使用？

答案：由于在不同的阶段使用财政政策和货币政策的效果不同，因此有时用财政政策，有时用货币政策，而有时两者同时使用。

例如，在凯恩斯极端的情况下，LM 曲线水平，IS 曲线垂直，此时货币政策完全失效，而财政政策完全有效，此时就可以使用财政政策；而在古典主义极端情况下，IS 曲线水平，LM 曲线垂直，此时财政政策完全失效，而货币政策完全有效，此时就可以使用货币政策。

但是一般情况下，政府结合这两种政策进行宏观经济的调控。例如，在经济萧条时，政府可以一方面采取扩张性的财政政策以刺激总需求，使产出水平上升；另一方面可以相应地实行扩张性的货币政策（此时被称为“适应性”货币政策），使利率保持原有水平以避免产生“挤出效应”。

三、计算题

1.（中国人民大学 2005 年研）已知一个宏观经济中的消费函数为 $C=100+0.8Y_d$（Y_d 为可支配收入，单位为亿元），自发（主）投资 $I=50$，政府财政政策包括政府支出 $G=200$，定量（或自主）税收 $T_0=60$，比例税率 $t=0.25$。求：

（1）宏观经济均衡时的国民收入 Y 是多少？

（2）（支出）乘数 K 是多少？

（3）政府的财政盈余是多少？

答案：（1）因为 $Y_d=Y-T_0-tY=(1-t)Y-T_0=0.75Y-60$，

所以 $C=100+0.8Y_d=100+0.8\times(0.75Y-60)=52+0.6Y$，

$AD=C+I+G=52+0.6Y+50+200=302+0.6Y$。

当宏观经济均衡时，$Y=AD$，即 $Y=302+0.6Y$，得 $Y^*=755$。

(2)$K=\frac{1}{1-c(1-t)}=\frac{1}{1-0.8\times(1-0.25)}=\frac{1}{0.4}=2.5$，其中 c 为边际消费倾向。

(3)用 S 表示政府盈余，则 $S=$政府的收入$-$政府的支出。

政府的收入$=T_0+tY^*=60+0.25\times755=248.75$，政府的支出$=G=200$，所以 $S=248.75-200=48.75$。

2.（对外经济贸易大学 2007 年研）下列等式描绘了一个经济体：

$C=0.8(1-t)Y$	$G=500$
$t=0.25$	$re=0.1$
$I=900-50i$	$p=2$
$L=0.25Y-62.5i$	$RE=100$
$cu=0.2$	$CU=150$
$P=2$	

这里，C 为消费支出，Y 为国民收入，t 为税率，I 为投资支出，G 为政府购买支出，i 为利率，L 为真实货币需求，CU 为通货，RE 为准备金，cu 为通货存款比率，re 为准备率，P 为价格水平。

(1)求 IS 曲线和 LM 曲线方程，并计算均衡收入和均衡利率。

(2)计算财政政策乘数和货币政策乘数。

(3)现在政府要改变需求的构成，减少消费 100、增加投资 100，从而保持当前的收入水平不变。请问：需要什么样的政策组合？用 $IS-LM$ 曲线模型表示你的建议，并计算出需要调整的政策变量的变化量是多少？

(4)假设充分就业的收入水平为 4000，政府准备采用扩张性政策以实现充分就业，请问：如果单独采用扩张性财政政策，需要增加多少政府购买支出？如果采用扩张性财政政策的同时，采用适应性货币政策，政府购买支出和名义货币供给的变化量分别是多少？

答案：(1)由$\begin{cases}Y=C+I+G\\C=0.8(1-t)Y\\t=0.25\\I=900-50i\\G=500\end{cases}$

可得 IS 曲线方程为 $Y=3500-125i$。 ①

货币供给乘数为 $m=\frac{cu+1}{cu+re}=\frac{1+0.2}{0.1+0.2}=4$。

因此，经济中的名义货币供给量为 $M=m(CU+RE)=4\times(150+100)=1000$。

实际货币供给量为 $M/P=1000/2=500$。

由$\begin{cases}M/P=L\\M/P=500\\L=0.25Y-62.5i\end{cases}$

可得 LM 曲线方程为 $Y=2000+250i$。 ②

由式①和式②联立可得均衡收入为 $Y=3000$，均衡利率水平为 $i=4$。

(2)财政政策乘数为

$$\frac{\mathrm{d}Y}{\mathrm{d}G}=\frac{1}{1-\beta(1-t)+dk/h}$$

其中，β 为可支配收入的边际消费倾向，在本题中为 0.8；t 为税率，在本题中为 0.25；d 为投资的利率弹性，在本题中为 50；k 为货币需求的收入弹性，在本题中为 0.25；h 为货币需求的利率弹性，在本题中为 62.5。

由此可得财政政策乘数为$\dfrac{\mathrm{d}Y}{\mathrm{d}G}=\dfrac{1}{1-0.8(1-0.25)+50\times0.25/62.5}=\dfrac{5}{3}$。

货币政策乘数为

$$\frac{\mathrm{d}Y}{\mathrm{d}m}=\frac{1}{[1-\beta(1-t)](h/d)+k}=\frac{1}{[1-0.8(1-0.25)](62.5/50)+0.25}=\frac{4}{3}$$

(3)政府可以采用紧缩性的财政政策（增加税收）来减少居民的消费，采用扩张性的货币政策来降低利率水平，从而使投资增加，最终总收入保持不变。如图 17-4 所示，紧缩性的财政政策将使 IS 曲线从 IS_0 左移到 IS_1，扩张性的货币政策将使 LM 曲线从 LM_0 右移到 LM_1，从而使利率从 i_0 下降到 i_1，收入水平保持在 Y_0 不变。

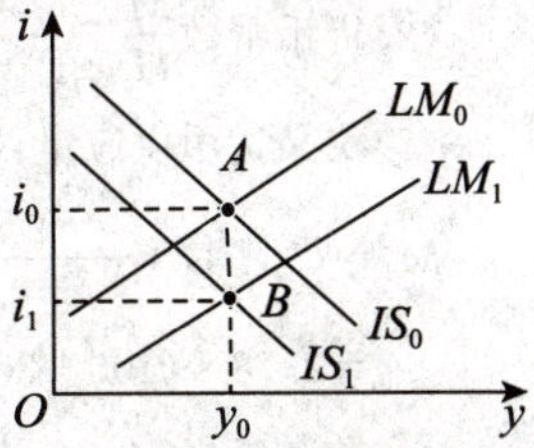

图 17-4　紧缩性财政政策与扩张性货币政策配合

假设政府的税收政策为增加一次总量税，而不是改变边际税率，征税总额为 ΔT，政府增加货币的实际供给量为 Δm。

由(1)可得原来的消费水平为 $C=0.8(1-t)Y=1800$，原来的投资水平为 $I=900-50i=700$。要使投资水平增加 100，则利率水平必须下降为 $i'=2$；要使消费减少 100 而总收入保持不变，则 $C=0.8[(1-t)Y-\Delta T]=1700$，解得 $\Delta T=125$。

$$由\begin{cases}M/P=L\\M/P=500+\Delta m\\L=0.25Y-62.5i\end{cases}$$

可得新的 LM 曲线方程为 $Y=2000+250i+4(\Delta m)$。 ③

此时在原收入 $Y=3000$ 和新的利率水平 $i=2$ 下，可得 $\Delta m=125$。

综上所述，为了使消费减少 100，投资增加 100，而收入水平保持不变，政府税收应增加 125，实际货币供给应增加 125（即名义货币供给增加 250）。

(4)如果政府单独采用扩张性财政政策，假设政府支出增加 ΔG，则由

$$\begin{cases}Y=C+I+(G+\Delta G)\\C=0.8(1-t)Y\\t=0.25\\I=900-50i\\G=500\end{cases}$$

可得新的 IS 曲线方程为 $Y=3500-125i+2.5(\Delta G)$。 ④

而此时 LM 曲线保持不变，因此由

$$\begin{cases}Y=3500-125i+2.5(\Delta G)\\Y=2000+250i\\Y=4000\end{cases}$$

可得政府支出增加额为 $\Delta G=600$。

如果采用扩张性财政政策的同时，采用适应性货币政策使利率保持不变，即收入增加为 $Y=4000$，而利率水平仍然为 $i=4$。由式④可得政府购买支出增加额为 $\Delta G=400$，由式③可得实际货币供给增加为 $\Delta m=250$，即名义货币供给增加 $\Delta M=P\Delta m=500$。

3.（东南大学2003年研）某商业银行体系共持有准备金300亿元，公众持有的通货数量为100亿元，中央银行对活期存款和非个人定期存款规定的法定准备率分别为15%和10%，据测算，流通中现金漏损率（现金/活期存款）为25%，商业银行的超额准备率为5%，而非个人定期存款比率为50%。试求：

（1）活期存款乘数。

（2）货币乘数（指狭义货币 M_1）。

（3）狭义货币供应量 M_1。

答案：已知 $r_d=0.15, r_e=0.05, r_c=0.25, C_u=100, R_d=300, R_e=0$。

（1）活期存款乘数 $k=\dfrac{1}{r_d+r_e+r_c}=\dfrac{1}{0.15+0.05+0.25}\approx 2.22$。

（2）货币乘数 $\dfrac{M}{H}=\dfrac{r_c+1}{r_d+r_e+r_c}=\dfrac{0.25+1}{0.15+0.05+0.25}\approx 2.78$。

（3）狭义货币供应量：

$$M_1=C_u+D=\frac{r_e+1}{r_d+r_e+r_c}\times H=\frac{r_c+1}{r_d+r_e+r_c}\times(C_u+R_d+R_e)$$

$$=2.78\times(100+300)=1112(\text{亿元})。$$

四、论述题

1.（中国人民大学2007年研）试论述凯恩斯的货币理论和货币主义的货币理论，并对两者加以比较和评述。

答案：（1）凯恩斯的流动性偏好理论。1936年，凯恩斯在《就业、利息和货币通论》中提出了他的货币需求理论——流动性偏好理论。所谓流动性偏好，是指人们宁愿持有流动性高但不能生利的货币，而不愿持有其他能生利但不易变现的资产这样一种心理倾向。这种流动性偏好实质上就是人们对货币的需求。凯恩斯认为，人们的货币需求动机主要有三个，即交易动机、预防动机和投机动机。

1）交易动机。货币需求的交易动机又可分为个人交易动机与企业的营业动机。个人和企业为了满足日常支付和交易需要，必须持有一定量的货币。一般来说，满足交易动机的货币需求的数量取决于收入水平，并与收入多少成正比，所以可将交易动机的货币需求看作收入的递增函数。

2）预防动机。为提防不虞之支出或抓住未能预见的有利进货时机，人们必须在持有交易所需货币之外，再保留一定的货币余额，这就是所谓的预防动机的货币需求。由于这部分货币主要也是作为流通手段和支付手段，也受到收入水平的影响，所以预防动机的货币需求也是收入的递增函数。

3）投机动机。投机动机的货币需求，实际上是指人们对闲置货币余额的需求，而不是对交易媒介的需求。投机动机的货币需求与现实利率水平成负相关，而与预期利率升降成正相关。现实利率水平高或人们预期利率水平下降，则投机动机的货币需求减少；现实利率水平低或人们预期利率水平上升，则投机动机的货币需求增加。

基于以上三种动机的货币总需求为 $L=L_1(y)+L_2(r)$，其中，L_1 为基于交易动机和预防动机的货币需求，L_2 为基于投机动机的货币需求，y 为收入，r 为利率。这就是凯恩斯通过对人们持有货币的动机进行分析而提出的货币需求函数，其图形如图 17-5 所示。

在图 17-5 中，L_1 与利率无关，故为一条垂线，即对利率完全无弹性；L_2 为利率的减函数，故从左至右向下倾斜。将 L_1 与 L_2 相叠加，便得出货币总需求曲线，如图 17-6 所示。

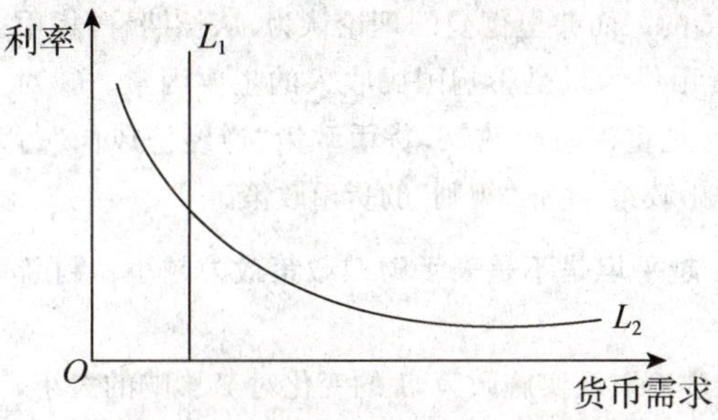

图 17-5　凯恩斯的货币需求函数

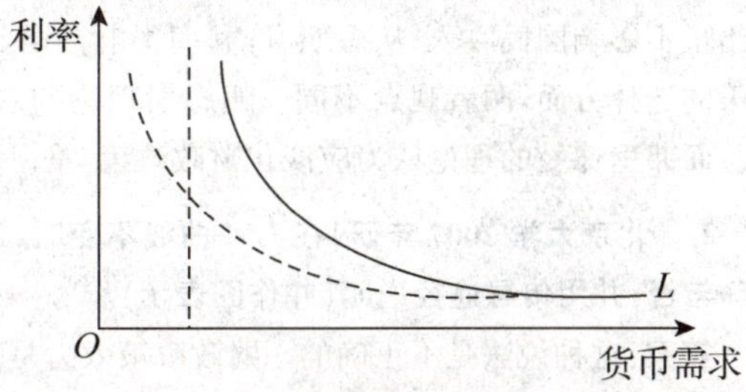

图 17-6　凯恩斯的货币总需求曲线

(2)弗里德曼的货币需求理论。1956 年，弗里德曼发表了《货币数量说的重新表述》一文，奠定了现代货币数量说的基础。弗里德曼认为，货币数量说不是关于产量、货币收入或物价问题的理论，而是关于货币需求的理论，现代货币数量说研究的是影响人们持有货币量的因素。

1)总财富。弗里德曼把货币看作人们持有财富的一种形式。个人所持有的货币量受其总财富限制。总财富包括人力财富和非人力财富。由于总财富难以直接计算，因此，他提出用“恒常收入”这一概念来代替财富。所谓“恒常收入”是指人们在较长时期内所能取得的平均收入，它区别于带有偶然性的即时性收入，是一种比较稳定的收入。

2)财富构成。财富构成指人力财富与非人力财富的比例。人力财富是指个人在将来获得收入的能力，即人的生产能力，又叫人力资本。非人力财富即物质资本，指生产资料及其他物质财富。人力财富要转化为现实的非人力财富，会受到劳动力市场的供求状况等因素的制约，所以在转化过程中，人们必须持有一定量的货币以应付交易等需要。这一货币量的多少，取决于人力财富与非人力财富的比例。在就业困难时，人力财富所占比例较大，所需持有的货币也较多。

3)货币和其他资产的预期收益。人们持有多少货币，在很大程度上取决于货币与其他资产收益大小的比较。在一般情况下，货币收益为零，而其他资产均有收益，其他资产收益率提高，则货币需求将减少，反之则相反。

4)价格水平。弗里德曼所讨论的货币需求，是对支配商品和劳务的实际余额的需求，而不是对名义余额的需求。弗里德曼认为，这是新、旧货币数量说的基本特征。

基于以上分析，可以得到最终财富持有者个人的货币需求函数。货币需求函数为 $\frac{M}{P}=f(y,w,r_m,r_b,r_e,\frac{1}{p}\cdot\frac{dp}{dt},u)$，其中，$M$ 为财富持有者个人持有的货币量；P 为一般物价水平；$\frac{M}{P}$ 为实际货币需求；w 为非人力财富占总财富比率；r_m 为货币的预期名义收益率；r_b 为债券的预期名义收益率，包括债券价格的变动；r_e 为股票的预期名义收益率，包括股票价格的变动；$\frac{1}{p}\cdot\frac{dp}{dt}$ 为预期物价变动率，因而是实物资产的预期名义收益率；u 为表示主观偏好和其他影响货币服务效用的非收入变量。

(3)二者的比较。①货币需求量的决定方面，两者观点不同。凯恩斯理论的观点是，货币需求量变化的主要因素是利率的变化，且与利率呈反方向变化；利率经常变动，货币需求量是不稳定的。而弗里德曼的理论以为，利率的影响很小；恒久收入的影响大，恒久收入的稳定决定货币需求的稳定。②货币供给量变化对经济的影响方面，两者观点不同。凯恩斯理论的观点是，货币供给量影响国民收入，但它是通过利率作用来影响的，因而是间接的。而弗里德曼的理论认为，从长期看，货币供给量不影响国民收入；从短期看，利率影响甚微，货币供给量是影响国民收入的主要因素。③对政策的选择方面，两者观点不同。凯恩斯理论的观点是重视财政政策，货币政策“逆经济风向”行事。而弗里德曼的理论认为应淡化财政政策，重视货币政策，主张“规则”的货币政策。

2.（北京大学 2007 年研）在 LM 曲线不变时，IS 越平坦是不是表示财政政策效力越小？判断正确与否，并用传导途径说明（并作图表示）。

答案：这种说法是不正确的。财政政策效力是指政府财政实施政策 G 的变化对 Y 影响的大小，其作用表现为乘数 k_g，乘数越大，政策效力越大。影响 IS 曲线变化的因素有三个：c、t、b。一般情况下，c 作为一个统计变量具有稳定性，不对其进行讨论。所以，在 LM 曲线不变的条件下，有以下两种原因导致 IS 曲线变得更加平坦。

（1）t 下降，使得 IS 曲线变得平坦时，政策效力 k_g 变大。

（2）b 上升，使得 IS 曲线变得平坦时，政策效力 k_g 变小。下面用传导机制分别加以分析。

1）$t\downarrow$。①图形分析：t 下降，IS 曲线在纵截距不变的情况下变得更平坦，如图 17-7 所示。②传导过程：初始效应为 $G\to AD\to Y$，$\Delta AD=\Delta C+\Delta I+\Delta G$，有 $\Delta AD=\Delta G$。

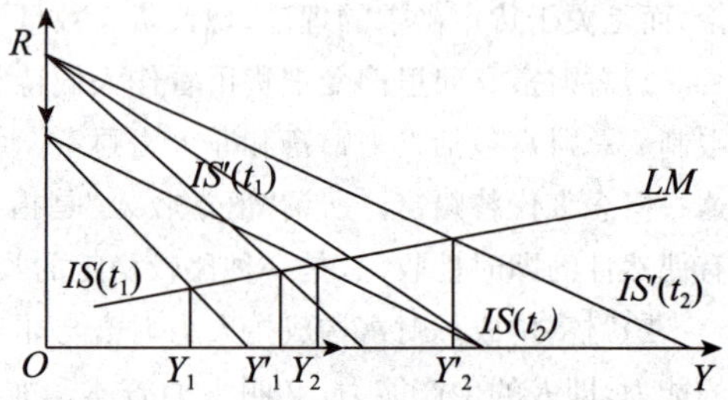

图 17-7　t 减少时，财政政策的效力

又因为 $\Delta Y=\Delta AD$，所以 $\Delta Y_1=\Delta G$。初始效应不变。

引致效应：分为走消费路径的影响和走投资路径的影响。

消费路径：$Y\to T\to Y_d\to C\to AD\to Y$，$\Delta Y_c=\Delta AD=\Delta C=c\Delta Y_d=c(1-t)\Delta Y_1$。由于影响消费路径的参数 t 变小，所以 ΔY_c 变大。

投资路径：$Y\to kY\to L\to R\to I\to AD\to Y$。

$\Delta M_0/P=k\Delta Y-h\Delta R$，因为 $\Delta M_0/P=0$，得 $\Delta R=(k/h)\Delta Y_1$。

$\Delta I=\Delta I_0-b\Delta R$，有 $\Delta I=-b\Delta R$。

$\Delta Y_I=\Delta I=-(kb/h)\Delta Y_1$，影响投资路径的三个参数 k、h、b 不变，所以走投资路径不发生改变，现假设走消费路径和走投资路径同时发生作用，则 $\Delta Y_2=\Delta Y_c-|\Delta Y_I|$。

由于 $\Delta Y_c\uparrow$，所以 $\Delta Y_2\uparrow$。

总效应 $\Delta Y=\Delta Y_1+\Delta Y_2+\cdots$，所以总效应变大，即乘数变大。

2）$b\uparrow$。①图形分析：当 $b\uparrow$ 时，IS 曲线的横截距不变，纵截距变短，从而 IS 曲线更加平坦，如图 17-8 所示。②传导过程：初始效应为 $G\to AD\to Y$，$\Delta AD=\Delta C+\Delta I+\Delta G$，有 $\Delta AD=\Delta G$。

又因为 $\Delta Y=\Delta AD$，所以 $\Delta Y_1=\Delta G$。初始效应不变。

引致效应：分为走消费路径的影响和走投资路径的影响。

消费路径：$Y\to T\to Y_d\to C\to AD\to Y$，$\Delta Y_c=\Delta AD=\Delta C=c\Delta Y_d=c(1-t)\Delta Y_1$。由于影响消费路径的参数 t 不变，所以 ΔY_c 不变。

投资路径：$Y\to kY\to L\to R\to I\to AD\to Y$。

第十七章

$\Delta M_0/P = k\Delta Y - h\Delta R$，因为 $\Delta M_0/P = 0$，得 $\Delta R = (k/h)\Delta Y_1$。

$\Delta I = \Delta I_0 - b\Delta R$，有 $\Delta I = -b\Delta R$，由于 b 上升，所以 $|\Delta I|\uparrow$。

$|\Delta Y_I| = |\Delta I| = |-(kb/h)\Delta Y_1|$ 上升，即走投资路径负效用变大，现假设走消费路径和走投资路径同时发生作用，则 $\Delta Y_2 = \Delta Y_c - |\Delta Y_I|$，由于 $|\Delta Y_I|\uparrow$，所以 $\Delta Y_2\downarrow$。

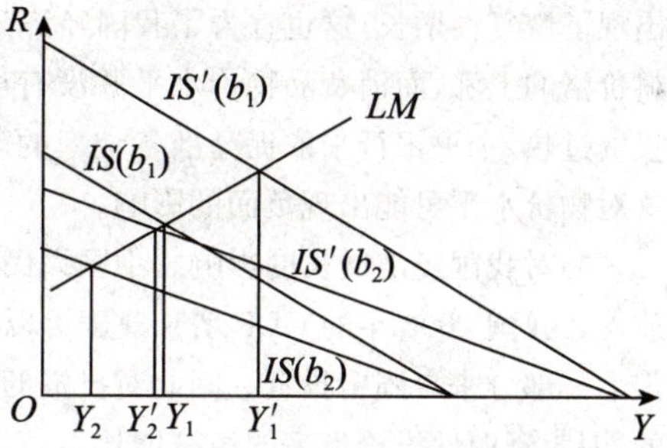

图 17-8　b 上升时，财政政策的效力

总效应 $\Delta Y = \Delta Y_1 + \Delta Y_2 + \cdots$，所以总效应变小，即乘数变小，即财政政策效力变小。

所以准确的说法应该如下：①在 LM 曲线斜率不变的条件下，由税率下降（t 下降）引起的 IS 曲线越平坦，财政政策效力越大；②在 LM 曲线斜率不变的条件下，由投资需求的利率弹性上升（b 上升）引起的 IS 曲线越平坦，财政政策效力越小。

3.（北京交通大学 2004 年研）政策分析：2003 年 5 月 19 日，中国人民银行出台《关于进一步加强房地产信贷业务管理的通知》（简称 121 文），对规范房地产信贷作出细致、精确的规定；当年 8 月 23 日，中国人民银行宣布将法定准备金率上调 1%。从 9 月 21 日起，除农村信用社和城市信用社外，所有存款类金融机构都必须将存款准备金率由现行的 6%调高至 7%。你认为上述政策对我国经济会产生什么影响？另外，为什么央行采用了调整法定准备率的手段而不是上调利率？

答案：中国人民银行对房地产信贷业务管理的通知与提高存款准备金率的政策，都是在我国货币供应量出现大幅度上升，经济出现过热的背景下出台的。

（1）政策出台的背景。2003 年以来，我国的固定投资出现剧烈的上涨，汽车、钢铁、房地产、铝、电力等资源性行业更是出现了高达 50%以上的增长。企业对这些行业投资，很大程度上是因为短期这些行业的供给小于需求，投资利润额较高，或者是看好这些行业的未来发展前景。但由于这些行业的投资周期较长，在固定投资飞速上涨的背景下，这些行业实际上是危险行业，当目前投资的项目真正投产时，会出现供大于求的情况，因此投资前景并不乐观。

另一方面，固定投资的行业都是资源性行业，其基本特征是资本密集型。在企业自有资金有限的情况下，企业投资的资金来源主要来自银行贷款。例如房地产行业，其资金的 80%直接或间接来自银行。实际上，企业将投资风险转嫁给银行，而银行为了降低不良贷款率，通过扩大分母的办法大量放贷。在企业投资需求增加（并且都集中在少数行业），银行放贷需求增加的情况下，货币供给量也就相应增加，从而造成通货膨胀的影响，为了消除和防范通货膨胀，中国人民银行出台了限制房地产贷款的文件以及提高存款准备金率，这就是中国人民银行出台政策的背景。

（2）政策的影响。中国人民银行的政策具有两个性质：第一，对房地产行业信贷的规定实际上是针对投资过热行业的刹车；第二，提高存款准备金率则是限制放贷规模，以控制我国总体投资需求过热。这些政策对我国经济的影响主要包括以下三个方面。

1）对投资过热行业的影响。2003 年以来，中国人民银行针对一些投资过热的行业，通过一系列的规定，以限制其信贷规模，其中房地产行业就是典型的行业。毫无疑问，通过这些政治性和法律性的政策，投资过热行业的投资势头必然会受到限制。但是，对这些行业的"一刀切"则可能使一些好的投资项目因为资金链的断缺而不能如期投资，这反而造成了银行的不良贷款。

2）对我国物价水平的影响。2003 年以来，我国物价水平走出了前几年的负增长状态，物价水平出现了恢复性增长，这也宣告了我国经济紧缩的结束。但是2003年的物价上涨主要来源于生产资料价格的上涨，而消费品物价水平并没有出现相应的增长。生产资料价格的上涨根本上就是因为投资过热，中央银行采取提高准备金率的政策限制投资，其实也是控制生产资料价格的变动，因此这对物价水平可能出现负面的影响。

3)对我国经济增长的影响。中国人民银行的紧缩政策必然导致我国2004年的GDP增长速度放慢。我国2003年的GDP增长速度可以达到9%以上，但是如果分析GDP增长的来源，则会发现很大一部分来自固定投资。因此对投资的限制必然降低GDP的增长速度。但是，这种降温是有利的，因为资源性投资带来的经济增长本身是不可持续的，我国的宏观调控也不仅仅以经济增长为目标，经济结构的优化和就业的增长比经济增长本身更有意义。中国人民银行的紧缩政策可以降低2004年的经济增长速度，使其达到8%左右的水平，以控制经济的过快增长。

(3)中国人民银行采取准备金政策而不采取加息政策的原因。在西方国家，准备金政策一般很少使用，中央银行一般采取公开市场操作和调整利率的方法调控货币供应量。2003年面对经济过热，我国采取准备金政策而不采取加息政策有其内部因素和外部因素。

从内部因素看，我国利率政策的政策效果不佳。由于我国的利率不是完全市场化的利率，因此利率水平并不能反映资源的配置，采取利率政策面临的问题是什么利率水平才是反映资源配置的利率水平，在固定利率情况下，将无法给出答案。另一方面，我国的投资过热主要是固定投资增长过快，而对这些行业进行投资的主体主要是中央或地方的大型企业，这些国有企业经营时，管理层往往注重规模而不注重效率。资金成本对这些企业行为的影响有限，因而利率政策对国有企业的投资需求影响并不大。最后，从中国人民银行的管理实践看，一些管制政策可能比市场化的政策效果更好，尤其是在我国金融市场还很不完善的情况下，这种作用尤其如此。

从外部因素看，2003年美国利率不断降低，我国面临人民币升值的外部环境，大量热钱涌入我国以期望人民币升值获利。在这种外部环境下，加息政策必然更为加剧人民币升值，人民币升值的压力更大，更多的热钱将进入中国。为了保持固定的汇率制度，中国人民银行的外汇储备必然急剧增长，外汇储备占款的增加导致货币供应量的大幅度增加，这实际上就削弱了加息带来的政策效果。

4.（东北财经大学2013年研）考虑政府弥补赤字的途径，及其可能的经济后果，论述：

(1)什么是财政赤字？政府为了弥补赤字，有几种举债途径？

(2)为什么发行公债往往带来通货膨胀？

(3)同样是为了政府开支融资，让国民上缴税收或购买国债，在国民看来是否相同？

(4)为什么有的经济学家认为增加税收和发行国债的经济效果相同？

(5)为什么有的经济学家认为考虑到后代时，二者的经济效果可能不同？

答案：(1)财政赤字是政府支出大于政府收入的差额。政府的举债途径包括以下两种：①向中央银行借债，称为货币筹资；②向国内公众（商业银行和其他金融机构、企业和居民）和外国举债，称为债务筹资。

(2)公债往往带来通货膨胀的原因。①如果用发行公债来弥补财政赤字，即采取货币筹资，则中央银行的证券投资增加，导致基础货币供给增加，由于货币乘数效应引起货币供给大量增加，若货币需求不变则会带来通货膨胀。②如果向国内公众举债，不过是购买力向政府部门转移，并不立即直接引起通货膨胀，因为基础货币并没有增加。然而，当政府发行公债时往往会引起利率上升，中央银行如果想稳定利率，则必然要通过公开市场业务买进债券，从而增加货币供给。这样，预算赤字增加也会引起通货膨胀。

(3)不相同,其原因在于:①增加税收一般是提高税率或增加征收新的税种,从而提高政府财政收入,这是一种强制和无偿性的手段,直接导致国民可支配收入的减少,影响国民消费。②发行债券是通过发行政府债券,由中央银行或公众进行认购,到期时返本付息。一般政府债券的利息高于存款利息,这对于国民来讲是一种投资理财的方式,是一种获息保值的手段。

(4)认为增加税收和发行国债的经济效果相同是基于李嘉图等价定理。根据李嘉图的政府债务观点,消费者是理性的和向前看的;消费者并不会遇到约束线的借贷制约;消费者关心子孙后代。这样,用债务筹资的减税并不影响消费。家庭把额外的可支配收入储蓄起来以支付减税所意味的未来更重的税收。这种私人储蓄的增加正好抵消公共储蓄的减少,国民储蓄保持不变。因此,减税对经济没有影响。同样的,增税对经济也没有影响。李嘉图等价指政府用债务筹资和税收筹资是等价的。

(5)支持传统政府债务观点的论据之一是消费者预期隐含的未来税收不会落在他们身上,而要落在子孙后代身上。例如,假定政府今天减税,发行 30 年期的债券为预算赤字筹款,然后在 30 年后增加税收以偿还贷款。在这种情况下,政府债务代表财富从下一代纳税人(他们面临税收增加)向当前一代纳税人(他们得到了减税)的转移。这种转移增加了当前一代人的一生资源,从而增加了其消费。从本质上说,以债务筹资的减税刺激了消费是因为它以下一代的损失为代价给了当前一代机会来消费。

典型案例分析

IS－LM 模型与我国宏观经济政策选择

人们通常运用 *IS－LM* 模型来分析宏观经济政策的效力,并以该模型所体现的经济思想作为政府宏观经济政策选择的理论依据。但我国宏观经济学的实践表明,以 *IS－LM* 模型为依据的扩张性宏观经济政策尤其是扩张性货币政策并没有取得预期的效果。

IS－LM 模型的形状取决于 *IS* 曲线和 *LM* 曲线的斜率。以我国投资的利率弹性对 *IS* 曲线斜率的影响看,由于市场经济体制在中国还没有完全确立,政府在企业投资中还起着一定的作用,企业自身还不能自觉地按市场经济原则办事,这必然导致企业投资对利率的反应没有一般市场经济国家敏感,从而导致中国的 *IS* 曲线比一般市场经济国家的 *IS* 曲线陡峭。从边际消费倾向变化对 *IS* 曲线的影响看,储蓄的超常增长表明中国的边际消费倾向已经远远低于目前收入水平应具有的水平,收入与消费之间已出现了严重的失衡,这种失衡必然导致我国的 *IS* 曲线比在正常情况下陡峭。

那么,中国的 *LM* 曲线的斜率如何呢?首先,中国正处于新旧体制交替的过程中,中国居民对货币的预防性需求急剧膨胀,从而打破了收入与消费之间的稳定关系,使中国的货币交易需求的收入弹性不再稳定,导致 *LM* 曲线不断趋向平坦。其次,从货币投机需求的利率弹性对我国 *LM* 曲线斜率的影响看,在目前的中国,由于金融市场、资本市场尚不十分完善,广大居民缺乏多种投资渠道,利率的变化对人们的投机性货币需求影响并不大,投机需求的利率弹性较小,其对 *LM* 曲线的影响是使 *LM* 曲线比较陡峭。

由以上分析我们可以得出以下结论:

(1)在进行政策选择时,必须考虑政策的有效性和确定性。在一定的经济形势下,一些政策比另一些政策更加有效，一些政策的影响比另一些政策的影响具有更大的确定性。在我国目前的状况下，*IS* 曲线陡峭，*LM* 曲线平坦，这时财政政策效果十分有效，货币政策效果有限。近几年，利率连续下调对消费和投资的刺激十分有限已经告诉我们，目前条件下，货币政策充分发挥作用的环境并不存在，继续下调利率很难取得预期的效果。因此，在运用扩张性经济政策以刺激需求时，应把重点放在财政政策上。

在运用扩张性财政政策时，必须注意不同措施的效果。由于悲观预期的存在，居民的预防性货币需求无限膨胀，企业对未来利润率的预期也比较悲观，试图通过增加居民（尤其是收入较高阶层居民）收入以扩大消费需求，通过降低利率以扩大投资需求的愿望在实践中具有很大的不确定性，很可能由于公众的不配合使这些政策的作用受到限制。而政府购买和直接投资的效果则是十分确定的，因此，在政策措施的选择上，应加大政府开支和用于失业、养老等方面的转移支付和直接投资。基于此，我们认为政府通过举办公共工程以刺激需求的政策是明智的，而在通过增加居民收入以刺激消费上，应把重点放在增加边际消费倾向较高的低收入阶层身上。

（2）在进行政策选择时，应考虑政策的效力与市场完善程度的关系。宏观经济政策作用的发挥取决于市场经济制度的完善程度，在制度尚不完善的条件下，货币政策的作用自然受到限制；而财政政策通过税收和政府支出的变化直接影响经济的运行，尤其是政府支出的变化带有强烈的行政色彩，对市场制度的要求没有货币政策那么高，因此，在市场制度尚不十分完善的情况下，扩张性政策的作用应主要通过财政政策来实现。

财政政策之所以比货币政策更容易发挥作用，是由我国现阶段经济体制和财政政策本身的特点决定的。我们在强调本身带有行政色彩的财政政策作用时，应该谨防片面夸大行政手段的作用，防止出现旧体制、旧的管理方法的复归。更不能因为一些经济手段暂时的失灵而否认其作用，为倒退寻找理论依据。

（3）货币政策的重点应放在为其充分发挥作用而创造制度环境上。目前我国 *LM* 曲线的形状表明，希望通过降低利率以刺激投资和消费的货币政策注定不会有多大作用。在这种情况下，人们很容易回到老路上去，即希望通过直接增加或减少货币供给量来达到一定的宏观经济目标，这种带有明显行政色彩的货币政策是我们以前常用的。如果说在经济"软着陆"时期，行政性的货币政策曾经起过很大作用的话，那么，在经济萧条时期，行政性的扩张货币政策很可能是一副毒药，这样做的后果是非常严重的，极易酿成严重的金融危机。中国金融机构存在的严重问题和东南亚金融危机已经使我们清醒地认识到了这一点。目前，我国货币政策的重点不在于扩张本身（因为间接的扩张效果有限，直接的扩张可能酿成灾难性的后果），而在于完善金融市场、资本市场及需要银行介入的再分配制度和消费制度，为货币政策充分发挥作用创造良好的制度环境。

在市场机制发育不完善的条件下，宏观经济政策的实行不仅要服务于宏观经济管理的目标，而且要肩负起塑造市场体系的重任，以减少政策实施的制约因素。在目前至未来一个相当长的时期内，重建宏观经济运行环境比宏观经济政策实施更为重要。只有建立起完善的市场体系，才能找到渐进地实现宏观调控目标的途径。

教材习题参考答案

1. 什么是自动稳定器？是否税率越高，税收作为自动稳定器的作用越大？

答案：（1）自动稳定器也称内在稳定器，是指财政制度本身所具有的减轻各种干扰对 GDP 冲击的内在机制。其内容包括政府所得税制度、政府转移支付制度、农产品价格维持制度等。

(2)在混合经济中投资变动所引起的国民收入变动比私人部门的变动小，原因是当总需求由于意愿投资增加而增加时，会导致国民收入和可支配收入的增加，但可支配收入增加小于国民收入的增加，因为在国民收入增加时，税收也在增加，增加的数量等于边际税率乘以国民收入，结果混合经济中消费支出增加额要比私人经济中的小，从而通过乘数作用使国民收入累积增加也小一些。同样，总需求下降时，混合经济中收入下降也比私人部门经济中要小一些。这说明税收制度是一种对国民收入波动的自动稳定器。

(3)混合经济中支出乘数值与私人经济中支出乘数值的差额决定了税收制度的自动稳定程度，其差额越大，自动稳定作用越大，这是因为在边际消费倾向一定的条件下，混合经济中支出乘数越小，说明边际税率越高，从而自动稳定量越大。这一点可以从混合经济的支出乘数公式$\frac{1}{1-b(1-t)}$中得出，当t越大时，该乘数越小，从而边际税率的变动的稳定经济作用越大。举例来说，假设边际消费倾向为0.8，当税率为0.1时，则增加1美元投资会使总需求增加$1\times\frac{1}{1-0.8\times(1-0.1)}=3.57$美元；若税率增至0.25时，则增加1美元投资只会使总需求增加$1\times\frac{1}{1-0.8\times(1-0.25)}=2.5$美元。可见，税率越高，自发投资冲击带来的总需求波动越小，说明自动稳定作用越大。

2. 平衡预算的财政思想和功能财政思想有何区别？

答案：(1)平衡预算的财政思想主要分年度平衡预算、周期平衡预算和充分就业平衡预算三种。年度平衡预算要求量入为出，每个财政年度的收支平衡。20世纪30年代大危机以前普遍采用此政策原则。周期平衡预算是指政府在一个经济周期中保持平衡。在经济衰退时实行扩张政策，有意安排预算赤字，在繁荣时期实行紧缩政策，有意安排预算盈余，以繁荣时的盈余弥补衰退时的赤字，使整个经济周期的盈余和赤字相抵而实现预算平衡。这种思想在理论上似乎非常完整，但实行起来非常困难。这是因为在一个预算周期内，很难准确估计繁荣与衰退的时间与程度，两者更不会完全相等，因此连预算也难以事先确定，从而周期预算平衡也难以实现。充分就业平衡预算是指政府应当使支出保持在充分就业条件下所能达到的净税收水平。

(2)功能财政思想强调政府在财政方面的积极政策主要是为了实现无通货膨胀的充分就业水平。为了实现这一目标，预算可以是盈余，也可以是赤字。功能财政思想是凯恩斯主义者的财政思想。他们认为不能机械地用财政预算收支平衡的观点来对付预算赤字和预算盈余，而应从反经济周期的需要来利用预算赤字和预算盈余。当国民收入低于充分就业的收入水平时，政府有义务实行扩张性财政政策，增加支出或减少税收，以实现充分就业。如果起初存在财政盈余，政府有责任减少盈余甚至不惜出现赤字，坚定地实行扩张政策；反之亦然。总之，功能财政思想认为，政府为了实现充分就业和消除通货膨胀，需要赤字就赤字，需要盈余就盈余，而不应为了实现财政收支平衡妨碍政府财政政策的正确制定和实行。

两者的共同点在于它们都是为了使得经济保持稳定，而区别在于，平衡预算的财政思想强调的是财政收支平衡，以此作为预算目标，或者说其是政策的目的。而功能财政思想强调财政预算的平衡、盈余或赤字都只是手段，目标是追求无通胀的充分就业和经济的稳定增长。

3. 政府发行的公债卖给中央银行和卖给商业银行或其他私人机构对货币供给量变动会产生什么样不同的影响？

答案：中央银行认购公债将引起货币供应量的乘数扩张，各国普遍对中央银行购买公债有严格的限制；商业银行以剩余准备金认购公债会使经济系统中增加相当于公债认购额一倍的货币供应量；而其他私人机构认购公债，是动用银行存款购买公债，不会增加或减少货币供应量。

4. 什么是货币创造乘数？其大小主要和哪些变量有关？

答案：货币创造乘数指社会中使用的货币量（包括通货加活期存款）与中央银行发行的基础货币的比值。一单位高能货币能带来若干倍货币供给，这若干倍即货币创造乘数，也就是货币供给的扩张倍数。如果用 H、C_u、R_d、R_e 分别代表基础货币、非银行部门持有的通货、法定准备金和超额准备金，用货币供给量 M 和活期存款 D 代入，则

$$H=C_u+R_d+R_e,M=C_u+D$$

即有 $M/H=\dfrac{C_u+D}{C_u+R_d+R_e}$。

再把该式的分子分母都除以 D，则得 $M/H=\dfrac{C_u/D+1}{C_u/D+R_d/D+R_e/D}$。

这就是货币乘数，在上式中，C_u/D 为现金存款比率，R_d/D 为法定准备率，R_e/D 为超额准备率。从上式可见，现金存款比率、法定准备率和超额准备率越大，货币乘数越小。

5. 在要不要政府干预经济的问题上，西方经济学家有哪两种不同意见？

答案：在要不要采用政策来稳定经济的问题上，一些经济学家认为，经济波动的根源是外生因素的干扰，社会经济本身会适应这些干扰，市场会对经济环境的变化提供良好的解决办法。例如，外生的冲击（如技术变革、战争、自然灾害等）造成了失业，只要想工作的人肯降低工资和非货币报酬要求，就总会找到工作，因而失业不会成为问题。政府不用为此干预，干预也无能为力。另一些经济学家（如古典宏观经济学家）也相信市场会对经济变化作出迅速的反应，政府干预政策不但在很大程度上无效，反而还会带来一些坏处。

然而凯恩斯主义者则坚持稳定经济的政策是必要的、有效的。他们认为，经济在遭受来自需求或供给方的冲击后会衰退，工资和价格不能迅速调整到市场出清状态。要让经济调整到实际产量等于正常产量状态需要一个很长的过程，甚至可能要几年的时间。在这个过程中，经济处于非均衡状态，会出现经济萧条和失业局面，给社会带来长期的痛苦。政府采取稳定的政策，即刺激需求的财政政策或货币政策，就会较快地恢复经济。

6. 在按什么规则调节经济的问题上，西方经济学家有哪些不同意见？

答案：第一种是稳定比率货币供应量增长的规则；第二种是以名义 GDP 为目标变量的政策规则；第三种是以一定的名义通货膨胀率为目标变量的政策规则；第四种是以一定的真实利率（"真实"的联邦基金利率）作为操作变量的政策规则。

7. 凯恩斯主流经济学家的收入政策和人力政策主张，同供给学派的供给政策主张的出发点和侧重点有何区别？

答案：（1）收入政策。收入政策是用来限制垄断企业和工会对物价和工资操纵的一种重要政策，即实行以管理工资—物价为主要内容的政策。

（2）人力政策。人力政策是用以改进劳动市场状况、消除劳动市场不完整性以克服失业和通货膨胀进退两难困境的一种政策。

8. 假定现金—存款比率 $r_c=\dfrac{C_u}{D}=0.38$，准备率（包括法定的和超额的）$r=0.18$，试问货币创造

乘数为多少？若增加基础货币 100 亿美元，则货币供给变动多少？

答案：货币乘数＝(1＋0.38)/(0.38＋0.18)＝2.46，

货币变动为 100 亿×2.46＝246 亿美元。

9. 假定法定准备率是 0.12，没有超额准备金，对现金的需求是 1000 亿美元。

(1)假定总准备金是 400 亿美元，货币供给是多少？

(2)若中央银行把准备率提高到 0.2，货币供给变动为多少？(假定总准备金仍是 400 亿美元)

(3)中央银行买进 10 亿美元政府债券(存款准备率仍是 0.12)，货币供给变动多少？

答案：(1)本题中没有考虑现金存款比率问题，因此，货币乘数是准备金的倒数。货币供给 $M=1000+\frac{400}{0.12}=4333$(亿美元)。

(2)当准备金率提高到 0.2，则存款变为$\frac{400}{0.2}=2000$(亿美元)，现金仍是 1000 亿美元，因此货币供给为 1000＋2000＝3000(亿美元)，货币供给减少了 1333 亿美元。

(3)中央银行买进 10 亿美元债券，即基础货币增加 10 亿美元，则货币供给增加为 $\Delta M=10\times\frac{1}{0.12}=83.3$(亿美元)。

10. 什么是充分就业预算盈余？它与实际的预算盈余有何区别？

答案：按照功能财政思想，美国经济学家布朗在 1956 年提出了充分就业预算盈余的概念。所谓充分就业预算盈余，是指既定的政府预算在充分就业时会出现的财政预算盈余或赤字。一般地讲，当实际的国民收入水平高于充分就业国民收入水平时，充分就业预算盈余小于实际预算盈余；当实际国民收入水平低于充分就业的国民收入水平时，充分就业预算盈余大于实际预算盈余。当然也会出现实际国民收入和充分就业国民收入(潜在国民收入)相等，因而充分就业预算盈余与实际预算盈余相等的情况。若用 t、$\overline{G}$、$\overline{TR}$ 分别表示边际税率、既定的政府购买支出和政府转移支付支出，用 Y 和 Y^* 分别表示实际国民收入和充分就业国民收入，则充分就业预算盈余为 $BS^*=tY^*-\overline{G}-\overline{TR}$，实际预算盈余为 $BS=tY-\overline{G}-\overline{TR}$，两者的差额为 $BS^*-BS=t(Y^*-Y)$。充分就业预算盈余主要强调制定财政政策时不应该只注意实际的预算盈余或赤字，还要注意充分就业时的预算盈余或赤字。实际预算盈余或赤字难以反映经济中是否实现了充分就业，从而也就难以成为判断财政政策是扩张还是紧缩的好指标。只有以充分就业的预算盈余来制定财政政策，才能使财政政策为实现充分就业的目标服务。

11. 充分就业预算盈余概念提出的背景和意义是什么？

答案：(1)充分就业预算盈余提出的背景为功能财政思想，实施扩张性财政政策，即增加政府支出或降低税率，会减少政府预算盈余或增加赤字；实施紧缩性财政政策，会增加预算盈余或减少赤字。一般容易把预算盈余减少或赤字增加当作扩张性财政政策的结果，把预算盈余增加或赤字减少当作紧缩性财政政策的结果。但事实并非如此。预算盈余或赤字变动有时并不是由财政政策主动变动引起的，而是由经济情况本身变动引起的。经济衰退会使收入下降，税收自动减少，政府转移支付自动增加(如这时有更多人要领失业救济金)，这就会引起预算盈余减少或赤字增加，经济高涨时情况则相反。这种预算盈余或赤字的变动与财政政策本身无关。可见，不能简单地把预算盈余或赤字的变动当作财政政策是扩张还是紧缩的标准。预算盈余或赤字的变动，可能有两方面的原因：①经济情况本身的变动，即经济趋向繁荣会使盈余增加或赤字减少，经济趋向衰退会使盈余减少或赤字增加；②财政政策的变动，即扩张政策趋向增加赤字、减少盈余，紧缩性财政政策则情况相反。因此，单凭盈余或赤字变动还难以看出财政政策扩张或紧缩的性质。要使预算盈余或赤字成为衡量财政政策扩张还是紧缩的标准，就必须消除经济周期波动本身的影响。正是在这样的背景下，1956年美国经济学家布朗提出了充分就业预算盈余的概念，把既定的（或者说一定的）政府预算在充分就业的国民收入水平上所产生的预算盈余当作衡量或判断财政政策是扩张还是紧缩的标准。

（2）充分就业预算盈余的意义：①把收入固定在充分就业水平上，可消除经济中收入水平周期性波动对预算状况的影响，从而能更准确地反映出财政政策对预算状况的影响。若充分就业预算盈余增加了或赤字减少了，财政政策就是紧缩性的；反之，就是扩张性的。②可使政策制定者充分重视就业问题，以充分就业为目标来确定预算规模，从而确定财政政策。例如，若充分就业预算盈余大于实际预算盈余，说明实际国民收入水平低于充分就业的国民收入水平，则政府就应实行扩张性财政政策，以提高全社会的就业水平。

12. 什么是债务—收入比率？这一比率的波动受哪些因素制约？

答案：负债收入比率＝年负债/年税后收入。该指标反映支出能力的强弱，临界值为40%，达到这一数值则说明短期偿债能力可以得到保证。该比例能反映客户在一定时期财务状况的良好程度。

财政债务率＝（地方政府融资平台总负债＋地方政府对外有息负债）/地方公共财政预算收入。该指标越高，说明地方政府的负债越多，还债压力越大。通常国际上，以财政债务率100%为警戒线。

影响因素：财政收入，债券利率，政府支出。

13. 设某国的法定准备率是10%，超额准备率是2.5%，试求：(1)实际准备率；(2)只与法定准备率相关的理论货币乘数；(3)既与法定准备率相关又与超额准备率相关的实际货币乘数。

答案：（1）实际准备率＝法定准备率＋超额准备率＝10%＋2.5%＝12.5%。

（2）理论货币乘数＝1/法定准备率＝1/10%＝10。

（3）实际货币乘数＝1/实际准备率＝1/12.5%＝8。

14. 为什么货币乘数会随市场利率水平上升而变大，随贴现率提高而变小？

答案：一单位高能货币能带来若干倍货币供给，这若干倍即货币创造乘数。如果用H、C_u、R_d、R_e、M、D分别表示基础货币、非银行部门持有的通货、法定准备金、超额储备金、货币供给量和活期存款，那么货币乘数的表达式为$\frac{M}{H}=\frac{\frac{C_u}{D}+1}{\frac{C_u}{D}+\frac{R_d}{D}+\frac{R_e}{D}}$。可以看出市场利率上升时银行持有准备金的机会成本上升，因而降低准备率从而提高货币乘数。贴现率提高，银行会增加超额准备金，从而使准备金率提高并使货币乘数变小。

15. 为什么在严重的衰退中，货币供给变化不能带来投资水平的提高？

答案：在严重的经济衰退中，会采取扩张的货币政策，通过提高货币供应增长速度来刺激总需求，刺激消费，但是扩张的货币政策可能会导致严重的通货膨胀，物价水平上升。如果不考虑其可能带来的通货膨胀，扩张货币政策会起到积极作用，达到内部平衡，利率降低，增加就业，带来经济增长，而外部平衡会导致国际收支恶化，贸易逆差增大，资金外流，在本国的国际投资减少，所以降

第十七章

低了投资水平。总的来说，扩张的货币政策是以降低利率为手段来刺激经济增长的，但是利率的降低会使国际游资觉得无利可图，会导致投资的减少。在经济衰退时期，我国实行宏观经济政策，是扩张的财政和货币政策。货币政策和财政政策同时作用才能刺激经济的复苏。

16. 假设某经济的货币市场上有货币供给 $M_s=11000$，货币交易需求函数为 $M_t=0.25y$，货币投机需求函数为 $M_{sp}=\dfrac{10000}{r-2}-1000$，$2<r\leqslant 12$。

试求：(1) $y=40000$ 时的货币需求函数。(2) $r=6$ 和 $r=12$ 是否为均衡利率？(3) 如果不是，利率将如何调整？(4) 当收入为多少时，$r=6$ 和 $r=12$ 成为均衡利率？

答案：(1)货币需求函数＝货币投资函数＋货币交易函数

$$=0.25y+\frac{10000}{r-2}-1000=9000+\frac{10000}{r-2}$$

(2)不是。

(3)均衡利率为 7%。

(4)$r=6$ 时，收入为 38000；$r=12$ 时，收入为 44000。

17. 货币政策存在哪些局限性？

答案：(1)反对需求拉动的通货膨胀时，货币政策效果显著，但对成本推进的通货膨胀，货币政策效果就很小。在经济衰退时，实行扩张性的货币政策效果不明显，因为衰退时，厂商对经济前景普遍悲观，即使利率降低，投资者也不肯增加贷款而从事投资活动，银行为安全起见，也不肯轻易贷款。而且流动偏好陷阱的存在使货币量无论增加多少，利率都不会降低。

(2)从货币市场均衡的情况看，增加或减少货币供给要影响利率的话，必须以货币流通速度不变为前提，否则，货币供给变动对经济的影响就要打折扣。

(3)货币政策的外部时滞会影响政策效果。央行变动货币供给量，通过影响利率来影响投资，然后再影响就业和国民收入，因而，货币政策的作用要经过相当长的时间才能得到充分发挥。

(4)在开放经济中，资金在国际上的流动也会影响货币政策的效果。

货币政策在实践中存在的问题远不止这些，但仅从这些方面看，货币政策作为平抑经济波动的手段，作用也是有限的。

18. 为什么政府在考虑对财政政策和货币政策的混合使用时，不仅要看当时的经济形势，还要考虑政治上的需要？

答案：虽然扩张性财政政策和货币政策都可增加总需求，但不同政策的后果可以对不同的人群产生不同的影响，也使 GDP 的组成比例发生变化。

例如，实行通货膨胀性质的货币政策会使利率下降、投资增加，因而对投资部门尤其是住宅建设部门十分有利。可是，实行减税的膨胀性财政政策，则有利于增加个人的可支配收入。从而可以增加消费支出。如果是增加政府支出，如办教育、治污染、做培训等，则人们收益情况有不同。

正因为不同政策措施会对 GDP 的组成比例(投资、消费和政府购买在 GDP 中的构成比例)产生不同的影响，进而影响不同人群的利益，因此，政府在做出混合使用各种政策的决策时，必须考虑各行各业、各个阶层的人群的利益如何协调的问题。

19. 什么是泰勒规则？

答案：泰勒规则是常用的简单货币政策规则之一，由斯坦福大学的约翰·泰勒于 1993 年根据美国货币政策的实际经验而确定的一种短期利率调整的规则。泰勒认为，保持实际短期利率稳定和中性政策立场，当产出缺口为正（负）和通货膨胀缺口超过（低于）目标值时，应提高（降低）名义利率。

假定 p 为通货膨胀率，p^* 为通货膨胀的目标，i 为名义利率，i^* 为名义目标利率。从中期来看，i 与 p 是联系在一起的，如果真实利率给定，那么名义利率和通货膨胀在中期是 one for one 的对应关系。假定 u 为失业率，u^* 为自然失业率，泰勒认为中央银行应该遵循以下的规则：$i=i^*+a(p-p^*)-b(u-u^*)$，其中，a 和 b 是正的系数。

上式的含义：

(1)如果通货膨胀等于目标通货膨胀($p=p^*$)，失业率等于自然失业率($u=u^*$)，那么中央银行应该将名义利率 i 设为它的目标值 i^*。这样经济将保持稳定。

(2)如果通货膨胀高于目标值($p>p^*$)，那么中央银行应该将名义利率设定为高过 i。更高的通货膨胀率将导致失业增加，失业增加将反过来导致通货膨胀下降。

系数 a 表示中央银行对失业和通货膨胀关心程度的不同。a 越高，中央银行面对通货膨胀就会增加越高的利率，通货膨胀下降速度将更快，经济放慢的速度也会变快。泰勒指出，在任何情况下，a 都应该大于 1。因为影响支出的是真实利率，而不是名义利率。当通货膨胀增加时，中央银行如果想压缩消费的话，就必须增加真实利率。换言之，中央银行增加名义利率的幅度应该大于通货膨胀的幅度。

(3)如果失业率高于自然率($u>u^*$)，中央银行应该降低名义利率，名义利率下降将导致失业率下降。系数 b 反映中央银行对失业与通货膨胀之间关心程度的不同。b 越高，中央银行就越会偏离通货膨胀目标来保证失业率在自然失业率附近。

泰勒认为没有必要刻板地遵守这个规则。当发生严重的外来冲击时，货币政策不必拘泥于这个公式。但是，他强调这个规则提供了一个货币政策的思路：选择一个通货膨胀目标，不仅考虑到当前的通货膨胀，而且也考虑了失业的情况。

研究发现，美国和德国的中央银行在制定货币政策时，并不考虑泰勒规则。但是这个规则很好地描述了它们在过去 15～20 年间的行为。

20. 在公众与政府对货币政策的博弈中，为什么建立对规则的信任比具体规则本身更为重要？

答案：因为存在时间的不一致性。一项起初适合于今天的政策，随着时间的推移，就可能不再适合于明天，这就发生了时间的不一致。没有硬性规定政府必须执行其原来的计划，政府就有权选择目前最好的政策。如果经济主体意识到这种情况，他们就会预测政策的变化并采取相应的行动，以阻止决策者所设想的目的的实现。这种不信任的情况会使得政府的任何政策都失效，因此需要建立公众对政策的信任。

建立信任的可靠办法就是借助于人人相信决策者必须遵从有约束力的规则来消除政府改变政策的可能性。在“时间不一致性”概念被提出来之前，赞成规则的人倾向于非干预主义，他们认为反通货膨胀的政策是无效的，甚至是有害的。时间不一致性的概念不仅使宏观经济政策争论的焦点转移到了积极干预政策是否有效的问题上，而且启示人们建立对规则的信任比具体的规则本身更为重要。

第十八章 蒙代尔-弗莱明模型

知识脉络图

- 国际经济部门的作用
  - 汇率和对外贸易
    - 汇率及其标价
    - 汇率制度
    - 固定汇率制的运行
    - 实际汇率
    - 净出口函数
      - 影响因素
        - 汇率
        - 国内收入水平
      - 公式：$nx = a - \gamma y - ne \times \frac{P}{P_f}$
  - 蒙代尔-弗莱明模型
  - 浮动汇率制的财政政策和货币政策
  - 模型的扩展
    - 模型结构
    - 财政政策的影响
    - 货币政策的影响
  - 南-北关系的一种经济分析
    - 思路
    - 关系

复习提示

概念： 汇率、实际汇率、汇率制度浮动汇率、净出口函数、净资本流出、J 曲线、马歇尔-勒纳条件。

理解： 区分固定汇率制度、自由浮动汇率制度。

掌握： 内部平衡和外部平衡的概念及其影响因素；掌握蒙代尔-弗莱明模型在固定汇率和浮动汇率制度下的应用。

运用： 运用蒙代尔-弗莱明模型分析货币政策效应和需求变动效应。

重点难点常识理解

1. 内部均衡与外部均衡

内部均衡指商品和劳务的需求足以保证非通货膨胀下的充分就业，即非贸易品市场处于供求相等的均衡状态。外部均衡指项目收支平衡，即贸易品的供求处于均衡状态。国外均衡理论主要是指英国经济学家詹姆斯·米德开创性地提出了“两种目标、两种工具”的理论模式，即在开放经济条件下，一国经济如果希望同时达到对内均衡和对外均衡的目标，则必须同时运用支出调整政策和支出转移政策两种工具。

2. 净出口函数与净资本流出函数

净出口函数是国民产出账户中的一项，表示商品和服务的出口减去商品和服务的进口的函数。影响净出口的因素有很多，在宏观经济学中，汇率和国内收入水平被认为是两个最重要的因素。常将净出口简化地表示为 $nx = a - \gamma y - ne \times \frac{P}{P_f}$。

上式被称为净出口函数，其中，a、γ 和 n 为参数。参数 γ 被称为边际进口倾向，即净出口变动与引起这种变动的收入变动的比率。

由上式可知，汇率上升会增加净出口。但汇率上升或者说本国货币贬值能在多大程度上增加出口、减少进口，从而改变国际收支，取决于该国出口在世界市场上的需求弹性和该国国内市场对进口商品的需求弹性。

净资本流出函数：将从本国流向外国的资本量与从外国流向本国的资本量的差额定义为资本账户差额或净资本流出，并用 CF 表示。即 CF＝流向外国的本国资本量－流向本国的外国资本量。一般地，净资本流出是本国利率 r 与国外利率 rw 之差的函数。假定这一函数是线性的，有 $CF = \sigma(rw - r)$。其中，$\sigma > 0$ 为常数。根据上式，在国外利率水平既定时，本国利率越高，流出的资本就越少，流入的资本就越多，即净资本流出越少；反之亦然。故 CF 是 r 的减函数。

3. J 曲线效应

J 曲线效应指当一国货币贬值后，最初会使贸易收支状况进一步恶化而不是改善，只有经过一段时间以后贸易收支状况的恶化才会得到控制并趋于好转，最终使贸易收支状况得到改善的经济效应。如这个过程用曲线描述出来，则图形与英文字母 J 相似，所以贬值对贸易收支改善的时滞效应被称为 J 曲线效应，如图 18-1 所示。

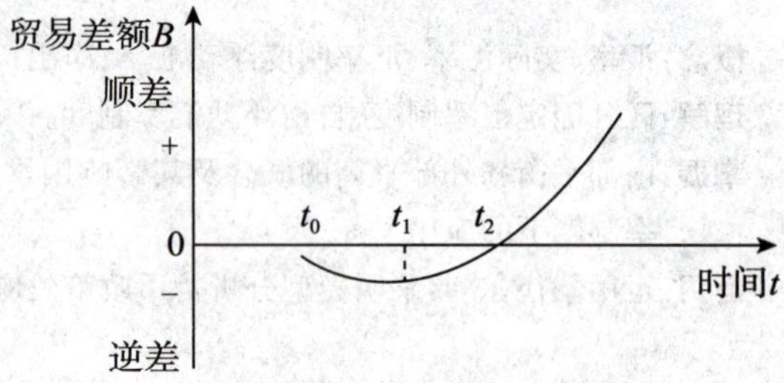

图 18-1　J 曲线效应

本币贬值对贸易收支之所以存在 J 曲线效应，是因为贬值对国际收支状况的影响存在时滞。西方经济学家认为，本币贬值对贸易收支状况产生影响的时间可划分为三个阶段：货币合同阶段、传导阶段、数量调整阶段。在货币合同阶段，进出口商品的价格和数量不会因贬值而发生改变，以外币表示的贸易差额就取决于进出口

第十八章

合同所使用的计价货币。如果进口合同以外币计值，出口合同以本币计值，那么本币贬值会恶化贸易收支。在传导阶段，由于存在种种原因，进出口商品的价格开始发生变化，但数量仍没有大的变化，国际收支状况继续恶化。在数量的调整阶段，价格和数量同时变化且数量变化远大于价格变化，国际收支状况开始改善，最终形成顺差。因此，J 曲线效应产生的原因在于在短期内进出口需求弹性$\eta_x+\eta_m<1$，本币贬值恶化贸易收支，而在长期内 $\eta_x+\eta_m>1$，本币贬值能使一国国际收支状况得到改善。

4. 固定汇率制和浮动汇率制

固定汇率制是指一国货币与美元或其他货币保持固定汇率的制度。固定汇率是在金本位制度下和布雷顿森林体系下通行的汇率制度，这种制度规定本国货币与其他国家货币之间维持一个固定比率，汇率波动只能限制在一定范围内，由官方干预来保证汇率的稳定。固定汇率是基本固定，汇率的波动幅度限制在一个规定的范围内的汇率。在金本位制下，黄金输送点是汇率波动的界限。

浮动汇率制是指货币当局不规定本国货币与其他国家货币间的官方汇率以及汇率上下波动的范围，而是由外汇市场根据外汇供求关系自行决定汇率的汇率制度。实行浮动汇率制度的国家并非完全放弃对外汇市场的干预，往往根据各自经济发展的需要，对汇率进行控制和调节。因此，浮动汇率制度又可以根据干预的情况分为自由浮动汇率制度和有管理的浮动汇率制度。自由浮动汇率制度又称“清洁浮动汇率制度”，即一国政府不采取任何干预措施，汇率完全由外汇市场的供求关系决定的汇率制度。有管理的浮动汇率制度又称“肮脏浮动汇率制度”，即一国政府为维持其汇率的相对稳定，在外汇市场进行有目的的干预的浮动汇率制度。有管理的浮动汇率制度还可以分为单独浮动汇率制、联合浮动汇率制、盯住汇率制。

(1)单独浮动汇率制。本国货币不与任何外国货币规定固定的比价关系，而是完全根据外汇市场的变化对汇率进行调节控制的汇率制度。美国、日本、加拿大等国货币都实行单独浮动汇率制。

(2)联合浮动汇率制，又称“集体浮动汇率制”“共同浮动汇率制”。具有密切经济合作关系的国家，如欧洲经济共同体成员国货币之间实行相对固定的汇率制度，同时它们对集团以外国家的货币实行同升同降的汇率制度。

(3)盯住汇率制。一国货币按照固定的兑换比率与某两种外币或一组外币相联系的汇率制度。有些国家由于历史、地理等方面的原因，其对外贸易、金融往来主要集中于某个发达国家。为使这种贸易、金融关系得到稳定发展，免受相互间的货币汇率频繁变动的不利影响，这些国家通常使本国货币盯住发达国家的货币，本国货币汇率随该发达国家的货币汇率浮动而浮动。例如，一些英联邦国家货币盯住英镑。有些国家的货币与由若干外币组成的“一篮子”货币之间建立稳定的汇率关系，并随“一篮子”货币汇率的变动而变动。这“一篮子”货币主要由与本国经济联系密切的国家的货币和对外支付使用最多的货币组成。

要点解析：从本质上说，汇率由各种货币的内在价值的对比决定；在金本位制度下，两种货币汇率的高低取决于两种货币的含金量；在纸币制度下，汇率由购买力决定；从短期市场的因素看，汇率由外汇市场的供求关系决定。

5. 马歇尔-勒纳条件

马歇尔-勒纳条件是指美国经济学家勒纳在研究既定的进出口供给条件下一国货币贬值对国

际收支的影响时提出的贬值改善国际收支的条件。在假定贸易商品进出口供给弹性无穷大的前提下，一国货币贬值能否改善国际收支取决于本国贸易品的需求价格弹性。假定以 X 表示本币计值的出口量，M 表示外币计值的进口量，E 表示外汇汇率，B 表示以外币计值的贸易收支差额，则有 $B=\frac{X}{E}-M$。

对外汇汇率 E 求导并变形有

$$\frac{dB}{dE}=-\frac{X}{E}(1-\frac{dX}{dE}\cdot\frac{E}{X}-\frac{ME}{X}\cdot\frac{dM}{dE}\cdot\frac{E}{M})$$

令 η_x、η_m 分别表示出口商品和进口商品弹性的绝对值，则有

$$\frac{dB}{dE}=-\frac{X}{E}(1-\eta_x-\frac{ME}{X}\eta_m)$$

由于假设初始国际收支处于均衡状态，$ME=X$，有

$$\frac{dB}{dE}=-\frac{X}{E}(1-\eta_x-\eta_m)$$

很显然，当 $\eta_x+\eta_m>1$ 时，$\frac{dB}{dE}>0$，即本币贬值有助于改善国际收支。条件 $\eta_x+\eta_m>1$ 即马歇尔-勒纳条件。马歇尔-勒纳条件表明，在进出口供给弹性无穷大的前提下，只要一国的弹性越大，本币贬值对贸易收支状况改善的作用越大。

马歇尔-勒纳条件是弹性分析法的核心，也是一国是否采用货币贬值政策改善国际收支状况的理论依据，具有重要的理论价值和实用价值。但马歇尔-勒纳条件是以进出口商品供给弹性无穷大为前提，在充分就业条件下，这一假设显然并不存在。因此，马歇尔-勒纳条件的应用也有很大的局限性。

6. 直接标价法与间接标价法的联系

直接标价法是间接标价法的倒数，即用 1 除以直接标价就是间接标价，或用 1 除以间接标价就是直接标价。

考研真题与难题详解

第十八章

一、概念题

1.（北京航空航天大学 2005 年研）边际进口倾向

答案：边际进口倾向是指进口量的变动对引起这种变动的收入变动的比率，即每增加一单位国民收入的变动量所能引起进口变动的比率。国民收入变动之所以能影响进口量，是因为如果一国的国民收入增加，那么该国的消费，特别是对奢侈品的消费将增加，于是将向外国购买更多的商品，即进口量增加；反之，则进口量减少。边际进口倾向反映了国民收入对进口量的影响程度。

2.（复旦大学 2000 年研）托宾税

答案：托宾税是指由托宾提出的针对全球外汇交易，为抑制投机而课征的交易税。1972 年，托

宾在普林斯顿大学演讲时，提议“往飞速运转的国际金融市场这一车轮中掷些沙子”，首次提出对现货外汇交易课征全球统一的交易税，经济学家后来把这种外汇交易税称为“托宾税”。托宾税具有两个特征：单一低税率和全球性。

托宾税的功能有两个：①抑制投机，稳定汇率；②为全球性收入再分配提供资金来源。托宾税自 20 世纪 70 年代提出以来，在学术界和政界引起热烈的反响和争论，但由于这一方案有若干问题难以解决，至今并无任何国家在实践中实施此税。

3.（华中科技大学 2006 年研）对外贸易乘数

答案：对外贸易乘数是指国民收入的变动额与引起国民收入变动的贸易收支变动额之比。在开放经济中，国民收入(Y)是由消费(C)、投资(I)、政府支出(G)以及净出口($X-M$)所决定的。假定消费、进口是国民收入的线性函数，投资与出口为外生变量，则有

$$\begin{cases} Y=C+I+G+X-M \\ C=C_0+cY \quad (0<c<1) \\ M=M_0+mY \quad (0<m<1) \end{cases}$$

其中，c、m 分别为边际消费倾向与边际进口倾向。由此可求得开放经济下的均衡国民收入为

$$Y=\frac{1}{1-c+m}(C_0+I+X-M_0)=\frac{1}{s+m}(C_0+I+X-M_0)$$

其中，s 为边际储蓄倾向。在其他条件不变的情况下，假设本国出口增加 ΔX，则它对国民收入影响为 $\Delta Y=\frac{1}{s+m}\Delta X$。

上式表明了出口增加与收入增加的关系，其中$\frac{1}{s+m}$即是外贸乘数，它表明增加一单位出口将引起国民收入增加$\frac{1}{s+m}$单位。显然，对外贸易乘数与边际储蓄倾向、边际进口倾向呈负相关，边际储蓄倾向和边际进口倾向越大，对外贸易乘数越小，国民收入增加也越少。由于$\frac{1}{s+m}<\frac{1}{s}$，因此，开放经济中的乘数效应要小于封闭经济中的乘数效应。

4.（中国人民大学 2006 年研）爬行盯住一篮子货币的汇率制

答案：该汇率制是弹性的中间汇率制度的一种，指由一篮子货币盯住汇率制和爬行盯住汇率制组合而成的复合汇率制度。兼有盯住汇率制度的稳定性和浮动汇率制度的灵活性、防冲击性，是一种国际上许多学者都推荐发展中国家采用的新型汇率管理准则。一篮子货币盯住汇率制用于确定中心汇率，其作用是保持有效汇率的稳定。盯住一篮子货币可防止主要国际货币之间汇率变化引起的负面影响。爬行汇率制的作用是调整物价变化对实际汇率的影响。通常影响一国竞争力的主要因素是实际汇率的变化，而这一变化又受国内外物价变动的影响。当本国物价上升快于国外物价时，相对物价的变化将引起本币实际汇率高估，为了阻止这一趋势，本币需要贬值，其结果名义汇率脱离水平运动并形成爬行走势。以上两种汇率机制的配套使用可保持实际有效汇率的稳定。

5.（武汉大学 2008 年研，暨南大学 2009 年研）米德冲突

答案：米德冲突是指在固定汇率制下的内外均衡冲突问题。米德指出，在汇率固定不变时，政府只能主要运用影响社会总需求的政策来调节内外均衡。这样在开放经济运行的特定区间，便会

出现内外均衡难以兼顾的情形。

在米德的分析中，内外均衡的冲突一般是指在固定汇率下，失业增加，经常账户逆差或通货膨胀、经常账户盈余这两种特定的内外经济状况组合。

二、简答题

1.（武汉大学2003年研）在“三元悖论”说中，对资本账户开放、汇率固定和货币政策独立三个方面，一个国家只能实现其中的两个特性，请问为什么？

答案：“三元悖论”也称三难选择，它是美国经济学家保罗·克鲁格曼就开放经济下的政策选择问题，在蒙代尔-弗莱明模型的基础上提出的，其含义是本国货币政策的独立性、汇率的稳定性、资本的完全流动性不能同时实现，最多只能同时满足两个目标，而放弃另外一个目标。本国货币政策的独立性是指一国执行宏观稳定政策进行反周期调节的能力，这里主要是指一国是否具有使用货币政策影响其产出和就业的能力；汇率的稳定性是指保护本国汇率免受投机性冲击、货币危机等的冲击，从而保持汇率稳定；资本的完全流动性即不限制短期资本的自由流动。三元悖论主要包括以下三种情况：①保持本国货币政策的独立性和资本的完全流动性，必须牺牲汇率的稳定性，实行浮动汇率制；②保持本国货币政策的独立性和汇率稳定，必须牺牲资本完全流动性，实行资本管制；③维持资本的完全流动性和汇率的稳定性，必须放弃本国货币政策的独立性。

在三种选项中选其中的两种是国际货币体系三元悖论的根本特性。根据三元悖论，在资本流动、货币政策的有效性和汇率制度三者之间只能进行以下三种选择。

（1）保持本国货币政策的独立性和资本的完全流动性，必须牺牲汇率的稳定性，实行浮动汇率制。实行浮动汇率制，发挥汇率的调节作用，实际上是以牺牲稳定的汇率为代价，来达到货币政策的独立性与资本的完全流动性。这是由于在资本完全流动的条件下，频繁出入的国内外资金带来了国际收支状况的不稳定，如果本国的货币当局不进行干预，即保持货币政策的独立性，那么本币汇率必然会随着资金供求的变化而发生频繁的波动。利用汇率调节将汇率调整到真实反映经济现实的水平，可以改善进出口收支，影响国际资本流动。虽然汇率调节自身具有缺陷，但实行汇率浮动确实较好地解决了“三难选择”。但对于发生金融危机的国家来说，特别是发展中国家，信心危机的存在会大大削弱汇率调节的作用，甚至起到了恶化危机的作用。当汇率调节不能奏效时，为了稳定局势，政府的最后选择是实行资本管制。

（2）保持本国货币政策的独立性和汇率稳定，必须牺牲资本的完全流动性，实行资本管制。在金融危机的严重冲击下，在汇率贬值无效的情况下，唯一的选择是实行资本管制，实际上是政府以牺牲资本的完全流动性，来维护汇率的稳定性和货币政策的独立性。大多数经济不发达的国家，比如说中国，就是实行的这种政策组合。这一方面是由于这些国家需要实行相对稳定的汇率制度来维持对外经济的稳定；另一方面是由于它们的监管能力较弱，无法对自由流动的资本进行有效的管理。

（3）维持资本的完全流动性和汇率的稳定性，必须放弃本国货币政策的独立性。根据蒙代尔-弗莱明模型，资本完全流动时，在固定汇率制度下，本国货币政策的任何变动都将被所引致的资本流动的变化抵消其效果，本国货币政策丧失自主性。在这种情况下，本国或者参加货币联盟，或者更为严格地实行货币制度，基本上就很难根据本国经济情况来实施独立的货币政策对经济进行调整，最多是在发生投机冲击时，短期内被动地调整本国利率以维护固定汇率。可见，为实现资本的完全流动与汇率的稳定，本国经济将会付出放弃货币政策的巨大代价。

如果以三角形的三个顶点分别表示构建国际货币体系旨在实现的三个目标，那么每一条边均代表一类可能的国际货币体系安排。克鲁格曼将此三角形称作“永恒的三角形”，其妙处在于它提供了一个一目了然地划分各种国际货币体系的方法。事实上，在国际货币体系的发展过程中，三角形的三条边所代表的不同的国际货币体系安排都曾经在现实中实施过。例如，在 1944 年至 1973 年的布雷顿森林体系中，各国货币政策的独立性和汇率的稳定性得到实现，但资本流动受到严格限制。而 1973 年以后，布雷顿森林体系解体，各国汇率开始自由浮动，因此货币政策独立性和资本自由流动得以实现，但汇率稳定不复存在。今天的欧洲货币联盟、货币制度和历史上的金本位制均选择汇率稳定和资本自由流动，牺牲本国货币政策独立性。而现今中国大陆则是选择汇率稳定和货币政策独立性，放弃资本自由流动，即只开放经常账户，不开放资本账户。

2.（北京大学 2005 年研）A 国采取单方面盯住美元的汇率政策，一美元兑换 8.27A 元。A 国政府每年的财政预算赤字为 3000A，如果政府采用直接对央行发行国债来为财政赤字融资。

（1）问每年 A 国的外汇储备变化量能否平稳进行？

（2）该汇率制度崩溃前后，说明汇率、价格、名义和实际货币的变化情况。

（3）如果改成对公众发行国债，能否无限期地推迟通货膨胀，为什么？

答案：（1）当采取直接对央行发国债为财政融资时，为保持固定汇率，必然会使外汇储备减少。当 A 国储备丰富时，不会对其造成大的影响，但是一旦达到某一限度，势必会导致其固定汇率制度的崩溃。

（2）汇率制度崩溃前，汇率、价格、名义及实际货币都不变；汇率制度崩溃后，汇率开始浮动，货币贬值，汇率上升，价格上升，名义货币增加，但实际货币不变。

（3）如果改成对公众发行国债，也不能无限期地推迟通货膨胀。国债最终是要偿还的，而且还需付息，除非政府在对公众发债后能采取其他措施增加政府收入或削减政府支出，否则它不能无限期地推迟通货膨胀。

3.（中央财经大学 2007 年研）画图分析：在固定汇率制和资本完全流动情况下，削减政策支出的效果为什么会比封闭经济情况下的更大？

答案：（1）在固定汇率制和资本完全流动情况下，削减政府支出的效果。如图 18-2(a)所示，紧缩性财政政策使 IS 左移到 IS'，将会引起利率下降，而利率的微小下降都会减少货币供应量，使 LM 曲线左移直至 LM'，利率恢复期初水平。也就是说，在 IS 左移过程中，始终伴随 LM 曲线的左移，以维持利率水平不变，在财政紧缩结束后，货币供给也相应减少了，经济同时处于长期平衡状态。此时财政政策不会影响利率，但会带来国民收入较大幅度的减少，财政政策非常有效。

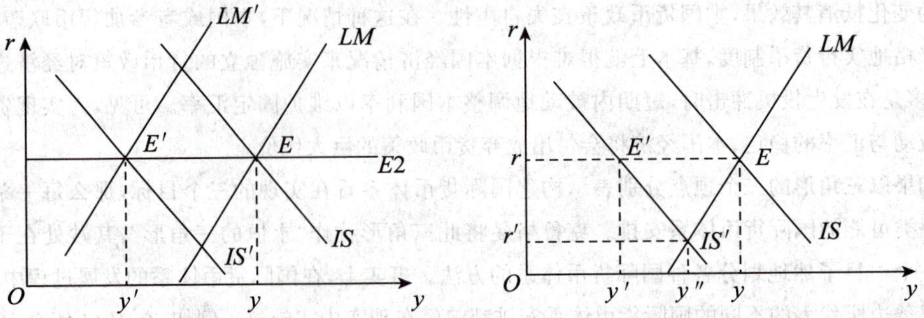

(a) 紧缩财政政策效果 (b) 封闭情况下的政策效果

图 18-2 固定汇率制和资本完全流动情况下，紧缩财政政策效果比封闭情况下大

(2)在固定汇率制和封闭情况下，削减政府支出的效果。如图 18-2(b)所示，假定削减同样一笔政府支出，则会使 IS 左移到 IS'，左移的距离都是 EE'。在图 18-2(b)中，收入应从 y 减少到 y'，因为如果收入要减少到 y'，则必须假定利率 r 不下降。可是，利率不可能不下降，因为 IS 向左移动时，国民收入减少了，因而对货币的交易需求减少了，但货币供给未变动(LM 未变)，因而人们用于投机需求的货币必须增加，这就要求利率下降为 r'。因此，在图 18-2(b)中，均衡利率下降了，收入只能减少到 y''。

比较图 18-2(a)和(b)可以看出，在固定汇率制和资本完全流动情况下，削减政府支出的效果比封闭经济情况下的更大。

4. (中国人民大学 2013 年研)在短期模型中，比较开放条件和封闭条件下扩张性货币政策对总需求及其组成部分影响传导机制的差异。

答案:在封闭经济条件下，扩张性货币政策降低了利率水平，使得投资增加，从而增加了任何给定的价格水平上的总需求。

在开放经济条件下，利率为世界利率，所以利率不再是关键因素，汇率变成了影响总需求的关键因素。一旦货币供给的增加开始给国内利率以向下的压力，由于投资者会把资金投到其他地方寻求更高的收益，资本流出该经济。资本的流出使本币贬值，这一贬值使国内产品相对于国外产品更为便宜，从而刺激了净出口。因此，在一个小型开放经济中，货币政策通过改变汇率而不是改变利率来影响收入，最后的结果也是增加了任何一个价格水平上的总需求。

5. (兰州大学 2012 年研)根据蒙代尔-弗莱明模型，作图说明固定汇率制度与资本完全流动情况下扩张性财政政策的效果。

答案:按照蒙代尔-弗莱明模型的关键假设，小型开放经济中的利率 r 必定等于世界利率 r_w，即 $r=r_w$。

在固定汇率的小型开放经济中，当政府希望通过增加政府购买或减税刺激国内支出时，总收入增加。其原因在于:政府增加支出或减税，对汇率产生了向上的压力。为了维持本国汇率的稳定，中央银行在外汇市场上买进外汇、抛售本币，引起货币扩张，导致图 18-3 中的 LM^* 曲线向右移动。因此，在固定汇率制度和资本完全流动的情况下，扩张性财政政策使得产出增加，但汇率不变。

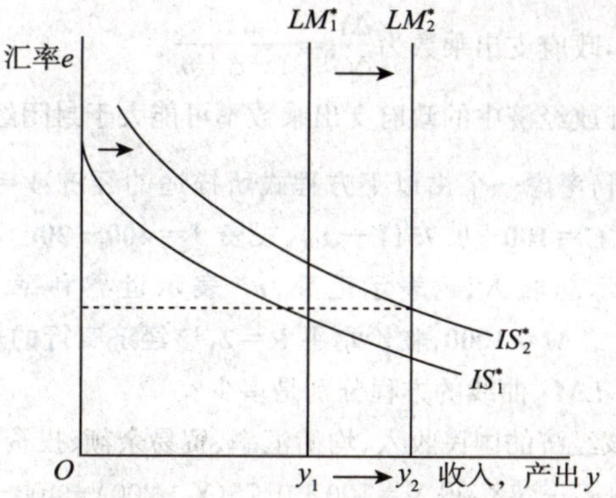

图 18-3　固定汇率下的财政扩张

三、计算题

1.（上海交通大学 2006 年研）利用数学方法证明开放经济的政府购买乘数不可能大于封闭经济的政府购买乘数。

答案：政府购买乘数指国民收入的变动额与引起国民收入变动的政府购买支出变动额之比。

(1)在封闭经济下，国民收入(Y)是由消费(C)、投资(I)、政府支出(G)所决定的。假定消费是国民收入的线性函数，投资与出口为外生变量，则封闭经济的宏观模型为

$$\begin{cases}Y=C+I+G\\C=C_0+cY\end{cases}(0<c<1)$$

其中，c 为边际消费倾向。由此可求得封闭经济下的均衡国民收入为 $Y=\frac{1}{1-c}(C_0+I+G)$。

在其他条件不变的情况下，假设政府支出增加 ΔG，则它对国民收入的影响为 $\Delta Y=\frac{1}{1-c}\Delta G$，所以封闭经济下，政府支出乘数为 $\frac{\Delta Y}{\Delta G}=\frac{1}{1-c}$。①

(2)在开放经济中，国民收入(Y)是由消费(C)、投资(I)、政府支出(G)以及净出口($X-M$)所决定的。假定消费、进口是国民收入的线性函数，投资与出口为外生变量，则开放经济的宏观模型为

$$\begin{cases}Y=C+I+G+X-M\\C=C_0+cY\quad(0<c<1)\\M=M_0+mY\quad(0<m<1)\end{cases}$$

其中，c、m 分别为边际消费倾向与边际进口倾向。由此可求得开放经济下的均衡国民收入为

$$Y=\frac{1}{1-c+m}(C_0+I+G+X-M_0)$$

在其他条件不变的情况下，假设政府支出增加 ΔG，则它对国民收入的影响为

$$\Delta Y=\frac{1}{1-c+m}\Delta G$$

因此，开放经济条件下，政府支出乘数为$\frac{\Delta Y}{\Delta G}=\frac{1}{1-c+m}$。 ②

比较①、②两式可得，开放经济中的政府支出乘数不可能大于封闭经济中的政府支出乘数。

2.（厦门大学2013年研）考虑一个由以下方程式所描述的经济：$Y=C+I+G+NX$，政府采购$G=200$，税收$T=200$，消费$C=100+0.75(Y-T)$，投资$I=400-20r$，净出口$NX=200-200e$，利率$r=r^*=5$。其中，Y表示总收入，e表示汇率，r^*表示世界利率。又假设货币需求函数为$(M/P)^d=Y-100r$，货币供给$M=1000$，物价水平$P=2$，该经济实行的是浮动汇率制。请问：

(1)该经济IS^*曲线和LM^*曲线的方程分别是多少？

(2)市场实现均衡时，该经济的国民收入、均衡汇率、贸易余额、投资又为多少？

答案：(1)由$Y=C+I+G+NX$，得$Y=100+0.75(Y-200)+400-20\times5+200+200-200e$。

故IS^*曲线方程为$Y=2600-800e$。

由$\left(\frac{M}{P}\right)^d=\frac{M}{P}$，得$Y-100\times5=\frac{1000}{2}$。

故LM^*曲线方程为$Y=1000$。

(2)联立$\begin{cases}Y=2600-800e\\Y=1000\end{cases}$

可得$Y^*=1000$，$e=2$。

故$NX=200-200e=-200$，

$I=400-20r=300$。

四、论述题

1.（中央财经大学2007年研）通过图示说明蒙代尔-弗莱明模型的政策含义。

答案：蒙代尔-弗莱明模型是在开放经济条件下分析货币政策效力的主要工具，被称为开放经济下进行宏观分析的工具。蒙代尔-弗莱明模型将封闭经济下的宏观分析工具$IS-LM$模型扩展到开放经济下，并按照资本国际流动性的不同，对固定汇率制与浮动汇率制下财政政策和货币政策的作用机制、政策效力进行了分析研究。

(1)固定汇率制度下，资本完全流动的财政政策和货币政策分析。当资本完全流动时，开放经济的平衡如图18-4(a)所示。

1)货币政策分析。扩张性的货币政策将会引起利率的下降，但在资金完全流动的情况下，本国利率的微小下降会导致资金的迅速流出，这立即降低了外汇储备，抵消了扩张性货币政策的影响。也就是说，此时的货币政策甚至在短期内也难以发挥效应，此时货币政策完全无效，如图18-4(b)所示。

2)财政政策分析。如图18-4(c)所示，扩张性财政政策将会引起利率上升，而利率的微小上升都会增加货币供应量，使LM曲线右移直至利率恢复期初水平。也就是说，在IS右移过程中，始终伴随LM曲线的右移，以维持利率水平不变，在财政扩张结束后，货币供给也相应扩张了，经济同时处于长期平衡状态。此时财政政策不会影响利率，但会带来国民收入较大幅度的提高，财政政策非常有效。

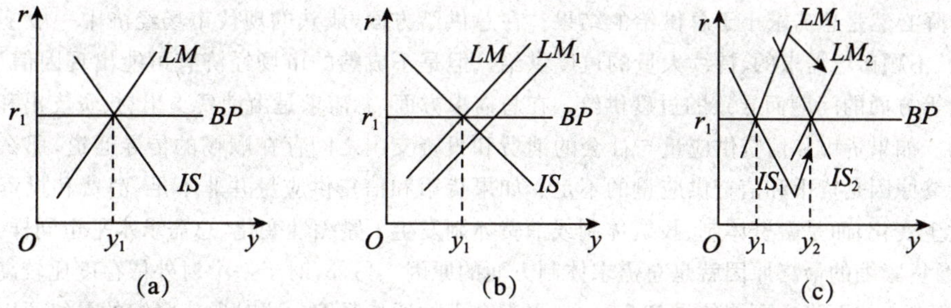

图 18-4　固定汇率制度下资本完全流动的财政政策和货币政策分析

(2)浮动汇率制度下,资本完全流动的财政政策和货币政策分析。资本完全流动时,开放经济的平衡状态如图 18-5(a)所示。在假定汇率变动对资金流动没有影响的前提下,汇率变动对 BP 曲线没有影响。

1)货币政策分析。如图 18-5(b)所示,货币扩张造成的本国利率下降,会立刻通过资金流动造成本币贬值,这推动 IS 曲线右移,直至与 LM 曲线相交确定的利率水平与世界利率水平相等为止。此时,收入不仅高于期初水平,而且也高于封闭条件下的货币扩张后的情况,本币贬值,因此货币政策非常有效。

2)财政政策分析。如图 18-5(c)所示,财政扩张会造成本国利率上升,会立刻通过资金的流入而造成本币升值,这会导致 $IS(e_1)$曲线左移,直到返回原来位置,利率水平重新与世界利率水平相等为止。此时与期初相比,利率不变,本币升值,收入不变,但收入的内部结构发生变化,财政政策通过本币升值对出口产生了完全挤出效应。即财政支出增加造成了等量的出口下降,此时财政政策完全无效。

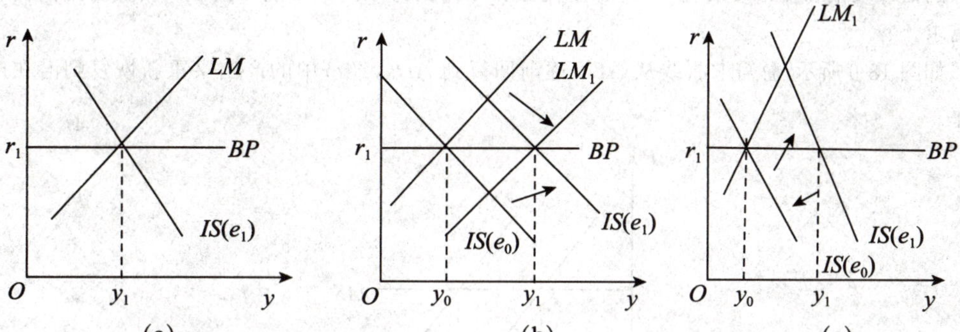

图 18-5　浮动汇率制度下资本完全流动的财政政策和货币政策分析

2.（中山大学 2006 年研）20 世纪 90 年代后期,我国宏观经济的基本背景是:人民币盯住美元,采用结售汇制,即贸易收支外汇统一由国家购进和卖出。1997 年亚洲金融危机之后,周边国家货币普遍贬值,人民币汇率不变。之后,我国出现了长达 40 余月的通货紧缩。

(1)假定总供给对价格为完全弹性(即在 $P-Y$ 平面上,AS 曲线为一条水平直线),论证我国这次通货紧缩的机制。

(2)通货紧缩之后,我国经济逐渐回暖,其原因如何?

(3)以上宏观经济运行状况对我国金融体制改革有何含义?对于宏观经济分析有何启示?

答案:(1)通货紧缩是指一般物价水平持续下降的情况。在市场经济条件下,一般物价水平的持续下降必然是总需求小于总供给的结果。在总供给方面，成熟的现代市场经济中一般不会产生盲目的、不顾市场需求的、持续大量的过度供给。但是不成熟的市场经济有可能出现因信息、激励和决策等方面的问题而导致的过度供给。在总需求方面，总需求是由消费支出、投资支出和净出口构成的。如果货币和信贷供应量与社会的消费和投资支出之间存在顺畅的传导通道，那么通货紧缩的最终原因是货币和信贷供应量的不足。如果货币和信贷供应量并非不足，消费和投资行为也没有发生变化，而是融资体制、投资体制或消费体制发生了紧缩性变化，总需求水平也同样会下降。这时，通货紧缩的最终原因就是总需求体制方面的原因。另外，对于一个对外依存度比较高的经济而言，净出口的下降也可能传导到全社会，引起全面的通货紧缩。这时通货紧缩的最终原因就是国外部门的需求相对下降。

我国 1997 年发生的通货紧缩主要原因：亚洲金融危机的爆发，一方面直接导致了我国出口量锐减，出口需求对社会总需求和经济增长的拉动作用急剧下降；另一方面，大量生产企业的出口商品转而内销，加大了国内市场商品的供给，进一步促使国内物价水平下跌和买方市场的形成，使得原来受多种因素制约的内需的扩大又增加了难度，于是整个社会表现为社会总需求不足。其次，亚洲金融危机中，日、韩及东盟四国货币大幅贬值，使我国进口商品价格下跌，以致我国国内同类行业企业的效益下滑，竞争加剧。加之我国对外贸易对外依赖性太强，加工贸易所占比重过大，贸易的大部分利润流到国外。如果外需比重过大，经济发展过分依赖国际市场，就不可避免地会受到国际市场波动的重大影响，会增加经济发展的不稳定因素。

如图 18-6 所示，出口需求的下降，使总需求曲线 AD_0 左移到 AD_1，经济中的需求与潜在产出出现了 Y^*-Y_1 的缺口，总需求的减少引发了通货紧缩。

(2)通货紧缩之后，我国经济逐渐回暖，其原因在于我国政府逐渐加大对经济的宏观调控，实施积极的财政政策和货币政策，扩大内需，刺激经济的发展。国家不断下调利率，刺激居民消费和投资需求。

如图 18-6 所示，总需求曲线从 AD_1 逐渐回复到 AD_0，经济中的产出又重新恢复到潜在产出水平。

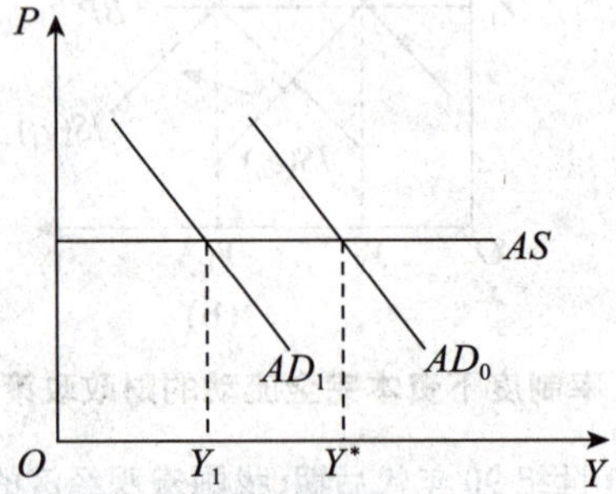

图 18-6　总需求曲线变化情况

(3)以上宏观经济状况说明我国的金融体制在抵御冲击方面还很脆弱，不完善的金融体制又极大地影响了我国经济的发展，造成了经济发展的波动，因此必须改革我国的金融体制。具体而言，要放松利率管制，加快利率市场化改革。为治理通货紧缩，下调利率是必要的，但同时更应加快利率体制的改革。连续七次下调利率后，我国目前的利率水平已落在较低位线上，如果再继续下调，很可能落入"流动性陷阱"。在存贷款利率受到严格管制的条件下，利率的作用受到抑制，利率下调对治理通货紧缩的有效作用也下降。目前我国经济运行的突出矛盾是结构矛盾，根本出路在于完善市场机制，而利率市场化是完善市场机制的重要环节。要在扩大银行贷款利率浮动幅度的基础上，放开贷款的利率管制，让商业银行根据贷款对象的资信状况和贷款的风险大小灵活确定贷款利率。

改进人民币汇率机制，实施"一篮子货币"的汇率制度。世界经济发展的历史表明，固定汇率制度容易导致通货紧缩的发生，使出口面临下降的困难。我国现行的有管理的浮动汇率制度存在两个缺陷：一是有管理而无浮动，成为实际上的固定汇率，中央银行承担全部的汇率风险；二是盯住美元，汇率机制不灵活，使我国外汇受制于美元汇率走势，使我国的汇率政策容易处于被动局面，增加了中央银行宏观调控的难度。在目前的汇率制度下，一是可能导致资本流入规模的减少及资本外逃倾向，使我国资本与金融账户出现赤字；二是随着本外币利差加大，可能引起企业负债币种转换；三是可能诱导社会持有外汇的偏好。因此，要持续保持人民币汇率稳定，从中长期来看，要建立灵活的汇率形成机制，并且汇率稳定的指标应确定为"一篮子货币"，而不是某单一货币，如美元。增加汇率制度的灵活性，可以减轻人民币升值的压力，促使国内价格回升，降低实际利率预期，有利于摆脱通货紧缩的陷阱。

以上宏观经济运行状况说明宏观经济分析要同时考虑到内部平衡和外部平衡，要充分认识到开放经济下，来自国外的冲击对国内经济的深刻影响，及时预测潜在的影响，采取必要的措施，尽可能减轻外部冲击对国内经济波动的影响。政府也应积极采取相应的措施，化解外部冲击的不利影响。

典型案例分析

南方国家的汇率风险

目前发展中国家汇率所面临的风险极为巨大。这是因为流入发展中国家的国际资本对于发达国家的利率变化极为敏感，而后者完全处于发展中国家的控制之外。加州大学著名国际经济学家艾肯格林等人的一项研究成果揭示，从 1975 年到 1992 年，100 个发展中国家的银行危机与发达工业化国家的利率（简称"北方利率"）变化密切相关。"北方利率"每增长 1%，"南方"银行危机的可能性就增长 3%。这是因为国际资本（尤其是证券资本）流入主要是在"北方利率"降落之时，一旦"北方利率"上升，国际资本就有可能掉头回转。不完全信息经济学告诉我们，货物市场和金融市场的"市场失灵"程度不同，后者更受"道德风险"和"逆选择"的影响。因此，"北方利率"的上升，不仅提高资本回转的可能，而且增加了对"南方"银行的"逆选择"：高利率只吸引过度乐观的"南方"借款者，从而加剧金融危机。

教材习题参考答案

1. 均衡汇率是如何决定的?影响汇率变化的因素有哪些?

答案:(1)汇率是两个国家通货的相对物价。汇率也像商品的价格一样,是由外汇的供给和对外汇的需求这两个方面相互作用、共同决定的。均衡汇率处于外汇供给曲线和需求曲线的交点。

(2)如果汇率的供给和汇率的需求发生变化,则均衡的汇率就会发生变化,并按照新的供求关系达到新的均衡。从一般的意义上说,影响外汇需求曲线移动的因素和外汇供给曲线移动的因素都是影响汇率变化的因素。在现实中,经常提到的影响汇率变化的因素主要有进出口、投资或借贷、外汇投机等。

2. 说明固定汇率制的运行。

答案:固定汇率制度是以某些相对稳定的标准或尺度作为依据,以确定汇率水平的一种制度。在固定汇率制度下,现实汇率水平受平价的制约,只能围绕平价在很小的范围内上下波动。维持固定汇率制度的措施包括提高贴现率、动用黄金外汇储备、外汇管制、举借外债或签订互换货币协定、实行货币公开贬值等。

3. 假设一国的出口方程为 $X=A-my$。当 m 变大时,经济的 IS 曲线将发生什么变化?当 A 增加时,IS 曲线又发生什么变化?

答案:当 m 变大时,IS 曲线斜率变大,IS 曲线围绕截距旋转,变得较为陡峭;A 增大时,IS 曲线向右平行移动。

4. 结合第十三章的有关内容推导开放经济条件下政府购买乘数的表达式。

答案:考虑如下的开放经济宏观模型:

$$y=c+i+g+x-m$$

$$c=a+by$$

$$m=m_0+\beta y$$

其中,i、g、x、m_0 为常数,b 为边际消费倾向,β 为边际进口倾向。则有

$$y=\frac{1}{1+\beta-b}\times(a-m_0+i+g+x)$$

所以,$k_g=\frac{\mathrm{d}y}{\mathrm{d}g}=\frac{1}{1+\beta-b}$,上述为政府购买乘数表达式。

5. 完全资本流动的含义是什么?在小国和大国模型中,资本完全流动带来的结果有什么不同?

答案:完全资本流动意味着资产所有者认为国内证券与国外证券之间可以完全替代。因此,只要国内利率超过国外利率就会吸引资本大量流入;或者只要国内利率低于国外利率,就会使资产所有者抛售国内资产,引起大量资本外流。在小国模型中,资本完全流动带来的结果是货币政策在固定汇率下对刺激经济毫无效果,在浮动汇率下则效果显著;财政政策在固定汇率下对刺激经济效果显著,在浮动汇率下则效果甚微或毫无效果。在大国模型中,资本完全流动对财政政策和货币政策

的影响并不像小国中那么明显，虽然同样会影响两者的效果，但并不会使两者毫无效果。

6. 在资本完全流动的小国开放经济中，为什么国内的利率水平与国际利率水平总能保持一致？

答案：在资本完全流动的小国开放经济中，国内利率在短时间内可能略有上升，但一旦出现这种情况，外国人就会注意到该国的较高利率并开始向这个国家贷款（如通过购买这个国家的债券）。资本的流入使国内利率回到 r^0。同样，如果任何事件一旦开始使国内利率下降，资本就会流出该国到国外去赚取更高的收益，而这种资本流出将使国内利率回升到 r^0。因此，$r=r^0$ 代表一个假设：国际资本流动之迅速足以使国内利率等于世界利率。

7. 用蒙代尔-弗莱明模型考察固定汇率制下紧缩性货币政策的影响。

答案：蒙代尔-弗莱明模型中的关键假设是资本完全流动，在资本完全流动的情况下，国内的利率水平与国际利率水平总能保持一致。如果中央银行试图减少货币供给，它就对汇率施加了向上的压力，为了维持固定汇率，货币供给和 $\overline{LM}$ 曲线必须回到其初始的位置，名义货币政策是无效的。

8. 用蒙代尔-弗莱明模型考察浮动汇率制下紧缩性财政政策的影响。

答案：蒙代尔-弗莱明模型中的关键假设是资本完全流动，在资本完全流动的情况下，国内的利率水平与国际利率水平总能保持一致。如果政府实行紧缩性财政政策，则 IS 曲线向左移动，这引起汇率下降，净出口上升，但收入不变。净出口的增加抵消了紧缩性财政政策对收入的影响。

9. 浮动汇率制与固定汇率制的优点是什么。

答案：浮动汇率制度的优点：①浮动汇率制度消除了维持汇率平价的义务，这将恢复政府对货币的控制；②浮动汇率制度下贸易收支调节机制的运行更加平稳。如果一国出现贸易逆差，该国货币在外汇市场上的供求不平衡（供应超过需求）会引起其汇率的下跌。由于出口商品变得便宜，而进口商品价格上升，汇率的下跌转而又纠正了贸易逆差。

固定汇率制度的优点：①固定汇率制度维持固定汇率平价的要求使政府不能以可能引发通货膨胀的速度增加货币供应量；②固定汇率制度可限制投机对汇率稳定的破坏作用；③固定汇率制度可以消除投机给未来货币汇率变化带来的不确定性，促进国际贸易和投资的增长。

10. 在不考虑资本流动和汇率变动的情况下，某经济社会的宏观经济模型为 $y=C+I+X-M$，$C=40+0.8y$，$I=50$，$X=100$，$M=0.2y+30$，充分就业的产出水平为 $y_f=500$，试求：

(1)产品市场均衡时的产出水平和贸易收支。

(2)使贸易收支均衡的产出水平。

(3)实现充分就业时的贸易收支。

答案：(1)$y=400$，$x=100$，$m=110$，贸易赤字$=10$。

(2)$y=350$。

(3)$x=100$，$m=130$，贸易赤字$=30$。

第十九章 经济增长

知识脉络图

- 国民收入的长期趋势和波动
- 对经济增长的一般认识
  - 经济增长名义
    - 经济总产量的增长
    - 人均产量的增长
  - 经济增长源泉的主要因素
    - 劳动数量增加和质量提高
    - 资本存量增加和技术进步
  - 增长率的分解式：$g_Y = g_A + a g_K + (1-a) g_N$
- 增长核算
  - 增长核算方程
  - 增长的经验估算
  - 经济增长因素分析
    - 丹尼森分析
    - 库兹涅茨分析
    - “倒 u 字假说”
- 新古典增长理论
  - 基本假定
    - 社会储蓄函数
    - 劳动力按一个不变的比率 n 增长
    - 生产的规模报酬不变
  - 基本方程
    - 没有技术进步的新古典增长模型：$\dot{k} = sf(k) - (n+\delta)k$
    - 具有技术进步的新古典增长模型：$\dot{\hat{k}} = sf(\hat{k}) - (n+\delta+a)\hat{k}$
  - 稳态
    - 概念及条件
    - 稳态时的增长率
- 应用新古典增长模型
  - 对收入差异的解释
  - 对增长率的解释
  - 资本的黄金律水平
- 内生增长理论
  - 基本模型
  - 两部门模型

促进经济增长的政策	鼓励技术进步 鼓励资本形成 增加劳动供给 建立适当的制度

复习提示

概念：经济增长、经济发展、人力资本、有保证的增长率、经济增长的黄金分割律、资本产出弹性、稳定状态、索洛模型、内生增长模型。

理解：促进经济增长的政策、稳态时的增长率。

掌握：增长核算以及经济增长的源泉，推导新古典增长模型和内生增长模型中的相关公式和结论。

图解：稳定状态，分析新古典增长模型内各变量的变化对经济增长的影响。

运用：运用新古典增长模型分析增长问题。

重点难点常识理解

1. 经济增长与经济发展

经济增长通常是指在一个较长的时间跨度上，一个国家人均产出(或人均收入)水平的持续增加。较早的文献中，经济增长是指一个国家或地区在一定时期内的总产出与前期相比实现的增长。对一国经济增长速度的度量，通常用经济增长率来表示。设 ΔY_t 为本年度经济总量的增量，Y_{t-1} 为上年所实现的经济总量，则经济增长率(G)就可以用公式表示为 $G=\frac{\Delta Y_t}{Y_{t-1}}$。经济增长率的高低体现了一个国家或地区在一定时期内经济总量的增长速度，也是衡量一个国家或地区总体经济实力增长速度的标志。

一个国家摆脱贫困落后状态，走向经济和社会生活现代化的过程即称为经济发展。经济发展不仅意味着国民经济规模的扩大，更意味着经济和社会生活质量的提高。所以，经济发展涉及的内容超过了单纯的经济增长，比经济增长更为广泛。就当代经济而言，发展的含义相当丰富、复杂。一般来说，经济发展包括三层含义：①经济量的增长，即一个国家或地区产品和劳务的增加，它构成了经济发展的物质基础；②经济结构的改进和优化，即一个国家或地区的技术结构、产业结构、收入分配结构、消费结构以及人口结构等经济结构的变化；③经济质量的改善和提高，即一个国家和地区经济效益的提高，经济稳定程度和卫生健康状况的改善，自然环境和生态平衡以及政治、文化和人的现代化进程。

2. 经济增长的黄金分割律

经济增长的黄金分割律是经济增长理论中的一个重要结论。黄金律的内容是，欲使每个工人的消费达到最大，则对每个工人的资本量的选择应使资本的边际产品等于劳动的增长率。如果目标是走上使每个工人消费最大化的稳定增长的道路，黄金分割律决定的数量是一个经济一开始应该选择的每个工人的资本量。

3. 技术进步

技术进步是指科学技术和组织管理的改进导致劳动力和资本的效率提高，也就是说，技术进步使劳动和资本这两种生产要素在一定的投入量所生产的产量较之前增加。或者说，生产既定数量的产品所需投入量较之前减少。

4. 卢卡斯模型

卢卡斯模型是卢卡斯于 1988 年提出的一个专业化的人力资本增长模型，其特点是把经济增长中的技术进步具体化，将其体现在生产中的一般知识上，表现为劳动者劳动技能的人力资本。该模型把资本划分为物质资本和人力资本，把劳动划分为原始劳动和专业化的人力资本。同时该模型进一步划分了人力资本的两种效应：内在效应和外在效应。

5. 新古典经济增长模型与内涵型经济增长

新古典经济模型的主要内容：在生产的规模效益不变和劳动与资本可相互替代的两个前提下，推导出 $sf(k)=\Delta k+nk$，其中，$sf(k)$为社会的人均储蓄；Δk 为人均资本的增加，即资本的深化；nk 为新增人口所配备的资本数量，即资本的广化。这样社会的人均储蓄可被用于两部分：资本的深化和资本的广化。当人均资本不变即 $\Delta k=0$ 时，产量的增长率等于劳动力的增加率，经济属于均衡增长，这时有 $sf(k)=nk$。如果一个经济的目标是使人均消费最大化，那么在技术和劳动增加率固定不变时，经济中的资本—劳动比率应达到这样的数量，即使得资本的边际产品等于劳动的增长率，即 $f'(k)=n$，此即黄金分割率。

内涵型经济增长又称内生经济增长。与新古典增长理论不同，内生增长理论用规模收益递增和内生技术进步来说明一个国家长期经济增长和各国增长率差异。其重要特征就是试图使增长率内生化。根据其依赖的基本假定条件的差异，可以将内生增长理论分为完全竞争条件下的内生增长模型和垄断竞争条件下的内生增长模型。按照完全竞争条件下的内生增长模型，使稳定增长率内生化有两条基本途径：①将技术进步率内生化；②如果可以被积累的生产要素有固定报酬，那么可以通过某种方式使稳态增长率被要素的积累所影响。

要点解析：在引入技术进步的索洛模型中，稳态条件下，总产出、资本和有效劳动都以$(n+a)$速度增长，人均产出和人均资本都以技术进步的速度 a 增长。生产率的提高变现为 a 值的增大，在人口增长率 n 不变的情况下，稳态总产出与人均产出都会提高，因此生产率的提高会带来经济的增长，从而提高长期生活水平。

6. 加速原理

加速原理是指收入变动或消费需求的变动引起投资变动的理论。当满足不存在闲置未用的过剩生产能力和资本—产出比不变两个假定前提时，产品需求增加引致产品生产扩大，为了增加产量，就要求增加资本存量，要求有新的投资。也就是说，收入或消费需求的变动导致投资数倍的变动。

加速原理的含义：①投资并不是产量（或收入）的绝对量的函数，而是产量变动率的函数。即投资变动取决于产量的变动率，若产量的增加逐期保持不变（产量变动率为零），则投资总额也不变；②投资率变动的幅度大于产量（或收入）的变动率，产量的微小变化会引起投资率较大幅度的变化；③若要保持增长率不至于下降，产量必须持续按一定比率增长。因为一旦产量的增长率变缓，投资增长率就会停止或下降。即产量的绝对下降，只是相对地放缓了增长速度，也可能引起投资缩减；④加速数与乘数一样都从两个方向发生作用。即当产量增加时，投资的增长是加速的，当产量停止增长或减少时，投资的减少也是加速的；⑤要使加速原理发挥正常作用，只有在过剩生产能力全部消除时才能实现。

7. 稳定状态与稳态增长率

稳定状态是指经济中的各个变量（产出、消费、投资等）皆维持稳定，即它们的增长率皆为零的一种状态。稳态增长率为$\frac{\Delta Y}{Y}=\frac{\Delta N}{N}=\frac{\Delta K}{K}$。

在不考虑技术进步情况下的稳态增长率见表 19-1。

表 19-1　在不考虑技术进步情况下的稳态增长率

内生变量	符号	稳态增长率
人均资本	$k=\frac{K}{N}$	0
人均产量	$y=\frac{Y}{N}$	0
总资本	K	n
总产出	Y	n

具有技术进步情况下的稳态增长率见表 19-2。

表 19-2　具有技术进步情况下的稳态增长率

内生变量	符号	稳态增长率
按有效劳动平均的资本	$\dot{k}=\frac{K}{AN}$	0
按有效劳动平均的产量	$\dot{y}=\frac{Y}{AN}$	0
人均资本	$\frac{K}{N}=\dot{k}A$	a
人均产量	$\frac{Y}{N}=\dot{y}A$	a
总资本	$K=\dot{k}AN$	$n+a$
总产量	$Y=\dot{y}AN$	$n+a$

8. 经济周期

经济周期又称经济波动或国民收入波动，指总体经济活动的扩张和收缩交替反复出现的过程。现代经济学中关于经济周期的论述一般是指经济增长率的上升和下降的交替过程，而不是经济总量的增加和减少。一个完整的经济周期包括繁荣、衰退、萧条、复苏（也可以称为扩张、持平、收缩、复苏）四个阶段。在繁荣阶段，经济活动全面扩张，不断达到新的高峰。在衰退阶段，经济短时间保持均衡后出现紧缩的趋势。在萧条阶段，经济出现急剧的收缩和下降，很快从活动量的最高点下降到最低点。在复苏阶段，经济从最低点恢复并逐渐上升到先前活动量的高度，进入繁荣。衡量经济周期处于什么阶段，主要依据国民生产总值、工业生产指数、就业和收入、价格指数、利息率等综合经济活动指标的波动。经济周期的类型按照其频率、幅度、持续时间的不同，可以划分为短周期、中周期、长周期三类。对经济周期的形成原因有很多解释，其中比较有影响的主要是纯货币理论、投资过度论、消费不足论、资本边际效率崩溃论、资本存量调整论和创新论。

9. 资本黄金律水平推导过程

资本黄金律水平推导过程如下：

$Y=C+I$，同时除以 N，得 $Y/N=C/N+I/N$。

又 $Y/N=f(k)$，$C/N=c$，$I/N=\Delta k+(n+\delta)k$，

故 $f(k)=c+\Delta k+(n+\delta)k$，

即 $c=f(k)-\Delta k-(n+\delta)k$。

若要消费最大，则一阶导数应为 0，

故 $f'(k)-n-\delta=0$，即 $f'(k)=n+\delta$。

第十九章

考研真题与难题详解

一、概念题

1.（中央财经大学 2007 年研）黄金分割律

答案：黄金分割律的基本内容：若使稳态人均消费达到最大，稳态人均资本量的选择应使资本的边际产品等于劳动的增长率。用方程来表示就是 $f'(k^*)=n$。如图 19-1 所示，问题可化为在图 19-1 中如何选择 k 使曲线 $f(k)$ 和直线之间的正向距离最大。从图 19-1 中可知，应选择 k^*，这时稳态的人均消费等于线段 MM' 的长度。在 k^* 处，曲线 $f(k)$ 的切线的斜率与直线 nk 的斜率应相等。由于直线 nk 的斜率为 n，而曲线 $f'(k)$ 在 k^* 处的斜率为 $f'(k^*)$，故有 $f'(k^*)=n$ 成立。

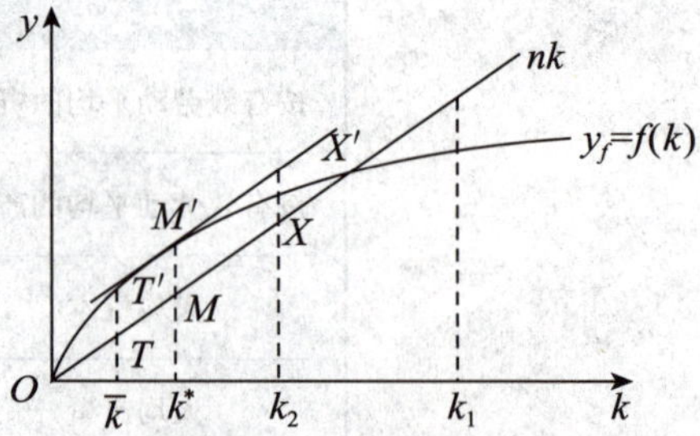

图 19-1　经济增长的黄金分割律

从黄金分割律可知，一方面，在稳态时如果一个经济中人均资本量多于其黄金律的水平，则可通过消费掉一部分资本使平均每个人的资本下降到黄金律的水平，提高人均消费水平；另一方面，如果一个经济拥有的人均资本少于黄金律的数量，则该经济能够提高人均消费的途径是在目前缩减消费，增加储蓄，直到人均资本达到黄金律的水平。

2. 乘数-加速数模型

答案：乘数-加速数模型又称“汉森-萨缪尔森模型”。乘数原理说明投资的变动可以引起国民收入的加倍变动，加速数原理表述了随着国民收入的变动投资的加速增加的现象。乘数-加速数模型将两者结合起来用以解释在国民收入中投资、消费和收入的相互影响、相互加速，进而解释了经济中扩张与衰退的交替并形成经济周期的现象。

3. 均衡经济增长率

答案：均衡经济增长率是指实际增长率、有保证的增长率和自然增长率相等时的经济增长率。在哈罗德—多马模型中，要实现充分就业的均衡增长，就必须满足 $G_A=G_W=\frac{s}{u}=\frac{sd}{ur}=n=G_N$，其中，$G_A$ 为实际增长率，G_W 为有保证的增长率，n 为一国的人口增长率。这一等式表明了实现充分就业均衡增长的必要条件。哈罗德把符合上述条件的增长率称为“自然增长率”，认为是社会所能达到的最大的、“最适宜的”增长率，用 G_N 来表示，显然，$G_N=n$。在现实经济活动中，$\frac{s}{u}=\frac{sd}{ur}=n$ 这种情况是有可能出现的，因此哈罗德认为，在资本主义条件下，实现充分就业均衡增长的可能性是存在的。但另一方面，由于储蓄比例、实际资本—产量比和劳动力增长率分别是由各不相同的若干因素独立地决定的。因此，除非偶然的巧合，充分就业的均衡增长是不会出现的。于是，哈罗德认为，虽然 $G_A=G_W=G_N$ 这种理想的充分就业均衡经济增长率是存在的，但是一般来说，实现充分就业均衡增长的可能性是极小的，也就是说，在一般情况下，经济很难按照均衡增长的途径增长。

4. 索洛剩余

答案：索洛剩余又称索洛残差，是指不能为投入要素变化所解释的经济增长率。具体而言，索洛剩余是指在剥离资本和劳动对经济增长贡献后的剩余部分。一般认为剩余部分是技术进步对经济增长的贡献部分。发达国家制度比较稳定，除去资本和劳动贡献后，确实主要是技术进步对经济增长的贡献；而在发展中国家，很大一部分正在经历制度变革和经济自由化的过程，显然制度进步会对经济增长有重大的促进作用，这样计算出来的“索洛剩余”不但包括了技术进步对经济增长的贡献，也包括了经济制度的改变（改革使市场经济建立，降低交易费用）对经济的贡献。索洛剩余用公式可以表示为$\frac{\Delta A}{A}=\frac{\Delta Y}{Y}-s_K\frac{\Delta K}{K}-s_L\frac{\Delta L}{L}$。其中，$\frac{\Delta A}{A}$为索洛剩余，$\frac{\Delta Y}{Y}$为总产出增长率，$\frac{\Delta K}{K}$、$\frac{\Delta L}{L}$分别为资本和劳动的增长率，$s_K$、$s_L$ 分别为资本和劳动在总产出中的份额。

5. 人力资本

答案：人力资本是指通过对人的教育、培训、实践经验、迁移、保健等方面的投资而获得的知识和技能的积累。这一概念的提出，对于从新的角度解释经济增长的原因起了关键性的作用，它已成为现代经济学的一个重要概念。至 20 世纪 80 年代，对人力资本在经济增长中的作用机制的研究已与新增长理论密不可分。人力资本具有六大特点：①需要有前期投入，是前期投资的结果；②能够使生产率提高；③能带来预期收益；④人力资本是对人的投资，其所获得的知识和技能是存在于人的身体之内的；⑤通过人的有效劳动创造的价值体现出来，失去劳动能力或不能劳动的人也就失去了人力资本；⑥遵循谁投资谁受益的原则，人力资本收益应该按投资比例分配给个人、集体和国家。

6.（华中科技大学 2004 年研，中山大学 2017 年研）稳定状态

答案：稳定状态是指长期中经济增长达到的一种均衡状态，投资等于资本扩展化水平，人均资本存量维持不变。这个维持不变的人均资本存量 k^* 称为稳定状态的人均资本存量。

在稳定状态下，不论经济初始位于哪一点，随着时间的推移，经济总是会收敛于该资本水平 k^*。在稳定状态，由于人均资本存量保持不变，所以人均产出也保持不变，即人均产出增长率为 0。

二、简答题

1.（华中理工大学 2001 年研）简述新古典宏观经济学与新凯恩斯主义宏观经济学的分歧，并加以评价。

答案：新古典宏观经济学和新凯恩斯主义经济学是目前西方宏观经济学中两个较有影响的理论流派。两者的主要分歧在于：

（1）在基本假设方面，新古典宏观经济学与新凯恩斯主义经济学最明显的分歧是，前者坚持市场出清假设，而后者坚持非市场出清假设。新古典宏观经济学家认为，工资和价格具有充分的伸缩性，可以迅速调整，通过工资价格的不断调整，使供给量与需求量相等，市场连续地处于均衡之中，即被连续出清。因此，新古典宏观经济学把表示供给量和需求量相等的均衡看作经常可以得到的情形。与此相反，新凯恩斯主义则认为，当经济出现需求扰动时，工资和价格不能迅速调整到使市场出清，缓慢的工资和价格调整使经济回到实际产量等于正常产量的状态需要一个很长的过程，例如，需要几年的时间，而在这一过程中，经济处于供求不等的非均衡状态。

（2）在解释经济波动方面，新古典宏观经济学与新凯恩斯主义经济学的分歧是，前者试图用实际因素从供给扰动方面解释宏观经济波动，后者则用货币因素从需求方面解释宏观经济波动。在新古典宏观经济学看来，引起经济波动的实际因素很多，其中技术是一个重要的因素。在人口和劳动力固定的情况下，一个经济社会中所生产的实际收入便取决于技术和资本存量。换句话说，这时总量生产函数取决于表示技术状况的变量 z 和资本存量 k，即 $y=zf(k)$。如果假定资本折旧率为 δ，则在所考察时期的期末，经济中的可供利用资源为当期的产量加上没有折旧的资本存量，即总资源函数为 $zf(k)+(1-\delta)k$。假定总资源只有两个用途：消费和积累，如果由于技术进步，使 z 值增加，则生产函数和总资源函数向上移动，则原有的资本存量、产量和总资源都会相应地增加，从而使下期的消费和资本积累也相应地增加。如果经济社会选择新的资本存量，则资本存量的增加又会使实际收入进一步增加。如果没有进一步的技术变化，则经济随着总资源的增加，会扩张直到达到新的状态。这便是新古典宏观经济学对经济波动的解释。

新凯恩斯主义对宏观经济波动的解释较为复杂。为节省篇幅，这里只说明其基本思路。首先，新凯恩斯主义为了与非市场出清的假设相一致，建立了解释工资和价格黏性的各种理论，其中包括长期劳动合同论。其次，新凯恩斯主义导出了短期总供给曲线。最后，利用短期总供给曲线，新凯恩斯主义通过考察经济遭受总需求冲击后恢复到正常状态的过程，说明经济经历了一次波动（衰退或高涨状态)。

(3)在政策主张上,新凯恩斯主义认为,由于价格和工资的黏性,经济在遭受到总需求冲击之后,从一个非充分就业的均衡状态恢复到充分就业均衡状态是一个缓慢的过程,因而刺激总需求是必要的。所以,为了避免较长时期的非充分就业持续出现,凯恩斯主义的需求政策仍然是有效力的。新古典主义宏观经济学中一个不变的主题是反对政府干预。早期的理性预期学派就曾断言,由于人们的合理预期,规则的政策对产量变动是无效的。因而,为了避免因政策的突然变动引起的经济波动,政府应按稳定的政策规则行事。

2.(南京大学 2006 年研)根据新古典增长理论:

(1)怎样衡量各种投入对增长的贡献?

(2)"转变增长方式"的含义是什么?

(3)怎样转变增长方式?

答案:(1)根据新古典增长理论,$\frac{\Delta Y}{Y}=\alpha(\frac{\Delta K}{K})+\beta(\frac{\Delta L}{L})+\frac{\Delta t}{t}$,其中$\frac{\Delta Y}{Y}$为总产出增长率,$\frac{\Delta K}{K}$为资本增长率,$\frac{\Delta L}{L}$为劳动增长率,$\frac{\Delta t}{t}$为技术进步率,$\alpha$ 为资本的产出弹性,β 为劳动的产出弹性。

因此,资本投入对增长的贡献可以用 $\alpha\left(\frac{\Delta K}{K}\right)$ 来表示,劳动对增长的贡献可以用 $\beta\left(\frac{\Delta L}{L}\right)$ 来表示,技术进步对增长的贡献可以用$\frac{\Delta t}{t}$来表示。

(2)根据新古典的经济增长核算公式,"转变增长方式"的含义是改变传统的侧重于资本和劳动的高投入的经济增长方式,转为依靠技术进步来促进经济的发展,利用现代技术提升传统产业的生产效率和生产能力,更好地促进经济节约、快速发展。由增长核算公式可见,资本和劳动投入对经济增长所产生的作用取决于其投入增长率乘以其产出弹性,而技术进步对经济增长的作用更大,技术进步 1%,能引起产出增长 1%。因此,转变增长方式主要就是改变传统高投入的经济增长模式,充分利用现代科技实现节约型的经济增长。

(3)转变经济增长方式的措施主要如下:

1)要把节约资源作为基本国策,加快建设资源节约型和环境友好型社会,发展循环经济,高效利用资源,保护生态环境,促进经济发展与人口、资源、环境相协调。

2)要切实走新型工业化道路,走生产发展、生活宽裕、生态良好的文明发展道路,努力实现节约发展、清洁发展、安全发展和可持续发展。为了实现加快经济增长方式转变的目标,要抓住以下重要环节:要转变观念,坚持科学发展,要全面理解发展的内涵,正确处理经济发展与经济增长的关系,坚持以人为本、全面协调、可持续的科学发展观。

3)要大力调整产业结构,尤其要大力发展能耗低、需求大的现代服务业,提高先进制造业的比重,通过结构调整,构建增长方式转变的物质基础;要努力提高科技水平,大力推广和普及先进适用技术,加快运用高新技术特别是信息技术改造传统产业;要增强科技的自主创新能力,大力发展具有自主知识产权的关键技术和核心技术,形成转变增长方式强有力的技术支撑;要加快改革粗放型增长的体制和机制,加快转变政府职能,深化财税和金融体制改革,建立反映资源稀缺程度的价格机制,加快完善相应的法律和法规,把企业投资、生产行为和政府行为"逼入"科学发展的轨道。

3.（北京师范大学 2006 年研）根据现代国民收入理论，假如其他条件不变，储蓄的变化将对国民收入产生什么影响？根据现代经济增长理论（哈罗德-多马模型），假如其他条件不变，储蓄率的变化将对国民收入增长率产生什么影响？这两个结论有矛盾吗？如何解释这个“矛盾”？

答案：（1）根据现代国民收入理论（凯恩斯的国民收入决定理论），在其他条件不变的情况下，如果储蓄增加，则居民的可支配收入将减少，居民用于消费的支出将减少，从而一国经济的总需求将减少，一国经济将出现有效需求不足，一国经济中的总产出也将减少。因此，储蓄的增加将导致国民收入的减少。

（2）根据现代经济增长理论（哈罗德-多马模型），一国经济的增长率为 $G=\frac{\Delta Y}{Y}=\frac{s}{v}$，其中 G 表示一国国民收入的增长率（$\Delta Y/Y$），s 表示储蓄率（S/Y），v 表示边际资本产量比率（$\Delta K/\Delta Y$）。从哈罗德-多马模型可见，储蓄率水平的提高将提高一国国民收入的增长率，储蓄率的降低将降低一国国民收入的增长率。

（3）（1）和（2）中的两个结论看似矛盾，其实并不矛盾。（1）和（2）中两个理论分析储蓄对国民收入影响的时间长短不同：现代国民收入理论主要是从短期来考虑一国储蓄水平对一国国民收入的影响。在短期内，储蓄的增加将会造成可支配收入的减少，消费水平的降低，总需求的不足，一国国民收入的下降。但是在长期内，一国较高的储蓄水平会增加一国经济中的资本存量，从而提高经济的长期增长率。而现代经济增长理论（哈罗德-多马模型）主要是从较长的时期内考虑了储蓄对一国资本存量的影响以及对一国国民收入的长期影响。因此，从不同的时间范围来理解以上两个结论，两者其实是并不矛盾的。

4.（中央财经大学 2011 年研）在不考虑技术进步和人口增长的索洛模型中，假设经济体初始处于稳态且资本量处于黄金律水平以下，如果政府准备一次性提高储蓄率以使经济在长期内达到黄金律资本水平，画图说明政府提高储蓄率对产出、消费和投资影响的动态过程。（提示：以时间为横轴刻画产出、消费和投资的变化过程）

答案：在不考虑技术进步和人口增长的索洛模型中，假设经济体初始处于稳态且资本量处于黄金律水平以下，如图 19-2 所示，此时储蓄率为 s_i，人均资本为 k_i^*。

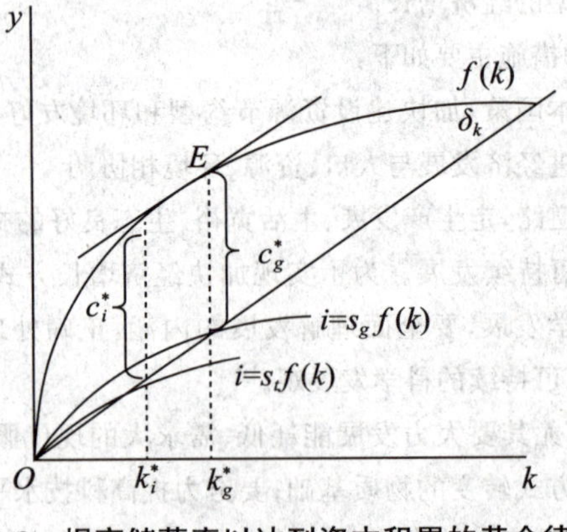

图 19-2 提高储蓄率以达到资本积累的黄金律水平

需要注意的是，虽然一个经济会自动收敛于一个稳定状态，但并不会自动收敛到一个黄金律的稳定状态。事实上，要让一个经济有黄金律的稳定状态，政府要通过对储蓄率的选择，使稳定状态的资本存量水平正好是黄金律水平。现政府准备一次性提高储蓄率到 s_g 以使经济在长期内达到黄

金律资本水平 k_g^*。

假设政策能够成功，储蓄率将在时刻 t_0 升到最终会实现黄金律稳态的水平。图 19-3 反映了当储蓄率提高的时候，对产出、消费和投资分别产生的影响。

储蓄率在 t_0 的提高会引起消费的下降和投资的增加，长期中，较高的投资会使资本存量提高，产出和消费等都将逐步增加，最终实现黄金律稳态的水平。在新的黄金律稳态水平的消费必然高于原来的稳态消费。

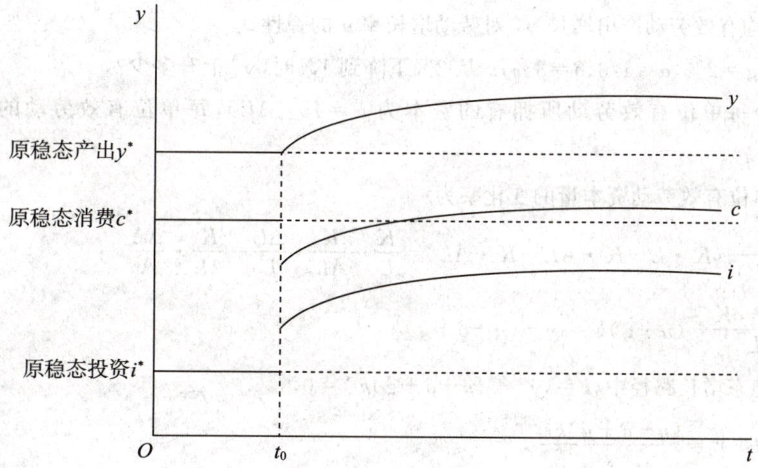

图 19-3　资本过少时提高储蓄率的影响

5.(暨南大学 2011 年研)内生经济增长模型与新古典增长模型有何不同?

答案: 内生经济增长理论也称为新经济增长理论，新古典经济增长理论是美国经济学家索洛提出的。内生经济增长理论和新古典经济增长理论有以下三个主要区别。

(1)假设条件不同。新古典经济增长理论假设资本边际收益递减，而内生经济增长理论则假设资本边际收益不变。这是内生经济增长理论和新古典经济增长理论的关键区别。另外，新古典经济增长理论假设技术是外生的，而内生经济增长理论则认为技术和资本一样是"内生"的。

(2)储蓄率变动对经济增长的影响不同。在索洛模型中，储蓄引起暂时增长，但资本收益递减最终迫使经济达到稳定状态，在这一稳定状态下经济增长只取决于外生技术进步。相反，在内生增长模型中，储蓄和投资可以导致经济持续增长。

(3)结论不同。内生经济增长理论的结论是经济增长率是内生的，即促使经济增长的因素是模型内决定的，储蓄和投资会引起经济的长期增长。新古典经济增长理论的结论则是经济增长取决于外生的技术进步，而储蓄只会导致经济的暂时增长，资本边际收益递减最终使经济增长只取决于外生技术进步。

三、计算题

1.（北京大学2008年研）设劳动力 L 的增长率为 n，知识 A 的增长率为 g，资本的增长率为 δ，$\dot{K}(t)=sY(t)-\delta K(t)$，$Y(t)=F(K,AL)=K^{\alpha}(AL)^{1-\alpha}$，而且规模报酬不变，在稳态增长路径中：

(1)求平均有效劳动产出增长 y^* 对劳动增长率 n 的弹性。

(2)已知 $g=2\%$、$\alpha=1/3$、$\delta=3\%$，n 从2%下降到1%时，y^* 上升多少？

答案：(1)每单位有效劳动所拥有的资本为 $k=K/(AL)$，每单位有效劳动的产出为 $y=Y/(AL)^{1-\alpha}=k^{\alpha}$。

因而每单位有效劳动资本量的变化率为

$$\dot{K}=\frac{1}{(AL)^2}(\dot{K}\cdot L-K\cdot A\dot{L}-K\cdot \dot{A}L)=\frac{\dot{K}}{L}-\frac{K}{AL}\cdot\frac{\Delta L}{L}-\frac{K}{AL}\cdot\frac{\Delta A}{A}$$

$$=\frac{sY-\delta K}{L}-(n+g)k=sy-(n+\delta+g)k$$

因而在稳态增长路径中，$\dot{k}=sy^*-(n+\delta+g)k^*=0$，

从而有 $(k^*)^{\alpha}=\frac{(n+\delta+g)k^*}{s}$，

因而有 $k^*=\left(\frac{s}{n+\delta+g}\right)^{\frac{1}{1-\alpha}}$，$y^*=\left(\frac{s}{n+\delta+g}\right)^{\frac{\alpha}{1-\alpha}}$，

因而平均有效劳动的产出增长 y^* 对劳动增长率 n 的弹性为

$$\frac{\partial y^*}{\partial n}\cdot\frac{n}{y^*}=\frac{\alpha}{1-\alpha}\cdot\left(\frac{s}{n+\delta+g}\right)^{\frac{\alpha}{1-\alpha}-1}\cdot\frac{-s}{(n+\delta+g)^2}\cdot\frac{n}{\left(\frac{s}{n+\delta+g}\right)^{\frac{\alpha}{1-\alpha}}}=\frac{-n\cdot\alpha}{(1-\alpha)(n+\delta+g)}$$

(2)现在 $g=2\%$、$\alpha=1/3$、$\delta=3\%$，n 从2%下降到1%，其中 n 取中值0.015，从而可得产出弹性为 $\frac{\partial y^*}{\partial n}\cdot\frac{n}{y^*}=\frac{-0.015\times\frac{1}{3}}{(1-1/3)(0.015+0.02+0.030)}\approx-0.12$。

因此，n 由2%下降至1%，下降了50%，则产出会上升6%(12%×50%=6%)。

2.（中国人民大学2008年研）假设一个经济的人均生产函数为 $y=\sqrt{k}$，其中 k 为人均资本。求：

(1)经济的总量生产函数。

(2)在没有人口增长和技术进步的情况下，假定年折旧率为 $\delta=10\%$，储蓄率为 $s=40\%$。那么稳态下的人均资本、人均产出和人均消费分别为多少？

答案：(1)经济中的总量生产函数为

$$Y=\frac{Y}{L}\cdot L=yL=\sqrt{k}\cdot L=\sqrt{\frac{K}{L}}\cdot L=K^{\frac{1}{2}}L^{\frac{1}{2}}$$

(2)在索洛模型中，经济的稳定条件为

第十九章

$\dot{k}=sy-\delta k=s\sqrt{k}-\delta k=0$

所以，稳态下的人均资本为 $k=16$；

稳态人均产出为 $y=\sqrt{k}=4$；

稳态人均消费为 $c=(1-s)y=0.6\times4=2.4$。

3.（暨南大学 2013 年研）假设在索洛模型所描述的经济中，生产函数 $Y=F(K,L)=\sqrt{K\times L}$，人均储蓄率、折旧率和人口增长率分别为 0.4、0.05 和 0.05，求稳态的人均资本存量和人均消费。此时经济处于黄金律水平吗？

答案：(1)$y=\frac{Y}{L}=\frac{\sqrt{KL}}{L}=\sqrt{\frac{K}{L}}=\sqrt{k}$，

由均衡条件 $sy=(n+\delta)k$，

得 $0.4\sqrt{k}=(0.05+0.05)k$，

解得 $k^*=16$。

此时 $y^*=\sqrt{k^*}=4$，

$C^*=(1-0.4)y^*=2.4$。

(2)由黄金律水平条件 $f'(k)=n+\delta$

得 $0.5k^{-0.5}=0.05+0.05$，

得 $kgold=25\neq16=k^*$，

故此时不处于黄金律水平。

四、论述题

1.（中央财经大学 2007 年研）根据新古典宏观经济模型，画图分析货币供给变化对经济的影响。

答案：(1)20 世纪 70 年代的滞胀，传统凯恩斯主义不能够进行解释，于是促进了货币主义和理性预期的发展，形成以卢卡斯为首的新古典经济学派。新古典宏观经济学的基本假设：个体利益最大化；理性预期；市场出清；自然率假说。

(2)宏观政策无效论是新古典宏观经济学的重要观点，其原因在于理性预期。

按照西方学者的说法，AD 曲线的位置因许多外生变量或外界因素的影响而改变。这些因素包括财政政策、货币政策、气候的变化等。其中，某些因素完全是意料之外的，如气候的突然改变；某些因素完全是意料之中的，如政府的财政、货币或其他的经济政策（假设这些政策是分开执行的）。

现在，假设 AD 曲线位置的改变完全是由于意料中的因素的影响，ES 和 AD 的经济模型如何决定价格水平(P)和产量(y)可以用图 19-4 来说明。

图 19-4 中，假设经济社会在开始处于 A 点，即处于 y^* 垂直线、ES 和 AD 这三条线相交的点，又假设由于意料之中的因素，AD 的位置移动到 AD'，ES 和 AD' 相交于 B 点。按照理性预期学派的说法，B 点所意味的 P 违反了理性预期，因为 ES 代表预期价格为 P_0，与模型显示的价格 P_1 不

相等。理性预期学派认为，AD'是意料之中的原因所造成的，即在有效地利用一切信息的情况下，AD'的位置是众所周知的。既然AD'的位置已知，则C点能使预期的P和根据模型而推算出来的P相等，因为C点是根据$P_2=P^e$而得到的另一条ES线、y^*线和AD'线这三条线的交点。以C是ES线与y^*线的交点而论，P_2是C点所意味着的预期的P；以C是ES线与AD'线的交点而论，P_2是根据经济模型推算出来的P。三线相交于一点就是说预期的P与根据模型推算出来的P和根据模型推算出来的P相等。因此，此时的预期是理性的预期。从而，C点代表问题的答案。C点所标志的价格和产量分别为P_2和y^*。把C点和原来的A点相比，价格已从P_0上升到P_2，而产量却不变，仍然为y^*。因此，由于意料之中的原因而造成的总需求的变动只能使价格水平上升或下降，并不能导致整个经济制度的就业量或产量的变动。

理性预期学派的上述结论具有明显的政策含义：既然一切公开执行的经济政策，包括财政和货币政策在内，都属于意料之中的因素，那么，经济政策只能改变价格水平的高低，不会造成就业量或产量的上升或下降。换言之，凯恩斯主义所主张的通过宏观经济政策改变就业量的说法是错误的。

虽然由于意料之中的因素而造成的AD的变动不能改变y的数值，但是，理性预期学派认为，意料之外的因素所造成的AD的变动却可以导致y的变动。事实上，按照该学派的说法，资本主义经济波动的唯一原因恰恰在于意料之外的因素。这一想法可以通过图19-5来说明。

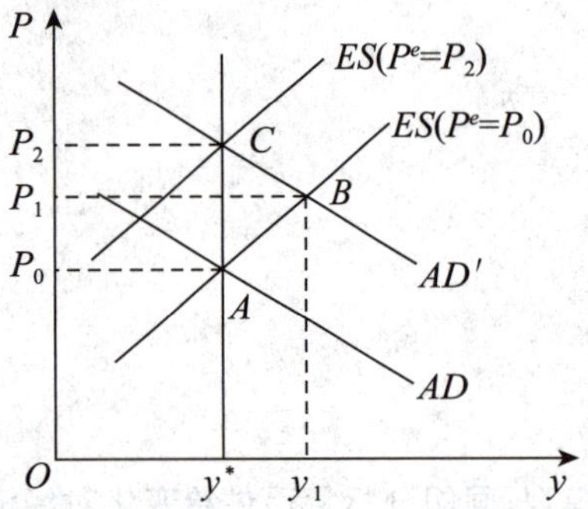

图 19-4　意料之中的因素所造成的后果

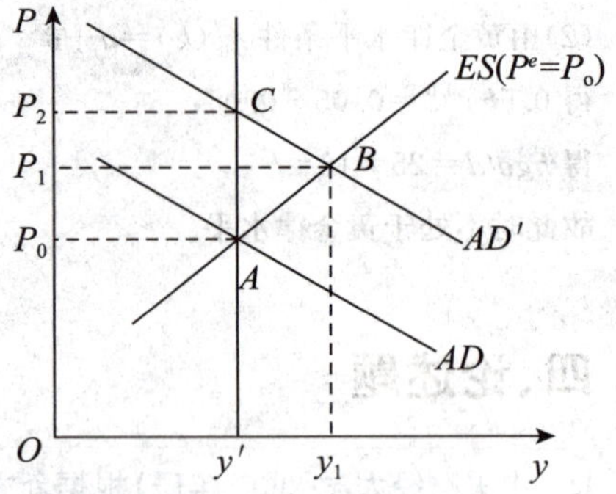

图 19-5　意料之外的因素所造成的后果

图19-5中，经济社会在开始时仍然处于A点，但AD移到AD'却是由于信息不能事先通报的意料外的因素造成的。因此，虽然AD已移动到AD'的位置，参与经济的人并不能觉察到这一事实，他们还以为AD仍然处于原有的位置，在这种情况下，他们对价格的理性预期只能是P_0。因为，如果AD的位置没有移动，预期的P是P_0，而根据经济模型推算出来的P也是P_0。这就是说，即使存在着理性预期，价格水平和产量却可以由于意料之外的因素而发生波动。在目前的例子中，它们是顺次波动的P_1和y_1的数值。可以看到，理性预期一方面维护了传统西方经济学的总供给曲线，另一方面又以意料之外的因素的影响来解释资本主义经济活动的上升和下降。

对于意料之外的因素所造成的价格和产量的波动，理性预期学派认为，国家是不能使用经济政策来使之稳定的。由于意料之外的因素无法事先得知，所以参加经济活动的人，包括国家的经济管理人员在内，事先都不知道这些因素的存在，更谈不到理解这些因素的作用。因此，即使经济政策是有效的，国家的经济管理人员也无从执行这些政策。理性预期学派的最终结论是，在任何情况下，宏观经济使政策都是无效的。

2.（北京航空航天大学2007年研）内生增长的主要观点是什么？与新古典增长理论的主要区别在哪？中国在其国内及开放的过程中引入大量外资，可以提高经济增长能力吗？从哪些方面？

答案：（1）内生增长理论的主要观点是经济的长期增长依赖于储蓄率和其他因素，而不仅仅依赖于劳动力的增长率；经济增长的根本动力不是来源于外部因素，而是由经济有机体内部因素引起。

（2）内生增长理论与新古典增长理论的主要区别在于：后者认为，长期的经济增长只能由技术进步带来，储蓄率、人口率等因素都对经济只有短期效应；而前者认为，储蓄率、人口因素不仅对经济增长有短期效应，而且具有长期的效应；后者将技术进步率假定为外生，无法由增长模型本身决定，前者将技术进步内生化，用模型解释了技术进步是如何决定并影响经济增长的。

（3）一般认为，中国在国内用开放的过程中引入大量外资，在短期内是提高经济增长能力的，长期内则不一定。这是因为：根据新古典增长理论，资本积累对经济增长只有短期效应，长期的经济增长率由外生的技术进步率决定，每一个国家最终将趋向自己的稳态，经济按照外生技术进步增长。而处于发展中的国家由于资本不足，人均拥有资本量远远未达到稳态水平，所引入的资本可在短期内提高经济的增长能力。一旦资本积累到一定水平，中国经济将达到自己的稳态水平，资本的引入并不能提升自身的经济增长能力。但是，根据内生的增长理论，如果将资本广义化，如将人力资本纳入资本的范围，则资本并不表现出边际收益递减的特征，经济本身并没有一个稳态，资本的积累能够带来经济长久的增长，所以引入外资也有可能在长期内提高经济增长能力。

（4）引进外资一方面可以通过直接的资本积累提高经济增长能力；另一方面，伴随资本而来的管理和技术的外溢效应通过推动技术进步而提高经济增长能力。同时还可以通过加剧竞争，完善市场经济体制，间接提高经济增长能力。

3.（中央财经大学2013年研）经济增长理论表明，高储蓄有利于经济增长；然而，*IS*—*LM*模型却显示增加消费能够提高产出。请基于经济增长理论画图说明储蓄与稳态产出的关系；请基于*IS*—*LM*模型画图说明自发性消费增加与产出的关系；请解释节俭悖论，即说明节俭（高储蓄、低消费）对产出的影响。

答案：（1）储蓄与稳态产出的关系如图19-6所示，经济最初位于C点的稳态均衡。现在假定人们增加了储蓄，这使储蓄曲线上移至$s'f(k)$的位置。这时新的稳态为C'，比较C点和C'点，可知储蓄率的增加提高了稳态的人均资本和人均产量，即储蓄增加了产出。

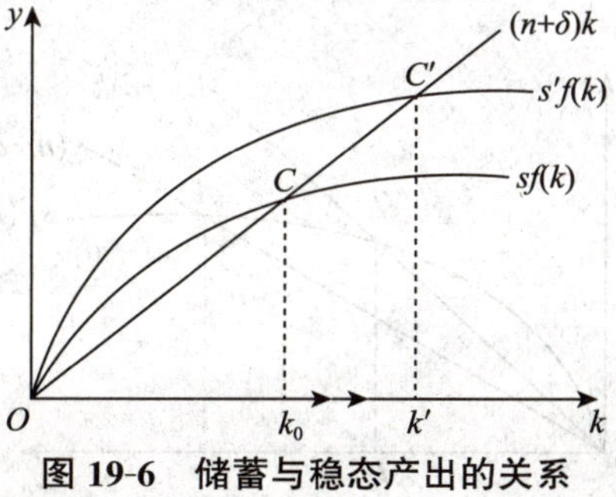

图19-6　储蓄与稳态产出的关系

对于从 C 点到 C' 点的转变，从短期看，更高的储蓄率导致了总产量和人均产量增长率的增加；从长期看，随着资本积累，增长率逐渐降低，最终又回落到人口增长的水平。储蓄率的增加不能影响到稳态增长率，但确实能提高收入的稳态水平。即储蓄率的增加只有水平效应，绝没有增长效应。

(2)自发性消费增加与产出的关系。如图 19-7 所示，假定经济初始均衡点为 E 点，此时利率水平为 r_0，产出为 y_0。若自发性消费增加，则总需求增加，从而使得 IS 曲线向右移动到 IS_1，从而使得经济均衡点移动到 E_1，从而使得产出从 y_0 增加到 y_1。

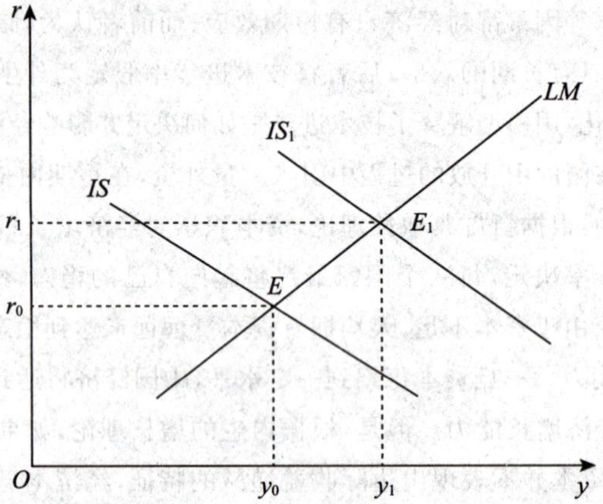

图 19-7 自发性消费增加对产出的影响

(3)节俭悖论。根据凯恩斯总需求决定国民收入的理论，公众越节俭，降低消费，增加储蓄，往往会导致社会收入的减少。因为在既定的收入中，消费与储蓄呈现反方向变动，所以储蓄与国民收入也呈现反方向变动关系。根据这种观点，增加消费减少储蓄会通过增加总需求引起国民收入的增加，就会促进经济繁荣；反之，就会导致经济萧条。但是从长期看，更高的储蓄率意味着较高的人均产出水平。另外，来自于实证分析的数据表明：各国的储蓄率与增长是正相关的。

显然，储蓄水平在短期和长期的影响是不一样的，这被称为“节俭悖论”。

4.（北京邮电大学 2013 年研）在新古典增长模型中，人口增长对经济有哪些影响？结合我国人口现状，说明我国实现经济发展转型升级的必要性和迫切性。

答案：(1)新古典增长模型中人口增长对经济的影响。新古典增长理论认为，当人口增长率上升，总产量的稳态增长率也上升，人口增加对人均资本和人均产量的增长率都不产生影响，如图 19-8 所示。

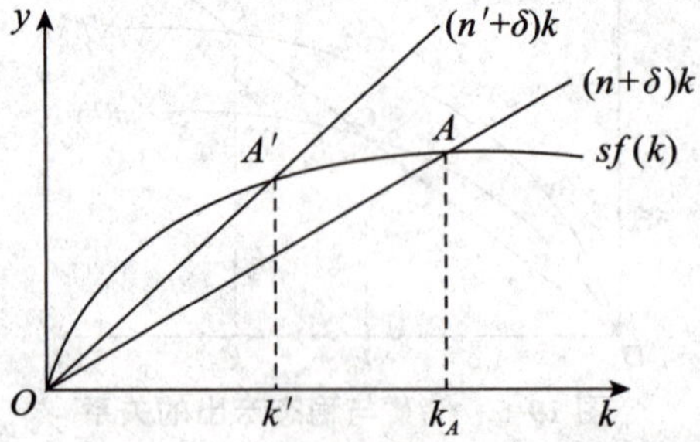

图 19-8 人口增长对经济的影响

图 19-8 中，经济最初位于 A 点的稳态均衡。现在假定人口增长率从 n 增加到 n'，则 $(n+\delta)k$ 线便移动到 $(n'+\delta)k$ 线，这时，新的稳态均衡为 A' 点。比较 A' 点与 A 点可知，人口增长率的增加降低了人均资本的稳态水平（从原来的 k_A 减少到 k'），进而降低了人均产量的稳态水平。这是从新古典增长理论得出的一个重要结论。

对人口增长进行比较静态分析的另一个重要结论是，人口增长率的上升增加了总产量的稳态增长率。这是因为 A' 点和 A 点都是稳态均衡点，稳态意味着 $\Delta Y/Y=\Delta N/N=\Delta K/K=n$，但人口增长对人均资本和人均产出的增长率都不产生影响。

（2）我国经济发展转型升级的必要性和迫切性的原因。

1）依靠劳动力数量扩张推动经济增长的基础开始动摇。“十二五”时期，劳动年龄人口绝对规模将达峰值，此后缓慢下降，劳动力供给形势出现划时代的变化，普通劳动力成本上升不可避免，传统“人口红利”趋于减弱。

2）劳动力转移对经济增长的贡献逐步减弱。随着农业与非农业部门边际生产率差距缩小、农村人口转移趋缓，我国劳动力进一步转移对经济增长的作用下降。同时，现行人口管理制度在很大程度上仍然建立在城乡、地区分隔的户籍制度基础之上，流动人口可以离开土地但不能融入城镇，阻碍了劳动力的有效配置。

3）人口资源环境约束对经济发展的压力增大。人口众多、人均资源占有量较少、生态环境容量相对不足仍然是我国的基本国情，对经济发展的压力是长期、巨大、刚性的。随着人口总量继续增长，人均收入和人们生活水平不断提高，人与自然的矛盾将全面激化，资源环境对经济高速增长的支撑能力日益减弱。

4）以人力资本为核心要素的国家竞争优势尚未形成。与发达国家相比，我国人口素质总体不高，成人平均受教育年限低，势必对未来劳动力人口素质产生不容忽视的负面影响；同时，自主创新能力明显不足。由此导致我国长期处于国际产业分工链低端，经济发展的后劲明显不足。

综上所述，由于我国“人口红利”的逐渐消失，人口资源环境约束的压力增大，人力资本的劣势严重制约着我国经济的进一步发展，因此必须加快实现我国经济发展的转型升级。

典型案例分析

为什么发达国家的生活水平高？

当你在世界各国旅行时，会看到生活水平的巨大差别。在美国、日本或德国这样的发达国家，平均每人的收入是印度、印度尼西亚人均收入的十几倍。这种巨大的收入差异反映在生活质量的巨大差异上。发达国家有更多的汽车、更多的电话和电视机、更好的营养、更安全的住房、更好的医疗以及更长的预期寿命。

即使在一个国家内，生活水平也随着时间推移而发生了巨大变化。在过去一个世纪以来，美国按人均实际 GDP 衡量的平均收入每年增长 2%左右。虽然 2%看来并不大，但这种增长率意味着平均收入每 35 年翻一番。由于这种增长，今天的平均收入是一个世纪以前的 8 倍左右。因此，普通美国人享有比他们的父母或祖父母高得多的经济繁荣。

用什么来解释这些呢？发达国家如何能确保自己的高生活水平呢？发展中国家应该采取什么政策加快经济增长，以便加入发达国家的行列呢？这些问题是宏观经济学中最重要的问题。我们应该分三步进行研究：第一，我们要考察人均实际 GDP 的国际数据，使我们对世界各国生活水平程度与增长的差别大小有一个大体了解；第二，我们考察生产率的作用，生产率是一个工人每小时生产的物品与劳务量，特别是要说明一国的生活水平是由其工人的生产率决定的，而且我们要考虑决定一国生产率的因素；第三，我们要考虑生产率和一国采取的经济政策之间的关系。

教材习题参考答案

1. 说明经济增长与经济发展的关系。

答案：经济增长指的是当生产要素获得充分利用时，GDP 在长期时间中所经历的过程。经济增长是产量的增加，这里的产量可以表示为经济的总产量，也可以表示为人均产量。通常用经济增长率度量。经济发展不仅包括经济增长，还包括国民的生活质量，以及整个社会经济结构和制度结构的总体进步。经济发展是反映一个经济社会总体发展水平的综合性概念。如果说经济增长是一个"量"的概念，那么经济发展就是一个"质"的概念。

2. 经济增长的源泉是什么？

答案：技术进步、生产要素投入的增加、新资源的发现是经济增长的基本原因。关于经济增长的源泉，宏观经济学通常借助于生产函数来研究。宏观生产函数把一个经济中的产出与生产要素的投入及技术状况联系在一起。

设宏观生产函数可以表示为 $Y_t=A_tf(L_t,K_t)$。其中，Y_t、L_t 和 K_t 顺次为 t 时期的总产出、投入的劳动量和投入的资本量，A_t 为 t 时期的技术状况，则可以得到一个描述投入要素增长率、产出增长率与技术进步增长率之间关系的方程，称其为增长率的分解式，即 $g_Y=g_A+(1-a)g_N+ag_K$。其中，g_Y 为产出的增长率；g_A 为技术进步增长率；g_N 和 g_K 分别为劳动和资本的增长率；a 为参数。

从增长率分解式可知，产出的增加可以由三种力量（或因素）来解释，即劳动、资本和技术进步。换句话说，经济增长的源泉可被归结为劳动和资本的增长及技术进步。

有时为了强调教育和培训对经济增长的潜在贡献，还把人力资本作为一种单独的投入写进生产函数。所谓人力资本是指体现在个人身上的获取收入的潜在能力的价值，它包括天生的能力和才华及通过后天教育训练获得的技能。当把人力资本作为一种单独投入时，按照上述分析的思路可知，人力资本也可以被归为经济增长的源泉之一。

3. 什么是新古典增长模型的基本公式？它有什么含义？

答案：新古典增长模型的基本公式为 $\dot{k}=sf(k)-(n+\delta)k$。其中，$k$ 为人均资本，$f(k)$ 为人均产量，s 为储蓄率，n 为人口增长率，δ 为折旧率。

上述关系式表明，人均资本的增加等于人均储蓄 $sf(k)$ 减去 $(n+\delta)k$ 项。$(n+\delta)k$ 项可以这样来理解：一方面劳动力的增长率为 n，一定量的人均储蓄必须用于装备新工人，每个工人占有的资本

为 k，这一用途的储蓄为 nk；另一方面一定量的储蓄必须用于替换折旧资本，这一用途的储蓄为 δk。总计为 $(n+\delta)k$ 的人均储蓄被称为资本的广化。人均储蓄超过 $(n+\delta)k$ 的部分则导致了人均资本 k 的上升，即 $\dot{k}>0$，这被称为资本的深化。因此，新古典增长模型的基本公式可以表述为资本深化＝人均储蓄－资本广化。

4. 在新古典增长模型中，储蓄率的变动对经济有哪些影响？

答案：在新古典增长模型中，储蓄率上升，会导致人均资本的上升，而人均收入是人均资本的增函数，因而储蓄率上升会增加人均产量，直到经济达到新的均衡为止。储蓄率下降将减少人均产量。另外，储蓄率的变动不能影响到稳态的增长率，从这点上说，储蓄率的变动只有水平效应，没有增长效应。

5. 在新古典增长模型中，人口增长对经济有哪些影响？

答案：新古典增长模型假定：①全社会只生产一种产品；②生产要素之间可以相互替代；③生产的规模收益不变；④储蓄率不变；⑤不存在技术进步和资本折旧；⑥人口增长率不变。新古典增长理论虽然假定劳动力按一个不变的比率 n 增长，但当把 n 作为参数时，就可以说明人口增长对产量增长的影响。

图 19-9 中，经济最初位于 A 点的稳态均衡。现在假定人口增长率从 n 增加到 n'，则图 19-9 中的 $(n+\delta)k$ 线便移动到 $(n'+\delta)k$ 线，这时，新的稳态均衡为 A' 点。比较 A' 点与 A 点可知，人口增长率的增加降低了人均资本的稳态水平（从原来的 k 减少到 k'），进而降低了人均产量的稳态水平。西方学者进一步指出，人口增长率上升产生的人均产量下降正是许多发展中国家面临的问题。两个有着相同储蓄率的国家仅仅由于其中一个国家比另一个国家的人口增长率高，就可以有非常不同的人均收入水平。

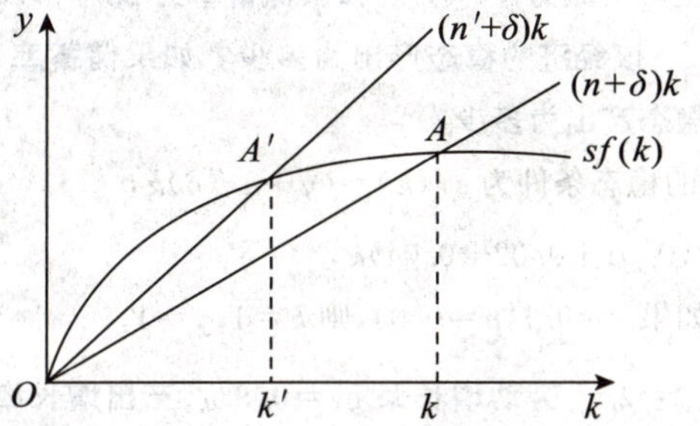

图 19-9　新古典增长模型

对人口增长进行比较静态分析的另一个重要结论是，人口增长率的上升增加了总产量的稳态增长率。理解这一结论的要点在于懂得稳态的真正含义，并且注意到 A' 点和 A 点都是稳态均衡点。另外，由于 A 点和 A' 点都是稳态，故人口增加对人均资本和人均产量的增长率都不产生影响。

6. 推导某一时期总产量、人均产量和人口这三者的增长率之间的关系。

答案：对 $y=Y/N$ 两边同取对数，得 $\ln y=\ln Y-\ln N$，两边同时对 t 求导得 $\frac{\mathrm{d}y/\mathrm{d}t}{y}=\frac{\mathrm{d}Y/\mathrm{d}t}{Y}-\frac{\mathrm{d}N/\mathrm{d}t}{N}$，有 $g_y=g_Y-g_N$，其中 g_y 为人均产量的增长率，g_Y 为总产量的增长率，g_N 为人口增长率。

上式说明，人均产量增长率可以表示为总产量增长率与人口增长率之差。

7. M国的人均收入数据如表19-3所示。

表19-3 M国的人均收入数据

年份	人均收入（美元）
1870	2525
1929	7100
1950	11720
2004	36880

计算该国1870—1929年人均收入的年均增长率和1950—2004年人均收入的年均增长率。

答案：第一个人均收入的年均增长率=181.2%，

第二个人均收入的年均增长率=214.7%。

8. 在新古典增长模型中，人均生产函数为 $y=f(k)=2k-0.5k^2$，人均储蓄率为0.3，人口增长率为0.03，求：

(1)使经济均衡增长的 k 值。

(2)与黄金律相对应的人均资本量。

答案：(1)新古典增长模型中，经济均衡增长时有 $sf(k)=nk$，代入数值得 $0.3(2k-0.5k^2)=0.03k$，有 $k=3.8$。

(2)由题意，有 $f'(k)=n$，于是 $2-k=0.03$，$k=1.97$，即为与黄金律相对应的稳态的人均资本量。

9. 设一个经济的人均生产函数为 $y=\sqrt{k}$。如果储蓄率为28%，人口增长率为1%，技术进步速度为2%，折旧率为4%，那么，该经济的稳态产出为多少？如果储蓄率下降到10%，而人口增长率上升到4%，这时该经济的稳态产出为多少？

答案：新古典增长模型的稳态条件为 $sf(k)=(n+a+\delta)k$，

代入数值得 $0.28\sqrt{k}=(0.01+0.02+0.04)k$，

得 $k=16$，从而 $y=4$，如果 $s=0.1$，$n=0.04$，则 $k=1$，$y=1$。

10. 已知资本增长率 $g_k=2\%$，劳动增长率 $g_l=0.8\%$，产出增长率 $g_y=3.1\%$，资本的国民收入份额 $\alpha=0.25$，在这些条件下，技术进步对经济增长的贡献为多少？

答案：由题意可知，劳动的国民收入份额为 $b=1-\alpha=0.75$。

资本和劳动对经济增长的贡献为 $0.25\times2\%+0.75\times0.8\%=1.1\%$，所以技术进步对经济增长的贡献为 $3.1\%-1.1\%=2\%$。

11. 设一个经济中的总量生产函数为 $Y_t=A_tf(N_t,K_t)$，式中 Y_t、N_t 和 K_t 分别为 t 时期的总产量、劳动投入量和资本投入量，A_t 为 t 时期的技术状况。试推导经济增长的分解式，并加以解释。

答案：可先对生产函数 $Y_t=A_tf(N_t,K_t)$ 求关于时间 t 求全导数，有

$$\frac{dY_t}{dt}=f(N_t,K_t)\frac{dA_t}{dt}+A_t\frac{\partial f}{\partial N_t}\cdot\frac{dN_t}{dt}+A_t\frac{\partial f}{\partial K_t}\cdot\frac{dK_t}{dt} \quad ①$$

式①两边同除以 Y_t，化简后得

$$\frac{\mathrm{d}Y_t/\mathrm{d}t}{Y_t}=\frac{\mathrm{d}A_t/\mathrm{d}t}{A_t}+\frac{\partial f/\partial N_t}{f(N_t,K_t)}\times\frac{\mathrm{d}N_t}{\mathrm{d}t}+\frac{\partial f/\partial K_t}{f(N_t,K_t)}\times\frac{\mathrm{d}K_t}{\mathrm{d}t} \quad ②$$

经恒等变形，式②又可以表示为

$$\frac{\mathrm{d}Y_t/\mathrm{d}t}{Y_t}=\frac{\mathrm{d}A_t/\mathrm{d}t}{A_t}+\frac{\partial f}{\partial N_t}\times\frac{N_t}{f(N_t,K_t)}\times\frac{\mathrm{d}N_t/\mathrm{d}t}{N_t}+\frac{\partial f}{\partial K_t}\times\frac{K_t}{f(N_t,K_t)}\times\frac{\mathrm{d}K_t/\mathrm{d}t}{K_t} \quad ③$$

定义 $a=\frac{\partial f}{\partial N_t}\times\frac{N_t}{f(N_t,K_t)}$，$b=\frac{\partial f}{\partial K_t}\times\frac{K_t}{f(N_t,K_t)}$，并利用 g_S 表示 $\frac{\mathrm{d}S/\mathrm{d}t}{S}$。

式③化为 $g_Y=g_A+ag_N+bg_K$。 ④

式④即为增长的分解式。从增长核算公式可知，总产量的增长率被表示为劳动增长率、资本增长率和技术进步的加权平均。式④也为说明经济增长的源泉提供了框架。

12. 在新古典增长模型中，总量生产函数为：

$$Y=F(K,L)=K^{\frac{1}{3}}L^{\frac{2}{3}}$$

(1)求稳态时的人均资本量和人均产量。

(2)用这一模型解释“为什么我们如此富裕，而他们那么贫穷”。

(3)求出与黄金律相对应的储蓄率。

答案：(1)根据题意，由总量生产函数，求得人均生产函数为 $y=k^{\frac{1}{3}}$，又因为在新古典增长模型中的稳态条件为 $sf(k)=nk$，即 $sk^{\frac{1}{3}}=nk$，解得人均资本量为 $k^*=(\frac{s}{n})^{\frac{3}{2}}$。 ①

将其代入人均生产函数，求得稳态的人均产量为 $y^*=(k^*)^{\frac{1}{3}}=\left(\frac{s}{n}\right)^{\frac{1}{2}}$。 ②

(2)解释国家间的生活差异的一个重要方面是人均收入，从式①和式②知，当一个国家的储蓄率高、人口增长率低时，该国的稳态人均资本和人均产量就相对较高；反之，则正好相反。因此，根据此模型，可以用储蓄率和人口增长率的差异来解释“为什么我们如此富裕，而他们如此贫穷”这个问题。

(3)黄金律所要求的资本存量应满足 $f'(k)=n$，即 $\frac{1}{3}k^{-\frac{2}{3}}=n$，在稳态时，$k=(\frac{s}{n})^{\frac{3}{2}}$，所以有 $\frac{1}{3}[(\frac{s}{n})^{\frac{3}{2}}]^{-\frac{2}{3}}=n$，所以 $s^*=\frac{1}{3}$ 即为所求。

13. 设在新古典增长模型的框架下，生产函数为 $Y=F(K,L)=\sqrt{KL}$。

(1)求人均生产函数 $y=f(k)$。

(2)若不存在技术进步，求稳态下的人均资本量、人均产量和人均消费量。

答案：(1)根据题意，由所给的总量生产函数，得人均生产函数为

$$y=\frac{Y}{L}=\frac{\sqrt{KL}}{L}=\sqrt{\frac{K}{L}}=k^{\frac{1}{2}}$$

故 $y=f(k)=\sqrt{k}$。

(2)根据新古典增长模型中的稳态条件 $sf(k)=(n+\delta)k$，$sk^{\frac{1}{2}}=(n+\delta)k$，即人均资本量为

$k^*=(\frac{s}{n+\delta})^2$，将 k^* 代入人均生产函数，求得稳态的人均产量为 $y^*=\sqrt{k^*}=\frac{s}{n+\delta}$，人均消费为

$C^*=y^*-sy^*=(1-s)y^*=(1-s)\cdot\frac{s}{n+\delta}=\frac{s(1-s)}{n+\delta}$。

14. 在新古典增长模型中，已知生产函数为 $y=2k-0.5k^2$，y 为人均产出，k 为人均资本，储蓄率 $s=0.1$。人口增长率 $n=0.05$，资本折旧率 $\delta=0.05$。试求：

(1)稳态时人均资本和人均产量。

(2)稳态时人均储蓄和人均消费。

答案：(1)根据新古典增长模型中的稳态条件 $sf(k)=(n+\delta)k$，代入数据即有 $0.1\times(2k-0.5k^2)=(0.05+0.05)k$，解得 $k^*=2$，将 $k^*=2$ 代入生产函数得 $y^*=2k^*-0.5k^{*2}=2\times2-0.5\times2^2=2$。

(2)因此稳态时的人均储蓄 $S=s\cdot y=0.1\times2=0.2$，稳态时的人均消费 $c=(1-s)y^*=0.9\times2=1.8$，所以稳态时人均储蓄和人均消费分别为 0.2 和 1.8。

15. 一个开始时处于新古典增长模型描述的稳态的经济遭遇了一场强烈的地震，摧毁了该经济一半的资本存量。利用新古典增长模型的图形说明该经济如何随时间的推移而变化。

答案：如图 19-10 所示，$y=f(k)$ 为以人均表示的生产函数，$sy=sf(k)$ 为储蓄函数，$(n+d)k$ 为保证资本，k^* 为人均资本。

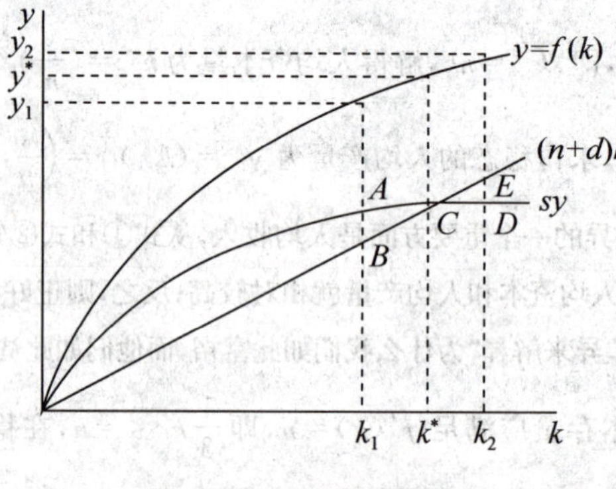

图 19-10　经济调整过程

资本存量减少一半，由于生产函数不变，因此产量减少到仅有 $1/2k^*$ 的位置，由于此时投资增量大于折旧和人口的资本消耗量，因此资本存量会不断增加，直至回归稳态。

第二十章 宏观经济学的微观基础

知识脉络图

- 宏观经济学的微观基础
  - 消费
    - 跨期消费
    - 预算约束
    - 无差异曲线
    - 借贷约束
    - 相对收入的消费理论
    - 生命周期的消费理论
    - 永久收入的消费理论
  - 投资
    - 企业固定投资——新古典投资模型
    - 最优资本存量
    - 住房投资
    - 存货投资
  - 货币需求
    - 货币需求模型
    - 货币需求的交易理论
    - 鲍莫尔-托宾模型

复习提示

概念：流动性约束、随机游走、租赁企业、实际余额。

理解：消费者跨期消费约束、无差异曲线、新古典投资模型。

掌握：消费者跨期消费决策、最优资本存量的决定、货币需求的交易理论。

重点难点常识理解

1. 流动性约束

流动性约束是指经济活动主体(企业与居民)因其货币与资金量不足且难以从外部(如银行)得到,从而难以实现其预想的消费和投资量,造成经济中总需求不足的现象。

2. 收入效应和替代效应

一种商品的名义价格发生变化后,将同时对商品的需求量发生两种影响:一种是因该种商品名义价格变化,而导致的消费者所购买的商品组合中,该商品与其他商品之间的替代,称为替代效应。另一种是在名义收入不变的条件下,因一种商品名义价格变化,而导致消费者实际收入变化,而导致消费者所购商品总量的变化,称为收入效应。

3. 实际余额效应

实际余额效应是指价格水平上升,使人们所持有的货币及其他以货币固定价值的资产的实际价值降低,人们会变得相对贫穷,于是人们的消费水平就相应地减少。实际余额效应作用机制:①每个人都在自己所保持的货币余额和与用于购买商品和服务的开支之间建立了一种符合愿望的关系;②价格下降使他们所持有的货币的实际价值上升了;③货币的实际余额和开支之间的理想关系被打乱了,从而个人有多余的流动性资产的供给量;④他们把多余的供给量部分地用于购买商品和服务。

4. 鲍莫尔-托宾模型

鲍莫尔-托宾模型全称叫作鲍莫尔-托宾模型货币需求模型,其研究的结论是交易需求层面货币需求对利率是敏感的。这个模型的基本观点是人们持有货币是有机会成本的,即持有货币的替代资产——债券的利息收入。而持有货币的好处是避免了交易成本,持有债券是有交易成本的。人们在应付日常交易的时间段里,可以频繁地置换货币和债券,只要利息收入大于交易成本。当利率上升时,持有货币的机会成本必然增大。只要在不影响日常交易的时间内,持有货币的机会成本大于持有债券的交易成本,人们就愿意放弃一部分货币转而持有债券,以谋求利益;反之亦然。可见交易需求对利率也是敏感的,即交易需求与利率水平呈现负相关。

鲍莫尔-托宾模型的基本思想:一个人维持货币存量面临着一个两难的选择,那就是如果个人要维持更多的货币存量,那么他就要面对如果把这部分货币转化为生息资产而带来的利息收入的损失;如果他保持较少的货币,那么他就要忍受为了满足日常货币需求而频繁地把生息资产转化为货币而带来的交易成本。因而维持多少货币存量的问题就转化为如何使利息收入损失和交易费用两种成本之和最小的问题。

5. 相对收入消费理论

相对收入消费理论是由美国经济学家杜森贝利提出的。根据相对收入假设,杜森贝利认为:

①人们的消费会相互影响，有攀比倾向，即“示范效应”，人们的消费不取决于其绝对收入水平，而取决于同别人相比的相对收入水平；②消费有习惯性，某期消费不仅受当期收入的影响，而且受过去所达到的最高收入和最高消费的影响。消费具有不可逆性，即所谓“棘轮效应”。

6. 生命周期假说

生命周期假说是由莫迪里安尼提出的。莫迪里安尼认为人的一生可以分为两个阶段，第一阶段是参加工作，第二阶段是纯消费而无收入，用第一阶段的储蓄来弥补第二阶段的消费。这样，个人可支配收入和财富的边际消费倾向取决于该消费者的年龄。它表明当收入相对于一生平均收入高(低)时，储蓄是高(低)的；它同时指出总储蓄取决于经济增长率及人口的年龄分布变量。

7. 永久收入假说

永久收入假说是由弗里德曼提出的。弗里德曼认为消费者的消费支出主要不是由他的现期收入决定，而是由他的永久收入决定。所谓永久收入是指消费者可以预计到的长期收入。永久收入大致可以根据观察到的若干年收入数值的加权平均数计得，距现在的时间越近，权数越大；反之，则越小。根据这种理论，政府想通过增减税收来影响总需求的政策是不能奏效的，因为人们减税而增加的收入，并不会立即用来增加消费。

上述生命周期假说和永久收入假说有联系也有区别。就区别而言，前者偏重对储蓄动机的分析，从而提出以财富作为消费函数变量的重要理由；而永久收入假说则偏重于个人如何预测自己未来收入问题。就联系而言，不管二者强调的重点有何差别，它们都体现一个基本思想，即单个消费者是前向预期的决策者，因而在以下三点都是相同的：①消费不只与同现期收入相联系，而是以一生或永久的收入作为消费决策的依据；②一次性暂时收入变化引起的消费支出变动甚小，即其边际消费倾向很低，甚至近于零，但来自永久收入变动的消费倾向很大，甚至接近于1；③当政府想用税收政策影响消费时，如果减税或增税只是临时性的，则消费者并不会受到很大影响，只有永久性税收变动，政策才会有明显效果。

要点解析：生命周期假说与永久收入假说的联系与区别：

(1)两者的联系。①两者都认为消费不只与同现期收入相联系，而是以一生或永久的收入作为消费决策的依据；②两者都认为一次性暂时收入变化引起的消费支出变动甚小，即其边际消费倾向很低，甚至接近于0，但来自永久收入变动的消费倾向很大，甚至接近于1；③两者都认为当政府想用税收政策影响消费时，如果减税或增税只是暂时的，那么消费者并不会改变消费决策，只有永久性的减税或增税才能改变消费者的消费决策。

(2)两者的区别。生命周期假说侧重对储蓄动机的分析，从而提出以财富作为消费函数的变量的重要理由；而永久收入假说则侧重对个人如何预测自己未来收入问题。

8. 跨期消费模型

费雪的跨期消费模型假设消费者可以借贷或储蓄，因此每期消费与每期收入可以不完全相等，但实际情况下，很多人存在借贷约束，使得现期消费不能大于现期收入，从而现期消费只取决于现期收入。

考研真题与难题详解

一、概念题

（武汉大学 2002 年研，南开大学 2008 年研，厦门大学 2009 年研）永久收入假说

永久收入的消费理论假说由弗里德曼提出，认为消费者的消费支出主要不是由他的现期收入决定，而是由他的永久收入决定。所谓永久收入是指消费者可以预计到的长期收入。永久收入大致可以根据观察到的若干年收入的数值的加权平均数计得，距现在的时间越近，权数越大；反之，则越小。根据这种理论，政府想通过增减税收来影响总需求的政策是不能奏效的，因为人们减税而增加的收入并不会立即用来增加消费。

上述生命周期假说和永久收入假说有联系也有区别。就区别而言，前者偏重对储蓄动机的分析，从而提出以财富作为消费函数的变量的重要理由；而永久收入假说则偏重于个人如何预测自己未来收入问题。就联系而言，不管二者强调的重点有何差别，它们都体现一个基本思想，即单个消费者是前向预期决策者，因而在以下三点都是相同的：①消费不只同现期收入相联系，而是以一生或永久的收入作为消费决策的依据；②一次性暂时收入变化引起的消费支出变动甚小，即其边际消费倾向很低，甚至近于 0，但来自永久收入变动的消费倾向很大，甚至接近于 1；③当政府想用税收政策影响消费时，如果减税或增税只是临时性的，则消费者并不会受到很大影响，只有永久性税收变动，政策才会有明显的效果。

二、简答题

1.（北京大学中国经济研究中心 2006 年研）鲍莫尔-托宾的货币需求理论以及与货币需求函数之间的关系。

答案：（1）鲍莫尔-托宾的货币需求理论。鲍莫尔-托宾的货币需求模型又称现金存贷的需求管理模型，该模型考虑一个代表性家庭的货币需求决策。

1）模型的基本假定：①家庭月收入 P_Y，自动存入生息储蓄账户，利率为 i；②家庭在一月中平滑消费掉 P_Y，每次提款 M，提款次数为 P_Y/M；③每次提款的交易成本为 P_b，提款总的交易成本为 P_bP_Y/M，提款的机会成本为 $iM/2$。

2）模型的求解。家庭决策每次提款 M 的量，使总的现金管理成本（包括提款的交易成本和机会成本）最小化。

具体求解如下：

$\min TC=P_bP_Y/M+iM/2$，

可解得最优的 M 为 $M'=P(2P_bP_Y/i)^{1/2}$，

得实际的货币需求为 $M^d=M'/2P=(P_bP_Y/2i)^{1/2}$。

3）模型的基本结论：①货币需求是对实际货币的需求；②货币需求与提款的交易成本及收入正

相关；③货币需求与利率负相关。

(2)鲍莫尔-托宾的货币需求理论与货币需求函数之间的联系。货币需求函数是表示经济总体货币需求的函数关系式，一般形式为 $M^d=L(i,Y)$，而且货币需求与利率负相关。鲍莫尔-托宾的货币需求模型得出单个微观家庭货币需求的表达式 $M^d=(P_bP_Y/2i)^{1/2}$，证实了货币需求和利率负相关，从而为货币需求函数奠定了微观基础。

2. 杰克和吉尔都遵循两个时期的费雪消费模型。杰克在第一期赚了 100 美元，在第二期也赚了 100 美元。吉尔在第一期没有赚钱，而在第二期赚了 210 美元。他们俩都可以按利率 r 借贷或储蓄。

(1)你观察到杰克和吉尔都是在第一期消费了 100 美元，并在第二期消费了 100 美元，利率 r 是多少？

(2)假设利率上升了，杰克第一期的消费会发生什么变化？杰克的状况比利率上升之前变好了还是变坏了？

(3)当利率上升时，吉尔第一期的消费会发生什么变化？杰克的状况比利率上升之前变好了还是变坏了？

答案：(1)我们可以使用吉尔的实际选择预算约束来解出利率：

$$c_1+\frac{c_2}{1+r}=y_1+\frac{y_2}{1+r},100+\frac{100}{1+r}=0+\frac{210}{1+r},r=10\%$$

吉尔在第一期借了 100 美元用于消费，而在第二期用 210 美元的收入偿还 110 美元贷款本息及 100 美元消费。

(2)利率上升导致杰克现期消费减少，未来消费增加。由于替代效应，使他现期消费的成本高于未来消费，因为利率升高使抛弃利息的机会成本增加，如图 20-1 所示。

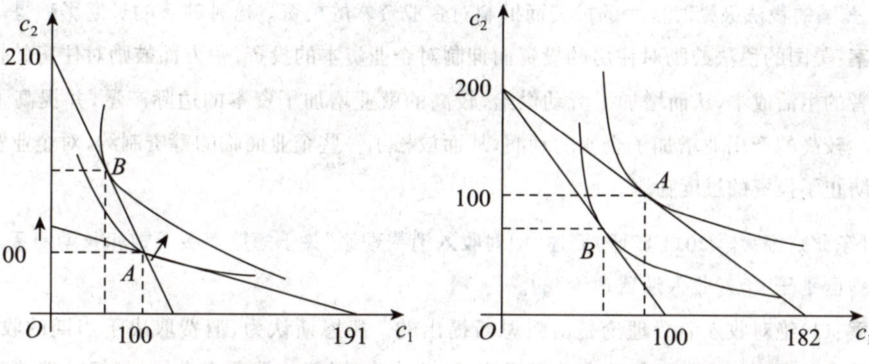

图 20-1　利率上升后　　**图 20-2　减少消费后**

通过研究偏好，我们知道杰克的境况变好了：在新的利率下，各时期他仍旧消费 100 美元，因此只有新的消费方式可以使他的状况更好，他才会改变消费方式。

(3)吉尔现期消费减少了，而将来消费可能增加也可能下降。他同时面临替代效应和收入效应。由于现在的消费更贵了，他决定减少消费。同样由于他的收入都在第二期，因此他借钱的利率越高，收入越低。假设第一期消费为正常商品，这使他更加坚定减少消费。他的新消费选择点在 B，如图 20-2 所示。我们知道在较高的利率下吉尔的境况变坏了，因为他的消费在 B 点无法达到效用更高的A点。

3. 用费雪的消费模型分析第二期收入的增加，比较消费者面临约束性预算制约的情况和没有约束性预算制约的情况。

答案：费雪的消费模型研究了生活在两个时期的消费者，为了尽可能生活好而面临的消费选择。图20-3(a)显示了消费者在没有约束性预算制约的情况下收入增加的影响，预算线向外移动，消费者在第一期和第二期都增加消费。

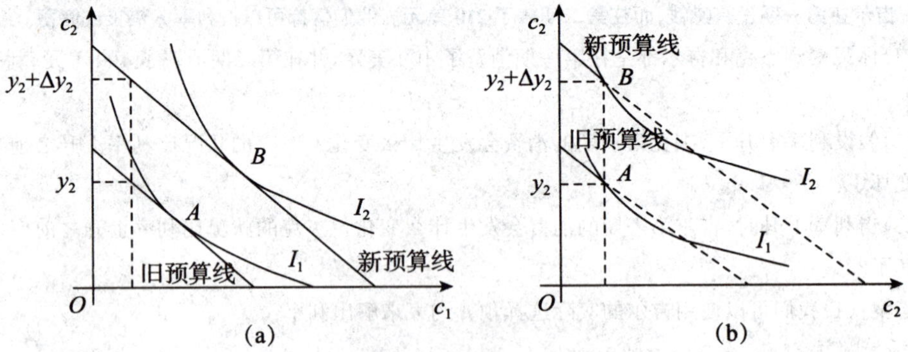

图 20-3　费雪的消费模型

图20-3(b)显示存在约束性预算制约情况下的影响。消费者无法通过借贷来增加第一期的消费。如果第二期收入增加，消费者还是不能增加第一期的消费。因为对于那些想要借款但是不能的消费者，其消费只能取决于现期收入。

4. 美国的税法鼓励对住房的投资而抑制对企业资本的投资。这种政策的长期影响是什么？

答案：美国的税法鼓励对住房的投资而抑制对企业资本的投资，一方面鼓励对住房的投资降低了劳动者的生活成本，从而增加了劳动供给，较高的就业增加了资本的边际产量，并提高了对投资的激励。较高的产出业增加了企业的利润，从而放松了一些企业面临的筹资制约，对企业资本投资的抑制防止了投资的过度膨胀。

5.（东北财经大学2011年研）简述"相对收入消费理论"关于短期消费函数和长期消费函数的主张是如何区别于"绝对收入消费理论"的。

答案：(1)绝对收入消费理论是由凯恩斯提出的。凯恩斯认为，消费取决于当期的收入水平。收入和消费关系之间存在一条基本心理规律：随着收入的增加，消费也会增加，但是消费的增加不及收入增加多。

(2)相对收入消费理论由美国经济学家杜森贝利在《收入、储蓄的消费行为理论》中提出。在指出凯恩斯错误假设的基础上，杜森贝利提出消费并不取决于现期绝对收入水平，而是取决于相对收入水平，即相对于其他人的收入水平和相对于本人历史上最高的收入水平。根据相对收入假设，杜森贝利认为：①消费有习惯性，某期消费不仅受当期收入的影响，而且受过去所达到的最高收入和最高消费的影响。消费具有不可逆性，即"棘轮效应"，也就是说，由俭入奢易，由奢入俭难；②人们的消费会相互影响，有攀比倾向，即"示范效应"，人们的消费不取决于其绝对收入水平，而取决于同别人相比的相对收入水平。

(3)对比两者可以发现，绝对收入消费理论没有短期和长期的消费区别，而相对消费理论则认为短期消费函数有正截距的曲线，存在棘轮效应和示范效应，而其长期消费函数是从原点出发的直线。

三、计算题

(中央财经大学2007年研)在一个多期经济模型中，假设每一期经济中同时存在年轻人和老年人，并且每个人生存两期。在第 t 期，每个年轻人拥有一单位劳动，通过提供劳动获得收入，并将劳动收入中的一部分用于第 t 期的消费 $C_{1,t}$(其中下标1表示年轻人，t 表示第 t 期)，一部分用于储蓄 $S_{1,t}$；到了第 $t+1$ 期，t 期时的年轻人变成老年人，而且也不再有劳动收入，而是依靠年轻时存下的储蓄生活，消费为 $C_{2,t+1}$(其中下标2表示老年人，$t+1$ 表示第 $t+1$ 期)并用完所有储蓄。假设所有人的效用函数形式为 $U(C)=\frac{C^{1-\theta}}{1-\theta}$，$\theta>0$，市场利率为 r，主观贴现率为 ρ，工资率为 w。

(1)求年轻人的储蓄。

(2)提高工资率对年轻人的储蓄有什么影响？请解释。

(3)降低利率对年轻人的储蓄有什么影响？请解释。

答案：(1)由题可知，最优化问题为

$$\max U_t=\frac{C_{1,t}^{1-\theta}}{1-\theta}+\frac{1}{1+\rho}\cdot\frac{C_{2,t+1}^{1-\theta}}{1-\theta}$$

$$\text{s.t. } C_{1,t}+\frac{C_{2,t+1}}{1+r}=w$$

构造拉格朗日函数：

$$L=\frac{C_{1,t}^{1-\theta}}{1-\theta}+\frac{1}{1+\rho}\cdot\frac{C_{2,t+1}^{1-\theta}}{1-\theta}-\lambda\left(C_{1,t}+\frac{C_{2,t+1}}{1+r}-w\right)$$

一阶条件为

$$\begin{cases}\dfrac{\partial L}{\partial C_{1,t}}=C_{1,t}^{-\theta}-\lambda=0\\[2ex]\dfrac{\partial L}{\partial C_{2,t+1}}=\dfrac{C_{2,t+1}^{-\theta}}{1+\rho}-\dfrac{\lambda}{1+r}=0\\[2ex]\dfrac{\partial L}{\partial \lambda}=w-C_{1,t}-\dfrac{C_{2,t+1}}{1+r}=0\end{cases}$$

解得 $\frac{C_{2,t+1}}{C_{1,t}}=\left(\frac{1+r}{1+\rho}\right)^{\frac{1}{\theta}}$。

$$C_{1,t}=\frac{(1+\rho)^{\frac{1}{\theta}}}{(1+\rho)^{\frac{1}{\theta}}+(1+r)^{\frac{1-\theta}{\theta}}}\cdot w,$$

$$\text{故 } S_{1,t}=w-C_{1,t}=\left[1-\frac{(1+\rho)^{\frac{1}{\theta}}}{(1+\rho)^{\frac{1}{\theta}}+(1+r)^{\frac{1-\theta}{\theta}}}\right]w。$$

(2) $\frac{\partial S_{1,t}}{\partial w}=\left[1-\frac{(1+\rho)^{\frac{1}{\theta}}}{(1+\rho)^{\frac{1}{\theta}}+(1+r)^{\frac{1-\theta}{\theta}}}\right]>0$，

故提高工资会增加年轻人的储蓄。

(3) $\frac{\partial S_{1,t}}{\partial r}=\frac{(1+\rho)^{\frac{1}{\theta}}\frac{1-\theta}{\theta}}{[(1+\rho)^{\frac{1}{\theta}}+(1+r)^{\frac{1-\theta}{\theta}}]^2}(1+r)^{\frac{1-\theta}{\theta}-1}$，

故利率的变化会产生替代效应和收入效应。

当 $0<\theta<1$ 时，降低利率会减少储蓄；当 $\theta=1$ 时，降低利率会储蓄无影响；当 $\theta>1$ 时，降低利率会增加储蓄。

典型案例分析

老年人的消费和储蓄

许多经济学家研究了老年人的消费和储蓄，他们的发现对生命周期模型提出了疑问。看来老年人并没有像该模型所预言的那样有那么多的负储蓄。换言之，老年人并没有那么快地消耗自己的财产，并不像人们预期的那样试图使自己余生的消费平稳。

老年的负储蓄为什么没有达到模型预期的那种程度呢？对此有两种主要的解释。每种解释都提出了有关消费的进一步研究的方向。

第一个解释是，老年人担心预料不到的花费，产生于不确定性的额外储蓄被称为预防性储蓄。老年人的预防性储蓄的一个原因是寿命可能比预期的长，从而要为长于平均退休的时期提供生活费；另一个原因是生病和大额医疗账单的可能性。老年人对这种不确定的反应可能是更多地储蓄，以便更好地应付偶发事件。

预防性储蓄的解释并不能完全令人信服，因为老年人可以对这些主要风险进行保险，为了应付有关生命期限的不确定性，他们可以从保险公司购买年金。年金是根据一笔固定收费提供一个收入流量，只要主要领取者活着就不会停止。医疗支出的不确定性也大部分由医疗保障计划（即政府的老年人保健计划）和私人保险计划所消除了。

老年人没有负储蓄的第二种解释是，他们想给子女留下遗产。经济学家提出了各种有关父母—子女关系和遗产动机的理论。

整体而言，有关老年人的研究表明，最简单的生命周期模型不能完全解释消费者的行为。毫无疑问，为退休做准备是储蓄的一种重要动机，但其他动机看来也是重要的，例如，预防性储蓄和遗产馈赠。

教材习题参考答案

1. 假设甲、乙两个消费者按照费雪的跨期消费模型进行消费决策。甲在两期各收入 1000 元，乙在第一期的收入为 0，第二期的收入为 2100 元，储蓄或借贷的利率均为 r。

(1)如果两人在每一期都消费 1000 元，利率为多少？

(2)如果利率上升，甲在两期的消费会发生什么变化？利率上升后，他的消费状况是变好还是变坏？

(3)如果利率上升，乙在两期的消费会发生什么变化？利率上升后，他的消费状况是变好还是变坏？

答案：(1)由乙的消费组合可知，$1000(1+r)+1000=2100$，从而 $r=10\%$。

(2)如果利率上升，甲会减少第一期的消费以增加储蓄，增加第二期的消费，从而在利率上升后其消费状况变好。

(3)由于利率的上升，乙在第一期的消费达不到 1000 元，消费状况变坏。

2. 本章第一节在对费雪模型的分析中，讨论了消费者在第一期进行储蓄的情况下，利率变动对消费决策的影响。现在假设消费者在第一期进行借贷，试分析利率变动对消费决策的影响，并画图说明其收入效应和替代效应。

答案：图 20-4 显示了一个消费者把部分第一期收入储蓄起来时利率增加的情况。实际利率的增加导致预算线以点(y_1,y_2)为轴旋转，变得更陡峭。

我们可以将这种变化对消费的影响分解为收入效应和替代效应。收入效应是不同的无差异曲线运动所造成的消费的变动。由于消费者是借贷者而不是储蓄者，利率上升使他的状况变坏，因为他不能达到更高的无差异曲线。如果各时期的消费都是正常商品，那么这往往使消费从 c_1 降到 c_2。

替代效应是两个时期消费的相对价格变动所造成的消费的变动。利率上升时，相对于第一期消费，第二期消费变得更加便宜。这往往使消费者选择第二期消费增加而第一期消费减少。

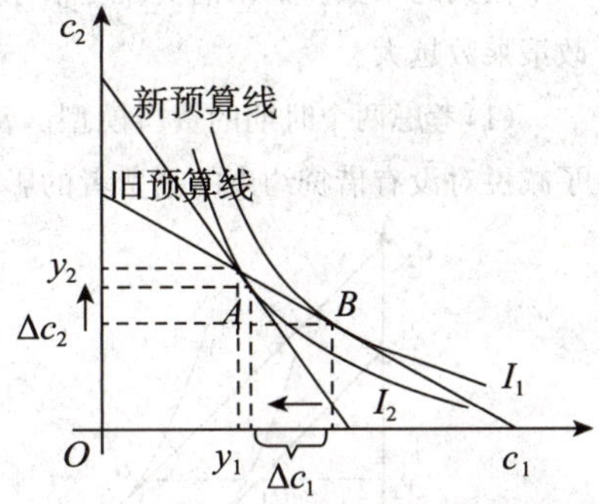

图 20-4　消费者把部分第一期收入储蓄起来时利率增加的情况

最后，我们可以发现对于一个借贷者，当利率升高时，由于收入效应和替代效应同方向，第一期的消费必将下降。第二期的消费上升或下降取决于哪种效应更加强烈。在图 20-4 中显示了替代效应强于收入效应的情况，因此 C_2 增加。

3. 为什么说如果消费者遵循持久收入假说且能够进行理性预期，消费的变动就是不可预测的？

答案：永久收入假说描述了消费者想要稳定其一生的消费，因此现期消费取决于现期对一生收入的预期。它认为消费的变化反映了终生收入的“意外”的变化。如果消费者拥有理性预期，那么这些

“意外”是不可预测的。因此，消费的变动就是不可预期的。

4. 试画图分析消费者收入变动对消费决策的影响。

答案：无论是现期收入还是未来收入的增加，都会使得预算约束线向外移动，如图 20-5 所示，收入增加使得预算约束线由 AB 外移至 $A'B'$，较高的预算约束可以让消费者选择更好的消费组合，最优决策点由 E_0 点移动到 E_1 点。当然，这种情况仅适用于消费者在两期中所消费的商品为正常品的情况。

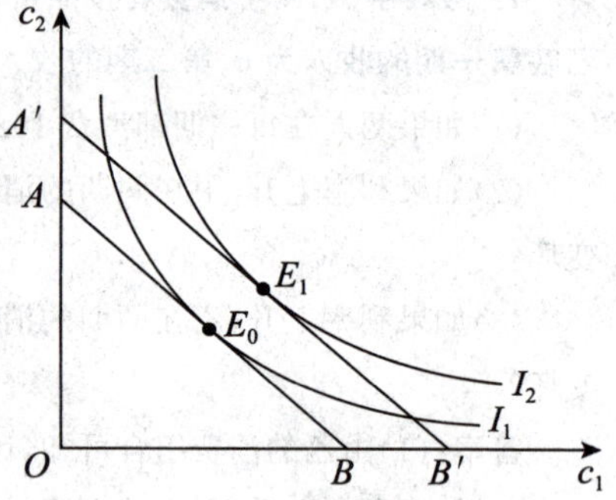

图 20-5　收入增加对消费决策的影响

从图 20-5 中还可以得出一个重要的结论，即无论是第一期还是第二期的收入增加，消费者都把它分摊到两个时期的消费上，这种行为被称为消费平稳化。由于消费者在各个时期均可以储蓄或借贷，收入的时间与先期消费多少无关，因而，消费取决于现期收入与未来收入的现值，即：

$$收入的现值 = y_1 + y_2/(1+r)$$

显然，这一结论与凯恩斯提出的现期消费取决于现期收入的论断完全不同，费雪的跨期消费决策模型说明，消费是以消费者预期在其一生中所得到的资源为基础的。

5. 试说明下列两种情况下，借贷约束是增加还是减少了财政政策对总需求的影响程度：

(1)政府宣布暂时减税。

(2)政府宣布未来减税。

答案：财政政策影响总需求的潜力取决于消费的影响：如果消费变化很大，那么财政政策将有一个很大的乘数。如果消费改变很小，财政政策将有一个很小的乘数，即边际消费倾向越大，财政政策乘数越大。

(1)考虑两个时期的费雪模型。暂时减税意味着增加了第一期的可支配收入，图 20-6(a)显示了减税对没有借贷约束的消费者的影响，而图 20-6(b)显示了减税对有借贷约束的消费者的影响。

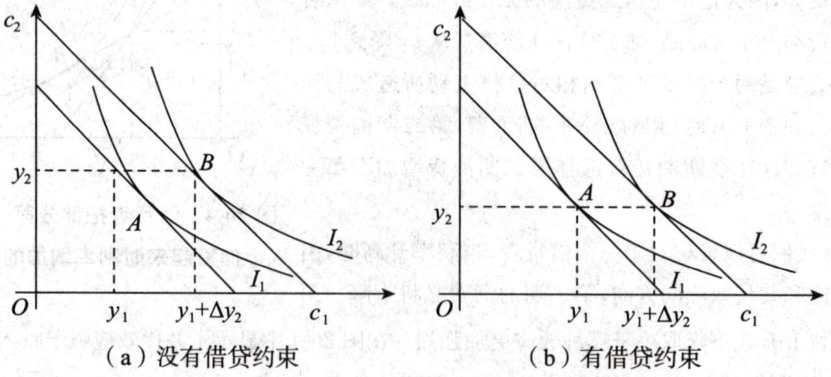

图 20-6　减税对有无借贷约束的消费者的影响(1)

有借贷约束的消费者想要通过借贷而增加 c_1 但是不能。暂时减税增加了可支配收入，如图 20-6 所示，消费者的消费增加额等于减税额。有借贷约束的消费者第一期消费的增加额大于没有消费约束的消费者，因为有借贷约束的消费者的边际消费倾向大于没有借贷约束的消费者。因此，对于面临借贷约束的消费者，财政政策影响总需求的潜力大于没有借贷约束的消费者。

(2)再一次考虑两个时期的费雪模型。宣布未来减税将增加 y_2，图 20-7(a)显示了减税对没有借贷约束的消费者的影响，而图 20-7(b)显示了减税对有借贷约束的消费者的影响。

没有借贷约束的消费者立即增加了消费 c_1，有借贷约束的消费者无法增加 c_1。由于可支配收入没有改变，因此如果消费者面临借贷约束，那么宣布未来减税对消费和总需求没有影响。对于面临借贷约束的消费者，财政政策影响总需求的潜力小于没有借贷约束的消费者。

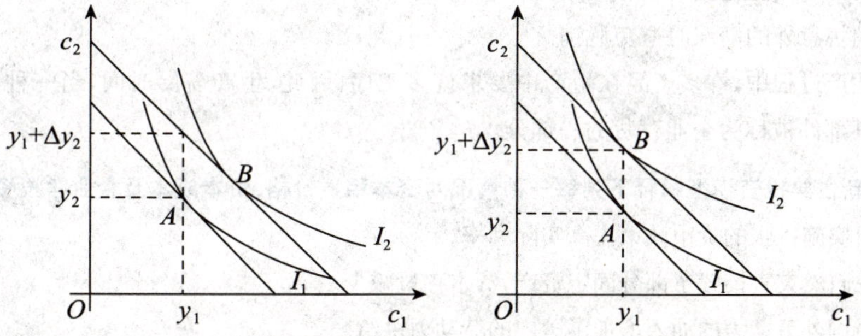

(a) 没有借贷约束　　　　(b) 有借贷约束

图 20-7　减税对有无借贷约束的消费者的影响(2)

6. 假定你是一个追求跨期效用最大化的消费者，正处于青年时期，下述事件的发生将如何影响你现期的消费行为？

(1)一位失散多年的亲戚突然与你取得联系，并在其遗嘱中将你列为其巨额财产的唯一继承人。

(2)你目前所从事的行业属于夕阳行业，未来几年你将面临下岗的威胁。

(3)医生根据你目前的身体状况预测你可以活到 90 岁。

答案：(1)增加现期消费。

(2)增加储蓄。

(3)增加储蓄。

7. 根据新古典投资模型，分析在什么条件下企业增加自己的固定资本存量是有盈利的。

答案：现在考虑一个租赁企业增加还是减少其资本存量的决策。对每一单位资本，企业赚到的实际收益 R/P，并承担实际成本 $(P_K/P)(r+\delta)$。每单位成本的实际利润是

$$利润率=收益-成本=R/P-(P_K/P)(r+\delta)$$

由于均衡状态时实际租赁物价等于资本的边际产量，我们可以把利润率写为

$$利润率=MPK-(P_K/P)(r+\delta)$$

如果资本的边际产量大于资本的成本，租赁企业就赚到了利润，即增加自己的资本存量是有盈利的。

8. 试分析利率的上升如何减少住房投资流量。

答案：住房需求的一个决定因素是实际利率。利率是贷款的成本，很多购房者通过向银行借款

来购买住房，利率上升，增加了借款成本。即使少数不必贷款买房的人也将对利率作出反应，因为利率是以住房形式持有财富而不将财富存入银行的机会成本。因此利率上升减少了住房需求，降低了住房价格，并减少了对住房的投资量。

9. 试阐述企业持有存货的原因。

答案：企业持有存货的理由如下：

(1)在时间上使生产水平平稳。

(2)存货可以使企业更有效率地运转。

(3)当销售意外的高涨时避免脱销。

(4)在生产过程中，许多产品在生产中要求许多工序，因此，生产需要时间，当一种产品仅仅部分完成时，其部件被称为企业存货的一部分。

10. 用新古典投资模型解释下列每一种情况对资本租赁价格、资本成本及企业净投资的影响：

(1)政府实施扩张的货币政策提高实际利率。

(2)一次自然灾害摧毁了部分固定资产，资本存量减少。

(3)大量国外劳动力的涌入增加了国内的劳动力供给。

答案：(1)根据新古典投资理论，实际利率的提高使资本成本上升，租赁物价下降，投资下降。

(2)根据新古典投资模型，资本存量的减少使资本的租赁物价升高，投资上升。

(3)根据新古典投资模型，外国工人的移民增加了劳动力，企业雇用劳动量增加了，因此使资本的实际租赁物价升高，资本的成本上升，投资上升。

11. 假定在完全竞争市场中，某企业的生产函数为 $Q=AK^{\alpha}L^{1-\alpha}$，产量 $Q=100$，$\alpha=0.3$，资本的租金率 $R=0.1$，企业产品价格 $P=1$：

(1)计算最优资本存量。

(2)假设 Q 预期上升到 120，最优资本存量是多少？

(3)假定最优资本存量在 5 年内保持不变，现有的资本存量为 100，企业会逐步调整资本存量使其接近于最优值，设 $\lambda=0.3$。第一年的投资量是多少？第二年的资本存量是多少？

答案：(1)由 $R/P=\alpha A(L/K)^{1-\alpha}$ 和 $Q=100$ 可知，最优资本存量 $K=300$。

(2)$Q=120$，则最优资本存量 $K=360$。

(3)第一年 $K=100+0.3\times(300-100)=160$，则第一年投资量为 60。

第二年 $K=160+0.3\times(300-160)=202$。

12. 假定住房存量供给函数 $S_s=100$，需求函数 $D=Y-0.5P$，住房流量供给函数 $S_F=2P$，其中，P 为住房价格，Y 为收入。当 $Y=200$ 元时，住房的均衡价格是多少？当收入增加到 300 元，并且假定住房能在瞬间造好，则短期住房价格为多少？新建住房价格为多少？

答案：当 $Y=200$ 时，$D=200-0.5P$。根据住房存量供给函数和住房流量总供给函数，得住房总供给函数为 $S=100+2P$。联立住房总供给函数和住房需求函数可得住房均衡价格，即有 $100+2P=200-0.5P$，得 $P^*=40$。

当 $Y=300$ 时，$D=300-0.5P$。短期内住房价格将不变，即 $P^*=40$。此时住房需求量为

$300-0.5\times40=280$，而短期住房流量供给函数 $S_F=2P$，可得当 $S_F=100$ 时，新建住房价格为 50。

13. 解释货币需求的资产组合理论与交易理论之间的区别与联系。

答案：资产组合理论是强调货币作为价值储藏手段作用的货币需求理论。这一理论关键的观点是货币提供了不同于其他资产的风险与收益的组合，特别是货币提供了一种安全的收益，而股票与债券的价格会上升或下降。资产组合理论预言货币需求应该取决于货币和家庭可以持有的各种货币资产所提供的风险与收益。此外货币需求应该取决于总财富，因为财富衡量了可以配置货币与其他资产的资产组合的规模。

交易理论是强调货币作为交换媒介作用的货币需求理论。这一理论认为货币是一种被支配资产，并强调人们持有货币而不是其他资产，是为了进行购买。这些理论很好地解释了为什么人们不持有储蓄账户或国库券这类优于货币的资产，反而要持有通货与支票账户这类狭义货币。

14. 凯恩斯的消费理论与古典学派的消费理论有什么区别？

答案：凯恩斯消费理论认为消费支出取决于收入的绝对水平，随着收入的增加而增加，但在消费的增加不及收入增加得多。其消费函数有三个特性：①消费是现期收入的函数，随收入的增加而递减；②边际消费倾向大于 0 但小于 1；③$MPC<APC$，即平均消费倾向随着收入增加而递减。

凯恩斯消费理论与古典学派的理论的区别：凯恩斯消费理论认为消费与收入有关，是收入的函数，即 $c=c(y)$；而古典学派的利率认为，利率上升会增加财富，抑制消费，因而消费与储蓄和利率都有关。

15. 凯恩斯的消费函数有哪些特性？

答案：①消费是现期收入的函数，随收入的增加而递减；②边际消费倾向大于 0 但小于 1；③$MPC<APC$，即平均消费倾向随着收入增加而递减。

16. 试述生命周期理论的重要含义。

答案：生命周期消费理论由美国经济学家弗朗科·莫迪利安尼提出。生命周期消费理论认为，人们在较长时间范围内计划他们的生活消费开支，以达到在整个生命周期内消费的最佳配置。人们第一阶段参加工作，第二阶段纯消费而无收入，用第一阶段的储蓄来弥补第二阶段的消费。这样，个人可支配收入和财富的边际消费倾向便取决于该消费者的年龄。它表明当收入相对于一生平均收入高（低）时，储蓄是高（低）的；它同时指出总储蓄取决于经济增长率及人口的年龄分布变量。

考虑到更多的现实因素后，生命周期消费理论可以用公式表示为 $C=aWR+cYL$。其中，C 为年消费额，a 为财富的消费倾向，即每年消费的财富的比例，WR 为实际财富，c 为工作收入的消费倾向，即每年消费的工作收入的比例，YL 为年工作收入。

生命周期消费理论还得出另外一个结论：整个社会不同年龄段人群的比例会影响总消费与总储蓄。例如，社会中的年轻人与老年人所占比例大，则社会的消费倾向就较高、储蓄倾向就较低；中年人比例大，则社会的储蓄倾向较高、消费倾向较低。

生命周期消费理论也分析了其他一些影响消费与储蓄的因素，如高遗产税率会促使人们减少欲留给后代的遗产从而增加消费，而低的遗产税率则对人们的储蓄产生激励、对消费产生抑制，健全的社会保障体系等会使储蓄减少等。

显然，生命周期消费理论与凯恩斯的消费理论有一定相同点，但也有一定差距。生命周期消费理论强调或注重长时期甚至是一生的生活消费，人们对自己一生的消费作出计划，以达到整个生命周期的最大满足；凯恩斯的消费理论则把一定时期的消费与该时期的可支配收入联系起来，是短期分析。

缺陷：由于流动性约束（流动性约束是指经济活动主体（企业与居民）因其货币与资金量不足且难以从外部（如银行）得到，从而难以实现其预想的消费和投资量），人们往往难以实现一生中有计划地均匀消费，所以，生命周期消费理论跟其他消费理论一样有缺陷。

17. 在生命周期假设中，消费对积累的储蓄比率一直到退休时都是下降的。

(1)为什么？有关消费的什么假设导致了这个结果？

(2)在退休以后，这个比率如何变化？

答案：(1)根据生命周期假设，消费者每年消费 $C=WL$（工作期限）$\times YL$（年收入）$/NL$（预期寿命），则退休前每年储蓄为 $S=YL-C=(NL-WL)\times YL/NL$。至 T 年时积累的储蓄为 $WR=S\times T$，则消费对积累的储蓄比率为 $C/WR=WL/(NL-WL)\times 1/T$。显然，随着 T 的增大，消费对积累的储蓄比例逐渐减少。这主要是由消费者将其工作收入均匀地用于其一生的消费这一假设导致的。

(2)退休后，消费者每年消费不变。而积累的储蓄为 $WR=(NL-WL)\times YL\times WL/NL-(T-WL)\times C=(NL-T)\times YL\times WL/NL$，其中，$WL\leqslant T\leqslant NL$。则消费对积累的储蓄比例为 $C/WR=1/(NL-T)$。显然，随着 T 的增大，消费对积累的储蓄比例也逐渐增大。

18. 假定有消费方程 $C=aWR+bY_p$，持久收入 $Y_p=\theta Y_D+(1-\theta)Y_{D-1}$，现有具体的消费方程：$C=0.045WR+0.55Y_D+0.17Y_{D-1}$，试求 θ 值。

答案：
$$\begin{cases} C=aWR=bY_P \\ Y_P=\theta Y_D+(1-\theta)Y_{D-1} \\ C=0.045WR+0.55Y_D+0.17Y_{D-1} \end{cases}$$

联立以上三式，可解得 $a=0.045, b=0.72, \theta\approx 0.76$。

19. 假设消费函数为 $C=200+0.9Y_p$，其中，Y_p 是永久可支配收入。同时假设消费者的持久可支配收入是当年加上前一年的加权平均：$Y_p=0.7Y_D+0.3Y_{D-1}$，其中，Y_D 是当年可支配收入。

(1)假设第一年和第二年的可支配收入都是6000元，则第二年的消费为多少？

(2)假设第三年的可支配收入增至7000元，并在将来一直保持这个收入，则第三年、第四年以及以后各年的消费为多少？

(3)短期边际消费倾向和长期边际消费倾向各为多少？如何解释(2)？

答案：(1)$C_2=200+0.9\times 6000=5600$。

(2)$C_3=200+0.9\times(0.7\times 7000+0.3\times 6000)=6230$，

$C_4=200+0.9\times(0.7\times 7000+0.3\times 7000)=6500$，

以后各年均为 6500。

(3)短期消费函数中 Y_D 和 Y_{D-1} 可能不同,

边际消费倾向$=dC/dY_D=0.63$。

长期消费函数中 Y_D 和 Y_{D-1} 相同,

边际消费倾向$=dC/dY_p=0.9$。

20. 假设消费者的生活分为两期。在第一期消费者劳动,获得收入,用来满足该期的消费和储蓄。在第二期消费者不劳动,用第一期的储蓄来满足该期的消费。假设消费者在第一期的消费为 C_1,储蓄为 S,劳动收入为 W;在第二期的消费为 C_2,市场利率为 r,贴现因子为 $0<\beta<1$;设消费者的效用函数为 $U(C)=\frac{C^{1-\theta}-1}{1-\theta}$,其中,$\theta$ 为正常数。要求:

(1)写出消费者的效用极大化问题;

(2)求出消费者的储蓄函数,讨论利率的改变与储蓄的关系;

(3)将上面的结论与我国当前实际相结合,分析利率下降与储蓄的关系。

答案:(1)消费者的效用最大化问题:

$$\max_{c_1,c_2}\left(\frac{c_1^{1-\theta}-1}{1-\theta}+\beta\frac{c_2^{1-\theta}-1}{1-\theta}\right)$$

使得 $c_1+S=w,S=\frac{c_2}{1+r}$。

(2)上式可化简为

$$\max_{c_1,c_2}\left(\frac{c_1^{1-\theta}-1}{1-\theta}+\beta\frac{c_2^{1-\theta}-1}{1-\theta}\right)$$

使得 $c_1+\frac{c_2}{1+r}=w\Rightarrow c_1=\frac{1}{1+\beta^{\frac{1}{\theta}}(1+r)^{\frac{1-\theta}{\theta}}}\cdot w$,

$$S=w-c_1=\left[1-\frac{1}{1+\beta^{\frac{1}{\theta}}(1+r)^{\frac{1-\theta}{\theta}}}\right]\cdot w,$$

$$\frac{\partial S}{\partial r}=\frac{\beta^{\frac{1}{\theta}}\frac{1-\theta}{\theta}\cdot(1+r)^{-1+\frac{1-\theta}{\theta}}}{[1+\beta^{\frac{1}{\theta}}(1+r)^{\frac{1-\theta}{\theta}}]^2}\cdot w。$$

当 $0<\theta<1$ 时,降低利率会减少储蓄;当 $\theta>1$ 时,降低利率会增加储蓄;当 $\theta=1$ 时,利率对储蓄无影响。

(3)根据我国当前实际,利率下降与储蓄的关系:利率下降导致现期消费成本、个体消费增加,储蓄减少;利率下降导致投资成本下降,投资增加,储蓄下降;利率下降,刺激股市,居民提款买卖股票,储蓄下降;住房信贷、教育信贷、轿车信贷等发展,储蓄下降。

第二十一章 新古典宏观经济学和凯恩斯主义经济学

知识脉络图

- 新古典宏观经济学和凯恩斯主义经济学
  - 新古典宏观经济学的理论渊源
    - 货币主义的理论基础
      - 新货币数量论
      - 自然率假说
    - 货币主义的主要观点及政策主张
  - 新古典宏观经济学的基本假设
    - 个体利益最大化
    - 理性预期
    - 市场出清
  - 实际经济周期理论
  - 新古典宏观经济学的 $AD-AS$ 模型
    - 卢卡斯总供给函数
    - 模型的基本思想
    - 简化的新古典宏观经济模型
    - 政策含义
  - 新凯恩斯主义形成的理论背景和特征
  - 名义黏性
    - 工资黏性的理由
      - 合同的长期性
      - 合同分批到期的性质
      - 效率工资论
      - 长期劳动合同论
    - 价格黏性的理由
      - 市场的不完全
      - 工资的黏性
      - 菜单成本
      - 价格分批变动的性质

第二十一章　新古典宏观经济学和凯恩斯主义经济学

新凯恩斯主义的 $AD-AS$ 模型
- 短期总供给曲线
- 对宏观经济波动的考察
- 新凯恩斯主义的稳定化政策

目前宏观经济学的基本知识

复习提示

概念：交易方程、剑桥方程、新货币需求函数、卢卡斯的总供给曲线、理性预期、适应性预期、市场出清、李嘉图等价定理、菜单成本、工资黏性、效率工资、自然率假说、单一的政策规则。

理解：货币数量论、新古典宏观经济学的实际周期理论、新凯恩斯主义关于工资黏性理论。

掌握：目前西方经济学主要经济流派的代表人物、理论渊源及发展状况，基本模型的基本假设、主要观点及政策主张，新古典宏观经济学的基本假设条件和主要观点，新凯恩斯主义与新古典学派和原有的凯恩斯主义观点的异同点。

计算：推导卢卡斯的总供给曲线。

运用：运用附加预期变量的总供给曲线（卢卡斯的总供给曲线）分析相关的宏观经济问题，运用新凯恩斯主义的工资和价格刚性这一假设分析相关的宏观经济问题，运用新凯恩斯主义的短期总供给曲线解释相关宏观经济问题。

第二十一章

重点难点常识理解

1. 新货币数量论

新货币数量论又称货币需求函数论。它继承了旧货币数量论关于货币数量的变动在经济生活中起支配作用的基本观点，并利用实证分析对 $MV=Py$ 给出了重新解释。货币主义者认为，货币流通速度 V 在短期内可以作出轻微的波动，而在长期中是一个不变的数值。从短期来看，货币供给的变动往往领先于价格变动，因而货币供给量的增加不仅会引起价格总水平的变动，而且也会引起收入的变动。从长期来看，在 $MV=Py$ 这一等式中，货币流通速度 V 和收入 y 是独立决定的，因而也就不会受到货币供给量 M 的影响。因此，货币供给量的任何变动都将只影响价格总水平 P。

2. 交易方程与剑桥方程

交易方程由美国经济学家欧文·费雪提出，表示为 $Py=MV$，P 为价格水平，M 为流通中的货币数量，y 为实际国民收入，V 为货币的收入流通速度，其定义为名义国民生产总值除以货币总量。V 和 y 被视为常量，因此价格水平 P 和货币数量 M 成正比例变化。

剑桥方程由庇古提出，表示为 $M=kY=kPy$，其中 P 和 y 的含义同上，k 为货币流通速度的倒数。k 的大小取决于社会的商业习惯和制度等因素，在短期内固定不变，y 在达到充分就业均衡时也是一个已知常数。因此价格水平 P 和货币数量 M 成正比。

剑桥方程与交易方程的主要区别：①交易方程重视货币的交易手段功能，强调货币的支出；剑桥方程重视货币作为一种资产的功能，强调货币的持有。②交易方程重视货币流通速度及经济社会等制度因素；而剑桥方程则重视人们持有货币的动机。③交易方程所指的货币数量是某一时期的货币流通量；而剑桥方程所指的货币数量是某一时间点人们手中所持有的货币存量。

要点解析：费雪方程式与剑桥方程式的区别：①费雪方程式强调货币的交易媒介作用，而剑桥方程式则侧重货币具有价值储藏手段的功能，即货币是一种资产。②费雪方程式中货币数量是流量，而在剑桥方程式中货币数量是存量。

3. 理性预期与适应性预期

理性预期又称合理预期，是现代经济学中的预期概念之一，指人们的预期符合实际将发生的事实。由约翰 · 穆思在其《合理预期和价格变动理论》一文中首先提出。它的含义有三个：①作出经济决策的经济主体是理性的；②为正确决策，经济主体会在作出预期时力图获得一切有关的信息；③经济主体在作出预期的时候不会犯系统错误。即使犯错误，也会及时有效地进行修正，使得在长期中保持正确。理性预期是新古典宏观经济理论的重要假设，是新古典宏观经济理论攻击凯恩斯主义的重要武器。

适应性预期是指经济主体根据他们以前的预期的误差程度来修正每一时期的预期。人们进行适应性预期时，事先没有掌握足够的信息，没有经过严密的思考和仔细的判断，只能随着客观情况的变化来调整自己的预期，以适应已变化了的经济形势，合理预期概念出现前，资产阶级经济学中的预期概念，就是指适应性预期。

要点解析：理性预期的三层含义：

(1)作出决策的经济主体是理性的。经济主体是追求自身利益最大化的经济人，他们总是力求对未来作出正确的预期。

(2)为了作出正确的预期，经济主体会力图得到有关的一切信息。

(3)经济主体在预期时不会犯系统性错误。

4. 市场出清

市场出清是指劳动市场上的工资及产品市场上的价格都具有充分的灵活性，可根据供求情况作出迅速的调整，因此劳动市场和产品市场都不存在超额供给的情况。因为一旦产品市场上出现了超额供给，价格会下降，直至降到使买者把超额供给用光为止。例如，劳动市场出现超额供给，工资会下跌，直至跌到使企业愿为所有想工作的失业者提供工作为止，因而市场总能出清。

5. 黏性工资与效率工资

黏性工资是指不能迅速地反映劳动力市场供求的变动，只能缓慢地根据劳动力市场状况改变而调整的工资。工人的名义工资通常不能随经济条件的变化而迅速调整，在短期内表现为“迟钝的”或“黏性的”。黏性工资模型就是阐述黏性名义工资对总供给影响的模型。该模型假设劳动力的需求数量决定就业，以及工人和企业根据目标实际工资和对价格水平的预期来确定名义工资水平。当名义工资是黏性的时候，价格水平提高会降低实际工资，这样企业就会多雇佣劳动力，从而生产出更多的产品，总供给增加，所以短期总供给曲线是向上倾斜的。新凯恩斯学派提出工资黏性的理由如下：①合同的长期性；②合同分批到期的性质；③效率工资论；④长期劳动合同论。新凯恩斯主义学派的黏性工资论认为，不论是通过合同制还是理性预期机制来稳定工资水平，都会导致通货膨胀和失业并存。因此有必要对工资制度进行改革，努力降低劳动力成本，刺激企业生产和用人的积极性。这就要求建立完整有效的劳动力市场，工资完全由劳动力市场的供求和劳动者提供劳动的质和量来决定，工资是调节劳动力资源配置和流动的唯一手段。

效率工资理论认为，在一定限度内，企业通过支付给工人比劳动市场出清时更高的工资，可以促使劳动生产率的提高，获得更多的利润。效率工资取决于两个因素：其他企业支付的工资与失业率水平。

6. 菜单成本

菜单成本是指企业为改变销售商品的价格，需要给销售人员和客户提供新的价目表所花费的成本，类似于饭馆改变价格重新制作菜单的成本。它是新凯恩斯主义为反击新古典主义的批判并证明其主张的价格刚性的重要理由。关于菜单成本能否引起价格的短期黏性，经济学家们的观点是不一致的。一部分经济学家认为，菜单成本通常非常小，不可能对经济产生巨大影响；另一部分经济学家却认为，菜单成本虽然很小，但由于总需求外部性的存在，会导致名义价格出现黏性，从而对整个经济产生巨大影响，甚至引起周期性波动。

7. 李嘉图等价定理

李嘉图等价定理是由英国经济学家李嘉图提出，并由新古典主义学者巴罗根据理性预期重新进行论述的一种理论。该理论认为，在政府支出一定的情况下，政府采取征税或发行公债来为政府筹措资金，其效应是相同的。该定理若成立，须具备许多前提条件：①无论是用税收还是用公债融资，初始时期的政府支出不变；②初始时期发行的公债必须用以后时期课征的税收收入偿还；③资本市场是完全的，即不存在流动性约束，而且个人与政府的借贷利率是相同的；④个人对现在和将来的收入具有理性预期；⑤个人作为现行纳税人和将来的潜在纳税人，其行为就好像能永远生存下去一样；⑥个人能完全预见包含在公债发行中的将来时期的纳税义务；⑦征收的是总税额，并且减税及税赋下降均等地落在每一个消费者身上，每个消费者具有相同的边际消费倾向；⑧公债持有者的数额与未来纳税额的负担是对称的。根据这一定理，政府因减税措施而增发的公债会被人们作为未来潜在的税收考虑到整个预算约束中去，在不存在流动性约束的情况下，公债和潜在税收的现值是相等的。这样，变化前后两种预算约束本质上是一致的，从而不会影响人们的消费和投资。该理论反击了凯恩斯主义所提出的公债是非中性的，即对宏观经济是有益处的观点。但实际上，该定理成立前提条件太苛刻，现实经济很难满足。

8. 单一的政策规则

单一的政策规则是指以货币供给量作为货币政策的唯一控制指标，排除了利率、信贷流量、准备金等因素的政策建议。这也是以弗里德曼为首的货币主义者的政策主张之一。

9. 费雪的“过渡时期”

费雪在其专著《货币的购买力》中专辟一章，讲述“过渡时期”的状况：货币量增加的最初影响是引起物价上涨，投资者的利润增加，从而鼓励他们向银行借款扩大投资，投资扩大使产出和就业增加。物价上涨也会加快货币流通速度，因为人们预期物价可能继续上涨，都急于将货币换成价值稳定的实物。"货币和存款的突然变动将会暂时地影响它们的流通速度和交易量，因此，在过渡时期内很难说'数量说'是绝对正确的。"当 M 和 P 的上升停止，V 和 Y 回到以实际因素决定的正常水平时，"M 上升引起物价的严格按比例上升是过渡时期结束以后正常和最终的效果"。费雪的"过渡时期"也许会长达 10 年，这期间所发生的变化，才是许多经济学家最感兴趣的，但费雪关于过渡时期的理论，也得到了许多学者的认同。

10. 新凯恩斯主义和新古典经济学的劳动市场的区别

新凯恩斯主义的劳动市场处于不出清的状态，供给与需求并不处于均衡状态；新古典经济学的劳动市场处于出清状态，供给等于需求。

另外需要注意的是，这种出清与不出清的差别也存在于其他市场。

11. 新古典宏观经济学的观点

(1)能预期到的货币供给的变化只会改变价格水平，而对实际产量和就业没有影响。

(2)只有未预期到的货币供给的变化才影响实际产量。

12. 宏观经济学中存在争论的问题

(1)决策者应该努力提高经济的自然产出率吗？

(2)决策者应该努力稳定经济吗？

(3)通货膨胀的成本是多少？降低通货膨胀的成本是多少？

(4)政府的预算赤字是一个多大的问题？

考研真题与难题详解

一、概念题

1. 货币非中性

答案：与货币中性论相对，是关于货币在经济中的作用问题的一种理论，指名义货币供给量的变动能够引起相对价格和利率的变动，从而引起消费或投资方式的变化，进而改变经济中的实际变量。这是因为从短期来看，价格不可能立即随货币数量的变动而同比例地变动。相反，各类价格会以不同的速率对某种货币变化作出反应，进而影响相对价格体系并对就业和产出产生影响。更为重要的是，价格水平的变化会造成实际收入在债权人和债务人之间分配的变化，价格的骤然下跌会导致债务人的大批破产，对国民经济产生有害的影响。短期货币非中性是凯恩斯主义货币理论的一个基本特点，这一特点产生于下述论断：在经济中存在大量失业的状况下，价格并不随货币数量的增加而同比例上涨，由此而造成的实际货币数量的增加将导致利率下跌，并因此使投资和国民收入水平增长。短期货币非中性也是现代货币主义者的基本信条，弗里德曼指出，一方面在短期内，如 5～10 年间，货币变动会主要影响产出；另一方面，在几十年内，货币增长率则主要影响价格。

2. 货币工资刚性

答案：货币工资刚性是指货币工资不随劳动需求和供给变化而迅速作出相应的调整，特别是当劳动需求量低于供给量时，货币工资只能上升而不能下降，从而呈现出一种向下的刚性的现象，这是新凯恩斯主义短期总供给曲线的两个基本假设之一。工资刚性的原因之一是由于在西方国家里有大量工会存在的情况下，追求利益最大化的厂商和工人都希望通过谈判签订长期劳动合同，以便预先规定厂商和工人的未来行为，工资因此会在一个合同生效期固定不变，合同到期后也不一定能得到迅速调整；另一个原因是因为存在风险与不确定性，使企业不敢轻易调整工资，而宁愿接受生产数量的变动；第三个原因是在不完全竞争市场上，企业面临一条折弯的劳动供给曲线，降低工资可能会使人才流向其他企业。工资刚性是从供给方面对失业的一个基本解释，当价格水平较低时，实际工资较高，这样会形成劳动供给大于劳动需求；由于工资能上不能下，这种状况将持续下去，这就是产生失业的原因。

3. 新古典宏观经济学

答案：20 世纪 70 年代，理性预期学派继续得以发展，它与货币主义和供给学派一起形成了新古典宏观经济学。理性预期学派对新古典宏观经济学的影响十分巨大。实际上，新古典宏观经济学派的成员主要由理性预期学派的代表人物构成，对于新古典宏观经济学的研究，就是在一个更大的范围内对理性预期学派的研究。萨金特在 1979 年出版的《宏观经济理论》中首次使用了“新古典宏观经济学”这一术语，认为新古典宏观经济学的本质特征已不能只用理性预期这一概念来概括了，因为该理论体系除了包含理性预期的特征外，还包含着更为重要的“古典”宏观经济理论的重要特征。因此，“新古典宏观经济学”是对这一学派最好的标识和概括。

新古典宏观经济学的代表人物有美国的经济学家罗伯特·卢卡斯、托马斯·萨金特、尼尔·华莱士、埃德渥德·普雷斯科特、罗伯特·巴罗、英国的明福尔德等。其中，卢卡斯、萨金特和华莱士等人是新古典宏观经济学的第一代代表人物，主要贡献有货币周期理论等；巴罗和普雷斯科特是新古典宏观经济学的第二代代表人物，在卢卡斯等人理论的基础上，他们建立了实际货币周期理论等新的理论。新古典宏观经济学家由于在经济周期理论方面的看法不同而分为两派，即所谓货币经济周期学派和实际经济周期学派，前者以卢卡斯为代表，后者以普雷斯科特为代表。货币经济周期学派由于在理论上存在一些缺陷，在实践上又缺乏经验支持，从 20 世纪 80 年代后期起，这一理论便逐渐失去了支持者。事实上，自 20 世纪 80 年代以来，一批自称为新古典宏观经济学第二代的学者们就已经把注意力转到了实际因素方面，他们试图用实际因素解释宏观经济波动。

新古典宏观经济学坚持市场出清假设。新古典宏观经济学家认为，工资和价格具有充分的伸缩性，可以迅速调整。这样，通过工资价格的不断调整，使供给量与需求量相等，市场连续地处于均衡之中，即被连续出清。因此，新古典宏观经济学家把表示供给量和需求量相等的均衡看作经常可以得到的情形。

在此假设基础之上，新古典宏观经济学反对政府对经济的干预。该派理论的目的是想证明宏观经济政策是无效的，甚至是有害的。卢卡斯等人的货币经济周期理论从不完全信息出发论证了货币政策无效。该论述的中心内容是，预期到的货币供给的变化只影响价格水平，而不影响产量；只有未被预期到的货币供给才影响产量。新一代的新古典宏观经济学家不满足于货币政策无效性命题，他们将新古典主义宏观经济学的研究方法应用到财政政策分析中，得出了财政政策也无效的命题。

4. 卢卡斯批评

答案：卢卡斯批评又称卢卡斯批判，是卢卡斯提出的一种认为传统政策分析没有充分考虑到政策变动对人们预期影响的观点。卢卡斯在《计量经济学的政策评价：一个批判》一文中指出，由于人们在对将来的事态作出预期时，不但要考虑过去，还要估计现在的事件对将来的影响，并且根据他们所得到的结果而改变他们的行为。这就是说，他们要估计当前的经济政策对将来事态的影响，并且按照估计的影响来采取政策，即改变他们的行为，以便取得最大的利益。行为的改变会使经济模型的参数发生变化，而参数的变化又是难以衡量的。因此，经济学者用经济模型很难评价经济政策的效果。

5.（华中科技大学 2016 年研，南京航空航天大学 2011 年研，东北财经大学 2011 年、2016 年研，中央财经大学 2012 年研，上海大学 2015 年研，广东外语外贸大学 2015 年研）理性预期

答案：理性预期是指在有效地利用一切信息的前提下，对经济变量作出的在长期中平均来说最为准确的，而又与所使用的经济理论、模型相一致的预期。实际上，理性预期包含以下三个含义：

（1）作出经济决策的经济主体是理性的。为了追求最大利益，他们总是力求对未来作出正确的预期。

（2）为了作出正确的预期，经济主体在作出预期时会力图得到有关的一切信息，其中包括对经济变量之间因果关系的系统了解和有关的资料与数据的搜集。

（3）经济主体在预期时不会犯系统的错误。

简言之，理性预期的意思是，在长期中，人们会准确地或趋向于预期到经济变量所应有的数值。

二、简答题

1.（中国人民大学 2008 年研）短期总供给曲线和长期总供给曲线的形状有什么不同？新凯恩斯主义是如何解释这种不同的？

答案：（1）短期总供给曲线和长期总供给曲线的形状差异在于：短期总供给曲线是一条向右上方倾斜的较为平坦的曲线，如图 21-1(a)中的 *SRAS* 所示；而长期总供给曲线是一条位于充分就业产出 y_f 处的垂线，如图 21-1(b)中的 *LRAS* 所示。

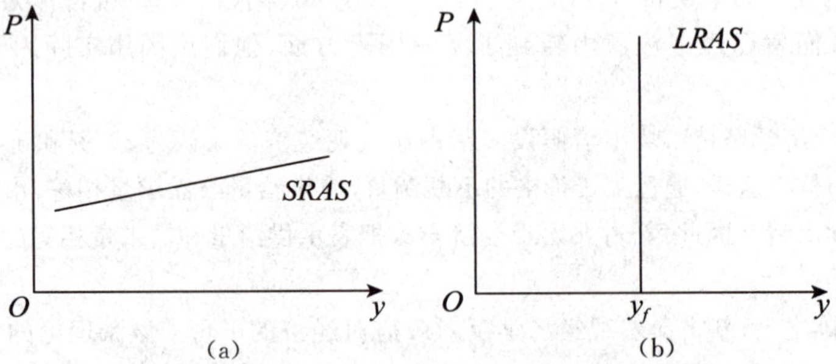

图 21-1　短期总供给曲线与长期总供给曲线

（2）新凯恩斯主义是指 20 世纪 70 年代以后，在凯恩斯主义基础上吸取非凯恩斯主义某些观点与方法形成的理论。新凯恩斯主义继承了原凯恩斯主义关于价格黏性的假设，并从微观上对价格黏性进行了解释，他们认为形成价格黏性的原因有①在西方国家里有大量工会存在的情况下，追求利益最大化的厂商和工人都希望通过谈判签订长期劳动合同，以便预先规定厂商和工人的未来行为，工资因此会在一个合同生效期内固定不变，合同到期后也不一定能得到迅速调整；②因为存在风险与不确定性，使企业不敢轻易调整工资，而宁愿接受生产数量的变动；③在不完全竞争市场上，企业面临一条弯折的劳动供给曲线，降低工资可能会使人才流向其他企业。

在价格黏性的基础上，新凯恩斯主义认为，在短期内，由于工资调整缓慢和价格呈现黏性，因此，短期总供给曲线较为平直；而在长期内，工资和价格能够自由调整，使得产出总能达到充分就业时的产出水平，因此，长期总供给曲线为一条位于充分就业产出水平处的垂线。

2. (北京师范大学2007年研)新凯恩斯主义学派如何利用工资黏性的范畴分析失业问题，他得出了什么与新古典主义学派不同的结论？

答案：(1)新凯恩斯主义是指美国自20世纪80年代以来新发展起来的凯恩斯主义，它在凯恩斯传统下构建微观基础，用新的研究方法和新的理论复兴了凯恩斯主义。从古典学派到货币学派的失业理论，大多是沿着劳动力市场以外的技术因素和制度因素来探索影响和决定失业的因素。但现实中还存在着这样的现象，尽管失业者只要能就业而愿意接受比较低的工资，但雇主本身并不想通过降低工资去雇佣更多的工人，这说明劳动力市场存在着某种障碍使它不能充分发挥作用，只要政府进行一定的需求管理，就能够消除或减少阻碍价格变动的因素，从而实现就业的增加。而新古典主义学派认为工资和物价等能够迅速调整，不存在黏性，因而经济中不存在非自愿性失业，无须政府对劳动力市场进行干预。

(2)新凯恩斯主义者用黏性工资理论来分析劳动力市场上的失业问题。

1)长期劳动合同导致名义工资黏性。在一些有工会组织的大型企业中，工资通常是由工会与企业通过谈判订立的合同而固定下来的，一般规定三年不变，在合同有效期限内，工资是不能随市场的供求行情而调整的。一些没有工会组织、未签订劳动合同的企业，因受有合同企业工资黏性的影响，工资也不会轻易变动。

2)隐含合同导致工资黏性。由于工人是风险厌恶者，厂商是风险中性者，于是双方在确定工资时会达成一种默契，实际工资保持相对稳定而不随经济波动而变化。将风险同工人工资转移给厂商利润，作为转移风险的代价，工人接受低于市场出清的工资水平。隐含合同的存在使工资具有黏性。由于隐含合同的建立或货币工资的调整要参考公众有效性信息，而完全准确地确定公众有效性信息需要耗费厂商和工人较高的成本，因而调整工资的合同只是根据几个比较廉价的、简单的经济参数确定，这就使工资不能随着需求变动迅速作出调整，工资出现黏性。

3)效率工资导致价格黏性。效率工资理论认为，工人的工作效率受工资影响，工资的减少最终导致的是成本的增加或产量减少。于是当供给波动时会改变劳动力的边际产量，最终影响的是就业而非实际工资，因而实际工资有黏性。另外，由于劳动生产率受厂商支付工资的影响，为了保持较高的劳动生产率，厂商通常会把实际工资定的高一些，高工资使劳动市场不能出清，从而出现失业。高工资之所以影响劳动生产率是因为高工资提高了因怠工偷懒而被解雇的机会成本，因而可以避免怠工偷懒行为；高工资提高了工人“跳槽”的机会成本，从而可以减少工人经常转换工种的行为，有利于维持企业生产的连续性；高工资可以吸引能力较强、技术熟练的工人；可使工人感到受到公正对待，可以刺激工人的生产积极性。当所有厂商都采用高工资来保持生产率时，平均工资就会上升，出现非自愿失业。

4)内部人-外部人理论。该理论把已经就业的工人称为内部人，而把一些没有工作的失业者称为外部人。该理论认为内部人和外部人拥有不同的就业机会，内部人的工作受到劳动转换成本的保护，在工资决定上有着重要的讨价还价的能力，具有较强的就业优势和地位。劳动转换成本包括强制性解雇和诉讼成本、搜寻劳动市场、议定就业条件、考核和选择成本、培训成本等。因此，尽管外部人愿意接受比内部人低的工资，而由于转换成本较大，减少工资所得不足以弥补成本，厂商不愿意雇佣低工资的外部人，而宁愿继续雇佣内部人。在一个技术不断进步、劳动专业化程度不断提高的社会里，外部人雇佣成本不断提高，内部人就可以凭借自己的就业优势，实施相当程度的内部人控制，提出一个高于市场出清的工资要求，这时就会出现非自愿失业。

(3)新凯恩斯主义者针对工资黏性和失业问题也提出若干政策建议：①应更多地考虑长期失业者的利益，为他们多提供就业机会。由于外部人在劳动市场上长期处于不利地位，因而政府的就业政策应考虑降低劳动力的周转成本，以削减内部人确定工资的权利。同时提高外部人的潜在边际产品价值，以减少雇佣和解雇劳动力的成本。具体措施有，①对外部人实行职业技能培训、促进雇主采纳与生产率相关的工资契约、改变失业福利体系、鼓励失业者寻找工作、降低新企业的进入壁垒；②干预劳动工资合同，使工资较有弹性，以提高就业率。

3.（北京交通大学2007年研）新凯恩斯主义对新古典学派的观点主要有哪些吸收和肯定？

答案：新凯恩斯主义者认为，新古典学派的部分观点是能够加以肯定的，从而应该被吸收过来。他们所肯定和吸收的观点大致有下列三个：

(1)理性预期。新凯恩斯主义者虽然并不认为人们最终能够准确地预期到现实的情况，但是他们也认为，为了自己的利益，人们会尽量收集信息，使他们的预测能够趋于正确。收集的信息不但涉及过去，而且牵涉到未来的事态。

(2)微观基础。新凯恩斯主义者同意，宏观经济理论必须符合微观经济学的假设条件，特别是个人利益最大化的假设条件。这就是说，宏观经济理论必须有微观经济学的基础。

(3)其他方面。此外，新凯恩斯主义也赞同：在长期内，一国生产物品和劳务的能力决定着该国居民的生活水平，GDP依赖于劳动、资本和技术在内的生产要素。当生产要素增加和技术水平提高时，GDP增长。在长期，总产出最终会恢复到其自然水平上，这一产出取决于自然失业率、资本存量和技术的状态，长期总供给曲线是一条位于潜在产量水平上的垂直线。而在短期，总需求能够影响一国生产的物品和劳务的数量。更高的消费者信心、较大的预算赤字和较快的货币增长都可能增加产量和就业，从而减少失业。

4.（清华大学2005年研，山东大学2012年研）说明新古典主义和新凯恩斯主义的主要观点。

答案：新古典主义（或新古典宏观经济学）作为货币主义的延伸，也被称为理性预期学派，新凯恩斯主义是指20世纪70年代以后在凯恩斯主义基础上吸取非凯恩斯主义某些观点与方法形成的理论。

(1)新古典主义的主要观点：①宏观经济政策无效论，根据自然率的假设，经济在长期中会处于自然失业率的状态；②适应性预期错误论，因为当人们预期未来时，除了以过去的事实作为依据，也要考虑事态在将来的变化，因此，适应性预期不但不符合现实，而且也违反了人们对自己利益的最大化；③以“卢卡斯批判”为理论基础，反对凯恩斯主义“斟酌使用”或对经济运行“微调”的经济政策。

(2)新凯恩斯主义的主要观点:①坚持工资和价格的黏性,工资和价格的黏性在新凯恩斯主义中占有特殊地位,它是导致经济波动的一个重要原因;②坚持市场的"非出清"或"不出清"状态;③宏观经济政策是有效的,新凯恩斯主义在政策主张方面所持有的观点是由于价格和工资的黏性,经济在遭受到总需求冲击后(如导致经济衰退),从一个非充分就业的均衡状态恢复到充分就业的均衡状态是一个缓慢的过程,因此用政策来刺激总需求是必要的。

三、计算题

(南京航空航天大学 2006 年研,中央财经大学 2010 年研)假设附有理性预期的总供给函数为 $Y^s=Y_f+200(P-P^e)$,总需求函数为 $Y^d=1000+G+20\dfrac{Ms}{P}$,充分就业的国民收入为 $Y_f=4000$,P^e 和 P 分别为人们对物价的预期和实际的物价水平。

(1)如果经济已处于充分就业状态,近期不会有政策变化的预期,名义货币供给 $M_s=1000$,政府购买 $G=1000$,实际的物价水平是多少?

(2)如果中央银行宣布名义货币供给增加 1000,而且言行一致,产量水平和实际价格水平将为多少?

(3)如果中央银行公开宣布增加名义货币供应 1000,实际却增加了 5000,产量水平和实际价格水平是多少?

答案:(1)由题意可得 $P=P^e$,$Y^s=Y_f$,

由 $Y^s=Y^d$ 可得 $4000=1000+1000+20\times\dfrac{1000}{P}$,

解得 $P=10$,

即实际物价水平为 10。

(2)由题意可知 $P=P^e$,$Y^s=Y_f=4000$,

由 $Y^s=Y^d$ 可得 $4000=1000+1000+20\times\dfrac{2000}{P}$,

解得 $P=20$。

(3)由题可知 $P^e=20$,

故 $Y^s=4000+200\times(P-20)=200P$。

而 $Y^d=1000+1000+20\times\dfrac{6000}{P}$,

即 $Y^d=2000+\dfrac{120000}{P}$。

由 $Y^s=Y^d$ 可得 $200P=2000+\dfrac{120000}{P}$,

解得 $P=30$,代入得 $Y=6000$。

故产量水平为 6000,实际价格水平为 30。

四、论述题

1.（中国人民大学 2006 年研）新凯恩斯主义与新古典宏观经济学的总供给曲线的形状有什么不同？为什么不同？这种不同的经济含义是什么？

答案：(1)新凯恩斯主义与新古典宏观经济学的总供给曲线的形状的不同点。

1)新凯恩斯主义总供给模型是对凯恩斯主义总供给模型的修正与发展，主要体现在这样两点上：一是用工资黏性假说代替工资水平刚性假说；二是不仅分析了产量、就业量、工资、价格之间的关系，而且分析了这种关系的动态调整过程。新凯恩斯主义总供给模型采用的是动态分析法，即考虑到各个时期总供给曲线的调整。

新凯恩斯主义总供给模型的代表是黏性工资模型 $y=\bar{y}+\alpha(P-P^e)$，其中 P^e 为预期的物价水平，新凯恩斯主义的总供给曲线如图 21-2 所示。其中，*SRAS* 为短期总供给曲线，而 *LRAS* 为长期总供给曲线。

2)新古典主义总供给曲线的典型代表是卢卡斯总供给曲线。卢卡斯总供给函数为 $y=y^s+r(P-P^e)$。其中，参数 $r>0$，P^e 为公众对价格的预期。它表明经济的总产出与未被预期到的价格上升之间具有正相关关系。卢卡斯总供给曲线如图 21-3 所示。

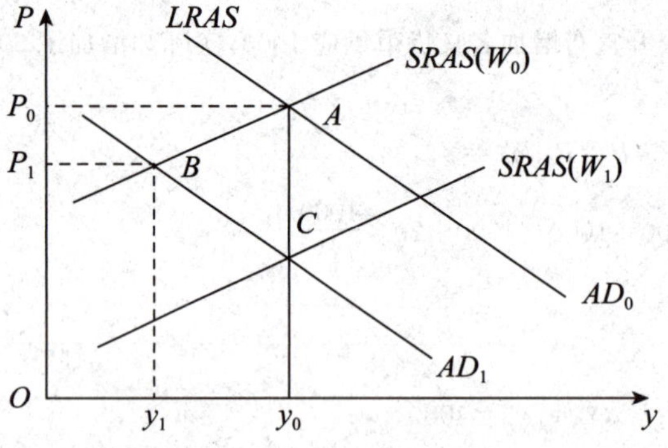

图 21-2　新凯恩斯主义供给曲线

(2)新凯恩斯主义总供给曲线与新古典主义总供给曲线不同的原因。

1)新凯恩斯主义总供给模型依据的是工资黏性假说。这一假说的基本内容是，当劳动市场上的供求关系发生变动时，工资也要发生变动，但是这一变动不是迅速而是缓慢的。劳动市场的供求变动与工资变动之间存在时滞。缓慢的工资和价格调整使得经济回到自然率水平需要较长一段时间。

2)新古典主义总供给模型的依据是理性预期。现实世界中的经济信息不是充分的，人们无法及时掌握自己所需要的全部信息；经济活动中的基本单位——家庭和厂商——的行为都是理性的，他们会利用一切可能的信息对未来经济环境进行预测，并随之调整自己的经济活动。但是由于对货币量和一般物价水平的不完全信息导致了人们对价格的暂时的错觉，会导致货币的非中性。

(3)新凯恩斯主义和新古典主义总供给曲线的经济含义。

1)新凯恩斯主义总供给曲线的经济含义是，由于价格和工资的黏性，经济在遭受到总需求冲击后，从一个非充分就业的均衡状态恢复到充分就业的均衡状态是一个缓慢的过程，因此用政策来刺激总需求是必要的。

如图 21-2 所示，经济最初位于 A 点。假定在本期出现了一个未被预期到的名义需求冲击，将使总需求曲线 AD_0 移动到 AD_1，由于工资合同在上期谈判决定且有效期限延至本期合同到期，因而名义工资暂时是刚性的（即为 W_0），这时，经济将运行到图中的 B 点，实际产量将从 y_0 降至 y_1。由于长期名义工资合同的阻力，货币当局就有可能扩张货币供给量，即使被预期到也会使 AD 曲线右移并在 A 点重新达到均衡。如果货币当局对名义需求冲击的反应快于私人部门对名义工资的调整，相机干预就有了存在的理由。不变的名义工资使得货币当局能够影响实际工资率，从而影响就业和产量。

2）新古典主义总供给曲线的政策含义是“政策的无效性”。新古典主义认为，能预期到的货币供给的变化将只改变价格水平，而对实际产量和就业没有影响；只有未预期到的货币供给的变化才影响实际产量。

按照新古典宏观经济模型，波动的根源是货币冲击，而这种冲击一般是由中央银行政策引起的。如图 21-3 所示，经济起初在 A 点处运行，该点是总需求曲线 AD_0、总供给曲线 $SRAS_0$ 和 $LRAS$ 三条线的交点。假设货币当局宣布打算提高货币供给，理性的当事人在形成他们的预期时会考虑这个信息并完全预见货币供给的提高对一般价格水平的影响，结果产量和就业会停留在自然率水平上不发生变动。当货币工资在一个向上的价格预期之下提高时，总需求曲线从 AD_0 向右移动 AD_1 的效果就被总供给曲线从 $SRAS_0$ 到 $SRAS_1$ 的向左移动所抵消。在这种情况下，经济将从 A 点直接移动到 C 点，停留在垂直的长期供给曲线 $LRAS$ 上，即使在短期，产量和就业也没有变化，即货币是中性的。

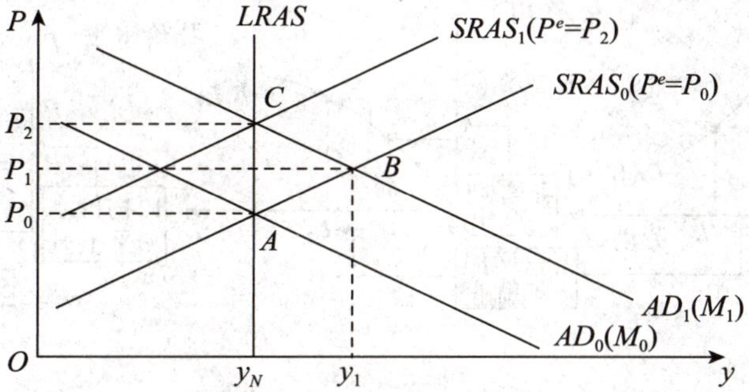

图 21-3　卢卡斯总供给曲线

另一方面，设想货币当局出乎当事人的意料，在未宣布其打算的情况下增加货币供给。这时，拥有不完全信息的厂商和工人把一般价格水平上升的结果错误地当作相对价格的上升，他们做出的反应是提高产量和增加劳动供给。换句话说，工人和厂商错误地把这些看作对他们劳务和产品需求的实际增长，从而增加劳动和产品的供给。根据所给图形，总需求曲线将从 AD_0 移动到 AD_1，在 B 点与 $SRAS_0$ 相交。从图 21-3 中可以看出，这时经济的产量为 y_1，它偏离了产出的自然率水平 y_N。这被认为是当事人预期误差的结果。产量和就业的任何偏离自然水平的变化都只被看作是暂时的，一旦当事人意识到相对价格并没有变化，产量和就业就回到它们的长期均衡（自然率的）水平。根据图 21-3，一旦当事人充分调整了他们的价格预期，总供给曲线就会从 $SRAS_0$ 向左移动到

$SRAS_1$，与 AD_1 在 C 点相交。

2.（深圳大学 2007 年研）经济学家提出了几种理论来解释说明短期总供给曲线向右上方倾斜？这些理论又是怎样解释说明短期总供给曲线向右上方倾斜的？

答案：（1）经济学家提出了三种理论来解释说明短期总供给曲线向右上方倾斜：黏性工资模型、不完全信息模型和黏性价格模型。这三种总供给模型用来解释短期总供给曲线向右上方倾斜的原因是市场不完全性，第一个模型假设名义工资是黏性的；第二个模型假设有关价格的信息是不完全的；第三个模型假设价格是黏性的。虽然假设不同，但这些模型并不是互相排斥的，因为世界可以包含所有这三种市场不完全性，而且，所有这些市场不完全性都可能有助于短期总供给行为的形成。

（2）这些理论的共同之处在于，都得出同一个总供给函数，即 $y=\bar{y}+\alpha(P-P^e)$。并且三种理论都得出，产出与自然率的背离是和物价水平与预期物价水平的背离相关的。如果物价水平高于预期的物价水平，产出大于其自然率；如果物价水平低于预期的物价水平，产出小于其自然率。

1）黏性工资模型。在黏性工资模型中，假设劳动市场失灵，名义工资具有黏性，不能随劳动的供求状况立即调整。未预期到的物价水平上涨不会立即影响名义工资，而实际工资（W/P）下降，更低的实际工资使企业雇佣更多劳动力，从而导致产出增加。如图 21-4 所示，图（a）表示劳动需求曲线。由于名义工资 W 是粘住不变的，物价水平从 P_1 上升到 P_2，使实际工资从 W/P_1 下降到 W/P_2，较低的实际工资使劳动需求量从 L_1 上升到 L_2。图（b）表示生产函数，劳动量从 L_1 上升到 L_2，使产出从 y_1 增加到 y_2。图（c）表示概括了物价水平与产出之间这种关系的总供给曲线，物价水平从 P_1 上升到 P_2，使产出从 y_1 增加到 y_2。

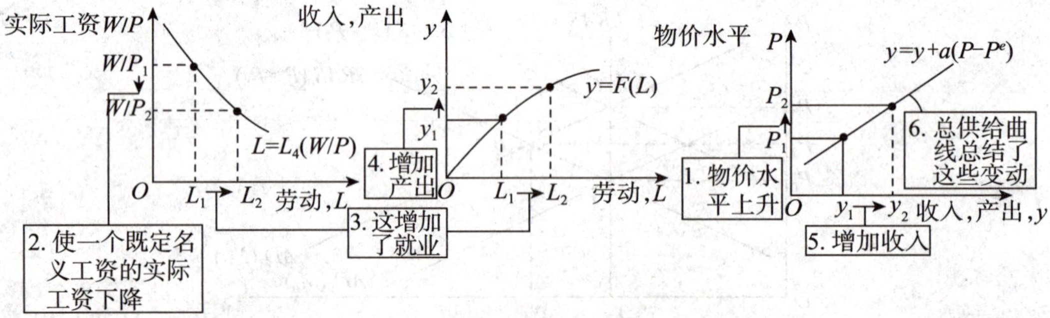

（a）劳动需求曲线　　（b）生产需求曲线　　（c）总供给曲线

图 21-4　黏性工资模型

2）不完全信息模型。不完全信息模型假设由于不完全信息，生产者有时混淆了物价总水平的变动和相对价格水平的变动。如果一个生产者观察到其产品的名义价格变动，甚至仅仅是因为一般价格水平变动，他却将之归因于相对价格的变动，这种混淆影响了供给多少的决策，而这就引起了物价水平与产出之间在短期的正相关关系。

3）黏性价格模型。在黏性价格模型中，所有企业都有一个取决于整体价格水平 P 以及总需求水平（$y-\bar{y}$）的合意价格 p，将之写为 $p=P+\alpha(y-\bar{y})$。此外假设有两种类型的企业，一些企业（所占企业百分比为 $1-s$）的价格有伸缩性，它们总是根据上式来确定其价格，另一些企业（所占企

业百分比为 s)的价格是黏性的,它们根据自己预期的经济状况事先宣布自己的价格。假设这些黏性价格企业希望产出以自然率增长,即 $y^e-\bar{y}^e=0$,那么它们根据预期来确定价格 $P=P^e$。这样,总物价水平就是 $P=sP^e+(1-s)[P+\alpha(y-\bar{y})]$,整理得 $P=P^e+[\alpha(1-s)/s](y-\bar{y})$。令 $\alpha=s/[(1-s)\alpha]$,得到总供给方程为 $y=\bar{y}+\alpha(P-P^e)$,$\alpha>0$。

3. (南开大学2005年研)古典、凯恩斯、新古典综合派和新凯恩斯主义的总供给曲线存在怎样的差异?由此导致的政策含义是什么?

答案:(1)古典、凯恩斯、新古典综合派和新凯恩斯主义的总供给曲线的差异。

1)研究期限不同。古典总供给曲线是一种长期总供给曲线。凯恩斯模型的总供给曲线是一种短期总供给曲线,是依据凯恩斯的货币工资的下降具有刚性的假设条件而得出的。新古典宏观经济学和新凯恩斯主义总供给曲线把短期和长期结合到一块得出自己的总供给曲线。

2)总供给曲线的形状不同。古典总供给曲线为一条垂直线;凯恩斯主义总供给曲线是一条水平线;新古典宏观经济学不但认为长期内总供给曲线是垂直的,也认为在短期内总供给曲线也是垂直的;新凯恩斯主义认为供给曲线在短期内是向右上方倾斜的,而在长期内则是与横轴垂直的。

3)各自的解释不同。古典学派认为,在长期中根据西方的经济学,经济的就业水平并不随着价格的变动而变动,而是总处于充分就业的状态,此时,总供给曲线为一条垂直线,即古典的总供给曲线。其原因在于工资的充分弹性或劳动市场的充分竞争性:劳动市场的充分竞争性保证了劳动市场经常处于均衡位置即充分就业;劳动的供求主要受实际工资的影响。在名义工资既定时,价格变动将引起实际工资变动,从而导致劳动市场非均衡,或劳动供大于求,或劳动求大于供。由于充分竞争性,非均衡将导致名义工资变动,直至重新回到均衡位置。

凯恩斯模型的总供给曲线是一种短期总供给曲线,是依据凯恩斯的货币工资的下降具有刚性的假设条件而得出的。这个假设条件的含义:工人们欢迎货币工资的上升,但却会对货币工资的下降进行抵抗,因此,货币工资只能上升,不能下降。另外,由于工人们具有货币幻觉,即只看到货币的票面值而不注意货币的实际购买力,所以他们会抵抗价格水平在不变的情况下的货币工资的下降,但却不会抵抗货币工资不变下的价格水平的提高。两种情况都会造成实际工资的下降。然而正是由于工人们具有货币幻觉,所以工人们会对相同的后果采取迥然不同的态度。总之,在工资具有的下降刚性的条件下,凯恩斯主义总供给曲线水平的意义是在到达充分就业国民收入以前,经济社会大致能以不变的价格水平提供任何数量的国民收入。因为在严重的萧条状态时,由于存在着大量闲置不用的劳动力和资本设备,所以当整个社会的生产量或国民收入增长时,价格水平和货币工资会大致保持不变。因此,总供给曲线是一条水平线,一直到充分就业时为止。

新古典宏观经济学从理性预期和自然率的假说出发,不但认为长期内总供给曲线是垂直的,而且认为在短期内总供给曲线也是垂直的,劳动市场上的工资和产品市场上的价格都具有充分的灵活性,因此市场总是处于出清状态,货币政策即使在短期内也是无效的。

新凯恩斯主义沿袭凯恩斯主义的传统,同时又弥补了凯恩斯主义理论的不足。当经济出现需求扰动时,工资和价格并不能迅速调整到使得市场出清,经济可以处于非充分就业均衡;而在长期经济将调整到充分就业状态。因此供给曲线在短期内是向右上方倾斜的，而在长期内则是与横轴垂直的。

4)蕴含的政策效果不同。古典模型中，除非总供给曲线发生变动，否则财政和货币政策只会带来价格上涨，没有任何效果。凯恩斯模型则正好相反。新古典宏观经济学认为货币政策即使在短期内也是无效的。新凯恩斯主义主张政府要在一定程度上实行干预。

(2)各自的政策含义。古典经济学家认为，投资等于储蓄，总供给恒等于总需求，因此，国家没有必要对宏观经济进行干预。

凯恩斯主义认为，由于工资和价格的刚性和其他的原因，投资未必常等于充分就业状态中的储蓄，总供给未必经常等于总需求，为了稳定宏观经济的运行，国家必须执行干预经济的财政政策和货币政策，并主张实行斟酌使用的财政政策。

新古典宏观经济学认为无论是劳动市场上的工资还是产品市场上的价格都具有充分的灵活性，因此市场总是处于出清状态，货币政策即使在短期内也是无效的。

新凯恩斯主义的主要政策主张：①由于价格和工资的黏性，经济在遭受到总需求变动的冲击后，从一个非充分就业的均衡状态恢复到充分就业的均衡状态是一个缓慢的过程，因此旨在刺激总需求的措施是必要的。②政府关心整个社会的福利情况，而公众只关心个体的利益，两者之间往往存在冲突，需要妥善处理和协调。

4.(南京大学 2011 年研)论述货币供给增加对产出与价格的影响。

答案：(1)凯恩斯主义认为，短期内货币供给增加会导致货币供给曲线右移，从而导致利率下降，而利率下降将会导致投资增加，从而使得国民收入水平提高，因此短期货币供给增加有效。但长期经济会陷入“流动性陷阱”状态，货币政策无效。

(2)货币主义认为，在短期中，货币供给量可以影响实际变量，如就业量和实际国民收入。因为根据费雪的交易方程，如果货币流通速度以及物价水平在短期内不发生变化的话，增加货币供给是可以增加实际国民收入的。在长期中，不能影响就业量和实际国民收入。根据货币主义的自然率假说，增加货币供给只能导致价格水平上升，从而导致通货膨胀。

(3)新古典宏观经济学认为，增加货币供给无论在短期还是在长期都是无效的。根据新古典宏观经济模型，假如货币当局宣布打算提高货币供给，理性的当事人在形成他们的预期时会考虑这个信息并完全预见到货币供给的提高对一般价格水平的影响，结果产量和就业会停留在自然率水平上不动。当货币工资在一个向上的价格预期下提高时，总需求曲线向右移动的效果就被总供给曲线向左移动所抵消。这样，经济停留在垂直的长期供给曲线上，因此即使在短期，产量和就业也没有变化，即货币是中性的。

5.(东北财经大学 2013 年研)实际经济周期模型(RBC)作为一个重要的新古典宏观经济学模型，请论述：

(1)与其他经济学的模型相区别，RBC 理论的倡导者认为经济周期发生的源泉是什么？

(2)他们的假说在什么地方有吸引力？

(3)你认为他们的缺点在什么地方？

答案:(1)在实际经济周期理论家看来,诱发经济波动的最重要的冲击是生产率冲击或供给冲击和政府支出冲击。在基得兰德和普雷斯考特的模型中,经济波动的原因是技术冲击或生产率冲击,波动的传播机制是劳动者的闲暇跨时替代。

经济波动按照下列方式产生:假定存在一个正向的技术冲击(如技术创新或新的生产方法的发明),这种冲击由于劳动生产率提高会形成对劳动的需求增加和产量增加,从而提高现行的实际工资水平。

在冲击发生时,单个的经济当事人必须确定这种冲击究竟是暂时性的还是长久性的,即经济当事人面临着一个信号筛选问题。如果劳动者估计这种冲击是暂时性的,那么,他会认为与未来的实际工资相比,现在的实际工资较高,这会引起劳动者用劳动替代闲暇,从而刺激劳动者在现期提供更多的劳动,由此导致现期产量增加,经济于是处于上升阶段。这样,如果闲暇的跨时替代效应较大的话,即使微小的生产率冲击也会导致相对较大的产出效应。如果劳动者估计这种冲击是长久性的,生产者将愿意进行新的资本投资以便将来扩大生产。由于从投资增加到资本存量增加再到产量增加需要一定的时间周期,因此,产量会在初始冲击发生后的相当长时间内继续增加,直至冲击的影响消失。在这个过程中,如果不存在进一步的技术冲击,生产者迟早会发现,与保持稳定状态的增长所需要的资本相比,他们持有的资本存量太多了。一旦生产者发现了这一点,为了实现利润最大化,他们必将降低投资率,直到资本折旧使经济恢复到稳定增长路径。在投资率下降的过程中,就业和产量相应发生波动。

(2)同传统的宏观经济学相比,实际经济周期模型的假说的吸引力在于,实际经济周期模型保持了微观经济学与宏观经济学很好的一致性,正是在这一点上它动摇了凯恩斯主义的统治地位,开拓了西方学者研究宏观经济学的新思路,使宏观经济学建立在坚实的微观经济学基础之上。实际经济周期理论提出了关于总产量的动态随机一般均衡模型,将一般均衡理论应用到经济周期的研究之中,这就为现代宏观经济学一直寻找的自身所建立的微观基础作出了贡献。该理论对使用不同的分析工具来分别研究增长和波动的传统方法提出了挑战。

传统观点认为产出得到波动是总需求冲击引起的,而实际经济周期理论认为经济的波动是自身波动引起的。

通过把经济增长理论和经济波动理论整合到一起,实际的经济周期理论改变了现代经济周期理论的研究方向:一方面淡化了增长趋势和周期波动之间的区别,从而打破了宏观经济学中的短期分析和长期分析的二分法;另一方面使宏观经济学家的注意力由经济的需求一方再度回到供给一方。

(3)实际经济周期模型的缺陷在于:

1)实际经济周期理论模型的构造存在很大的缺陷,他们既没有考虑政府部门的作用,也完全忽略了货币对经济的影响,即认为货币即使在短期内也是中性的。这两点都脱离了实际情形,使其对经济周期的解释力大打折扣。

2)该理论认为经济的衰退和萧条就意味着技术的退步。然而按照一般观念,技术变迁似乎是一种不可逆转的东西,现实中很少能收集到显示两者相互依存的确切证据。

3)实际经济周期理论普遍地使用了代表性主体分析经济的总量问题，它利用一个其选择与大量分散个体的总体选择相同的代表性主体研究技术或实际冲击对亿万个个体关于消费和闲暇的偏好和劳动供给决策的影响。但在这一过程中，它忽视了宏观经济分析中固有的加总问题，从而使其理论的说服力大打折扣。但是应当值得肯定的是，这些缺陷并不影响实际经济周期理论作为现代宏观经济学的主要进展之一，而对经济学未来发展所带来的深远意义。

典型案例分析

福特公司实行效率工资的成功实践

福特公司由亨利·福特一手创建，亨利·福特堪称为一代汽车天才，他懂技术、懂经营、有思想、有胆识。福特提出汽车进入家庭的观念，发明了高效实用的T型汽车，并发明自动生产线。更重要的是，福特实行了效率工资。

1914年福特汽车公司开始向其工人支付每天5美元的工资。由于当时流行的工资在每天2～3美元之间，所以福特的工资远远高于均衡水平。求职者在福特汽车工厂外排起了长队，希望获得这样的工作机会。

福特的动机是什么呢？亨利·福特后来写道："我们想支付这些工资，以便公司有一个持久的基础。我们为未来而建设，低工资的企业总是无保障的……为每天8小时支付5美元是我们所做出的最好的减少成本的事之一。"

从一般人的观点来看，福特的解释有点怪。他提出的高工资意味着低成本，而不是高成本。也许他是用高工资提高工人的生产率。

实际上有证据表明，支付如此高的工资有利于公司。根据当时的一份调查报告："福特的高工资摆脱了惰性和生活中的阻力……工人绝对听话，而且可以很有把握地说，从1913年的最后一天以来，福特工厂的劳动成本每天都在下降。旷工减少了75%，这表明工人的努力程度大大提高了。高工资改善了工人的纪律，使他们更忠实地关心制度，并提高了他们的个人效率。"

福特的效率工资实践给他和他的公司带来了巨大的成功，福特成功地使汽车价格由最初的4700美元下降到1914年的360美元。当然，受益的也不只是福特，福特的5美元工资确实也给工人带来了实惠。据统计，1914年初用于福特工人家庭生活的费用为325万美元，两年后这一数字增加到2000多万美元。当地贫困户的比例从20%降到了2%，工人在银行的人均存款额从196美元增加到750美元。正如曾在福特汽车公司工作过的一些工人后来在回忆中所说的那样：在得到了高工资后，在福特的工人们身上发生了许多明显而有趣的变化，那些每天负责把午饭送到厂里的工人的妻子们最开始是用一块布包着头，后来戴起帽子，慢慢地，衣服也跟着漂亮起来了，而那些工人们的装束也发生了变化，他们不再用手巾围在脖子上，而是戴上了领子。每个星期天，一些工人和妻子儿女还常常出去游玩。福特的工人当中，拥有一部T型车的也为数不少，以至于当时在《底特律新闻报》上登载了一幅漫画：一名福特工人身着皮夹克，衣袋里露出钞票，眼睛盯着标有"高档商品"字样的货架。

第二十一章　新古典宏观经济学和凯恩斯主义经济学

教材习题参考答案

1. 简述货币主义的基本观点和政策主张。

答案：货币学派在理论和政策主张方面，强调货币供应量的变动是引起经济活动和物价水平发生变动的根本的和起支配作用的原因。

(1)货币主义的基本观点可概括为，①货币供给对名义收入变动具有决定性作用；②在长期中，货币数量的作用主要在于影响价格以及其他用货币表示的量，而不能影响就业量和实际国民收入；③在短期中，货币供给量可以影响实际变量，如就业量和实际国民收入；④私人经济具有自身内在的稳定性，国家的经济政策会使它的稳定性遭到破坏。

(2)货币主义的政策主张可概括为以下三点：①反对凯恩斯主义的财政政策；②反对"斟酌使用"的货币政策；③力主"单一政策规则"，即以货币供给量作为货币政策的外生唯一控制指标，排除利率、信贷流量、准备金等因素。

2. 简述新古典宏观经济学的假设条件。

答案：新古典宏观经济学的假设条件主要有个体利益最大化、理性预期、市场出清和自然率假说。

(1)新古典宏观经济学认为，宏观经济现象是个体经济行为的后果。理解个体行为的一个基本出发点就是假设个体追求其最大利益。所以，要使宏观经济学具有坚实的微观基础，应将个体利益最大化作为基本假设。

(2)所谓理性预期是经济当事人在有效地利用一切信息的前提下，对经济变量作出在长期中，平均来说最为准确的，而又与所使用的经济理论、模型相一致的预期。理性预期假设的意思是，在长期中，人们会准确地或趋向于预期到经济变量所应有的数值。

(3)市场出清假设是说，无论劳动市场上的工资还是产品市场上的价格都具有充分的灵活性，可以根据供求情况选择迅速进行调整，使相应市场的供给和需求相等或趋向于相等。

(4)自然率假说认为，任何一个社会都存在着一个自然失业率，其大小取决于该社会的技术水平、资源数量和文化传统等，而在长期中，该社会的经济总是趋向于自然失业率。

3. 推导出卢卡斯总供给曲线。

答案：一个典型企业 i 的供给函数由 $y_i=h(P_i-P)+y_i^*$ 给出，其中，y_i 为企业的产量，P_i 为其产品的价格，P 为价格总水平，y_i^* 为企业的潜在产量，h 为企业对其产品价格与价格总水平偏离的一种反应，$h>0$。

用 P^e 表示企业对价格总水平 P 的估计，从而有 $y_i=h(P_i-P^e)+y_i^*$。　①

进一步地，企业对价格总水平的估计假定按下式进行：$P^e=P+b(P_i-P)$。　②

式②表示，企业对价格总水平的估计由两部分组成：一部分是该社会的有关机构预测并公布的价格预测值；另一部分是企业根据其经验对预测值的调整，参数 b 为调整系数。

将式②代入式①并整理，得 $y_i=h(1-b)(P_i-P)+y_i^*$。

从整体上看，整个经济的总供给曲线是通过对所有企业的供给曲线加总而得到的。设整个经济的生产由 n 个像企业 i 的企业组成，则经济的总供给函数为

$$y=nh(1-b)(P-P)+y^{*} \tag{③}$$

式③即为卢卡斯总供给函数。其中，y 为总产出，P 为整个经济的价格水平，y^{*} 为经济的潜在产量。卢卡斯总供给函数表示，经济的总产出与未被预测到的价格上升之间具有正相关关系。经过系数的合并，卢卡斯总供给函数通常写为

$$y=y^{*}+\lambda(P-P^{e})$$

其中，参数 $\lambda>0$，P^{e} 为公众对价格的预期。

4. 推导新凯恩斯主义的短期总供给曲线。

答案： 新凯恩斯主义是指20世纪70年代以后在凯恩斯主义基础上吸取非凯恩斯主义某些观点与方法形成的理论。凯恩斯的经济理论认为，宏观的经济趋向会制约个人的特定行为。新凯恩斯主义的短期总供给曲线可以从图21-5推导出来。

其中，图21-5(a)中的 N_d 和 N_s 分别表示劳动的需求曲线和供给曲线，它们都是实际工资 W/P 的函数。然而在事实上，劳动的需求方面所支付的和劳动者所得到的只能是货币工资。因此，劳动的需求和供给两个方面都必须使用一定的价格指数 P 去除货币工资才能得到实际工资 W/P。

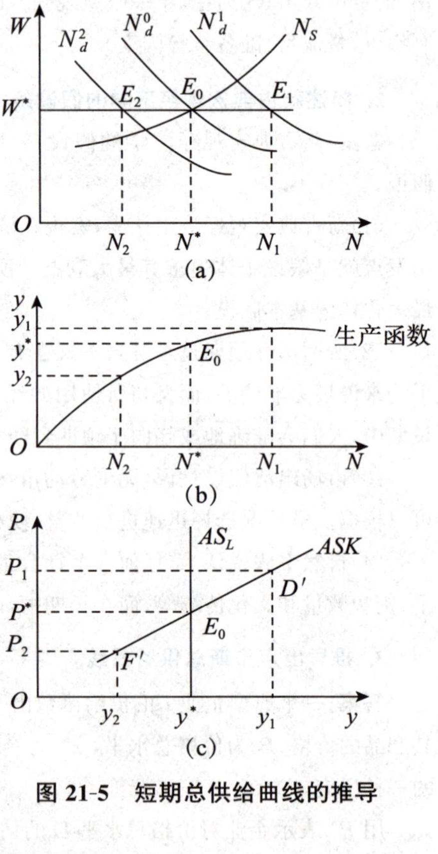

图21-5 短期总供给曲线的推导

新凯恩斯主义者认为，厂商在决定他所支付的实际工资的大小时，应该用该厂商的产品的价格去除货币工资。从微观角度来说，对厂商而言，只要劳动的边际产品（代表劳动给厂商带来的利益）大于他为了这一劳动而必须支付的代价（即劳动的实际工资），他便会增加雇用的人数，一直到代表利益的边际产品与代表支付的实际工资相等为止。这就是说，每一行业的厂商都会使用本行业产品的实际价格去计算他所支付的实际工资的大小。既然社会上的各行各业全部都由厂商所经营，那么，厂商整体必然会用实际存在的价格指数或水平 P 去计算实际工资。从供给方面来看，图21-5(a)中的 N_s 当然也是实际工资 W/P 的函数。在劳动者用什么样的 P 去除 W 以便得到实际工资 W/P 的问题上，新凯恩斯主义认为，不论劳动者是否知道实际价格水平为多少，劳动的供给曲线所使用的 P 只能是在签订合同时他们所预期的价格 P^{e}。

正是根据一定的 P^{e}，所以劳动者的代表（工会）才与厂商通过讨价还价以后达成工资协议（即规定货币工资 W 的大小），协议一经签订，不论客观情况如何，双方必须遵守，这就是说，在合同期内，根据 P^{e} 而决定的 W 是粘着不变的。另一方面，在同一期间，实际价格水平却可以经常变动，而整

个社会的厂商又是按实际价格水平 P 来决定对劳动的需求的。如果 P 正好等于 P^e，如图 21-5(a)中的 N_s 所示，而 N_d^0 是根据与 P^e 相等的 P^* 而作出的劳动需求曲线。由于 $P=P^e$，所以 N_s 和 N_d^0 相交于 E_0 点。该点表示的价格水平 P 和就业量 N 分别为 P^* 和充分就业的就业量 N^*。将其代入生产函数可得图 21-5(b)中的 E_0 点，从而相应的充分就业的产量为 y^*，于是在图 21-5(c)即可找到与 P^* 和 y^* 相对应的点 E_0。E_0 点便为新凯恩斯主义短期总供给曲线上的一点。

新凯恩斯主义者认为，厂商雇佣劳动的实际数量取决于 W 和 N_d 的共同作用。例如，在工资合同期内，价格水平从 P^* 上升到 P_1，这时图 21-5(a)中的劳动需求曲线从 N_d^0 移动到 N_d^1。由于 W^* 已为合同所规定，不能改变，为了取得最大利润，厂商只能根据既定的货币工资 W^* 和新的劳动需求曲线 N_d^1 来决定雇用的劳动数量。由图 21-5(a)所示，这时厂商实际雇用的劳动数量为 N_1，从而产出数量为 y_1。于是，在图 21-5(c)图中可得到与 P_1 和 y_1 相对应的点 D'。如果实际的 $P=P_2$，则 N_d 曲线处于图 21-5(a)中的 N_d^2 的位置。按照同样的步骤便可找出 N_d^2 与 W^* 两线交点 E_2 所决定的 N_2，于是在图 21-5(c)中又得到 F'点。

总之，在工资具有刚性或黏性的情况下，从不同的 P 可得到不同的 N，根据这些不同的 N 便可在图 21-5(b)中得到不同的 y，从而可在图 21-5(c)中找到不同的点(如 E_0、D'、F'等)，用一条光滑的曲线将这些点连在一起便得图 21-5(c)中的曲线 ASK，这便是新凯恩斯主义的短期总供给曲线。

5. 说明宏观经济政策的时间不一致性。

答案：这一问题最先由基德兰德和普雷斯科特在 1977 年提出。简单地说就是决策者(政府)开始实施一项最优政策，随着时间的推移，下一阶段会出现使决策者改变计划的动机，即今天的决策不再适合明天了，这就出现了时间的不一致性。特别地，有时决策者能够通过前后不一致把事情做得更好。现实宏观经济的基础和运行机制的变化，经常导致宏观经济政策的时间不一致性。

6. 从菲利普斯曲线推导总供给曲线。

答案：附加预期变量的菲利普斯曲线可以表示为 $\pi=\pi^e-\beta(u-u_0)$。

今用 $P-P_{-1}$ 代替 π，P^e-P_{-1} 代替 π^e，其中 P 为价格水平的对数，P_{-1} 为上一期价格水平的对数，P^e 为预期价格水平的对数，上式化为 $P-P_{-1}=P^e-P_{-1}-\beta(u-u_0)$。

即 $-\beta(u-u_0)=P-P^e$。　①

另外，根据奥肯定理有 $-\beta(u-u_0)=1/a(y-y^*)$，

将上式代入式①，经整理得 $y=y^*+a(P-P^e)$。　②

式②即为所求的总供给曲线，其中，y 为总产量，y^* 为潜在产量。

7. 理性预期和适应性预期有何区别？

答案：理性预期是在有效利用一切信息的前提下，对经济变量作出的在长期中平均说来最为准确的，而又与所使用的经济理论、模型相一致的预期。理性预期学派坚持认为政策目标必须注重长期性和稳定性。政府应实施一种货币供应量的年增长率长期稳定的货币政策，以及使预算保持基本平衡的财政政策。而适应性预期只是表明，人们在形成对现期的预测价格时，要考虑上一期的预测误差，当上一期预期价格高于实际价格时，对下一期的预期价格要相应减少；反之，则相应增加。

8. 黏性价格假定有什么重要性？

答案：价格黏性是指价格不随总需求的变动而迅速变化。名义价格黏性指名义价格不能按照名义需求的变动而相应地变化。实际价格黏性是指各类产品之间的相对价格比有黏性。价格黏性的重要性在于：价格是否有黏性的问题可以转换为市场能否出清的问题，即市场机制是否有效的问题。价格有黏性时，市场不能出清，市场机制失灵，只有政府干预才能纠正市场的无效性。

9. 简要说明实际经济周期理论。

答案：实际经济周期理论是新古典宏观经济学的代表性理论之一。新古典宏观经济学家依据在经济周期理论方面的不同看法分为两派，即所谓的货币经济周期理论和实际经济周期理论。货币经济周期理论以卢卡斯为代表，实际经济周期理论以普雷斯科特为代表。货币经济周期学派由于在理论上存在着一些缺陷，在实践上又缺乏经验支持，从 20 世纪 80 年代后期起，这一理论便逐渐失去了支持者。事实上，自 80 年代以来，以巴罗为代表的新古典宏观经济学第二代学者们就已经把注意力转到实际因素方面来。他们试图用实际因素解释宏观经济波动。这些理论统称为实际经济周期理论，认为经济波动之源是技术冲击，分析了波动传导以及货币与产出的关系。

(1)技术变革是引起经济波动的实际因素中至关重要的一个。在人口和劳动力固定的情况下，一个经济中多产生的实际收入便取决于技术和资本存量。技术变动能够引起产出、消费、投资及就业等实际变量的波动。各种实际因素对经济的冲击可分为暂时冲击和持久冲击。又由于技术冲击对经济产生的效用最持久，因此技术变动是经济周期性变动的基础。

(2)波动的传导。经济的周期性变动是经济中所有部门共同变动的综合体现。整个经济应该存在一个传导机制，它通常发生在某一个特定部门内，被称为部门性波动源，然后这个部门的技术变化能够传导到整个经济中去。

(3)货币与实际变量。实际经济周期理论认为，即使在短期内货币也是中性的。名义货币量的变化不能引起产出和就业等实际变量的变化。

实际经济周期理论认为，宏观经济受到的一些实际因素的冲击中，最常见和最值得分析的是技术冲击。

10. 说明新凯恩斯主义对经济波动的解释。

答案：新凯恩斯主义是指 20 世纪 70 年代以后在凯恩斯主义基础上吸取非凯恩斯主义某些观点与方法形成的理论。凯恩斯的经济理论认为，宏观的经济趋向会制约个人的特定行为。新凯恩斯主义对宏观经济波动的考察是用总需求曲线和总供给曲线并结合长期劳动合同的交错性质来说明的，如图 21-6 所示。

假定经济起初位于总需求曲线 AD_0 和新凯恩斯主义短期总供给曲线 ASK_0 的交点上，这时价格水平为 P_0，实际收入为 y_0。假定经济受到总需求冲击，例如，由于企业对将来收益的预期发生变化而减少了投资需求，全球经济的萎缩使净出口需求减少、增税、政府支出的减少，或者货币供给的减少等引起了总需求的减少，反映在总需求曲线上，则是总需求曲线从 AD_0 向左移动到 AD_1。

现在假定劳动市场的工资合同为期 3 年，而且每年都有合同数的 1/3 数量的合同需要重新签订。按照新凯恩斯主义理论，当总需求曲线移到 AD_1 后，实际收入下降到 y_1，价格水平亦下降到 P_1，这种状态一直持续到第一批劳动合同被重新签订时为止。在第一批占总数 1/3 的劳动合同重

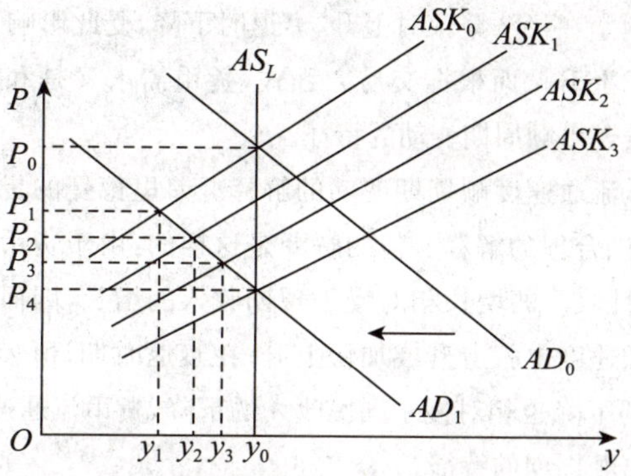

图 21-6　新凯恩斯主义对经济波动的影响

新签订时，劳动供求双方达到了较低的货币工资协议，较低的货币工资使短期总供给曲线向右移动到 ASK_1，这时价格水平下降到 P_2，实际收入增加到 y_2。到了需求冲击后的第二年，当第二批劳动合同重新签订时，劳动供求双方又达成了较低的货币工资协议，较低的货币工资又使短期总供给曲线进一步向右移动到 ASK_2，相应地，价格水平下降到 P_3，收入增加到 y_3，类似地，到了第三批劳动合同重新签订时，总供给曲线向右移动到 ASK_3，这时，价格水平下降到 P_4，而收入则恢复到了总需求冲击前的充分就业的水平 y_0。

按照上述分析，在新凯恩斯主义看来，整个经济经历了三年左右的衰退。这便是新凯恩斯主义对宏观经济波动所作的解释。

11. 说明宏观经济学目前的主要共识。

答案：目前宏观经济学的主要共识有以下四点：①在长期中，一国生产物品与劳务的能力决定了它的国民的生活水平；②在短期，总需求影响一国生产的物品与劳务产量；③在长期中，货币增长率决定通货膨胀率，但它并不影响失业率；④在短期中，控制货币与财政政策的决策者面临通货膨胀与失业之间的替换关系。

12. 给出两个西方学者将微观经济学应用于宏观经济分析的两个例子。

答案：(1)在国际经济中，关于倾销的经济分析主要运用的是微观经济学中的不完全竞争的理论。

(2)在新凯恩斯主义关于工资和价格黏性的理论分析中也用到了不完全竞争的理论。

13. 凯恩斯和弗里德曼都注意到了货币流通速度的顺周期性，分别用他们的理论解释这一现象。

答案：从交易方程式 $MV=Py$ 可以知道，货币流通速度和货币需求实际上是一个问题的两个方面。如果货币需求是稳定的、可以预测的，货币流通速度也是稳定的；但是在经验研究中，由于货币流通速度是比较直观的、容易得到的(即等于名义国民收入除以平均货币存量)，所以往往被反过来用于说明货币需求对利率的敏感性以及货币需求函数的稳定性。

(1)凯恩斯主义者对货币流通速度顺周期变动的解释。从各国的货币流通数据中大致可以看出这样一个规律，那就是经济繁荣时，货币流通速度上升；在经济萧条时，货币流通速度则要么增长率放慢，要么绝对地下降。也就是说，货币流通速度往往是顺周期变动的。这一现象和凯恩斯主义的观点是相吻合的。按照凯恩斯主义的观点，货币需求和利率是呈反向变动的，而利率的变动往往又是顺周期的，也就是说利率在经济繁荣时上升，衰退时下降，受此影响，货币需求在繁荣时期会趋于下降，在衰退时期会趋于上升。而根据交易方程式，货币需求又是和货币流通速度成反向关系的，因此货币流通速度会表现出顺周期变动的特征。

(2)货币主义者对货币流通速度顺周期变动的解释。弗里德曼的货币需求理论也能够对货币流通速度的顺周期波动提供合理的解释。他的解释是这样的：由于货币的需求是由恒久性收入决定的，而在繁荣时期，恒久性收入的增长相对慢于现期收入的增长，因而货币需求的增长相对慢于国民收入的增长，货币流通速度也就上升或加快上升；在衰退时期，恒久性收入的下降慢于现期收入的下降，因而货币需求的下降也相对慢于国民收入的下降，货币流通速度就下降或增长放慢。这样，货币流通速度就表现出顺周期的特征。

(3)两种解释的比较由以上分析可知，凯恩斯主义和货币主义都认为货币流通速度是顺周期变动的。但是从长期的资料来看，货币流通速度稳定的观点受到一定的挑战。实际情况表明，将货币流通速度视为一个随时间缓慢变化的量是缺乏依据的，将它视为一个常数更是不科学的。特别是在一个经济高速发展或剧烈波动的时期，货币流通速度会有较大的波动。由此看来，像费雪那样将货币流通速度看成是一个由制度因素决定的外生变量，并据以估计货币需求的方法是不正确的。必须将货币流通速度视为人们行为的结果，也就是说，必须用人们的货币需求来解释货币流通速度，而不是用货币流通速度来解释货币需求。

14. 为什么新凯恩斯主义认为稳定化政策是必要的？

答案：如图 21-7 所示，经济衰退从一个非充分就业的均衡状态恢复到充分就业的均衡状态是一个缓慢的过程，可以用政策来刺激总需求。

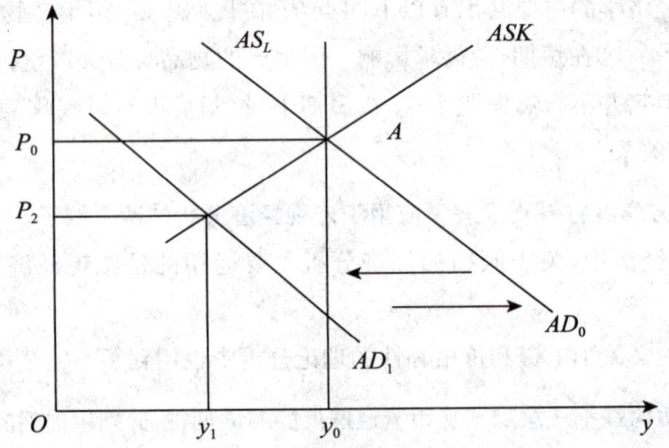

图 21-7　经济衰退过程

假定经济最初处于充分就业状态 A 点，总需求减少使总需求曲线移动到 AD_1，实际收入和价格水平下降。假设签订的劳动合同为期一年，尽管厂商和个人都有理性预期，但必须到这一年的年末，新的合同才要被重新签订，这意味着 ASK 曲线没有移动。根据新凯恩斯的观点，如果政府在衰退时采取刺激需求的政策使总需求曲线回到 AD_0 的位置，或者抵消外部冲击使总需求曲线不从 AD_0 移动到 AD_1，那么因为 ASK 曲线没有移动或移动缓慢，从而上述稳定化政策是必要的。

15. 怎样理解凯恩斯的"有效需求"概念？假如某经济社会的总供给大于总需求，则国民收入和就业将发生什么变化？凯恩斯认为应采取什么样的财政政策或货币政策？

答案：凯恩斯所讲的"有效需求"，是指社会上商品总供给价格和总需求价格达到均衡状态时的总需求。所谓供给价格是指，企业愿意雇佣一定数量工人生产一定数量产品时，所必须取得的收益，这一收益必须等于生产这些产品所付出的生产要素的成本加上预期的利润，所有企业的产品供给价格之和就是总供给价格；所谓需求价格是指企业预期社会上人们购买其产品时愿意支付的价格，总需求价格是企业预期社会上人们意愿购买全部商品的价格的总和。

总供给价格和总需求价格都随就业量的增加而增加。当总需求价格大于总供给价格时，企业会扩大生产，增雇工人；相反，当总需求价格小于总供给价格时，企业则会缩减生产，减雇工人。只有当总供给价格与总需求价格相等时，企业才能获得最大预期利润，从而生产既不扩大也不缩小，达到均衡状态，这时的总需求就是有效需求。

因此，如果某经济社会的总供给大于总需求，表明有效需求不足，失业率上升，国民收入水平下降，经济呈现出萧条。凯恩斯认为需要政府采取扩张性的财政政策或货币政策对经济加以干预，以降低失业率，提高国民收入水平。

16. 为什么说卢卡斯供给曲线是建立在微观基础之上的宏观总供给曲线？为什么卢卡斯供给曲线相对来说是更加经得起卢卡斯批评的？

答案：(1)卢卡斯供给曲线是以微观分析为基础推导的宏观总供给曲线。卢卡斯假定整个经济由 n 个完全相同的厂商组成，只要推出代表性厂商 i 的供给曲线，然后进行加总就可以得出整个社会的总供给曲线。

(2)卢卡斯批评是批判传统政策分析没有充分考虑到政策变动对人们预期的影响。而在卢卡斯供给曲线的推导过程里，代表性企业的供给函数为 $y_i=h(P_i-P)+y_i^*$，P 为经济中的一般价格水平。实际中，企业不能确定一般价格水平，因此企业对其只能用预期值 P_e 替代真实值 P，企业按照下面的规则确定自己的预期为 $P_e=\dot{P}+b(P_i-\dot{P})$，于是有 $y_i=h(1-b)(P_i-\dot{P})+y_i^*$，进而整个经济总供给函数为 $y=nh(1-b)(P-\dot{P})+y^*$。由于卢卡斯供给函数中包含了企业对于经济的预期，因此更能经得起卢卡斯批判。

17. 长期劳动合同论与工资黏性有什么关系？

答案：长期劳动合同论认为：劳方为避免劳动市场风险（工资变动和失业风险），希望与资方签订长期合同；资方为了减少谈判成本，以及谈判可能引起的劳资摩擦也同意签订长期合同。这就使工资水平和就业水平难以随市场变化而变化，使工资具有黏性。

这也就是说，长期劳动合同是造成工资黏性的原因之一。

18. 设总需求方程为 $AD=120-20P$，卢卡斯曲线控制着经济的运行。有 100 个企业，每个企业都有供给方程 $y_i=4(P_i-P^e)+1$。每个企业都用去年的价格 P_{-1} 和它自己的价格形成它对总价格水平的预算，$P^e=P_{-1}+0.5(P_i-P_{-1})$。

(1)通过解出 P_i，求卢卡斯的总供给函数。

(2)现在假定 $P_{-1}=1.00$，求总需求曲线和卢卡斯总供给曲线相交时的总产量水平和总价格

水平。

(3)假设需求突然上升，AD 方程变为 $AD=131-20P$，求总产量和总价格。

答案：(1)$Y=200(P-P_{-1})+100$。

(2)$P=1,Y=100$。

(3)$P=1.05,Y=110$。

19. 设卢卡斯供给函数为 $y=c(P-\hat{P})+y^*$。其中，$c=20000$，$y^*=4000$。当价格水平 P 为 1.01、预期价格 $\hat{P}$ 为 1.00 时，产量 y 为 4200，即高于潜在水平 $y^*=4000$。假设总需求函数为 $y=1101+1.288G+3.221M/P$。

(1)假设某一时期经济已处于产量为潜在水平的状态，并在近期内预期政策不会变化。货币供给为 600，政府支出为 750，则价格水平为多少？（提示：如果不发生突然变动，则实际价格水平和预期价格水平不相同。）

(2)现假设美联储宣布将把货币供给从 600 增加到 620，新的产量水平和价格水平将为多少？

(3)现假设美联储宣布将把货币供给增加到 620，实际上却增加到了 670，新的产量水平和价格水平将为多少？

答案：(1)$y=1101+1.288G+3.221M/P$，

代入已知条件可得

$4000=1101+1.288\times750+3.221\times600/P$

由此解得 $P\approx1$。

(2)$y=1101+1.288G+3.221\times M/P$，

代入已知条件可得

$4000=1101+1.288\times750+3.221\times600/P$

由此解得 $P\approx1.033$。

(3)卢卡斯曲线：$y=20000(P-1.033)+4000=20000P-16660$，

总需求：$y=1101+1.288\times750+3.221\times670/P=2067+2158/P$，

令以上两式相等，可解得 $P\approx1.04$，$y=4142$。

20. 假定在通货膨胀政策方面政府与私人部门之间是一个非合作的斯塔克伯格博弈。政府占主导地位，私人部门对政府的决策作出反应，而政府将根据跟随者的反应作出进一步的政策。假定政府的最优化决策是：

$$\max U(\pi,y)=-c\pi^2-(y-k\bar{y})^2$$

$$\text{s.t.}\quad y=\bar{y}+\beta(\pi-\pi^e)$$

$$c>0,k>1,\beta>0$$

其中，π 为通货膨胀率，π^e 为预期通货膨胀率，$\bar{y}$ 为自然失业率下的产量。假设总供给曲线是卢卡斯供给曲线，政府厌恶通货膨胀，那么，政府零通货膨胀的政策是一个动态时间一致的政策吗？

答案：$y=\bar{y}+\beta(\pi-\pi^e)$，

将上式代入已知条件，可得

$$L=-c\pi^2-[\bar{y}+\beta(\pi-\pi^e)-\kappa\bar{y}]^2$$

$=-c\pi^2-[(1-\kappa)\bar{y}+\beta(\pi-\pi^e)]^2$

由 $dL/d\pi=0$，得

$-2c\pi-2\beta[(1-\kappa)\bar{y}+\beta(\pi-\pi^e)]=0$

解得 $\pi^*=\dfrac{\beta^2\pi^e-\beta(1-\pi)\bar{y}}{c+\beta^2}$。

当政府宣布零通货膨胀政策时 $\pi^e=0$，政府效用的最大通货膨胀率 $\pi^*=-\dfrac{\beta(1-\kappa)\bar{y}}{c+\beta^2}>0$，因此政府零通货膨胀政策不是一个动态时间一致的政策。

第二十二章 西方经济学与中国

知识脉络图

西方经济学科学性与意识形态问题
- 西方经济学理论体系是科学的吗
- 科学主义
- 对意识形态问题的隐讳

我国借鉴西方经济学问题
- 西方经济学对我国的有用之处
- 在应用西方经济学时应考虑我国国情

2008 年金融危机对现行西方经济学理论的挑战

关于当前中国经济改革中一些问题的思考

关于当前中国经济发展中几个问题的思考

重点难点常识理解

1. 西方经济学的理论体系属于不完全符合科学要求范畴的原因

(1)根据实践是判别真理的标准,西方经济学的理论体系不完全符合科学的要求。

(2)西方经济学也缺乏科学所应有的内部一致性,即在理论体系之中,不能同时存在两种或两种以上的相互抵触的说法。

(3)科学研究的进展所取得的成果往往是积累性的,而西方经济学却不是如此。

(4)严峻的假设条件。假设条件是为科学的研究所必需的。假设条件越宽松,越能符合现实生活,则由此而导致的成果会具有越大的一般性和较宽广的应用范围。

(5)虽然西方学者的总的倾向往往是把西方经济学说成是科学,然而迫于现实,他们也很难做到这一点。

2. 科学主义

第一个导致误解西方经济学的事实是西方经济学中存在的科学主义。科学主义是指一门学科中的成员虽然在表面上使用了科学的研究方法,却未能得到科学的结果,使该学科成为科学,从而科学方法仅使该学科貌似科学，而事实上却不是。

3. 对意识形态问题的隐讳

第二个导致误解西方经济学的事实是它对意识形态问题的隐讳。马克思主义公开承认，政治经济学具有阶级性，从而带有意识形态的色彩。

根据一般人所接受的定义，意识形态是“某一社会集体所具有的思想、观点、态度和感情的体系”。

4. 西方经济学对我国经济的适用之处

西方经济学中的部分观点、概念和方法值得我国加以借鉴。这些值得借鉴之处不但具有相当的数量，而且它们值得借鉴的程度也取决于具体情况的差异。下面将举出三点作为例子。

(1)整个银行制度能创造出货币的论点。

(2)消费函数的概念。

(3)数学方法。

5. 在借鉴西方经济学的有价值之处时决不能生搬硬套，必须要注意我国的特殊国情

可大体总结为以下三点：

(1)由于我国是一个发展中国家，所以我国目前尚不具备足够的市场机制赖以顺利运行的硬件。这些硬件包括通信设备、交通工具、港口码头、市场设施等基本建设项目，而这些主要属于基本建设项目的硬件，又是为市场机制的顺利运行所必需的。

(2)由于我国在过去长时期实施集中的计划经济，所以我国目前也不具备足够的市场机制赖以顺利运行的软件。这些软件包括商务法律、企业管制条例、行业的行规、群众的市场意识等与上层建筑有关的事项，而这些事项的欠缺又使市场机制难以顺利运行。

(3)除了缺乏足够的硬件和软件以外，作为我国独特情况的人口压力，也使我国的市场经济发生作用的程度和范围受到限制。

西方经济学的有用性质在相当大的程度上取决于具体的条件和场合，从而很难作出一般性的论断。

6. 广泛而庞杂的内容

第三个导致误解西方经济学的事实是它所包含的广泛而庞杂的内容。

西方经济学的这种领域广泛和内容庞杂的事实很容易使初学者得到错误的印象。当初学者或不明真相的人仅仅看到领域中的一个极端时，他们可能错误地认为，西方经济学全部属于意识形态的范围，从而在经济管理上完全没有应用的价值。另一方面，当他们只能接触到另一极端的情况时，他们可能误以为西方经济学全然是应用管理技术，并不含有意识形态的成分。当然，事实并不如此。他们之所以得到错误印象，原因在于西方经济学的范围广泛和内容庞杂。

7. 貌似新颖的形象

造成初学者误解的第四个事实是西方经济学的貌似新颖的形象。貌似新颖的形象是指仅有外表形式上的不同却无实质内容的差异；简言之，即不过“用新瓶装旧酒”而已。虽然西方经济学的新的面貌或新的说法可以代表西方学者的努力的成果，但是，我们还要考察它们的实质性内容，绝不能仅仅由于“新”而对此作出肯定的评价。

教材习题参考答案

1. 当借鉴西方经济学时必须考虑我国的哪些重大国情？

答案：第一，考虑我国是一个发展中国家，至今还处在传统计划经济向市场经济的转轨时期，市场机制赖以运行的一些制度框架尚不完善，人们的契约意识也比较差，这使许多在发达市场经济国家行得通的办法在我国也发挥作用需要有一个过程。

第二，我国是一个有十多亿人口的大国，人口压力也会使我国市场经济作用的程度和范围受到限制。

第三，我国特有的文化传统也是要考虑的国情之一，许多中国传统观念也是我们应用和参考西方经济理论时要注意的。

2. 你认为哪些微观经济学理论对我国的经济改革具有一定的参考价值？

答案：均衡价格理论、消费者行为理论、生产理论、成本理论、市场理论、分配理论、一般均衡理论与福利经济学、市场失灵与微观经济政策等微观经济学理论对我国的经济改革具有一定的参考价值。

3. 怎样理解博弈论和信息经济学的一些理论对认识我国当前市场经济秩序是有帮助的？

答案：首先，博弈论是研究决策主体的行为发生相互作用时的决策以及相对应的均衡问题，其是经济学理论发展的自然延伸，是学习经济学前沿理论的重要工具，是从事科研工作的思维方式之一，是理解制度，文化等非传统经济学理论问题的有效途径。

其次，经济学与博弈论共享的方法论立场：理性与方法论个人主义。这两条合起来就已经能够说明经济学和博弈论天生的能够互助互补了。经济学几乎不需要付出任何代价就能够在原有体系不变的前提下把博弈论纳入自己的理论知识当中，而其他社会科学做不到这一点，这就对我国市场经济有着很大的帮助。

其外，市场失灵有一个共同特征：决策者再拿自己当价格接受者就是不正确的了。一旦价格接受假设失效，我们就不得不回过头来考虑策略性思维能够带给我们什么，而这也是我国市场秩序能够受到博弈论帮助的原因。

4. 你认为西方经济学中的收入分配和贫富差距理论在哪些方面对我国具有参考价值？

答案：在贫富分化方面。

（1）大力发展当地经济。分配蛋糕的前提也是需要有蛋糕的存在，蛋糕做大对于分配是有益处的，因此“发展是硬道理”。理论上，社会的生产力发展水平达到一定的高度，收入差距会越来越小。实现共同富裕的根本出路在于大力发展生产力，因此要深化经济体制改革，扩大对外开放，提高我国社会经济发展的整体水平，使经济增长与收入分配相协调，消除贫困现象。

但是在发展经济的过程中要注意环境、资源的保护，否则发展后又得花财力、物力、人力去治理，最终还是影响到蛋糕的做大、做实。

(2)改革税收制度，加强税收对收入再分配的调控力度。中央要加强税收的征收管理，减少税收漏洞。一方面应在现行个人储蓄实名制和个人信用制度的基础上，建立并规范个人收入申报制度和个人财产税制度，将个人收入的管理与个人实物财产管理结合起来，逐步开征财产税；另一方面必须强化对税收的征缴和稽查，提高税务部门的技术装备水平，加强税务部门的稽查力度，加大执法力度，使各种偷税漏税现象得到好转。

(3)尽可能地实现充分就业。实现充分就业，对于一个社会实现广泛意义上的公正、公平来说具有重要的意义。获得一种职业，对于劳动者来说，就意味着拥有了相对稳定的经济收入，意味着能够进行一些必要的平等的社会活动。所以，从整体来说，充分就业是消除贫困、缓解贫富差距扩大问题的必要条件，也是最大限度地开发人力资源、增强社会活力、增加社会总财富的必要前提。在全社会范围内培育适龄劳动者的创业理念和创富素质，是从根本上解决中国就业难的关键。

5. 为什么说西方经济学的市场失灵及其调节理论对我国具有一定的参考价值？

答案：第一，造成市场失灵的主要原因：垄断的市场结构、公共物品的存在、外部性影响、不完全信息。

第二，四种导致市场失灵的情况产生的影响。

(1)垄断造成的影响：在完全竞争的市场下，一种商品的供给曲线与需求曲线的交点是均衡点，在它对应的产量下生产，供需双方的收益最大，市场是有效率的。由于市场势力的存在，垄断者不会按照均衡产量进行生产，他们生产时选择边际收益(而不是价格)与边际成本相等时的产出量，垄断直接导致社会福利的净损失和市场低效率，社会资源不能得到优化配置。

(2)外部性的影响：分为正的外部性和负的外部性。正的外部性就是一些人的生产或消费使另一些人受益而又无法向后者收费的现象；负的外部性就是一些人的生产或消费使另一些人受损而前者无法补偿后者的现象。这种影响不能反映在市场价格中(通俗解释就是本能赚的没赚，本该赔的没赔)，导致市场无效率。

(3)公共物品的存在的影响：公共物品是可供社会成员共同享用的物品，严格意义上的公共物品具有非竞争性和非排他性。搭便车问题指的是对个人的一种诱惑，即让别人去提供公共物品。一般来说，由于搭便车问题的存在，纯粹的个人主义的机制不会产生最优数量的公共物品。在公共物品的这种情况下，完全竞争(私人决策)不能达到帕累托效率，因为此时生产的数量少于最优的数量。

(4)信息不对称的影响：信息不对称是指在相互对应的经济个体之间的信息呈不均匀、不对称的分布状态，也就是说，有些人对关于某些事情的信息比另外一些人掌握得更多一些。

信息不对称产生的问题：①逆向选择，即发生在交易之前，那些最有可能造成不利后果的交易对象，往往最积极寻找交易并有可能被选中；它会导致一些市场的消失，以致市场经济不再充分有效；例如，不当的保险金额的设计导致最后购买保险的人都是健康状况非常差的；②道德风险，其是一种事后行为，指交易达成后，交易的一方（通常为拥有信息优势的一方）倾向于从事交易另一方并不希望发生的高风险活动，从而可能给交易的另一方带来巨大的损失。

道德风险的产生原因：①在交易契约中，处于信息劣势的一方无法观察到占据信息优势的一方的行为，最多只观察到行为产生的不利后果；②处于信息劣势的一方无法确定这种不利后果的产生是否与占据信息优势的一方的行为不当有关；③委托－代理问题是指由于信息不对称，处于信息劣势的委托人难以观察、知道代理人的全部、真实行为，代理人为了追求自己的利益而实施违背委托人利益的行为。

委托一代理问题产生的条件：①委托人与代理人追求的目标不一致；②委托人与代理人之间的信息不对称，委托人难以监督代理人的行为；③代理人的业绩不仅取决于其活动和努力程度，还取决于一些其他的不可预测、不可抗拒的因素（案例股票自营买卖中的“花头”）。

第三，解决措施。

(1)为了消除垄断的影响，政府可以采取反垄断政策。针对不同形式的垄断，政府可以分别或同时采取行业的重新组合和处罚等手段，而这些手段往往是依据反垄断法来执行的。

(2)解决外部性的问题有三种方法：第一种是政府征收庇古税；第二种是企业合并（两家人变一家人）；第三种是规定财产所有权。通过严谨的数学验证证明这三种方法都是可以达到帕累托有效的。

(3)解决公共物品的供给是消除公共物品所造成的市场失灵的关键。可以由政府运用“维克里－克拉克－格罗夫斯”机制，要求每个人如实汇报自己的保留价格，并按此保留价格来决定收税的数量。政府来决定到底如何生产和生产多少公用物品。还可以运用中央集权制和投票的方法。

(4)解决信息不对称的问题的方法。

1)缓解或控制逆向选择的办法主要有两种：①政府履行其管理经济的职能，对市场进行有效的干预；②利用市场信号，通过信号显示和信号甄别方式来缓解逆向选择问题，市场信号甄别在进行市场交易之前，信息劣势方首先以某种方式使得信息优势方不得不发出表明自身特征、品质、类型等的信号，以供信息劣势方辨别、解读，从而改变自己在市场交易中所处信息劣势地位的行为。市场信号的有效性应建立在对市场中的假信号坚决清除基础之上，而法律的有效性是能否清除假市场信号的关键。

2)道德风险的应对：风险分担。

3)委托一代理问题的应对：激励机制的设计。例如效率工资和分成制。

6. 为什么西方宏观经济学又称为国民收入决定理论？了解西方宏观经济学对认识和研究我国经济发展有没有意义？

答案：现代西方经济学把经济学原理或经济理论，即有关经济问题的知识体系的全部内容，区分为两大组成部分或两大分支学科：微观经济学和宏观经济学。

微观经济学是以单个经济单位为研究对象，通过研究单个经济单位的经济行为和相应的经济变量单项数值的决定来说明价格机制如何解决社会的资源配置问题的经济理论。

宏观经济学是以整个国民经济为研究对象，通过研究经济中各有关总量的决定及其变化，来说明资源如何才能得到充分利用的经济理论。

微观经济学与宏观经济学在研究对象、解决的问题、中心理论和分析方法上是不同的。微观经济学：①研究对象是单个经济单位的经济行为；②解决的问题是资源配置；③中心理论是价格理论；④研究方法是个量分析。

宏观经济学：①研究的对象是整个经济；②解决的问题是资源利用；③中心理论是国民收入决定理论；④研究方法是总量分析。

微观经济学与宏观经济学在上述各个方面存在着区别。但它们作为一门科学的一套理论体系或知识体系的两大组成部分，又是密切联系的。首先，它们是整体与个体之间的关系；两者不是互相排斥而是互相补充的。其次，微观经济学与宏观经济学都是实证分析。最后，微观经济学是宏观经济学的基础。就是说，宏观经济行为的分析总是要以一定的微观分析为其理论基础。

了解西方宏观经济学对认识和研究我国经济发展的意义如下：

(1)西方的经济理论同样值得我们重视，学习西方经济学，才能明辨是非，区别其利害；

(2)即便对被评判为有用的东西，也要结合我国的国情进行考察，以决定其适用的程度和范围；

(3)随着中西方交往的日益频繁，我们需要学习西方经济学，以了解西方国情。特别是经济方面的情况；

(4)西方经济学构成了许多西方经济学科和课程的基础。这是西方经济学的作用。

7. 为什么说西方宏观经济学对思考和认识我国宏观经济问题的意义是很有限的?

答案：宏观经济学被普遍地引入中国已有近 30 多年的时间，其中经历了批判、部分吸收、全盘吸收、科学借鉴等曲折的过程。但是，由于种种原因，西方经济学在中国的有用性以及如何运用等问题尚未很好地解决。其原因主要有，长期以来中国的经济学一直以马克思经济学为唯一的理论基础，西方经济学作为“后来者”要被整个经济学界接受需要一个较长的过程，尤其是要被老一代经济学家接受难度很大，目前主要是中青年一代掌握得较好。其次，中国长期以来实行的是以公有制为主体的计划经济，与西方经济学赖以产生和发展的以私有制为基础的市场经济有巨大的体制差异，改革以来虽然正在实现转轨，但这种体制变迁尚未完成，这样，西方经济学要在中国开花结果，还需要伴随体制“土壤”的转变和培植。另外，中国长期实行中央高度集权的社会体制，主要依靠行政命令管理经济，西方的经济自由主义因子的生长需要一个过程；即使是强调政府作用的凯恩斯宏观经济学，其干预的“度”的把握也不是一个简单的问题。因此，只有在对现代西方经济学整体掌握和精髓吸纳的前提下，才能谈到西方经济学在中国的全面发展。

8. 中国经济新常态有哪些特点？这种经济新常态蕴含哪些政策寓意?

答案：中国经济新常态的特点：一是从高速增长转为中高速增长；二是经济结构不断优化升级，第三产业消费需求逐步成为主体，城乡区域差距逐步缩小，居民收入占比上升，发展成果惠及更广大民众；三是从要素驱动、投资驱动转向创新驱动。

政策寓意：一是经济增速正式告别快速增长；二是宏观政策告别常态的调控和刺激，如果经济增速在7.2%以上的合理区间，不会采取非常规的刺激措施。

9. 什么是供给侧结构性改革？为什么要进行供给侧结构性改革？如何推进供给侧结构性改革？

答案：供给侧结构性改革旨在调整经济结构，使要素实现最优配置，提升经济增长的质量和数量。

供给侧结构性改革，就是从提高供给质量出发，用改革的办法推进结构调整，矫正要素配置扭曲，扩大有效供给，提高供给结构对需求变化的适应性和灵活性，提高全要素生产率，更好地满足广大人民群众的需要，促进经济社会持续健康发展。

供给侧结构性改革的原因：供给侧结构性改革的根本目的是提高社会生产力水平，落实好以人民为中心的发展思想。要在适度扩大总需求的同时，去产能、去库存、去杠杆、降成本、补短板，从生产领域加强优质供给，减少无效供给，扩大有效供给，提高供给结构适应性和灵活性，提高全要素生产率。

供给侧结构性改革的推动方法：①供给侧结构性改革就是用改革的办法推进结构调整，减少无效和低端供给，扩大有效和中高端供给，增强供给结构对需求变化的适应性和灵活性，提高全要素生产率，使供给体系更好适应需求结构变化；②供给侧结构性改革的主攻方向是提高供给体系质量，着力去产能、去库存、去杠杆、降成本、补短板；大力培育新动能，强化科技创新，发展绿色产业，培育新业态新模式，在中高端消费、创新引领、绿色低碳、共享经济、现代供应链、人力资本服务等领域形成新增长点；深化要素市场化配置改革，实现由以价取胜向以质取胜的转变。加大人力资本培育力度，更加注重调动和保护人的积极性。

10. 什么是中国经济的五大发展理念？

答案：(1)创新是引领发展的第一动力。必须把创新摆在国家发展全局的核心位置，实施创新发展驱动战略，让创新贯穿党和国家一切工作，让创新在全社会蔚然成风。

(2)协调是持续健康发展的内在要求。重点促进城乡区域协调发展，促进经济社会协调发展，在增强国家硬实力的同时注重提升国家软实力，不断增强发展整体性。

(3)绿色是永续发展的必要条件和人民对美好生活追求的重要体现。必须坚持节约资源和保护环境的基本国策，坚持可持续发展，加快建设资源节约型、环境友好型社会，人与自然和谐发展，推进美丽中国建设，为全球生态安全作出新贡献。

(4)开放是国家繁荣发展的必由之路。必须坚持对外开放的基本国策，奉行互利共赢的开放战略，构建广泛的利益共同体。

(5)共享是中国特色社会主义的本质要求。必须坚持发展为了人民、发展依靠人民、发展成果由人民共享，增强发展动力，增进人民团结，朝着共同富裕方向稳步前进。

11. 什么是经济全球化？经济全球化形成的原因是什么？经济全球化可能付出什么代价？

答案：经济全球化是指世界经济活动超越国界，通过对外贸易、资本流动、技术转移、提供服务、相互依存、相互联系而形成的全球范围的有机经济整体的过程。

形成的原因：①根本原因是生产力的发展的结果；②高科技的发展，特别是信息技术发展，为经济全球化奠定了物质技术基础；③越来越多的国家发展市场经济，是经济全球化的体制保障；④国际贸易和投资自由化是经济全球化的直接动因；⑤企业经营国际化，尤其是跨国公司在全球范围的迅速扩张起了推动作用。

代价：(1)在经济全球化的趋势下，经济不稳定将发生连锁反应。一个国家的经济波动和危机，如通过投资额的变化、投资环境的变化、贸易额度、贸易方式的变化、金融条件的变化等，就极有可能影响到其他国家，特别是那些与该国家经济联系非常密切的国家。

(2)在经济全球化中，国家主权面临日益严峻的考验。经济全球化使得世界统一市场变得越来越大，国际规则越来越多，一个国家的主权则逐渐收缩。这种收缩主要表现在经济主权的主动让渡以及跨国公司对经济主权的侵蚀。欧共体发展的历程表明，随着一体化程度的逐步提高，各成员国经济主权独立性则不断下降。

(3)经济全球化使得全球范围贫富差距变得越来越大。经济全球化实质上是全球范围的市场化过程，在这个过程中，资源得到了更好的配置和利用，资源创造的财富更多。但是，由于市场的竞争，发达国家及其利益集团总是占有先进的技术、居于更有利的贸易谈判等地位，市场的价格、贸易条款等主要遵循他们的意见，这些条件的差异使得财富越来越多地流到了少数国家及其利益集团，导致贫富差距扩大。

(4)经济全球化中各利益主体对经济利益的追逐，导致经济可持续发展的资源保障问题。经济的发展离不开自然资源的支撑。在经济全球化的过程中，很多国家，特别是发展中国家，为了吸引更多的国际资金，纷纷改善国内投资环境，发达国家的工业涌入发展中国家。虽然东道国的基础设施、民族工业在外资的资助下得到了较大的改善，但是，资源的开采却面临枯竭，环境面临巨大的威胁。

12. 经济全球化曾经给中国带来什么机遇和利益？中国在未来的经济全球化中可能作出什么贡献？

答案：经济全球化给中国带来的机遇主要表现在以下几个方面：

(1)有利于吸引和利用外资，引进世界先进管理理论和经验并实现管理的创新。据统计，在改革开放之初(1979—1982 年)流入中国的外国直接投资累计为 11.66 亿美元。以后逐年上升，进入 20 世纪 90 年代迅速增加。

到 2002 年底，外国直接投资累计达到 4416 亿美元，实际利用外国直接投资额自 1993 年以来一直居世界第二位，居发展中国家的第一位。

由于经济全球化实现了人才、资本、信息、知识和物质在全球范围内的流动，中国能够引进、吸收世界上的先进管理理论和经验，并根据中国的国情进行管理创新。事实上，进入中国的跨国公司在经营管理方面已经给了人们很多启迪和可借鉴的方法。

(2)有利于加速中国工业化进程，提升产业结构。经济全球化使中国能更快地纳入世界经济体系之中，充分利用发达国家进行产业结构调整的机会，将其技术相对先进的劳动密集型产业或生产环节转移过来，加速中国工业化进程。根据国内和国际市场的需要，不断调整和优化产业结构及出口商品结构，强化经济竞争力。

(3)有利于深入地参与国际分工，发挥本国现实和潜在的比较优势，拓展海外市场。经济全球化为中国企业提供了在更广泛的领域内积极参与国际竞争的机会，可以通过发挥比较优势实现资源配置效率的提高，拓展海外市场，提高企业的竞争力。

(4)可以抓住新技术革命带来的机遇，发挥后发优势，发展高新技术产业，实现经济的跨越式发展。经济全球化促进了各国科技人才、跨国公司、国家之间以及民间的全球性科技活动的活跃性，如能加以有效地利用和积极参与，就能有效地促进中国技术水平的提高。中国企业可以利用国外的技术或在外国产品的技术基础上进行创新，建立和发展高新技术产业，实现经济的跨越式发展。

中国可能作出的贡献：在新一轮经济全球化中，中国作为第二大经济体和联合国的常任理事国，应该为国际社会，人类社会的可持续发展作出更大的贡献，所以建设社会主义现代化强国，包括脱贫攻坚，污染治理环境保护以及可持续发展等这些方方面面，我们在落实国际社会提出的一些共同挑战和任务方面，应该做出表率，比如在应对气候变化方面，在促进“南南合作”，特别是中国提出的一带一路合作框架，作为推动新一轮经济全球化的合作平台，我们应该进一步努力，在共商、共建、共享原则指导下，来促进合作共赢，能够利用目前全球经济复苏这样一个有利时机，利用两个市场，两种资源，在自身得到更多的支持和受益的情况下，也可以为国际社会作出更多的贡献，这我们分内之责。